SCHÄFFER

POESCHEL

Kai Riedel/Franz Gresser

Das kundenorientierte Unternehmen

12 Erfolgsprinzipien für eine konsequente Ausrichtung am Kunden

2016
Schäffer-Poeschel Verlag Stuttgart

Gedruckt auf chlorfrei gebleichtem, säurefreiem und alterungsbeständigem Papier

Bibliografische Information der Deutschen Nationalbibliothek
Die Deutsche Nationalbibliothek verzeichnet diese Publikation in der Deutschen Nationalbibliografie; detaillierte bibliografische Daten sind im Internet über http://dnb.d-nb.de abrufbar.

Print ISBN 978-3-7910-3538-3   Bestell-Nr. 10131-0001
EPDF ISBN 978-3-7992-3539-0   Bestell-Nr. 10131-0150

Dieses Werk einschließlich aller seiner Teile ist urheberrechtlich geschützt. Jede Verwertung außerhalb der engen Grenzen des Urheberrechtsgesetzes ist ohne Zustimmung des Verlages unzulässig und strafbar. Das gilt insbesondere für Vervielfältigungen, Übersetzungen, Mikroverfilmungen und die Einspeicherung und Verarbeitung in elektronischen Systemen.

© 2016 Schäffer-Poeschel Verlag für Wirtschaft · Steuern · Recht GmbH
www.schaeffer-poeschel.de
service@schaeffer-poeschel.de

Umschlagentwurf: Goldener Westen, Berlin
Umschlaggestaltung: Kienle gestaltet, Stuttgart (Bildnachweis: Shutterstock)
Satz: Johanna Boy, Brennberg
Druck und Bindung: BELTZ Bad Langensalza GmbH, Bad Langensalza

Printed in Germany
Februar 2016

Schäffer-Poeschel Verlag Stuttgart
Ein Tochterunternehmen der Haufe Gruppe

Vorwort

von Prof. Dr. Nils Hafner, Hochschule Luzern Wirtschaft

In jedem Business hat man Kunden. Wenn man keine Kunden hat, hat man kein Business. Dann hat man ein Hobby. Umso wichtiger ist also das Management der Kundenbeziehungen. Vor allem, weil Kunden, die man auf der Straße befragt, nicht unbedingt eine Beziehung zu einem Unternehmen wollen. Wenn das Unternehmen jedoch besonders kundenorientiert geführt wird, merken Kunden bald, dass eine Beziehung zu diesem Unternehmen auch für sie Vorteile bietet und somit zunehmend attraktiver wird.

Dabei geht es vor allem darum, die systematische Lernfähigkeit des Unternehmens zu nutzen. Ein Unternehmen, welches im Hinblick auf die Kundenbeziehung lernfähig ist, spart Zeit. Für sich und für seine Kunden. Und das ist für den Kunden durchaus attraktiv. Denn man muss Sachverhalte nur einmal erklären, Informationen nur einmal geben und dem Unternehmen nicht mehrfach erläutern, was es eigentlich schon selbst wissen sollte. Umgekehrt wird niemand eine Beziehung zu jemandem wollen, der dieselben Fehler mehrfach macht. Das nennt man dann: doof.

Lernfähigkeit wird aber nur erreicht, wenn das Unternehmen systematisch Daten vom Kunden sammelt, diese in Wissen über den Kunden umwandelt und den Kunden auf Basis dieses Wissens individuell und intelligent behandelt. Intelligent bedeutet dabei nicht fehlerfrei, denn wie in jeder Beziehung müssen Ideen ausprobiert werden. Intelligent heißt lediglich, den gleichen Fehler nicht zweimal zu machen. Und intelligent heißt, dabei zu prognostizieren, was der Kunde braucht oder wünscht, worüber er sich freut, und abzustellen, worüber er sich ärgert.

Genau darüber haben Kai Riedel und Dr. Franz Gresser ein Buch geschrieben. Dabei fokussieren sie vor allem auf die Führung des kundenorientierten Unternehmens. Denn: Führen ist das A und O. Sollen an wirklich jedem Kontaktpunkt mit dem Kunden Daten gesammelt werden, muss dies nämlich zwingend ein geführter Prozess sein. Denn die bei weitem meiste Kommunikation zwischen Kunden und Unternehmen läuft nach wie vor über Mitarbeiter an der sogenannten »Front«, in Service, Vertrieb und Marketing. Und das ist häufig die Crux beim Customer Relationship Management: Die inhaltlichen Sachverhalte sind keineswegs »Rocket Science«, die Umsetzung im Unternehmen hat es jedoch in sich. Dies vor allem, weil es ja oft auch für die involvierten Mitarbeiter viel bequemer ist, Dinge umzusetzen, die man sich selber ausgedacht hat, ohne auf Kundenmeinungen zu hören. Außerdem hat man das ja immer schon gemacht.

Konsequenterweise startet das Buch also mit der Reflektion kundenorientierten Fühlens, Denkens und Handeln. Und gerade auf das Handeln legen die Autoren wert. Das zeigt sich in den vielen praxisorientierten Beispielen. Aber auch in den wirklich starken Kapiteln über die »Akribische Arbeit an den Prozessen« und die »Technischen Systeme als Rückgrat«. Denn jedes umfassende Management-System (und als dieses wird die Kundenorientierung hier verstanden) erfordert eine passende Infrastruktur. Dass auf dem Weg zur Umsetzung viel Change-Management erforderlich ist, liegt auf der Hand. Denn ansonsten würde ja jedes Unternehmen schon so handeln. Und der Kunde, der auf der Straße befragt wird, würde die Frage nach dem Wünschenswert einer Kundenbeziehung begeistert bejahen. Und damit es dazu kommt: Lesen Sie dieses Buch!

Kreuzlingen im November 2015 *Prof. Dr. Nils Hafner*

Einleitung

Kundenorientiert, das sind wir doch. So lautet die Selbsteinschätzung der meisten verantwortlichen Unternehmenslenker in Deutschland. Auf Nachfrage, woran man das festmacht, bekommt man allzu oft Antworten wie: »Der Kunde steht im Mittelpunkt unseres Handelns«, »Unsere Kunden sind doch zufrieden«, »Unsere Produkte sind überlegen«, »Wir arbeiten kontinuierlich nahe am Kunden«, usw. Aber wenn alle Unternehmen kundenorientiert sind, warum werden dann manche Unternehmen vom Kunden geliebt und schaffen es, sich am Markt von anderen Unternehmen abzugrenzen? Warum stehen andere Unternehmen am Pranger, wenn Produkte oder Dienstleistungen aus Kundensicht nicht funktionieren?

Einer der Autoren dieses Buchs hatte einmal einen dienstlichen Termin in der Schweiz. Der Weg vom Bahnhof war nur ca. 4 km lang, zum Laufen zu weit, für ein Taxi eigentlich zu kurz. Da genügend Zeit war, beschloss er, mit dem Bus zu fahren, der abfahrbereit vor dem Bahnhof stand. Unterwegs wurde ihm klar, dass er doch nicht so genau wusste, welche Haltestelle denn nun die richtige war und wie er die letzten 800 m von der Haltestelle zum Ziel kommt. Also fragte er den Busfahrer und rechnete als Antwort allenfalls mit einem kurzen Hinweis. Umso größer war das Erstaunen, als sich der Busfahrer an der richtigen Haltestelle nicht nur die Zeit nahm, den Kunden darauf hinzuweisen, er stieg auch noch mit aus, führte den Kunden zu dem Lageplan an der Haltestelle und zeigte ihm auf dem Plan, welchen Weg er zu nehmen hatte. Der Bus stand die drei Minuten mit laufendem Motor an der Haltestelle. Der Wow-Effekt beim Kunden und Autor dieser Zeilen war erheblich.

Tatsächlich schaffen es einige Unternehmen, sich wirksam von anderen Unternehmen abzuheben, indem sie näher am Kunden sind, besser seine Bedürfnisse antizipieren, die Produkte mehr am Kunden ausrichten und einen überlegenen Service bieten. Dabei spielen natürlich die Mitarbeiter dieser Unternehmen eine wichtige Rolle. Interessanterweise sind solcherart kundenorientierte Unternehmen meist auch wirtschaftlich sehr erfolgreich. Aber was machen diese Unternehmen anders? Warum sind sie so erfolgreich? Wie befähigen sie die Mitarbeiter, kundenorientiert zu handeln?

> Der Prozess zur Kundenorientierung umfasst das Unternehmen ganzheitlich und kann langwierig sein, da Einstellungen der Handelnden und die Werte im Unternehmen verändert werden müssen.

Über Kundenorientierung ist viel geschrieben worden. Unternehmen investieren viel Geld. Viele Trainer leben davon und viele Kunden profitieren davon. Die Servicewüste Deutschland – vor einigen Jahren noch ein oft gehörter Begriff – gehört heute weitgehend der Vergangenheit an. Die meisten Unternehmen haben die schnellen Erfolge bereits eingefahren und bieten einen guten Service.

Aber echte Kundenorientierung heißt nicht, einen guten Service zu bieten. Ein guter Service ist kein exzellenter Service. Echte Kundenorientierung bedeutet, so nah am Kunden zu sein, dass eine Beziehung entsteht. Diese Form der Interaktion macht Unternehmen einzigartig und stellt ein wirksames Differenzierungsmerkmal vom Wettbewerb dar. Besonders kundenorientierte Unternehmen streben dabei eine emotionale Beziehung zum

Kunden an – nicht ohne jeden Tag akribisch, sehr rational und sehr hart dafür zu arbeiten, dass Kundenorientierung in jeder Kundeninteraktion aufs Neue gelebt werden kann.

Die Themen Kundenorientierung und Servicequalität sind bei den Unternehmen, mit denen wir sprechen, im Fokus und bereits Gegenstand verschiedener Maßnahmen und Projekte gewesen. »Kunden sind bereits heute in vielen Unternehmen das bestimmende Element und damit der Impulsgeber für Leistungen, die am Markt angeboten werden, für Prozesse, mit denen Kundenanforderungen erfasst und Kundenzufriedenheit erreicht werden, sowie für Organisationsstrukturen, die von vornherein stark kundenorientiert gestaltet sind« (Töpfer, 2008, S. 3). Kundenorientierung wurzelt in der Unternehmenskultur (Homburg, 2015, S. 1279). Voraussetzungen für Kundenorientierung sind im Bereich der Unternehmensführung insbesondere in der Aufbau- und in der Ablauforganisation zu schaffen (Homburg, 2006, S. 69).

Viele Unternehmen haben auf dem Weg zu echter Kundenorientierung bereits weite Schritte zurückgelegt. Auf der anderen Seite stehen Unternehmen, deren Produkte noch nicht kundenorientiert genug gestaltet sind, deren Kommunikation und Kooperation mit den Kunden zu wünschen übrig lässt, die nicht gut genug wissen, ob und wo die eigenen Kunden eher zufrieden oder unzufrieden sind und bei denen Beschwerden nicht ihrer Bedeutung entsprechend wahrgenommen und im Kundensinne gelöst werden. Viele Unternehmen können dazwischen angesiedelt werden.

Was machen die kundenorientierten Unternehmen anders? Kann man aus der komplexen Thematik »Kundenorientierung« einige Prinzipien herausdestillieren, die auf andere Unternehmen übertragbar sind? Kundenorientierung lässt sich an Hand verschiedener Modelle, die wir für unsere Kunden anwenden, messen und bewerten. Unternehmen mit hoher Kundenorientierung werden als solche sichtbar. Abgeglichen werden diese Erkenntnisse durch die Zufriedenheit der Kunden und durch den Erfolg, den diese Unternehmen am Markt haben. Auf dieser Basis lässt sich auch beschreiben, was die Unternehmen mit hoher Kundenorientierung anders und besser machen.

Charles D. Ellis, der Gründer und Emeritus des weltweit tätigen Beratungshauses Greenwich Associates, hat in einer Studie ermittelt, was die besten Serviceorganisationen der Welt auszeichnet (Ellis, 2012, S. 21):
- Mission: Die Top-Unternehmen verfolgen eine Mission, die leistungsfähige Mitarbeiter anzieht, motiviert und bindet.
- Kultur: Die Werte des Unternehmens betonen Teamwork, Selbstdisziplin, Einsatzwillen und einzigartige Leistungen.
- Rekrutierung: Die Champions suchen die besten Mitarbeiter und sind bereit, dafür viel Geld und Energie zu investieren.
- Training und Mitarbeiterentwicklung: Mitarbeiter werden gezielt entwickelt und trainiert. Kundenorientierung steht dabei im Vordergrund.
- Kundenfokus: Kunden werden gebunden, indem ihre schwierigsten Probleme bearbeitet und ihre Erwartungen übertroffen werden.
- Innovation: Champions finden ständig neue Wege, wie die Kunden noch besser bedient werden können. Der Vorsprung gegenüber den Wettbewerbern ist groß.
- Führung: Die Führung der Champions sorgt dafür, dass alle sechs Faktoren gleichermaßen zum überdurchschnittlichen Erfolg beitragen.

Auffallend ist, dass sich die Ergebnisse von Ellis vor allem auf zwei wesentliche Handlungsfelder im Unternehmen verdichten lassen: gelebte Kundenorientierung auf allen Ebenen (s. Punkt 1 Mission, Punkt 2 Kultur, Punkt 5 Kundenfokus und Punkt 6 Innovation) sowie Führung und Personalentwicklung (Punkt 3 Rekrutierung, Punkt 4 Training, Punkt 7 Führung). Alle diese Gedanken werden an anderer Stelle in diesem Buch ausführlich behandelt.

Diese oder ähnliche Prinzipien begegnen einem in vielfältigen Formen in der Literatur und auch in der Diskussion zwischen Serviceexperten. Inzwischen hat die Forschung die wesentlichen Prinzipien für kundenorientiertes Handeln vielfach analysiert und unterstützt Unternehmen durch Handlungsanleitungen. Es ist auch nicht die Frage, welches Prinzip das wichtigste ist und ob eine solche Liste erschöpfend ist. Kundenorientierung zu fördern und zu verstärken erfordert vor allem ein systematisches Vorgehen und viel Konsequenz in der Umsetzung.

In unserer Arbeit begegnen wir jedes Jahr ca. 150 Unternehmen, die für sich in Anspruch nehmen, besonders kundenorientiert zu sein, oder dieses Ziel zumindest anstreben. Wir sind mit einer Vielzahl von Ausprägungen von Kundenorientierung in Unternehmen aus ganz verschiedenen Branchen konfrontiert. Dennoch lassen sich bei diesen Unternehmen Gemeinsamkeiten identifizieren: Übergreifende Prinzipien, nach denen Kundenorientierung in all diesen Unternehmen funktioniert. Dieses Buch beschreibt 12 zentrale Prinzipien, die wir als gemeinsamen Nenner dieser kundenorientierten Unternehmen identifiziert haben:

1. Kundenorientiertes Fühlen, Denken und Handeln
2. Strategische Kundenorientierung
3. Den Kunden kennen
4. Da sein, wo der Kunde ist
5. Die Organisation am Kunden ausrichten
6. Konsequent führen
7. Mitarbeitern vertrauen und Leadership
8. Akribische Arbeit an den Prozessen
9. Technische Systeme als Rückgrat
10. Qualität konsequent messen
11. Ehrlich und transparent kommunizieren
12. Erfolg suchen, Risiken eingehen

Jedem dieser Prinzipien ist ein eigenes Kapitel gewidmet. Wir wollen damit das Konzept Kundenorientierung mit konkreten Umsetzungsbeispielen unterlegen, nicht ohne die theoretischen Grundlagen für jedes der Prinzipien näher zu betrachten. Sie als Leser sollen die Möglichkeit erhalten, sich selbst zu bewerten und Ansatzpunkte für die Weiterentwicklung in Ihrem Unternehmen zu schaffen.

Die herausgearbeiteten Prinzipien sind das Ergebnis jahrelanger Erfahrung im Servicemanagement und in der Serviceberatung. Es ging uns nicht darum, ein Lehrbuch zu verfassen, das erschöpfend über alle Teilbereiche berichtet, sondern vielmehr einen fokussierten Anwendungsratgeber zu bieten. Uns ist bewusst, dass die Belange verschiedener Unternehmen mit ihren eigenen Kundenbeziehungen sehr unterschiedlich sind. Insofern wird auch die Umsetzung der Prinzipien für jedes Unternehmen anders ausfallen. Wir haben die Prinzipien in vielen kundenorientierten Unternehmen trotz unterschiedlichster Kundenbeziehungen wiedergefunden. Wählen Sie für sich die Inhalte aus, die Sie nutzen können.

Für alle beschriebenen Erkenntnisse gilt: Nachbauen erwünscht. Jedes der Kapitel ist mit einer Checkliste ergänzt. Lernen Sie von den Erfolgsprinzipien besonders kundenorientierter Unternehmen, finden Sie für sich neue Ideen und entwickeln Sie Ihre Kundenorientierung weiter.

Inhaltsverzeichnis

Vorwort V
Einleitung VII
Abbildungsverzeichnis XIX

Teil A: Kundenorientierung als Maxime unternehmerischen Handelns... 1

1 Kundenorientiertes Fühlen, Denken und Handeln 3
   1.1 Annäherung an das Thema 3
      1.1.1 Wer sind die Kunden? 3
      1.1.2 Was erwarten Kunden? 4
      1.1.3 Wie bewerten und entscheiden Kunden? 5
      1.1.4 Kundenzufriedenheit, Loyalität und Kundenorientierung 7
   1.2 Die Ebenen der Kundenorientierung 8
      1.2.1 Kundenorientierte Werte, Normen und Einstellungen 10
      1.2.2 Die kundenorientierte Unternehmenskultur 11
   1.3 Kundenorientiertes Denken 12
      1.3.1 Vom USP zur Customer Value Proposition 12
      1.3.2 Das Leitbild zur Orientierung 13
   1.4 Kundenorientiertes Fühlen 15
      1.4.1 Starke Gefühle im Kundenkontakt 15
      1.4.2 Wie fühlen sich die Kunden? 16
   1.5 Kundenorientiertes Handeln 17
      1.5.1 Die Rolle von Standards 17
      1.5.2 Einheitlich gute Servicequalität 18
      1.5.3 Kundenorientierung aus Managementsicht 18
   1.6 Sichtbare Kundenorientierung 19
   1.7 Checkliste »Kundenorientiertes Fühlen, Denken und Handeln« 21

2 Strategische Kundenorientierung 22
   2.1 Das Verhältnis von Kundenorientierung und Strategie 22
      2.1.1 Strategiealternativen 22
      2.1.2 Generischer Service tut nicht weh 23
      2.1.3 Serviceprofile sind wichtig 24
   2.2 Kundenorientierung und Marke 27
      2.2.1 Der Service prägt die Marke 27
      2.2.2 Kundenkontakt suchen 29
      2.2.3 Management der Beziehungsqualität 30
   2.3 Lohnt sich Kundenorientierung? 30
      2.3.1 Kundenzufriedenheit und Unternehmenserfolg 31
      2.3.2 Kundentreue und Wiederkaufwahrscheinlichkeit 32
      2.3.3 Sinkende Servicekosten 33
      2.3.4 Das richtige Maß finden 35

2.4 Neue Konzepte für die Kundenzufriedenheit 36
    2.4.1 Sinnstiftenden Service gestalten 36
    2.4.2 Customer Experience Management 37
2.5 Checkliste »Strategische Kundenorientierung« 40

3 Den Kunden kennen 41
3.1 Grundlagen 41
    3.1.1 Was heißt »den Kunden kennen«? 41
    3.1.2 Zahlen, Daten, Fakten: Was ist Kundenwissen? 42
3.2 Wie lernt man den Kunden kennen? 43
    3.2.1 Mit dem Kunden sprechen, fragen und zuhören 43
    3.2.2 Informationen sammeln 44
    3.2.3 Daten speichern und nutzbar machen 45
    3.2.4 Kundenwissen pflegen 46
3.3 Kundengruppen bilden, Marktsegmentierung 47
    3.3.1 Segmentierungsansätze 47
    3.3.2 Statische Segmentierung 48
    3.3.3 Dynamische Segmentierung 49
    3.3.4 Mikrodynamische und situative Segmentierung 51
    3.3.5 Andere Kunden kauften auch 51
    3.3.6 Erfolgsfaktoren für den Einsatz der Kundensegmentierung 52
    3.3.7 Grenzen der Kundensegmentierung 53
3.4 Informationen nutzen 54
3.5 Segmentierung in der Kundeninteraktion 55
3.6 Mehrwerte generieren für bekannte Kunden 56
3.7 Datenschutz 56
3.8 Checkliste »Den Kunden kennen« 57

4 Da sein, wo der Kunde ist 59
4.1 Wo ist mein Kunde? 59
    4.1.1 Angebot und Nachfrage 59
    4.1.2 Der hybride Konsument 59
    4.1.3 Konzentration auf den Kundennutzen 60
4.2 Wie kauft mein Kunde? 61
    4.2.1 Multichannel-Management 61
    4.2.2 Dem Kunden nachlaufen? 63
4.3 Neue Angebotsformen 65
    4.3.1 Anbieten, was der Kunde braucht 65
    4.3.2 Verlängerung der Wertschöpfungskette 66
    4.3.3 Gesamtverantwortung für das Kundenerlebnis 67
4.4 Die Rolle von Innovationen 68
    4.4.1 Innovationen und Kundenerwartungen 68
    4.4.2 Beteiligung der Kunden 70
4.5 Gestaltung des Kundenerlebnisses 71
    4.5.1 Das Konzept der Customer Journey 71

		4.5.2	Die Customer Journey gestalten	74
		4.5.3	Praxisbeispiel »Nah am Kunden sein«	75
	4.6	Checkliste »Da sein, wo der Kunde ist«		76

5 Die Organisation am Kunden ausrichten ... 78

- 5.1 Kundenorientierte Organisationsformen ... 78
  - 5.1.1 Die Organisation steuert die Funktion ... 78
  - 5.1.2 Funktionale Organisation ... 78
  - 5.1.3 Kunden in der Organisation sichtbar machen ... 79
  - 5.1.4 Kundenorientierung prozessorientiert verankern ... 81
  - 5.1.5 Kundenorientierung in Matrixorganisationen ... 81
  - 5.1.6 Die Problematik kundenorientierter Steuerung ... 82
- 5.2 Anforderungen für Kundenorientierung in der Organisation ... 84
- 5.3 Möglichkeiten der Umsetzung in der Organisation ... 85
  - 5.3.1 Kundennähe organisational verankern ... 85
  - 5.3.2 Konzentration kundenbezogener Funktionen ... 86
- 5.4 Das Marketing wird sich verändern ... 88
  - 5.4.1 Neue Aufgaben im Marketing ... 88
  - 5.4.2 Veränderte Aufgaben der Marktforschung ... 89
  - 5.4.3 Feedbackmanagement statt Beschwerdebearbeitung ... 90
- 5.5 Ausrichtung der Prozesse auf den Kunden ... 92
  - 5.5.1 Prozessdesign ... 92
  - 5.5.2 Kanalübergreifender Kundenservice ... 93
  - 5.5.3 Qualitätsmanagement als Querschnittsfunktion ... 94
  - 5.5.4 Praxisbeispiele Customer Experience ... 95
- 5.6 Checkliste »Die Organisation am Kunden ausrichten« ... 96

6 Konsequent führen ... 98

- 6.1 Die Bedeutung konsequenter Führung ... 98
  - 6.1.1 Uneinheitliche Führung führt zu uneinheitlichen Kundenerlebnissen ... 99
  - 6.1.2 Mitarbeiterverhalten wird durch Führung geprägt ... 100
  - 6.1.3 Gute Führung beeinflusst das Kundenerlebnis und damit auch das Unternehmensergebnis ... 100
  - 6.1.4 Leistungsmanagement ist eine strategische Gesamtaufgabe ... 101
  - 6.1.5 Motivation und Bindung sind kritische Erfolgstreiber ... 102
- 6.2 Die neue Rolle der Personalabteilung ... 104
  - 6.2.1 Die Personalabteilung als HR-Business-Partner ... 104
  - 6.2.2 Kernaufgaben der Personalabteilung zur Unterstützung der Führungskraft ... 105
- 6.3 Entwicklung der Führungskräfte ... 106
  - 6.3.1 Führungskräfteentwicklung fängt bei der Auswahl an ... 106
  - 6.3.2 Führungskräfte entwickeln ... 107
- 6.4 Entwicklung kundenorientierter Mitarbeiter ... 109
  - 6.4.1 Motivation muss nicht erzeugt werden ... 109

		6.4.2	Mitarbeiter-Feedback	111
		6.4.3	Mitarbeiter entwickeln	112
		6.4.4	Ziele vereinbaren	113
		6.4.5	Maßstabsdiskussionen vereinheitlichen Beurteilungen	114
		6.4.6	Individuelle Entwicklungspläne systematisieren die Entwicklung	115
		6.4.7	Minderleistung systematisch abbauen	115
	6.5	Checkliste »Konsequent Führen«		116

7	**Mitarbeitern vertrauen und Leadership**			118
	7.1	Warum Vertrauen und Leadership zwei Seiten einer Medaille sind		118
	7.2	Das Konzept Leadership		118
		7.2.1	Führen und Anführen	118
		7.2.2	Management versus Leadership	120
		7.2.3	Influencing	122
		7.2.4	Transformationale Führung	123
	7.3	Vertrauen		124
		7.3.1	Menschen wollen ihre beste Leistung einbringen	124
		7.3.2	Menschen verhalten sich von sich aus prosozial	124
		7.3.3	Gelebtes Vertrauen im Unternehmensalltag	126
		7.3.4	Negative Energie vermeiden	128
		7.3.5	Verlagerung von Kompetenzen in die Peripherie	128
	7.4	Das demokratische Unternehmen		129
	7.5	Checkliste »Mitarbeitern vertrauen und Leadership«		130

8	**Akribische Arbeit an den Prozessen**			132
	8.1	Grundlagen		132
		8.1.1	Definition »Prozess«	132
		8.1.2	Automatisierte Prozesse, technische Systeme und Maschinen	133
		8.1.3	Prozesse und Dienstleistungen	135
		8.1.4	Effizienz	135
	8.2	Prozesse und Kundenorientierung		137
		8.2.1	Voraussetzungen und Rahmenbedingungen für kundenorientierte Prozesse	137
		8.2.2	Nutzen von Prozessen aus Kundensicht	138
		8.2.3	Nutzen von Prozessen aus Mitarbeitersicht	140
		8.2.4	Prozesse, Dynamik und Individualisierung	140
		8.2.5	Fehler im Prozess und Wiederherstellung der Kundenzufriedenheit	142
		8.2.6	Interessieren sich die Kunden für Prozesse?	143
	8.3	Verbesserung der Prozesse		145
		8.3.1	Maßnahmen zur Prozessoptimierung	145
		8.3.2	Kontinuierlicher Verbesserungsprozess	146
	8.4	Praxisbeispiele		147
		8.4.1	Geschlossene Managementkreisläufe	147
		8.4.2	Speed-Button	147
		8.4.3	Vorstands-Alarm	148

		8.4.4 Feedback-Schleife	148

	8.5	Fazit: Prozesse für konstant hohe Servicequalität	148
	8.6	Checkliste »Akribische Arbeit an den Prozessen«...................	149
9	**Technische Systeme als Rückgrat**		**150**
	9.1	Einsatzorte technischer Systeme: sichtbar oder unsichtbar für den Kunden...	151
		9.1.1 Technische Systeme an der Interaktionslinie	151
		9.1.2 Technische Systeme hinter der Interaktionslinie, aber sichtbar für den Kunden	153
		9.1.3 Technische Systeme hinter der Sichtbarkeitslinie	154
		9.1.4 Technische Systeme in der Interaktion C2C	155
	9.2	Strategische Gedanken zu technischen Systemen...................	155
		9.2.1 Effektivität und Effizienz	156
		9.2.2 Einsatz technischer Systeme in Abhängigkeit von Nutzen und Lernen	156
		9.2.3 Automatisierung versus Individualisierung..................	159
		9.2.4 Kundenzufriedenheit und Loyalität durch Automatisierung.......	159
		9.2.5 Vorbehalte von Kunden gegenüber technischen Systemen im Kundenservice.......................................	160
	9.3	Voraussetzungen für kundenorientierte technische Systeme...........	162
		9.3.1 Geeignete Prozesse für die Automatisierung auswählen	162
		9.3.2 Akzeptanz technischer Systeme und Services................	162
		9.3.3 Maßnahmen für das Management	163
	9.4	Künstliche Intelligenz und die Zukunft der technischen Systeme	164
	9.5	Checkliste »Technische Systeme als Rückgrat«.....................	165
10	**Systematische Qualitätsmessung**...................................		**167**
	10.1	Grundlagen..	167
		10.1.1 Ziele der Messung	167
		10.1.2 Kundenorientierte Qualitätsmessung bedeutet vollständige Qualitätsmessung in geschlossenen Kreisläufen	168
	10.2	Durchführung der Messung	170
		10.2.1 Bei wem messen?.....................................	170
		10.2.2 Was messen? Merkmale, Ereignisse und Probleme	170
		10.2.3 Wo messen?...	173
		10.2.4 Wie messen?	174
		10.2.5 Wann und wie oft messen?..............................	175
	10.3	Analyse, Ergebnisse und Bericht................................	176
		10.3.1 Analyse der Daten	176
		10.3.2 Vergleiche, Benchmarking...............................	178
		10.3.3 Daten bereitstellen und Messergebnisse berichten	179
	10.4	Herausforderungen und neue Perspektiven bei der Messung der Qualität..	179
		10.4.1 Kosten der Messung...................................	181
		10.4.2 Rechtliche Grundlagen der Messung	181

		10.4.3	Prozesse und Maßnahmen kontrollieren, nicht die Mitarbeiter	182
		10.4.4	Top-down- oder Bottom-up-Messung	183
		10.4.5	Kundenfeedbackmanagement	184
		10.4.6	Der Net-Promoter-Score	185
	10.5	Best Practice: Geschlossene Kreisläufe bei Messung, Analyse, Bericht und Handlung		186
	10.6	Checkliste »Systematische Qualitätsmessung«		186
11	**Offen und ehrlich kommunizieren**			**188**
	11.1	Die Grundlagen der Kommunikation		188
	11.2	Wer kommuniziert		189
		11.2.1	Sender und Empfänger im Unternehmen	189
		11.2.2	Mit Kunden in Kontakt treten	190
		11.2.3	Mit Mitarbeitern kommunizieren	191
	11.3	Wie wird kommuniziert		193
		11.3.1	Vier Seiten einer Nachricht	193
		11.3.2	Technische Systeme unterstützen die Kommunikation	195
	11.4	Kundenorientierte Kommunikation im Unternehmen		196
		11.4.1	Ein kommunikatives Umfeld schaffen	196
		11.4.2	Kommunikationshindernisse abbauen	197
		11.4.3	Die richtigen Kanäle wählen	197
		11.4.4	Die Sprache des Kunden sprechen	199
		11.4.5	Erwartungsmanagement	200
	11.5	Regeln kundenorientierter Unternehmenskommunikation		201
		11.5.1	Ehrlich sein	201
		11.5.2	Fehler und Schwierigkeiten offen ansprechen	202
		11.5.3	Über Zwischenschritte informieren, Transparenz schaffen	202
		11.5.4	Versprechen halten	202
		11.5.5	»Nein« sagen	203
	11.6	Checkliste »Offen und ehrlich kommunizieren«		203
12	**Erfolg suchen und Risiken eingehen**			**205**
	12.1	Umfeld und Haltung		205
		12.1.1	Hohe Ziele setzen und gemeinsame Vision anstreben	205
		12.1.2	Ein Umfeld schaffen, das Innovation zulässt	205
		12.1.3	Erfolge suchen, anstatt Misserfolge zu vermeiden	206
		12.1.4	Gestalten, nicht verwalten	207
		12.1.5	Vertrauen	208
		12.1.6	Lernen, Unsicherheit auszuhalten und Furcht nehmen	209
	12.2	Neue Dinge ausprobieren		210
		12.2.1	Ideenaustausch fördern	210
		12.2.2	Angemessene Planung	211
		12.2.3	Schrittweise Einführung	212
		12.2.4	Erklären, Dranbleiben, Anfangswiderstände überwinden	212
		12.2.5	Genaue Beobachtung der Wirkung	213

		12.2.6	Agil sein und schnell reagieren	214

- 12.3 Fehlerkultur stärken ... 214
  - 12.3.1 Arten von Fehlern ... 215
  - 12.3.2 Einstellung zu Fehlern ... 216
  - 12.3.3 Fehler beheben ... 217
  - 12.3.4 Lernen (aus Fehlern) ... 218
  - 12.3.5 Fehlertoleranz bei Kunden ... 218
  - 12.3.6 Konsequenzen und Sanktionen ... 219
- 12.4 Checkliste »Erfolg suchen und Risiken eingehen« ... 220

Teil B: Handlungsanleitung für den Weg zum kundenorientierten Unternehmen ... 223

1 Change-Management ... 225
- 1.1 Wann handeln? ... 225
- 1.2 Schritte im Change-Management ... 226
  - 1.2.1 Die Dringlichkeit etablieren ... 226
  - 1.2.2 Koalitionen bilden ... 227
  - 1.2.3 Visionen entwickeln ... 228
  - 1.2.4 Die Vision gelungen kommunizieren ... 229
  - 1.2.5 Handeln im Sinne der neuen Vision und Ziele ermöglichen ... 230
  - 1.2.6 Kurzfristige Erfolge ins Auge fassen – Ergebnisse sichern ... 231
  - 1.2.7 Erreichte Verbesserungen systematisch weiter ausbauen ... 232
  - 1.2.8 Neues verankern ... 233
- 1.3 Notwendige Fähigkeiten ... 234
- 1.4 Mögliche Barrieren ... 236
- 1.5 Das Projekt vermarkten und Informationen austauschen ... 238

2 Fallbeispiel ... 241
- 2.1 Das Unternehmen ... 241
- 2.2 Die Vision ... 242
- 2.3 Der Exzellenz-Prozess ... 242
- 2.4 Die Phasen der Veränderung ... 244
- 2.5 Die Ergebnisse ... 245

Teil C: Zukunft des Service im kundenorientierten Unternehmen ... 247

1 Fokussierte Kundenorientierung ... 248

2 Voranschreitende Nutzung von Technik ... 248
- 2.1 Automatisierung des Service ... 248
- 2.2 Nutzung von Daten ... 249
- 2.3 Zukunft der Kundensegmentierung ... 250

3	**Nähe zum Kunden**	251
	3.1 Gelebtes Vertrauen	251
	3.2 Vielfalt zulassen	252
4	**Geschwindigkeit**	253
	4.1 Schnellerer Kundenservice	253
	4.2 Langsamerer Service	253
	4.3 Flexibilität und Interaktivität der Kanäle	253
	4.4 Agile Serviceentwicklung	254
5	**Konsequenzen für das kundenorientierte Unternehmen**	255

Literaturverzeichnis . . . 259

Stichwortverzeichnis . . . 265

Die Autoren . . . 269

Abbildungsverzeichnis

Abbildung 1:	Stakeholder im Unternehmen	4
Abbildung 2:	Kundenerwartungen und Zufriedenheit bei einem Einkaufsvorgang	6
Abbildung 3:	Matrix Kundenorientierung	9
Abbildung 4:	Überblick über Komponenten der kundenorientierten Unternehmenskultur (Homburg, 2006, S. 76)	12
Abbildung 5:	Traditionelle Unternehmenssicht versus moderne Kundensicht	13
Abbildung 6:	Unternehmensleitbild EnviaM (enviaM, 2012)	15
Abbildung 7:	König Kunde? (ServiceRating, 2015)	16
Abbildung 8:	Konstant hohe Servicequalität (ServiceRating, 2014)	18
Abbildung 9:	Managementumsetzung von Kundenorientierung (1) (ServiceRating, 2015)	18
Abbildung 10:	Managementumsetzung von Kundenorientierung (2) (ServiceRating, 2015)	19
Abbildung 11:	Strategiealternativen nach Porter (Porter, 1999)	22
Abbildung 12:	Entwicklung einer strategischen Kundenorientierung	24
Abbildung 13:	Entwicklung der Kontrollkurve beim Aufbau einer strategischen Kundenorientierung	26
Abbildung 14:	Kundenversprechen von Lands' End (Lands' End, 2015)	28
Abbildung 15:	Zusammenhang zwischen Wachstum und Net Promoter Score am Beispiel des amerikanischen Bankenmarktes (Reichheld, 2011, S. 79)	32
Abbildung 16:	Entwicklung des Kundenwertes nach der Beziehungsdauer	34
Abbildung 17:	Customer Experience Management am Beispiel Ikea	38
Abbildung 18:	Systematik der Segmentierungsansätze	48
Abbildung 19:	Klassische Absatzwege	61
Abbildung 20:	Veränderung der Absatzwege	62
Abbildung 21:	Innovationen im Service	69
Abbildung 22:	Kundenlebenszyklus	72
Abbildung 23:	Customer-Journey-Gestaltung	74
Abbildung 24:	Stab-/Linienorganisation mit funktionaler Trennung	79
Abbildung 25:	»Umgedrehte Organisation«	80
Abbildung 26:	Grundgedanke der kundenorientierten Prozessoptimierung	81
Abbildung 27:	Stab-/Linienorganisation mit kundenorientierter Ausrichtung	87
Abbildung 28:	Prozessuale Ausrichtung der Organisation auf den Kunden	92
Abbildung 29:	Verteilung von Mystery-Testergebnissen (Gesamtzufriedenheit) nach Standorten (Qualiance GmbH, 2012)	99
Abbildung 30	Motivation der Mitarbeiter (ServiceRating, 2014)	100
Abbildung 31:	Die Service Profit Chain (Heskett et al., 1994)	101
Abbildung 32:	Gesamtprozess Performance Management (Jetter, 2004)	102
Abbildung 33:	Gallup »Engagement-Index« (Gallup-Studie, 2011)	103
Abbildung 34:	Organisation der Personalabteilung	105
Abbildung 35:	Motivations- und Hygiene-Faktoren nach Herzberg (Scholz, 1989)	110
Abbildung 36:	Das Flow-Erlebnis nach Csikszentmihalyi (Csikszentmihalyi, 1987)	111

Abbildung 37:	Führungseigenschaften in Unternehmen mit hoher Kundenbegeisterung im Gegensatz zu Unternehmen mit geringerer Kundenbegeisterung (Bruch, 2015)	119
Abbildung 38:	Leadership Cycle (Dossier Führen, 2012)	120
Abbildung 39:	Die Beziehung zwischen Leadership und Management in Veränderungsprozessen (Kotter, 1996)	121
Abbildung 40:	Verhaltenssteuerung vs. Förderung von Bindungen über Leadership (Solga & Ryschka, 2013)	122
Abbildung 41:	Kennzeichen eines transformationalen Führungsstils (Bruch, 2015)	123
Abbildung 42:	Was Mitarbeiter an Arbeitgeber bindet (Hays, 2015)	129
Abbildung 43:	Beispiel für kundennahe Prozesse mit unterschiedlichem Automatisierungsgrad	134
Abbildung 44:	Kontinuierlicher Verbesserungsprozess	146
Abbildung 45:	Einsatz technischer Systeme: Flugreise früher und heute	152
Abbildung 46:	Kundenkontakte und die Value-Irritant-Matrix	157
Abbildung 47:	Gründe für die Nicht-Nutzung von Selbst-Scan-Kassen (Eigenstudie ServiceRating, 2015)	160
Abbildung 48:	Mensch vs. Maschine aus Verbrauchersicht	161
Abbildung 49:	Der DMAIC-Kreislauf zur Qualitätsverbesserung	169
Abbildung 50:	Auswertung der Daten nach Prozessen, Kanälen und der Zeit	177
Abbildung 51:	Dauer der Beantwortung von Kundenanliegen nach Kanälen (Egle, Hafner & Elsten, 2013)	198
Abbildung 52:	Fehlertypen und Konsequenzen	215
Abbildung 53:	Kräfte der Organisationveränderung (Vahs, 2015)	235
Abbildung 54:	Wie Strukturen die Vision untergraben (Kotter, 1996, S. 105)	237
Abbildung 55:	Energiezustände im Unternehmen (Bruch/Ghoshal, 2003)	237

Teil A: Kundenorientierung als Maxime unternehmerischen Handelns

Kundenorientierung im Unternehmen zu implementieren ist ein Anspruch, den wohl alle Unternehmen unterschreiben würden. Viele sind der Meinung, dass sie hier schon recht weit sind. In der Praxis erlebt man dennoch erhebliche Unterschiede.

Was bedeutet es, wenn ein Unternehmen kundenorientiert ist? Üblicherweise sind Unternehmen rational geprägt. Vieles wird mit dem Kopf entschieden. Vorgaben »von oben nach unten« bestimmen das Arbeitsumfeld der meisten Mitarbeiter. Kundenorientierung ist ein Konstrukt, was dem eigentlich widerspricht. Einerseits ist Kundenorientierung etwas, das mit der eigenen Haltung von Mitarbeitern zu tun hat. Man kann Kundenorientierung also schlecht von oben vorgeben. Andererseits ist neben der Ratio auch sehr stark die emotionale Seite berührt. Echte Kundenorientierung spricht die Gefühlsebene an.

Dennoch nähern wir uns dem Begriff erst einmal von der formalen Seite. Unter Kundenorientierung verstehen wir im Folgenden »die Ausrichtung aller marktrelevanten Maßnahmen eines Unternehmens an den Bedürfnissen und Problemen der Kunden« (Kirchgeorg, 2015b).

Kundenorientiertes Handeln ist demnach zielgerichtetes Handeln, am Kunden ausgerichtet wie ein Kompass, wobei das Ziel die Bindung des Kunden an das Unternehmen ist. Die Bedürfnisse des Kunden zu erfüllen bedeutet, ihn zufrieden zu machen. Die kundenorientierte Gestaltung der Unternehmensführung beeinflusst die Kundenorientierung des Unternehmens an der Schnittstelle zum Kunden, die sich wiederum auf die Kundenzufriedenheit auswirkt (Homburg, 2006, S. 68). Kundenzufriedenheit wiederum ist die Voraussetzung für Kundentreue, Mehr- und Wiederkauf sowie Empfehlungen und sichert damit den Unternehmenserfolg.

In früheren Zeiten war der Bedarf an Kundenorientierung gering: Kunden brauchten Dinge und waren auf diejenigen angewiesen, die diese Dinge zur Verfügung stellen konnten. Die Haltung des Verkäufers war dabei kein Gegenstand der Diskussion, sondern wurde häufig nach Gutsherrenart gelebt. Selbst heute ist diese Haltung gegenüber dem Kunden in Märkten, auf denen kein oder nur geringer Wettbewerb herrscht, noch anzutreffen.

Dies wurde anders, als Produkte oder Dienstleistungen nicht mehr knapp waren und ein Wettbewerb um den Kunden entstand. Dennoch war in vielen Fällen die Kundenbeziehung noch ganz einfach: Käufer und Verkäufer standen sich persönlich gegenüber und dem Verkäufer gehörte auch das Geschäft. Wenn der Verkäufer sich nicht kundenorientiert verhielt, dann verkaufte er nichts. Es war aber relativ einfach, sich kundenorientiert zu verhalten, da man den Kunden ja kannte und ihn entsprechend persönlich beraten konnte.

Heute sind die Anforderungen komplexer geworden. Durch die Konzentration auf den Märkten sind die Unternehmen größer geworden und unterhalten verteilte Vertriebs- und Servicestrukturen. Mitarbeiter kennen die Kunden nicht mehr, und sie sind auch nicht mehr als Eigentümer direkt am Erfolg des Unternehmens im Kundenkontakt interessiert. Unternehmen müssen daher heute die Dinge systematisch tun, die früher einzelne Eigentümer oder Mitarbeiter aus sich heraus erledigt haben.

Die Kundenorientierung in der Unternehmenskultur ist der innere Antrieb, der im Unternehmen für bestimmte Handlungen sorgt. Die kundenorientierte Unternehmenskultur wird aber nicht direkt sichtbar, sondern lebt nur in dem, was ein Kunde erfährt, transportiert über die Mitarbeiter, die Organisation, die Informationen, Systeme und Prozesse, die ein Unternehmen bietet. Daher betrifft die Kundenorientierung als Managementaufgabe das Organisationssystem, das Personalmanagementsystem, das Informationssystem, das Planungssystem und das Kontrollsystem (Homburg, 2015, S. 1278 ff.). Kundenorientierte Unternehmen werden sich in ihren Handlungen kundenorientiert verhalten. Sie werden aber auch aus sich heraus die technischen Systeme und Prozesse so gestalten, dass ein Kunde sie als freundlich und lohnend wahrnimmt. Serviceexzellenz entsteht dann in der Interaktion des Unternehmens mit den Kunden und Partnern.

Dieses Buch beschreibt vieles, was kundenorientierte Unternehmen tun oder lassen müssen, um ihre kundenorientierte Haltung zu bewahren. Das Buch beschreibt aber auch die Ausgestaltung von Services, die kundenorientierte Unternehmen dem Kunden bieten. Das Zusammenspiel von kundenorientierter Haltung und kundenorientierten Prozessen, technischen Systemen und Mitarbeitern ist das, was kundenorientierte Unternehmen vom Wettbewerb abhebt und ihnen zu treuen Kunden, Weiterempfehlung und letztlich bleibendem Erfolg verhilft.

1 Kundenorientiertes Fühlen, Denken und Handeln

1.1 Annäherung an das Thema

1.1.1 Wer sind die Kunden?

Wenn ein Unternehmen sich am Kunden orientieren will, sind zwei Fragen von zentraler Bedeutung:
- Wer ist mein Kunde bzw. wer soll mein Kunde sein?
- Was will mein Kunde?

Beide Fragen hören sich einfach an (»das weiß man doch«). In der Praxis stellen wir aber fest, dass sie nur scheinbar einfach zu beantworten sind und die meisten Unternehmen keine klare Antwort darauf haben. Die meisten Unternehmen haben unterschiedliche Arten von Kunden: Privatkunden und Firmenkunden, Handelskunden und Endverbraucher. Auch die Kauffrequenz spielt eine Rolle für die Kundenbeziehung: Einmalkauf, Wiederkauf, Abonnement. Selbst Nicht-Kunden sind Teil der Zielgruppe und Adressaten für Kundenorientierung. Klarheit im Bild vom Kunden ist daher die erste Herausforderung, die kundenorientierte Unternehmen zu bestehen haben. Jedes Unternehmen sollte in seinem Leitbild klar festlegen, wer als Kunde des Unternehmens betrachtet wird, und sicherstellen, dass das Wissen, wer diese Kunden sind, an allen Stellen im Unternehmen vorhanden ist. Dabei ist es in Ordnung und bei einer gewissen Spezialisierung sogar notwendig, dass die unternehmenseigene (Dienst-)leistung nicht auf alle möglichen Abnehmer gleichermaßen zugeschnitten ist. Die Zielkunden sind eine Teilmenge aller potenziellen Kunden, es wird also in Kauf genommen, dass ein Teil der möglichen Abnehmer nicht Kunde wird.

Viele Unternehmen haben den Kreis der Personen, die beim unternehmerischen Handeln berücksichtigt werden, erweitert. Verschiedene Interessengruppen (Stakeholder), die Einfluss auf das Unternehmen ausüben oder am Unternehmen interessiert sind (Kunden, Mitarbeiter, Eigentümer, Aktionäre, Öffentlichkeit, Politik), werden betrachtet. Das Unternehmen versucht, den Interessen dieser Gruppen in seinem Handeln gerecht zu werden. Es ist offensichtlich, dass Konflikte zwischen verschiedenen Gruppen möglich und manchmal systemimmanent angelegt sind. So steht zum Beispiel das Interesse der Aktionäre, hohe Ausschüttungen zu erhalten, und das Bestreben der Mitarbeiter, gut bezahlt zu werden, in einem Gegensatz.

Aufgabe der Unternehmensleitung ist es, zwischen den unterschiedlichen Gruppen zu vermitteln, um einerseits die Kooperation im Rahmen der unternehmerischen Leistungserstellung zu sichern und andererseits Kompromisse hinsichtlich der Verteilung des erwirtschafteten Unternehmenserfolgs auszuarbeiten. Manager sollten darauf hinarbeiten, Service-Bemühungen auf der Grundlage einer »Servicelogik« zu integrieren und ein Gleichgewicht der funktionellen Subkulturen zu schaffen (Michel, Bowen & Johnston, 2009, S. 253–273).

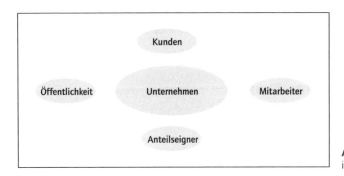

Abbildung 1: Stakeholder im Unternehmen

1.1.2 Was erwarten Kunden?

Die Erkenntnis: »Der Köder muss dem Fisch schmecken und nicht dem Angler« klingt trivial. Dennoch fischen immer noch viele Unternehmen mit Ködern, die sie selbst als für den Kunden optimal definiert haben. Kundenorientierung ist aber nicht das, was der Anbieter definiert – Kundenorientierung sehen wir auf der individuellen Ebene als Einstellung, die sich auf die kognitive, emotionale und Verhaltensebene auswirkt (Fischer & Wiswede, 2009, S. 283 ff.). Durch die Hinwendung zum Kunden sollen die Kundenbedürfnisse erkannt und erfüllt werden.

Wenn definiert wurde, wer die (Ziel-)Kunden sind, können deren Bedürfnisse erhoben werden. Hier ist aber zu berücksichtigen, dass die grundsätzlichen Wünsche der Kunden zwar schnell auszumachen sind (er möchte ja eine Ware oder Dienstleistung kaufen). Je nach Segment kann aber dieses Bedürfnis ganz verschieden ausgeprägt sein (z. B. hinsichtlich Menge, Zeitfaktor) In der Interaktion können weitere Wünsche hinzutreten oder diese sogar überlagern (ein ärgerlicher Beschwerdekunde hat einen ganz anderen Wunsch, als zusätzliche Käufe zu tätigen). Dies müssen Mitarbeiter wissen und sich darauf einstellen können.

Bei der Auswertung von Ergebnissen aus verschiedenen Mystery-Research Studien (Qualiance GmbH, 2011) wurde untersucht, ob es übergreifende Treiber der Zufriedenheit gibt, die man mit statistischen Verfahren extrahieren kann. Dazu wurde jeweils geprüft, welche der im Projekt gemessenen Kriterien mit der Gesamtzufriedenheit und der Weiterempfehlungsbereitschaft hoch korreliert waren. Dann wurden diese Kriterien inhaltlich verdichtet. Als Ergebnis dieser Analyse zeigten sich zwei wesentliche Einflussfaktoren, die Zufriedenheit und die Weiterempfehlung aus Sicht der (Test)-Kunden bestimmen: Kompetenz und Engagement. Kompetenz bezieht sich sowohl auf die Funktion als auch auf das Auftreten eines Mitarbeiters. Ein gekauftes Gerät muss funktionieren, eine Hotline muss erreichbar sein und eine Auskunft durch einen Mitarbeiter sollte richtig sein. Engagement hingegen ist das, was ein Mitarbeiter einem Kunden zeigt. Engagement wird zum Beispiel sichtbar in dem Verständnis für den Kundenbedarf, welches ein Mitarbeiter zeigt, und im Bemühen, eine für den Kunden optimale Lösung zu finden. Ein zentrales Kundenbedürfnis ist eine faire Behandlung durch das Unternehmen, und natürlich messen Kunden ein Unternehmen, daran, ob es die Versprechen hält, die ein Mitarbeiter dem Kunden gibt. Die Gewichtung beider Faktoren schwankt je nach Branche. In stärker produktgetriebenen

Branchen wie z. B. Finanzdienstleistungen oder Automobilverkauf überwiegt die Kompetenz. In anderen Dienstleistungsbereichen ist gezeigtes Engagement und das Bemühen um den Kunden wichtiger.

Um Erwartungen erfüllen zu können, muss man sie kennen. Dabei ist zu beachten, dass die Erwartungen der Kunden situationsbezogen und nicht homogen sind.

> Bei einer Kartensperrung nach Diebstahl hat ein Kunde ganz andere Erwartungen an den Kundenservice als bei einer Änderung eines Dauerauftrags. Die Erwartungen an die Notfall-Hotline eines Gasversorgers, wenn man in der Wohnung Gasgeruch wahrnimmt, sind noch einmal ganz andere.

Entlang der Prozessketten entstehen sogenannte »Momente der Wahrheit« (Carlzon 2014). Das sind die Momente, die ein Kunde im Dialog mit einem Anbieter erlebt und die für seine Gesamtbeurteilung eines Prozesses kritisch sind. Z. B. wird der Moment des Einsteigens in einen Bus für einen Kunden ein solcher Moment der Wahrheit sein. Hört er dann einen unfreundlichen Satz vom Busfahrer oder flucht dieser laut über den Verkehr, so wird das die gesamte Busfahrt negativ prägen.

> Im Jahr 1981 übernahm Jan Carlzon den Vorstandsvorsitz der Fluglinie »**Scandinavian Airlines**«. Er fand heraus, dass die Fluglinie sehr auf die Technik des Fliegens konzentriert war, die Kunden aber ganz andere Prioritäten hatten. Die Prioritäten der Kunden zeigten sich immer an den Punkten, an denen sie mit der Airline Kontakt hatten. Er fand heraus, dass die Kundenwahrnehmung z. B. durch einen Verkäufer am Telefon, die Mitarbeiterin hinter dem Check-in Schalter, die Stewardess an Bord des Flugzeugs oder den Kapitän, wie er über sein Mikrofon sprach, entschieden wurde. Gelang es, diese Kontaktpunkte positiv zu gestalten, so zahlte dies positiv auf das Kundenerleben ein. War die Interaktion negativ, nahm die Zufriedenheit ab. Er leitete daraus die Maxime ab, dass das Einzige, was die Airline tun musste war, darauf zu achten, dass diese kritischen Momente immer gut ablaufen und dass sie die Erwartungen der Kunden übertreffen. Dann würde die Airline ein erfolgreiches Unternehmen sein können, was sich in der Folge auch bestätigte (Carlzon 2014).

1.1.3 Wie bewerten und entscheiden Kunden?

Kundenerwartungen sind immer subjektiv – aber oftmals in ein übergreifendes Rahmenwerk eingebettet. Maßgeblich die Marke zahlt auf die Kundenerwartungen ein: Ein Kunde, der zu Ikea fährt, hat eine andere Erwartungshaltung als ein Kunde, der in einen Designerladen in der Innenstadt fährt, selbst wenn in beiden Fällen ein skandinavisches Bett gekauft werden soll. Während der Interaktion nimmt ein Kunde intuitiv und teilweise unbewusst ein ständiges Abwägen zwischen Erwartungen und erhaltener Leistung vor. Sofern seine Erwartungen an jedem Punkt erfüllt werden, wird er grundsätzlich zufrieden sein. Gelingt es, die Erwartungen an einzelnen Punkten zu übertreffen, so kann Begeisterung entstehen. Allerdings wurde in vielen Experimenten gezeigt, dass die Zusammenhänge zwischen positiven bzw. negativen Erfahrungen und der Bewertung einer Situation nicht so einfach sind. Die Peak-End-Rule besagt, dass das Urteil einer Interaktion stärker von den positiven oder negativen Spitzen und vor allem davon abhängt ob das Ende als angenehm oder unangenehm empfunden wird (Kahneman, 2011, S. 380; Wiswede, 2007, S. 31; Fischer & Wiswede, 2009, S. 250 f.: Recency-Effekt). Übertragen auf eine Serviceinteraktion würde das bedeuten, dass unter allen Umständen ein versöhnliches Ende angestrebt werden sollte, unabhängig davon, was vorher geschehen ist.

In vielen Studien der experimentellen Sozialpsychologie wurde festgestellt, dass der Nutzen einer Handlungsalternative nicht vom endgültigen Vermögens- und/oder Wohlfahrtszustand abhängt, sondern von den Veränderungen im Verhältnis zu einem Referenzzustand. Nach der Prospect Theory werden Ergebnisse von riskanten Handlungsalternativen zunächst gegenüber dem neutralen Referenzpunkt (Adaptationsniveau) als Gewinne oder Verluste »kodiert« und erst danach bewertet. Bei der Bewertung gilt, dass Verluste schwerer wiegen als gleich hohe Gewinne (Kahneman, 2011, S. 282). Ein Verlust von 100 EUR macht einen Menschen danach also unglücklicher als der Gewinn von 100 EUR glücklich macht. Besonders spannend ist, dass dieser Referenzpunkt nicht fest ist, sondern sich dauernd ändert und auch von außen manipuliert werden kann (Siehe hierzu Framing, Anchoring etc.) (Kahneman, 2011, S. 88 & 119 ff.).

Wir leben in einer Welt voller Unsicherheit. Wir können über die Zukunft nur Vermutungen anstellen und uns daher nie sicher sein, ob eine Entscheidung die bestmögliche ist. Also müssen die Urteils- und Entscheidungsprozesse in einer Weise ablaufen, die es uns ermöglicht, effizient mit Unsicherheit umzugehen. Vor diesem Hintergrund ist davon auszugehen, dass Denkprozesse des Individuums von begrenzter Rationalität geleitet werden. Dies gilt auch für Unternehmen. Organisationales Verhalten wird häufig geprägt von Automatismen, die in der Kultur eines Unternehmens angelegt und gelernt sind. Dazu bedienen sich die Mitarbeiter sogenannter Urteilsheuristiken. Dies sind kognitive »Daumenregeln«, die meist nur einen Teil der verfügbaren Informationen für die Entscheidung nutzen. Sie sind »einfache Regeln, die helfen, adäquate, aber häufig nicht perfekte, Antworten für schwierige Fragen zu finden« (Kahneman, 2011, S. 98). Heuristiken sind im Allgemeinen sehr effizient, können aber auch zu fehlerhaften Ergebnissen führen.

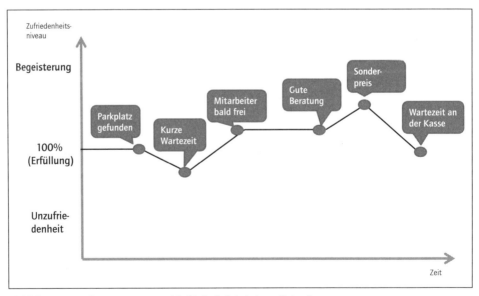

Abbildung 2: Kundenerwartungen und Zufriedenheit bei einem Einkaufsvorgang

»Kundenerwartungen speisen sich aus kundeneigenen inneren Bildern. Diese mentalen Landkarten werden durch die Summe unserer Erfahrungen aufgebaut. Erfahrungen sind die wertvollste Form von Wissen, und Erinnerungen sind emotional markierte Erfahrungen. Sie werden ständig bearbeitet und neu bewertet. Dabei füllt das Gehirn Lücken mit passendem Material. So kommt es, dass gleiche Ereignisse von unterschiedlichen Kunden durchaus unterschiedlich bewertet werden« (Schüller, 2014a, S. 190). Diese unterschiedlichen Erwartungen zu erspüren und sich auf den Kunden einzustellen, ist die Leistung, die überdurchschnittlich kundenorientierte Mitarbeiter bei jeder Interaktion mit den Kunden erneut erbringen.

Am Beispiel in Abbildung 2 wird klar, wie die Momente der Wahrheit die Kundenerwartungen und die Zufriedenheit prägen. Ein Niveau von 100 % Zufriedenheit ist grundsätzlich anzustreben. Im Idealfall kann ein einzelnes Element (hier der kundenspezifische Sonderpreis) die Bewertung der gesamten Interaktion in die Begeisterungszone hieven. Im Extremfall kann eine negative Komponente in einem Gesamterlebnis das gesamte Kundenerlebnis einer Interaktion negativ prägen, da Verluste schwerer wiegen als Gewinne in gleicher Höhe. Das heißt nicht, dass Kunden Fehler nicht verzeihen – eine Entschuldigung zur rechten Zeit oder ein Kompensationsangebot kann durchaus die Kundenzufriedenheit »retten«. Aber Unternehmen müssen hinsichtlich negativer Kundenerfahrungen eine besondere Sensibilität aufweisen. Sie müssen rechtzeitig erkannt und die Mitarbeiter darin geschult werden, angemessen auf enttäuschte Kundenerwartungen zu reagieren.

1.1.4 Kundenzufriedenheit, Loyalität und Kundenorientierung

Kundenorientierung, auch wenn sie den Werten und Haltungen eines Unternehmens entspringt, ist kein Selbstzweck. Am Ende dient sie dazu, dass Kunden zufrieden sind, treu bleiben und das Unternehmen weiterempfehlen.

Die abhängige Variable in der Gesamtgleichung und das Ziel der ganzen Bemühungen ist bei einem kundenorientierten Unternehmen die Kundenbindung. Diese wird operationalisiert über die Weiterempfehlung, die Treue, den Kauf anderer Produkte oder Dienstleistungen vom gleichen Anbieter (Cross-Buying) und die Wiederkaufbereitschaft gleicher Produkte oder Dienstleistungen vom gleichen Anbieter. Hier wird der Bezug zum ökonomischen Erfolg des Unternehmens deutlich (Meffert & Bruhn, 2012, S. 84 ff.; Heskett, Jones, Loveman, Sasser & Schlesinger, 1994, S. 165 f.).

Loyalität soll hier verstanden werden als (emotionale) Verbundenheit im Gegensatz zu (vertraglicher, technischer) Gebundenheit. Bei Loyalität bleibt der Kunde freiwillig und fühlt sich wohl.

Verschiedene Verhaltensweisen lassen sich bei loyalen Kunden beobachten (Homburg, 2006, S. 56 ff.):
- Sie bleiben Kunde, kaufen mehr des gleichen Produktes bzw. der Dienstleistung beim gleichen Anbieter.
- Sie kaufen andere Produkte oder Dienstleistungen beim gleichen Anbieter.
- Sie empfehlen das Unternehmen explizit an Freunde, Bekannte oder Kollegen weiter bzw. sprechen positiv über das Unternehmen.

Der reine Verbleib beim Anbieter ist also kein Zeichen für Loyalität. Es könnte z. B. sein, dass ein Kunde immer wieder zu einem bestimmten Supermarkt geht (beobachtbares Verhalten), weil es für ihn der nächste Supermarkt ist, obwohl er dort mit dem Service und den Produkten unzufrieden ist. Sobald ein neuer Supermarkt in der Nähe eröffnet, wird dieser Kunde wechseln, wenn er beim neuen Markt bessere Leistungen erwartet.

Mit der Kundenbindung eng korreliert ist die Kundenzufriedenheit. Kundenzufriedenheit verstehen wir als eine (positive) Einstellung eines Kunden, die meist auf einem Soll-Ist-Vergleich zwischen Erwartungen und wahrgenommenen Leistungen des Anbieters oder des Produktes beruht (Homburg, 2006, S. 23). Durch die Verbindung des Konzeptes des Soll-Ist-Vergleichs, der eher rationale Aspekte der Kundenzufriedenheit betont, und des Einstellungskonzeptes, das explizit auch emotionale sowie Verhaltensaspekte umfasst, ist eine ganzheitliche Sicht auf die Kundenzufriedenheit gewährleistet. Der Grad, in dem ein Soll-Ist-Vergleich tatsächlich stattfindet oder eher eine intuitive/heuristische Form der Informationsverarbeitung abläuft, lässt sich über verschiedene 2-Prozess-Modelle der Einstellungsänderung (Fischer & Wiswede, 2009, S. 239 ff.) bzw. Modelle der kognitiven Verarbeitung erklären (Sloman, 2002, S. 379 ff.; Kahneman, 2011).

Die Kundenbindung weist Zusammenhänge mit verschiedenen weiteren Variablen auf, die als operative Teilziele angesehen werden können (guter Kundenservice, eine gute Beratung und Betreuung, kompetentes und freundliches Personal, exzellente Produkte, angemessene Preise).

1.2 Die Ebenen der Kundenorientierung

Wir sehen unterschiedliche Formen der Kundenorientierung auf verschiedenen Ebenen im Unternehmen. Die Basis im Sinne der grundlegenden Philosophie bildet die kundenorientierte Unternehmenskultur. Mit dieser Grundhaltung können Unternehmen eine strategische Kundenorientierung entwickeln (dazu mehr in Kapitel 2 »Strategische Kundenorientierung«). Darauf aufbauend wird die organisationale Kundenorientierung sichtbar. Sie beinhaltet die Ausrichtung des Managements, der Strukturen und Prozesse sowie der technischen Systeme, des Personalmanagements und der Unternehmenskommunikation auf den Kunden. Auf dieser Struktur- und Prozessebene werden die Voraussetzungen geschaffen, dass Mitarbeiter überhaupt kundenorientiert handeln können.

Daher ist es so, dass die Voraussetzungen für kundenorientiertes Handeln bereits auf der Organisationsebene geschaffen werden.

Neben der organisationalen Ebene gibt es die persönliche Kundenorientierung. Dies ist die Ebene, die direkt vom Handeln der Mitarbeiter getragen wird. Die persönliche Kundenorientierung wird auf der operativen Ebene erfahrbar, u. a. im direkten Kundenkontakt, wo kundenorientierte Mitarbeiter kundenorientiertes Verhalten zeigen können.

> Wenn sich z. B. ein Kunde beschwert, so kann ein Mitarbeiter diese Unzufriedenheit heilen. Wenn aber kein kundenorientierter Beschwerdeprozess definiert wurde, der auch die Ressourcen zur Verfügung stellt (es ist kein Geld in der Kasse, um eine spontane Kompensation zu gewähren), so wird der Mitarbeiter den Kunden nicht zufriedenstellen.

Neben den Mitarbeitern im direkten Kundenkontakt müssen auch die vielen Mitarbeiter mit Supportfunktionen kundenorientiert handeln, es gilt also, die Organisation als Ganzes am Kunden auszurichten.

Organisationale und persönliche Kundenorientierung müssen zusammenspielen. Beide lassen sich auf der Zeitschiene noch einmal unterteilen: Auf der Prozessebene werden die Systeme und Prozesse entwickelt. Auf der Interaktionsebene werden sie im Kundenkontakt eingesetzt. Zusammengefasst kann man eine Vier-Felder-Matrix entwickeln:

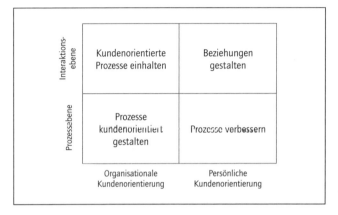

Abbildung 3: Matrix Kundenorientierung

Organisationale Kundenorientierung bedeutet auf der Prozessebene, dass bereits bei der Entwicklung der Prozesse kundenorientiert gedacht werden muss. Dies kann auf unterschiedliche Weise geschehen, z. B. indem man Kunden in die Prozessentwicklung einbezieht oder im Unternehmen eine zentrale Instanz zur kundenorientierten Prozessüberprüfung installiert. Mitarbeiter im Kundenkontakt müssen nicht nur in die Prozessentwicklung einbezogen werden, sie müssen auch kontinuierlich an der Verbesserung der Prozesse in Richtung Kundenorientierung mitwirken können. Dazu müssen im Unternehmen geeignete Rückkoppelungsschleifen angelegt werden.

Auf der Interaktionsebene sollten Mitarbeiter kundenorientierte Prozesse möglichst einhalten. Schließlich sind die Prozesse dafür da, Kundenorientierung im Alltag zu sichern und ein einheitliches Erleben des Kunden zu sichern. Hier gibt es oft Defizite. Grundlage für eine ganzheitliche Beratung ist es, den Bedarf des Kunden nicht nur zu erfassen, sondern auch zu hinterfragen, um den Kunden zielgerichtet beraten zu können. In der Praxis erlebt man aber bei der Erfassung des Kundenbedarfs erhebliche Defizite. Mitarbeiter, die den Bedarf nicht verstanden haben, können dem Kunden aber keine kundenorientierte Lösung zur Abdeckung seines Bedarfs vorschlagen. Unter der Voraussetzung, dass Prozesse kundenorientiert sind (was auf der Gestaltungsebene systematisch sicherzustellen ist), sollte ein Unternehmen die Einhaltung dieser Prozesse messen und steuern.

Das wichtigste Aktionsfeld für echte Kundenorientierung ist die Interaktionsebene, wo Mitarbeiter auf Kunden treffen. Hier liegt es am Mitarbeiter, nicht nur kundenorientiert zu handeln, sondern Beziehungen zu gestalten. Dies setzt voraus, dass der Mitarbeiter nicht nur dem Kunden zuhört und sich auf diesen einstellt. Echte Kundenorientierung ist beidseitig. Indem der Mitarbeiter sich zum Kunden öffnet, kann er eine echte Beziehung gestalten. Außerdem muss der Mitarbeiter darauf achten, dass er die Rollenerwartungen des Kunden und die in der Gesprächssituation aktiven Normen nicht verletzt (Giebelhausen, Robinson, Sirianni & Brady, 2014, S. 121).

> Z.B. kann ein Bankberater nicht unbegrenzt private Dinge erzählen, wenn der Kunde ein Gespräch über seine Altersvorsorge führen möchte. Auf der anderen Seite wäre es aber auch unhöflich, auf private Anmerkungen des Kunden überhaupt nicht zu reagieren.

1.2.1 Kundenorientierte Werte, Normen und Einstellungen

Wie bereits erwähnt ist die rationale Ebene kundenorientierten Handelns nur ein Teilaspekt der ganzheitlichen Kundenorientierung. Auch Unternehmen haben neben den vorgegebenen Leitbildern und anderen geschaffenen Aspekten eine darunterliegende Ebene, auf der gewachsene Einstellungen und Werte das Verhalten der Organisation prägen. Um diese zu erklären, helfen die Ansätze der Kognitionspsychologie. Sie hat das Zusammenspiel von Werten, Einstellungen und Verhalten für das Individuum erforscht. Einige dieser Erkenntnisse sind unserer Ansicht nach auch auf Organisationen insofern übertragbar, als Organisationen die Summe von Individuen sind und in gewisser Weise ein Eigenleben entwickeln, das eigene Werte, Normen und Einstellungen hervorbringt. Normen und Einstellungen beeinflussen nicht nur, welche Individuen eine Organisation anzieht oder abstößt, auch die Menschen in einer Organisation nehmen die Werte, Normen und Einstellungen der Organisation an und leben danach. In der Praxis verändert die Organisation den Menschen schneller, als der Mensch die Organisation verändern kann.

Werte sind etwas, was der Einzelne als wichtig und lohnend einschätzt. Ein Wert kann ein Lebensprinzip sein oder etwas, was man erreichen oder erhalten möchte (Zimbardo & Gerrig, 1996, S. 521). Kundenorientierte Werte eines Unternehmens enthalten insofern ein beurteilendes Element, als sie die Vorstellungen darüber in sich tragen, was richtig, gut oder wünschenswert ist. Werte sind für Menschen also deshalb wichtig, weil das Streben nach ihnen sowie ihre Verwirklichung mit angenehmen Gefühlen verbunden sind (Fischer & Wiswede, 2009, S. 142). Werte führen auf kognitiver Ebene dazu, dass sich dauerhafte Handlungsmerkmale herausbilden. Es kann ein Wert eines Unternehmens sein, Kundenbedürfnisse den eigenen Bedürfnissen überzuordnen. Dies kann Verhalten prägen, wenn sich bestimmte Normen herausbilden, z.B., dass die Ladentür nach Feierabend für den letzten Kunden noch offen gelassen wird, auch wenn das den persönlichen Feierabend verzögert.

Zwischen den Werten und dem Verhalten ordnet die Kognitionspsychologie noch die Ebene der Einstellungen ein. Einstellungen sind erlernte Neigungen, Klassen von Gegenständen oder Menschen in Abhängigkeit von den eigenen Überzeugungen und Gefühlen günstig oder ungünstig zu bewerten. Einstellungen können sich im kognitiven (Annahmen und Überzeugungen), affektiven (Gefühle und Emotionen) und behavioralen (Verhaltensweisen) Bereich ausdrücken. Beispiele für Einstellungen sind Vorurteile, Sympathie und Antipathie oder der Selbstwert. Einstellungen haben die Funktion, Objekte einzuschätzen sowie durch Identifikation und Distanzierung zu Individuen soziale Anpassung zu erreichen (Zimbardo/Gerrig, 1999, S. 521).

> Ein Unternehmen aus unserem Kundenkreis hatte zwar kundenorientierte und auch emotional besetzte Werte vereinbart und kommuniziert, es wurde aber weder kundenorientiert gedacht, noch gefühlt oder gehandelt. Zur Steuerung waren Budgets und Planungen die einzigen Kriterien. Wir wurden gebeten, bei der Stärkung der Kundenorientierung im Unternehmen und der Erhöhung der Kundenbindung zu helfen. Dies stellte sich aufgrund der sehr rationalen Kultur schwierig dar, da deutlich wurde, dass es für die handelnden Personen schlechterdings unvorstellbar war, abseits der Budgets und Prozesse zu denken. Der Vorschlag, die Entscheidungsspielräume der Mitarbeiter zu erhöhen, um so eine bessere Erstlösungsquote von Kundenanliegen zu erreichen, stieß auf anfängliche Widerstände, denn ein Bezirksleiter war niemals bereit, eine Budgetüberschreitung in Kauf zu nehmen, selbst wenn das bedeutete, dass einem unzufriedenen Kunden keine kostenfreie Ersatzlieferung angeboten werden konnte. Auch Kundenorientierung war nur in dem Rahmen denkbar, den Budgets und Planungen zuließen.

1.2.2 Die kundenorientierte Unternehmenskultur

Die Gesamtheit aller Werte und Einstellungen eines Unternehmens spiegeln sich in seiner Kultur wider. Eine kundenorientierte Unternehmenskultur umfasst (Homburg, 2006, S. 74):
- grundlegende Werte, die die Kundenorientierung fördern
- Verhaltensnormen der Kundenorientierung
- Artefakte der Kundenorientierung (Erzählungen, Sprache, Rituale, Arrangements)
- kundenorientierte Verhaltensweisen

Eine kundenorientierte Unternehmenskultur bedeutet: Es muss nicht alles geregelt sein. Im Zweifel werden Mitarbeiter sowieso kundenorientiert handeln, weil es die Unternehmenskultur so vorgibt.

Aus Abbildung 4 wird deutlich, dass kundenorientierte Werte als gemeinsame Grundlage allen Handelns dienen. Sie erzeugen eine kundenorientierte Einstellung, die die gesamte Unternehmung durchzieht. Die Einstellungen beeinflussen das Verhalten der einzelnen Mitarbeiter sowohl auf der Prozessebene (schnelle oder langsame Prozesse, Flexibilität vs. Festlegung) als auch in der Kundeninteraktion.

Die Abbildung 4 verdeutlicht auch, dass ein direkter Eingriff in die Kundenorientierung nicht möglich ist. Die Kultur eines Unternehmens kann nicht per Deklaration verändert werden. Auf der Werteebene kann ein Unternehmen aber Leitsätze und Visionen formulieren, wie es agieren möchte. Dabei empfiehlt es sich, diese nicht von oben aufzupfropfen, sondern sie mit den Mitarbeitern an der Stelle zu entwickeln, wo das Verhalten gezeigt werden soll. Auf der Ebene der Verhaltensnormen sollten Verhaltensregeln festgelegt werden. Ganz wichtig ist aber auch, wie sich Mitarbeiter mit Führungsverantwortung verhalten. Wenn eine Kultur nachhaltig verändert werden soll, kann es notwendig sein, Führungskräfte, die ein neues Leitbild nicht leben, auszutauschen. Die Symbolkraft beobachteter konformer Handlungen kann gezielt genutzt werden. Es gilt, erwünschtes Han-

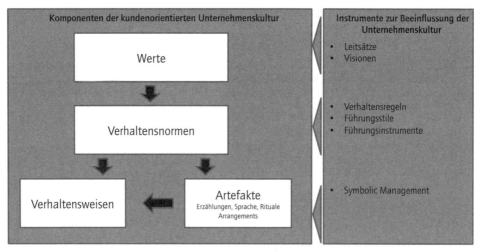

Abbildung 4: Überblick über Komponenten der kundenorientierten Unternehmenskultur (Homburg, 2006, S. 76)

deln herauszustellen und zu belohnen, wodurch eine Verstärkung erreicht wird. Auf der anderen Seite sollte unerwünschtes Handeln erkannt und unterbunden werden.

1.3 Kundenorientiertes Denken

1.3.1 Vom USP zur Customer Value Proposition

Kundenorientierung ist Ausdruck einer Denkhaltung. Früher ging unternehmerisches Handeln vom Unternehmen aus. Dieses platziert ein gutes Angebot im Markt, am besten mit einem Alleinstellungsmerkmal (Unique Selling Proposition, kurz USP). Mittels dieses USP aus Unternehmenssicht, für den man sich eine Nachfrage ausrechnete, ging man davon aus, dass der Kunde es schon kaufen würde (was ja auch mehr oder weniger gut klappte). Die kundenorientierte Herangehensweise dreht die Denkweise um: Ein Unternehmen sollte anbieten, was dem Kunden Nutzen bringt. Aus einem tatsächlichen und empirisch festgestellten Kundennutzen werden Produkte oder Dienstleistungen mit Eigenschaften abgeleitet, die für den Kunden einen echten Wert darstellen (Customer Value Proposition). Der Kunde kauft, was ihm einen Nutzen stiftet.

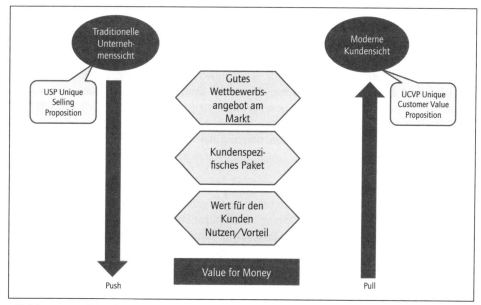

Abbildung 5: Traditionelle Unternehmenssicht versus moderne Kundensicht

1.3.2 Das Leitbild zur Orientierung

Das kundenorientierte Leitbild gibt dem Unternehmen die Orientierung. Die Strategie legt fest, wie die im Leitbild beschriebene Vision erreicht werden soll. Sowohl das Leitbild als auch die Strategie können vom Unternehmen willentlich erzeugt werden. Die Kultur eines Unternehmens entsteht aus der Interaktion der verschiedenen Gruppen (Mitarbeiter, Management, Partner, Kunden). Über Leitbild und Strategie kann die Kultur beeinflusst, jedoch nicht direkt gesteuert werden. Das Leitbild bildet die Basis der Identität im Service (Zimmermann, 2015). Ein kundenorientiertes Leitbild im Service sorgt für Motivation bei den Mitarbeitern und leistet einen Beitrag zur Kundenbindung. Mit dem Leitbild macht sich ein Unternehmen unverwechselbar für Mitarbeiter und Kunden und hebt sich außerdem vom Wettbewerb ab. Es wird ebenso für die Kunden und die Öffentlichkeit geschaffen, um diese vom Unternehmen und den Produkten oder Dienstleistungen zu überzeugen. Es trägt somit nachhaltig zum Unternehmenserfolg bei. Nicht nur große Unternehmen profitieren von einem Leitbild, sondern ebenso kleine und mittelständische Unternehmen.

Ein Leitbild sagt aus, was der Unternehmenszweck, die zentralen Werte, die Aktivitätsfelder und die konkreten Ziele eines Unternehmens sind. Es beschreibt die Mission und Vision einer Organisation sowie die Kernwerte – die angestrebte Organisationskultur – in einer schriftlichen Erklärung und teilweise auch mit einem Bild oder einer Grafik (Kerth, Asum & Stich, 2011, S. 198 ff.).

Nutzen eines Leitbildes ist:
- klare Unternehmensidentität
- Entscheidungshilfe für Führungskräfte

- mehr Mitarbeitermotivation
- Hilfestellung in Konfliktsituationen

Ein Serviceleitbild kann aus diesen Teilen bestehen (ServiceRating, 2015):
- **Motto** oder **Slogan**: Eine Aussage, die den Kunden die Leistungen verdeutlicht.
- **Vision und Mission**: Eine Aussage, die an die Kunden und Mitarbeiter gerichtet ist und die verdeutlicht, wofür das Unternehmen steht. Die Einzigartigkeit sollte in den Vordergrund gerückt werden.
- **Werte**: Diese sagen etwas über den Umgang der Mitarbeiter untereinander und mit Kunden und Partnern aus.

Leitbilder können aber nicht von oben vorgegeben werden: Natürlich bringen sie die strategischen Vorstellungen eines Unternehmens zum Ausdruck. Sie speisen sich aber auch aus den gelebten Werten und der Unternehmenskultur eines Unternehmens. Diese zu verändern vermag ein Leitbild allenfalls langfristig. Kurzfristig wäre es aber ein Fehler, ein Leitbild konträr zu den im Unternehmen kulturell angelegten Grundannahmen zu entwickeln.

Wer ein Serviceleitbild entwickeln möchte, braucht eine **klare Vorstellung** der Werte, Vision und Mission. Es empfiehlt sich, bei der Entwicklung interaktiv vorzugehen und die Mitarbeiter früh einzubeziehen. Am Anfang stehen simple Fragen:
- Wo wollen wir hin? Was wollen wir erreichen? (**Vision**)
- Was ist der Sinn des Unternehmens (**Mission**)
- Wie erzeugen wir Zusammenhalt in der Gruppe? (**WIR**-Gefühl)
- Wer sind wir? Wofür stehen wir? (**Identität**)
- Welche grundlegenden Werte leiten unser Handeln? (**Werte**)

Wir haben gute Erfahrungen damit gemacht, solche Prozesse auch grafisch zu unterstützen. Ergebnisse von Arbeitsgruppensitzungen und Workshops werden grafisch umgesetzt. Diese Bilder verdeutlichen die Ergebnisse und können zur Verbreitung im Unternehmen genutzt werden. Sie verankern die erreichten Ergebnisse viel wirkungsvoller, als geschriebene Worte dies leisten könnten.

Viele Unternehmen verfügen über Leitbilder. Leider können nicht alle dieser Unternehmen auch unter Beweis stellen, dass ihre Leitbilder auch gelebt werden. Gründe hierfür sind:
- Das Leitbild wurde von oben vorgegeben und passt nicht zur Unternehmenskultur.
- Das Leitbild ist nicht bekannt.
- Das Leitbild ist nicht im Alltag verankert.

Insbesondere die Verankerung des Leitbilds kann gar nicht hoch genug einschätzt werden. Leitbildkonformes Verhalten muss systematisch identifiziert und kommuniziert werden. Anreizsysteme sind so auszugestalten, dass »gewolltes« Verhalten belohnt wird. Umgekehrt muss nicht konformes Verhalten erkannt und getadelt werden. Es ist eine gute Idee, symbolisches Management wirksam werden zu lassen. Z. B. können in der Mitarbeiterzeitschrift Geschichten erzählt werden, Prämien für kundenorientiertes Verhalten ausgelobt, Wettbewerbe gestartet oder Vorbilder benannt werden. Leitbildorientiertes Verhalten führt

> **EnviaM-Gruppe:**
> **Wir gestalten die EnergieZukunft für Ostdeutschland**
>
> - **Mit unseren Produkten und Dienstleistungen** verbessern wir den Alltag unserer Kunden.
> - **Mit unseren Netzen** sichern wir eine zuverlässige Strom-, Gas- und Wärmeversorgung und damit die Voraussetzung für die Gestaltung der EnergieZukunft Ostdeutschlands.
> - **Mit unserem Wissen** geben wir Orientierung in allen Energiefragen.
> - **Mit der Kompetenz und Leistungsbereitschaft unserer Mitarbeiter** sichern wir unseren Erfolg. **Sie geben unserer Energie ein Gesicht.**
>
> | Partnerschaft | Glaubwürdigkeit | Verantwortung | Zukunftsgestaltung | Leistung |
> |---|---|---|---|---|

Abbildung 6: Unternehmensleitbild EnviaM (enviaM, 2012)

dazu, dass alle Mitarbeiter erkennen, »was richtig ist« und ihr eigenes Verhalten daran ausrichten können.

1.4 Kundenorientiertes Fühlen

1.4.1 Starke Gefühle im Kundenkontakt

Kundenorientierung bedeutet nicht nur, die (rationalen) Erwartungen der Kunden zu erfüllen. Natürlich erwartet ein Kunde, der 3 Brötchen kauft, dass er diese auch bekommt, dass sie frisch und die Zutaten einwandfrei sind. Er erwartet auch, dass die Bäckerei hell und sauber ist und dass es dort gut riecht. Außerdem sollte die Bedienung freundlich sein, sprich: Er will sich wohl fühlen. Bei einer Dienstleistung ist das ähnlich. Eine Versicherung weist viele definierte (rationale) Aspekte auf, die geprüft werden können, aber auch viele, wo der Kunde sich auf das Wort der Versicherung verlassen muss. Hier wird deutlich, dass gerade bei Dienstleistungen noch eine Menge mehr dazu kommt und gerade, wenn die Dienstleistung oder das Produkt starke Vertrauensqualitäten (Kotler, Keller & Bliemel, 2007, S. 551) aufweist, die nicht unmittelbar nachgeprüft werden können, werden das Vertrauen und mögliche Ängste des Kunden eine erhebliche Rolle spielen. Bei der Kundeninteraktion sind Gefühle also sehr wichtig. Mitarbeiter müssen empathisch darauf reagieren, Unternehmen müssen das auch bei Personalmaßnahmen berücksichtigen.

Die Beratung bei Kleidungsstücken kann sehr emotional werden, wenn der Verkäufer in Bezug auf die Figur des Kunden nicht die richtigen Worte wählt.

Beim Abschluss einer Berufsunfähigkeitsversicherung muss erörtert werden, wie der Gesundheitszustand des Kunden jetzt ist und was alles Schlimmes passieren kann. Gleiches gilt für eine Pflege- oder Lebensversicherung. Hier sind sicherlich auch starke Emotionen im Spiel. Denken Sie nur einmal daran, was passiert, wenn ein Verkaufsmitarbeiter den »falschen« Kunden bedient, nämlich nicht den, der als nächstes dran gewesen wäre. Die stärksten Emotionen werden aber aufkommen, wenn sich ein Kunde ungerecht behandelt fühlt. Bietet ihm das Unternehmen dann nicht die Kompensation an, die der Kunde für angemessen hält, kann die Situation vollständig eskalieren. Von Rationalität kann dann meist keine Rede mehr sein.

> Ein Mann ließ z. B. seinen Lamborghini öffentlich zerstören, weil er mit dem Service nicht zufrieden war (Kölner Stadtanzeiger, 2011). Ein Anderer zerstörte seinen BMW öffentlich aus ganz ähnlichen Gründen (Bildzeitung, 2013). Vermeintlich wegen 4 $ lieferten sich ein Harvard-Rechts-Professor und ein Schnellimbiss eine weltweit beachtete Kontroverse, in die dann sogar die Behörden eingebunden werden sollten (Sargent, 2014). Viele weitere Beispiele lassen sich mühelos finden, die frei werdenden Emotionen werden in entsprechenden Videos im Internet deutlich.

1.4.2 Wie fühlen sich die Kunden?

Untersuchungen von ServiceRating zeigen, dass das Erleben der Beziehung zu einem Unternehmen für Kunden ein wichtiger Schlüssel für die Fortführung der Beziehung, also die Kundenbindung ist. Kunden legen dabei weniger Wert auf »Wow-Erlebnisse«, sie erwarten aber eine stabile, gute Beziehung: Sie wollen sich »gut aufgehoben« fühlen. Die Unterschiede in der erlebten Kundenorientierung zeigen Ergebnisse aus dem ServiceRating-Wettbewerb »Top Service Deutschland«, bei dem jährlich die 50 kundenorientiertesten Dienstleister Deutschlands ermittelt und ausgezeichnet werden. Den Top-10-Unternehmen im Wettbewerb gelingt es zu 86 %, dass sich Kunden als »König Kunde« oder wenigstens »gut aufgehoben« fühlen, bei den Top-50-Unternehmen sind es 72 %. Dem steht aber eine starke Gegenposition gegenüber: Bei den Top-10 geben 13 % der Kunden an, sich wie »einer unter vielen« erleben, bei den Top-50 sind es 24 %, die das von sich sagen und 3 % fühlen sich als »kleiner Bittsteller«.

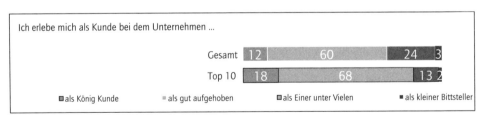

Abbildung 7: König Kunde? (ServiceRating, 2015)

1.5 Kundenorientiertes Handeln

1.5.1 Die Rolle von Standards

Viele Unternehmen legen im Service Standards fest, die sie einhalten wollen. So sollen E-Mails innerhalb von einem Arbeitstag beantwortet sein, die Erstlösungsquote am Telefon bei 90 % liegen oder die Gesprächszeit im Service Center nicht mehr als vier Minuten betragen. Es ist offensichtlich, dass kundenorientiertes Verhalten und Servicestandards im Widerspruch zueinander stehen können.

> Was macht beispielsweise ein Mitarbeiter im Einzelhandel, der angehalten ist, jeden neuen Kunden zu begrüßen, wenn gleichzeitig ein anderer Kunde eine Frage an ihn stellt?
>
> Wie kann sich ein Mitarbeiter am Telefon verhalten, dessen Gesprächszeit sechs Minuten nicht überschreiten soll, wenn er bei einem bestimmten Kunden für einen komplexen Sachverhalt noch vier Minuten braucht?
>
> Wie geht es einem Kunden, der es eilig hat, wenn ein Mitarbeiter einen Standard-Gesprächsleitfaden »abspult«, auch wenn sein Anliegen viel schneller gelöst werden könnte?

Wir sind überzeugt davon, dass Unternehmen Standards benötigen. Sie werden aus Kundenerwartungen abgeleitet und stellen sicher, dass ein bestimmtes Serviceniveau immer erreicht wird. Anders formuliert: Sie sichern das Kundenerlebnis nach unten ab. Sie sind nicht dafür gedacht, Kundenbegeisterung zu erzeugen. Wenn Kundenbegeisterung dadurch entsteht, dass Kundenerwartungen übertroffen werden, Standards aber andererseits nur absichern, dass Erwartungen erfüllt werden, dann muss ich über die Standards hinausgehen, wenn ich Kunden begeistern will.

Auch auf der Mitarbeiterseite haben Standards einen (begrenzten) Nutzen. Ein Mitarbeiter, der sich an die Standards hält, wird einen idealtypischen Kunden zufriedenstellen. Insofern sind Standards Hilfestellungen, da diese im Kundendialog auf die Standards zurückgreifen können. Echte Kundenorientierung entsteht aber da, wo Standards aufhören.

> Der Mitarbeiter, der seine Position im Markt verlässt, um eine hilfsbedürftige Person zur Kasse zu begleiten. Die Telefonsachbearbeiterin, die ihren Feierabend hinausschiebt, um eine dringende Kundenanfrage noch zu beantworten. Oder der Kollege, der für ein Kundenproblem spontan eine Lösung findet, die in keinem Leitfaden vorgegeben ist.

Unternehmen müssen bei der Festlegung von Standards Freiräume berücksichtigen, damit Mitarbeiter kundenorientiert handeln können. Sie müssen kundenorientiertes Handeln belohnen, auch wenn dies im Einzelfall heißt, die Übertretung von Standards zu tolerieren. Und sie müssen das Spannungsfeld zwischen Kundenorientierung und Servicestandards aushalten – es gibt keine Patentlösungen.

1.5.2 Einheitlich gute Servicequalität

Eine normalerweise gute Servicequalität ist nicht der Maßstab, an dem sich Unternehmen messen lassen. Dazu eine simple Rechnung: Bei nur 5 % Ausreißern nach unten bedeutet es, dass ein Kunde bei jeder 20. Interaktion ein negatives Erlebnis hat. Viel wichtiger als »normalerweise gut« oder auch »gelegentlich exzellent« ist es daher, die Konstanz des Serviceerlebnisses verlässlich zu gewährleisten. Allzu oft gelingt es den Unternehmen nicht, ein hohes Niveau an Kundenorientierung durchgängig zu zeigen.

Dies zeigt sich erneut bei Auswertungen des Wettbewerbes »Top Service Deutschland«. Während bei den besten 10 Unternehmen knapp zwei 60 % der Kunden angeben, eine konstant hohe Servicequalität zu erleben, sind es bei den Top-50-Unternehmen weniger als die Hälfte. Auffallend ist hier, dass immerhin ein Fünftel der Kunden dieser Unternehmen die Konstanz in der Servicequalität eher vermissen.

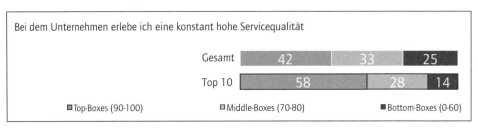

Abbildung 8: Konstant hohe Servicequalität (ServiceRating, 2015)

1.5.3 Kundenorientierung aus Managementsicht

Kundenorientierte Unternehmen verändern die Anreizsysteme für die Mitarbeiter so, dass kundenorientiertes Verhalten auch extrinsisch belohnt und unterstützt wird. Mitarbeiter werden bei den Top-10-Unternehmen eher am Erfolg beteiligt, die Kundenzufriedenheit ist eher Bestandteil eines variablen Vergütungssystems und Thema in Mitarbeitergesprächen.

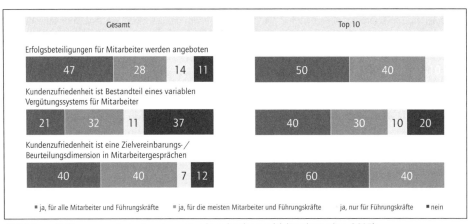

Abbildung 9: Managementumsetzung von Kundenorientierung (1) (ServiceRating, 2015)

Auffallend ist, dass insbesondere die besten Unternehmen Kundenorientierung vorleben. 90 % der befragten Unternehmen geben an, dass ihr Management regelmäßig Kundenkontakt hat. Bei den Top-50 sind es nur 66 %. Interne Service- und Qualitätsstandards sind ein weiteres Unterscheidungsmerkmal zwischen Unternehmen. Die Top-10 haben nämlich durchgängig solche Standards festgelegt. Bei den Top-50-Unternehmen im Wettbewerb »Top Service Deutschland 2015« haben 48 % durchgängig Servicestandards festgelegt.

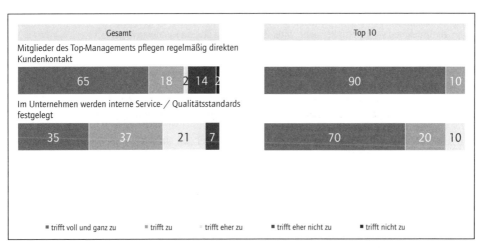

Abbildung 10: Managementumsetzung von Kundenorientierung (2) (ServiceRating, 2015)

> **Beispielhaft sei die Umsetzung von Kundenorientierung der bkk Firmus genannt:**
> - Vorstand und Führungskräfte suchen und praktizieren den direkten Kundenkontakt (z. B. Vertretung in Servicestellen, Telefonüberlauf); damit wird dem Kunden Nähe und Authentizität vermittelt.
> - Die Konkretisierung von Leitbildern und »Grundsätzen im Miteinander« erfolgt im Rahmen von MA-Events, Arbeitsgruppen etc.
> - Das Unternehmen hat eine Unternehmenskultur mit flacher hierarchischer Struktur sowie einer engen Führung und ermöglicht das Arbeiten von Führungskräften und Mitarbeitern Hand in Hand für den Kunden.
> - Es wird eine offene Fehlerkultur von Führungskräften gegenüber Mitarbeitern gepflegt (»Erlauben« von Fehlern); das stärkt Vertrauen und spornt zu guten Leistungen im Team an.

1.6 Sichtbare Kundenorientierung

Was macht nun ein wirklich kundenorientiertes Unternehmen aus? Wie denkt, fühlt und handelt ein Unternehmen kundenorientiert? Dies sollte von zwei Seiten betrachtet werden. Auf der einen Seite gibt es das, was das Unternehmen tut, ausgedrückt im Servicemanagement. Dies beinhaltet aus unserer Sicht Strategie und Leitbild, Strukturen, Prozesse und technische Systeme sowie die Kommunikation und das Personalmanagement. Das Servicemanagement sollte darauf hinwirken, dass kundenorientierte Werte und Einstellungen im Unternehmen verankert werden. Die Kultur des Unternehmens, die dadurch beeinflusst wird, stellt für die Mitarbeiter das »Koordinatensystem« dar, das ihnen den Rahmen für kundenorientiertes Handeln vorgibt.

> **Ein Beispiel für gelungenes kundenorientiertes Servicemanagement bietet die Hallesche Krankenversicherung:**
> - Kundenorientierung ist ein fester Bestandteil der strategischen Ausrichtung der Hallesche Krankenversicherung.
> - Im Serviceverständnis der Halleschen Krankenversicherung sind Kunden alle Personen, die mit dem Unternehmen in Kontakt stehen. Die Definition ist umfassend und schließt Vermittler, Versicherungsnehmer, versicherte Personen, Interessenten und interne Kunden mit ein.
> - Das Unternehmen verfolgt zur Steigerung der Kundenbindung das Ziel, Produkte und Services zu emotionalisieren und Vorgehensweisen zu individualisieren. Im Zuge der zunehmenden Digitalisierung sieht die Hallesche Krankenversicherung den Faktor »Mensch« im Kundenkontakt als wichtiges Differenzierungsmerkmal.
> - Das Thema Kundenzentrierung, d. h. »vom Kunden her denken«, hat bei der Halleschen Krankenversicherung einen zunehmend stärkeren Fokus. Das Unternehmen ist überzeugt, dass Kundenorientierung ein immer erfolgskritischerer Faktor wird.
> - Die Führungskräfte übernehmen eine Vorbildfunktion und sind angehalten, die Mitarbeiter zu kundenorientiertem Verhalten anzuregen.

Auf der anderen Seite einer sichtbaren Kundenorientierung steht das, was der Kunde wahrnimmt.

> Geht der Mitarbeiter mit zum Regal, um einen gesuchten Artikel zu zeigen, oder nuschelt er bloß »zweiter Gang links«? Interessieren sich die Mitarbeiter für den Kunden oder bloß für ihren Feierabend?

Sichtbare Kundenorientierung kann das Unternehmen nicht steuern, es kann bloß die richtigen Bedingungen schaffen, die richtigen Mitarbeiter auswählen und generell kundenorientiertes Verhalten fördern und fordern. Geeignete Messungen über Feedbacksysteme und die Belohnung von Kundenorientierung in individuellen Zielen tragen auch dazu bei, gewünschtes Verhalten zu verstärken.

Vor allem aber kommt es auf die Vorbildfunktion in der Führung an. Wirklich kundenorientierte Unternehmen haben oft charismatische Führer, die kundenorientiertes Verhalten vorleben und einfordern. Nach diesen richten sich die unteren Führungsebenen automatisch aus, sodass Kundenorientierung von oben nach unten durch das Unternehmen vorgelebt und verbreitet wird. Solche Kundenorientierung wird vom Kunden wahrgenommen und differenziert das Unternehmen von seinen Wettbewerbern. Die Belohnung sind Kundentreue und Wiederkauf sowie eine Stärkung der Marke. Langfristiges Wachstum und Erfolg kommen dann von selbst.

1.7 Checkliste »Kundenorientiertes Fühlen, Denken und Handeln«

- Im Unternehmen herrscht ein klares Bild, wer der Kunde ist.
- Das Unternehmen hat eigene Werte für den Service definiert.
- Das Unternehmen hat eine Vision für den Service definiert.
- Werte, Vision und Ziele sind in einem Serviceleitbild festgeschrieben.
- Leitbildkonformes Verhalten von Mitarbeitern wird erkannt.
- Leitbildkonformes Verhalten von Mitarbeitern wird herausgestellt und verstärkt.
- Unternehmensstrategie und Servicestrategie sind abgeglichen.
- Markenentwicklung und Serviceprofil sind abgeglichen.
- Der Kundennutzen steht bei Produkt- und Serviceentwicklung im Vordergrund.
- Für alle Prozesse sind die wichtigsten Kundenkontaktpunkte (»Momente der Wahrheit«) definiert.
- Für jeden Kontaktpunkt ist die Soll-Erfüllung festgelegt.
- Mitarbeiter werden zu den Momenten der Wahrheit geschult.
- Kunden fühlen sich von dem Unternehmen stets fair behandelt.
- Kunden haben volles Vertrauen zu dem Unternehmen.
- Bei dem Unternehmen erleben Kunden eine konstant hohe Servicequalität.
- Kundenzufriedenheit ist Bestandteil eines variablen Vergütungssystems für alle Mitarbeiter.
- Kundenzufriedenheit ist eine Zielvereinbarungs-/Beurteilungsdimension in Mitarbeitergesprächen.
- Mitglieder des Topmanagements pflegen regelmäßig direkten Kundenkontakt.
- Im Unternehmen werden interne Service-/Qualitätsstandards festgelegt.
- Mitarbeiter erfassen Kundenbedarf detailliert.
- Mitarbeiter haben auf allen Ebenen Kompetenzen und Budgets zur Sicherung von Kundenzufriedenheit.
- Die Kompetenz der Mitarbeiter in der Beratung wird gemessen.
- Das Engagement der Mitarbeiter in der Kundenberatung wird gemessen.
- Unternehmensinterne Servicekosten sind bekannt.
- Der Servicenutzen von Maßnahmen beim Kunden wird durch Marktuntersuchungen bestimmt.

2 Strategische Kundenorientierung

2.1 Das Verhältnis von Kundenorientierung und Strategie

2.1.1 Strategiealternativen

Unternehmen leben davon, dass ihr Angebot vom Kunden gegenüber Angeboten anderer Anbieter vorgezogen wird. Kundenorientierung bietet die Möglichkeit, ein Profil zu entwickeln, welches die Marke stärkt und vom Kunden als einzigartig wahrgenommen wird. Dabei muss ein einzigartiges Serviceprofil nicht automatisch ein reichhaltiges und teures Serviceprofil sein. Auch No-frills, der Verzicht auf jegliche Zusatzleistungen und Schnörkel, kann ein einzigartiges Service-Profil sein.

> Als Beispiel sei der Einzelhändler **Aldi** genannt, der sich durch günstig angebotene Elektronikartikel Woche für Woche viele Kunden in die Läden holt. Eine Beratung für diese Artikel kann man in den Aldi-Filialen nicht erwarten. Wer Informationen zum Artikel braucht, informiert sich besser vorab im Internet. Aber jeder dieser Artikel ist mit einer Servicehotline ausgestattet, bei der dem Kunden kompetent geholfen wird. Außerdem bietet Aldi sehr flexible Umtauschregeln an. Die Garantie ist großzügig, Kulanz wird flexibel gehandhabt. Das Ergebnis davon ist, dass viele Kunden bei Aldi Elektroartikel kaufen, mit einer Beziehung, die von einem sehr weiten Kundenvertrauen getragen ist. Aldi stärkt seine Marke durch diese Waren im Aktionssortiment und verfügt über ein einzigartiges Serviceprofil, welches viele andere reine Elektronikhändler sicherlich auch gerne hätten.

Gemäß des amerikanischen Strategieexperten Porter (Porter, 1999, S. 70) können Unternehmen zwischen drei Strategiealternativen wählen: Sie können sich durch besondere Produktvorteile auszeichnen, sie können Kostenführer werden oder sie können sich eine Nische suchen:

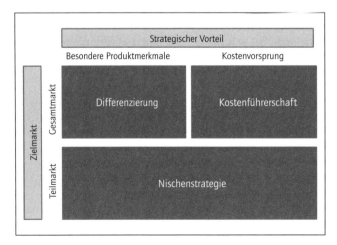

Abbildung 11: Strategiealternativen nach Porter (Porter, 1999)

Zu jeder der Strategiealternativen gehört eine eigene Servicestrategie:
- Der Kostenführer wird auch beim Service hauptsächlich auf die Kosten achten. Internet Self-Services und kostenpflichtige Hotlines werden hier akzeptiert, ansonsten gilt vermutlich »No frills«. Dennoch kann auch ein Kostenführer einen einzigartigen Service bieten, z. B. indem er den Service unkompliziert macht und eine hohe Automatisierung erreicht. Bei Ikea ist es zum Beispiel längst gängig, dass Kunden ihre Produkte an der Kasse selbst einscannen und dies wird auch akzeptiert. Die Hotelkette Motel One verzichtet auf viele Extras, wie z. B. Telefon oder Minibar im Zimmer und kann so die Übernachtung zu recht günstigen Preisen anbieten. Auf das Design und eine hohe Wertigkeit in der Ausstattung müssen die Gäste nicht verzichten.
- Bei einer Differenzierungsstrategie sollte auch der Service ein spezieller Service sein. Im Versicherungsmarkt verfolgt zum Beispiel die KFZ-Direktversicherung Direct Line (Teil der MAPFRE-Gruppe) eine solche Strategie. Als Direktversicherer bietet Direct Line dem Kunden Service nur am Telefon oder online. Dieser Telefonservice ist aber mit besonderer Kompetenz ausgestattet. Die Mitarbeiter arbeiten in Teams, die über alle Kompetenzen zur Bearbeitung von Kundenanliegen verfügen, und nehmen sich Zeit, bis ein Kundenproblem gelöst ist.
- Bei Umsetzung einer Nischenstrategie wird man im Service nicht alle Merkmale bieten, die ein Massenanbieter anbietet und sich auf Spezialservices konzentrieren. Oftmals kann man in der Nische einen besonderen Service anbieten, z. B. weil die Mitarbeiter eines Fernreiseanbieters auch wirklich selber in dem Land waren und daher mit einer besonderen Kompetenz beraten können. Je kleiner die Nische ist, desto persönlicher und »näher am Kunden« kann und sollte der Service sein.

2.1.2 Generischer Service tut nicht weh

Leider sind viele Unternehmen auf dem Weg zum individuellen Serviceprofil noch nicht sehr weit gekommen. Wenn man mit Vorständen und Geschäftsführern spricht, dann hört man häufiger die Aussage: »Wir wollen uns über guten Service differenzieren«. Fragt man dann, was die Differenzierungsmerkmale im Service sind, erntet man verständnislose Blicke. Es drängt sich die Frage auf, wie sich Unternehmen vom Wettbewerb abheben wollen, wenn sie alle das Gleiche tun?

Früher sprach man von der Servicewüste Deutschland. Die meisten Unternehmen haben die Servicewüste hinter sich gelassen. Wenn man heute ein Bild finden müsste, so wäre es das von einer Herde Kamele, die in einer Oase das Wasser riechen. Alle hetzen in hohem Tempo auf die Oase zu, um schnell dort zu sein. Man kann an die Oasen auch Namen schreiben, gestern »CRM« oder »24h-Hotline«, heute »Multi-Kanal« und »Social Media« und morgen z. B. »Internet Self-Services«. Wir nennen das, was dabei herauskommt, wenn alle das Gleiche tun, »generischen Service« oder auch »Man müsste doch«-Service. Ausgehend von dem, was andere Unternehmen bieten oder was man für das Richtige hält, werden Serviceleistungen ohne Gesamtkonzept oder Rückkoppelung mit den Kunden zusammengepackt und in die Auslage gestellt.

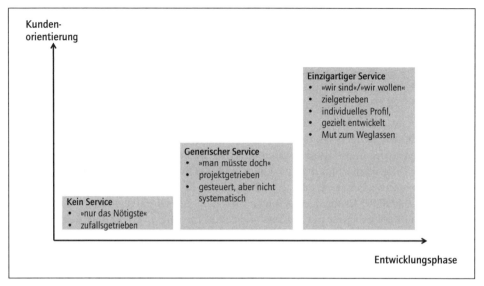

Abbildung 12: Entwicklung einer strategischen Kundenorientierung

Die Frage, ob Kunden solche Services erwarten, wird selten gestellt, die Frage, wie denn wohl ein individuelles Serviceprofil aussehen könnte, fast nie. Dies ist verwunderlich, denn in die Profilierung und Positionierung ihrer Marken oder Produkte stecken die Unternehmen viel Kraft. Eine eigenständige Positionierung des Service hingegen ist für die wenigsten Anbieter ein Thema. Das Fatale daran: Generischer Service tut nicht weh. Kunden beschweren sich allenfalls selten oder gar nicht, denn alle anderen bieten auch nicht mehr. Zwar wird die Organisation mit immer neuen Projekten be- oder sogar überlastet, aber man tut ja »das Richtige«. Die Frage, ob man vielleicht sogar zu viel tut, geht unter, der Blick für das Wesentliche wird verstellt. Die große Chance, mit kundenorientiertem Service einzigartig zu werden und das Profil des Unternehmens zu stärken, kann so nicht genutzt werden. Einer geht voran und alle anderen trotten hinterher.

2.1.3 Serviceprofile sind wichtig

Unternehmen sollten aus der Unternehmensstrategie eine Servicestrategie ableiten. Darin sollten sie festlegen, welchen Service sie ihren Kunden bieten wollen und was die besonderen Nutzenversprechen im Service sind, die das Unternehmen bietet. Dazu kann auch gehören, bestimmte Services eben nicht anzubieten.

> Eine Krankenversicherung fand heraus, dass die wenigsten Kunden erweiterte Telefonservicezeiten nach 20.00 Uhr nutzen wollten. In der Konsequenz schaffte man diesen Service ab und setzte die Mitarbeiter verstärkt zu anderen Zeiten mit hoher Auslastung ein. Es gelang, die Servicezufriedenheit messbar zu steigern.

> Ein weiteres Beispiel für einzigartigen Service ist die Firma **Apple**. Apple geht eigene Wege im Service und ist dabei sehr erfolgreich. Es ist zum Beispiel nicht möglich, mit einem defekten Endgerät in einen Apple-Store zu gehen und dort direkt Service zu erhalten. Apple verlangt, dass man im Internet einen Termin vereinbart. Wenn man dann zum vereinbarten Zeitpunkt in den Laden geht, erwartet einen nicht nur die besondere Atmosphäre des Apple-Store. Es sind dort auch kompetente Mitarbeiter, die ein Problem durch großzügigen Teiletausch in der Regel sofort lösen. Man kann davon ausgehen, mit einem funktionierenden Endgerät das Geschäft wieder zu verlassen. Von außen betrachtet ist dieses Konzept wenig kundenorientiert, da es dem Kunden viele Vorgaben macht. Wer den Service auf diesem Niveau aber einmal erlebt hat, versteht es besser. Auf jeden Fall stützt das Serviceprofil die Einzigartigkeit der Marke Apple.

Besser, als alles ein bisschen zu tun, ist, die in der Servicestrategie definierten Inhalte konsequent umzusetzen. Ein gutes Serviceprofil konzentriert die finanziellen und personellen Mittel an der Stelle, wo sie aus Kundensicht den meisten Nutzen schaffen. Ein Profil besteht aber nicht aus lauter Stärken, das wäre zu teuer. Deutlich wird dies an einem klassischen Zielkonflikt: In der Regel kann man Kundenanfragen entweder schnell beantworten oder gründlich. Ein Unternehmen, welches ein Serviceprofil entwickeln will, wird sich fragen müssen: Wollen meine Kunden vor allem, dass ich schnell reagiere? Oder will ich vielleicht der empathischste Anbieter sein, der sich mehr Zeit lässt, um auf die Kunden einzugehen? Möchte ich der Gründlichste sein? Möchte ich hauptsächlich automatisierten Service anbieten? Alles zu versuchen, ist nicht zielführend und auch nicht möglich. Solches Vorgehen führt in die Beliebigkeit auf dem Niveau des kleinsten gemeinsamen Nenners.

Essentieller Teil eines Serviceprofils sind daher auch die Dinge, die man *nicht* tut. Wichtig ist dann aber, dass die Dinge, die man tun will, auch vom Kunden als besonders wertvoll wahrgenommen werden.

Ein starkes Serviceleitbild dient als Orientierung für alle Mitarbeiter und unterstützt dabei, das gewünschte Profil im Unternehmen zu verankern.

Um das eigene Serviceprofil zu entwickeln, sollte sich das Unternehmen folgende Fragen stellen:
- Was will der Kunde? Was sind die Zufriedenheitstreiber und welche Punkte sind in der Kundenwahrnehmung vergleichsweise unwichtig?
- Was sind die eigenen Stärken und Schwächen? In der Regel ist es besser, eigene Stärken auszubauen, als zu versuchen, Schwächen zu kompensieren. Schwächen sollten insoweit abgebaut werden, als sie einen Hinderungsgrund für den Kunden darstellen.
- Was ist leistbar und was ist erforderlich? Die eigenen personellen und finanziellen Ressourcen spielen eine wichtige Rolle. Es geht darum, sich auf die wichtigen Punkte aus Kundensicht zu konzentrieren und Stärken gezielt zu kommunizieren.
- Was erlebt der Kunde? An welchen Stellen werden besondere Serviceanstrengungen für den Kunden erfahrbar?

Aus der Beantwortung der Fragen sollten die Punkte herausgearbeitet werden, die das Unternehmen gut beherrscht und die für den Kunden wichtig sind. Als Nebenbedingung müssen diese Punkte hinreichend viele Kunden konkret betreffen: Es bringt zum Beispiel nichts, einen Videochat anzubieten, wenn der Hauptkanal für Serviceereignisse auf absehbare Zeit das Telefon ist.

Die identifizierten Eigenschaften sind im Rahmen des Serviceprofils gezielt auszubauen, indem Investitionen und Ressourcen in diese Richtungen gelenkt werden. Wichtig ist dabei auch die Kommunikation des eigenen Wollens und die Betonung der Stärken im Umgang mit dem Kunden.

In dem Maße, wie Unternehmen ein einzigartiges Serviceprofil aufbauen, kommen sie in Situationen, in denen der »menschliche Faktor« eine besondere Bedeutung hat. Einen sehr guten Service kann man über hohe und am Kunden ausgerichtete Standards erreichen. Standards bedeuten, Kundenerwartungen systematisch zu erfüllen. Sie sichern die Qualität nach unten ab. Ein Standard ist für alle Kunden gleich, ggf. gibt es unterschiedliche Standards für verschiedene Kundengruppen. Die Erwartungen der Kunden sind aber nicht alle gleich, daher passen die Standards mehr oder weniger gut für die einzelnen Kunden. Um Begeisterung zu erzeugen ist die individuelle Mitarbeiterleistung jenseits der Standards gefragt. Dieses wiederum können Mitarbeiter nur leisten, wenn sie vom Unternehmen das Vertrauen und die Möglichkeiten dazu erhalten. Unternehmen, die sich in Richtung eines individuellen Service weiterentwickeln wollen, müssen daher automatisch die Kontrolle über die Mitarbeiter wieder zurückfahren und eine Vertrauenskultur erschaffen:

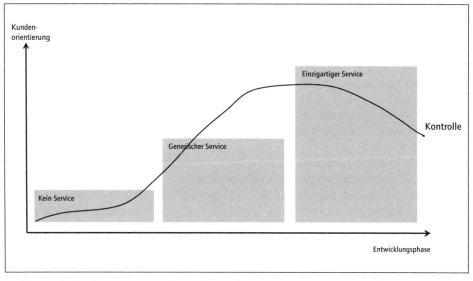

Abbildung 13: Entwicklung der Kontrollkurve beim Aufbau einer strategischen Kundenorientierung

2.2 Kundenorientierung und Marke

2.2.1 Der Service prägt die Marke

Die meisten Einflussmöglichkeiten, die Kundenwahrnehmung zu steuern, haben Unternehmen über die eigene Marke. »Marken schaffen Vertrauen. Vertrauen ist ein Mechanismus, um soziale Komplexität zu reduzieren. Wenn ich vertraue, muss ich nicht wissen« (Maas, 2014).

Dabei verkennen Unternehmen häufig, wie stark Serviceerlebnisse die Marke prägen. Tatsächlich gibt es hier eine Wechselwirkung: Über die Markenkommunikation bilden Unternehmen ein Markenprofil, welches auch die Serviceerwartungen definiert. Andersherum ist die erlebte Interaktion bei einem Unternehmen markenbildend. Unternehmen haben prinzipiell drei Möglichkeiten, die eigene Marke zu entwickeln:
- die Produkte
- die Kommunikation
- den Service

Für die Unternehmen, die reine Dienstleister sind, ist die Dienstleistung bzw. der Service das Produkt.

Für zwei der drei Kriterien wird eine Differenzierung kontinuierlich schwieriger. Produkteigenschaften werden immer austauschbarer. Erreichte Produktvorteile werden immer schneller nachgebaut, sodass das, was früher einzigartig war, heute nur noch für kurze Zeit eine wirksame Unterscheidung ermöglicht. Gleiches gilt für die Kommunikation. Durch die Medienvielfalt im Zeitalter des Internet und die starke Streuung der Kundenaufmerksamkeit wird es immer schwieriger, über Werbeaufwendungen den Kunden zu erreichen und die Markenwahrnehmung zu prägen.

Demgegenüber steht, dass es viel mehr Möglichkeiten gibt, Serviceerlebnisse via Internet und soziale Netzwerke zu kommunizieren und in die Breite zu streuen. Der Austausch über Foren und Blogs erhöht die Öffentlichkeitswirkung, die einzelne Kundenmeinungen haben. Die Weiterverbreitung über »Likes« auf Facebook und Retweets auf Twitter nimmt schnell viralen Charakter an. Es wird in kurzer Zeit eine breite Öffentlichkeit erreicht. Serviceerlebnisse Einzelner werden mit der Marke verbunden. Es wird also immer leichter, über Service eine Marke aufzuladen und zu profilieren oder sie im negativen Fall zu diskreditieren.

Serviceereignisse haben zusätzlich noch drei Vorteile, die nachhaltig zur Wahrnehmung einer Marke beitragen:
- Der Kunde tritt mit einem aktiven Bedarf an das Unternehmen heran. Dies schafft Involvement und Awareness.
- Die Kommunikation im Service ist direkt und ohne Streuverluste.
- In der Servicesituation sind häufig auch auf Anbieterseite Menschen involviert. Über diese menschliche Ebene ist es viel leichter, auch die emotionale Seite einer Kundenbeziehung zu bedienen.

Berücksichtigt man dies, so wird die starke Bedeutung von Service für die Wahrnehmung einer Marke klar. Ob eine Marke erfolgreich ist oder nicht, hängt nur zu 30 % von kurzfristigen Instrumenten wie dem Werbedruck, Sortimentserweiterungen oder Promotion-Aktionen ab (Löhr, 2015). Entscheidend ist vielmehr, ob es den Unternehmen gelingt, eine emotionale Beziehung zu ihren Kunden aufzubauen.

Tatsächlich sind Marke und Kundenorientierung beides Begriffe, bei denen sich Rationalität und Emotionalität begegnen. Vielleicht ist das der Grund, warum sich so viele Manager mit der Umsetzung so schwertun, sind sie doch eher rational gesteuert. Man kann aber sagen, dass die Potenziale des Service in der Schaffung von emotional aufgeladenen Markenwelten oftmals noch verkannt werden.

Nur wenige Firmen haben die Potenziale erkannt, mit Service die Marke zu profilieren.

> Ein Beispiel ist hier **Lands' End** (Lands' End, 2015), ein Versender von Bekleidung, der nach wie vor einen niemals endenden Umtauschservice bietet. Lands' End wird jede Ware zu jeder Zeit umtauschen oder das Geld zurückerstatten, egal wie alt und egal wie oft getragen. Lands' End hat sich damit unter vielen Versendern ein einzigartiges Profil erarbeitet, welches sonst nur mit viel Werbung zu erlangen gewesen wäre. Das Beste daran ist, dass die Kunden den Service nicht missbrauchen, sodass die Kosten für diesen Service für Lands' End absolut beherrschbar sind.

Die große Mehrheit der Menschen will fair behandelt werden und andere auch fair behandeln. Dies widerspricht dem Bild vom maximierenden Kunden als Nutzen maximierendem Egoisten, welches gerade in den Wirtschaftswissenschaften immer noch gelehrt wird. Insofern ist diese Strategie mutig, aber wir denken (vgl. Kapitel 12): Kundenorientierte Unternehmen müssen mutig sein!

> Rückgaberecht:
> Wir akzeptieren jede Rücksendung, aus jedem Grund, zu jeder Zeit.
> GUARANTEED. PERIOD.®
>
> **Die Garantie ohne Wenn und Aber.**
>
> Sollten Sie mit einem bei uns bestellten Artikel nicht zu 100% zufrieden sein, können Sie ihn an uns zurücksenden. Jederzeit. Wie liefern schnell Ersatz oder erstatten Ihnen den vollen Kaufpreis – ganz wie Sie es wünschen. Kein Kleingedrucktes. Keine Diskussion. Ohne Wenn und Aber. Innerhalb Deutschlands und Österreichs können Sie uns jeden Artikel portofrei zurücksenden. Verwenden Sie dafür bitte Rücksendeschein und Rücksendeaufkleber der Hermes Logistik Gruppe, die Ihrer Lieferung beiliegen. Die Rücksendung erfolgt auf unsere Gefahr.

Abbildung 14: Kundenversprechen von Lands' End (Lands' End, 2015)

Marke und Kundenorientierung müssen also eng abgestimmt werden. Es macht wenig Sinn, Markenerlebnisse zu propagieren, die der Service nicht halten kann. Andererseits macht es aber sehr viel Sinn, ein Serviceprofil herauszuarbeiten, welches mit dem Markenprofil konsistent ist und kontinuierlich auf diese Marke einzahlt. Im besten Fall gelingt es, Kundenorientierung zu einem Teil der Marke (Markenwert bzw. sogar Markenkern) zu entwickeln.

2.2.2 Kundenkontakt suchen

Viele Unternehmen sehen sich mit dem Problem konfrontiert, dass sie gar nicht genügend Interaktion mit dem Kunden haben, um Service nachhaltig als Differenzierungskriterium einzusetzen. Dies betrifft zum Beispiel alle produzierenden Unternehmen, die über den Handel verkaufen und kaum eigene Kundenschnittstellen haben. Es betrifft aber auch Versicherungen genauso wie Versorgungsunternehmen: Hier finden Interaktionen primär über die jährliche Rechnung statt. Diese Gelegenheit wird häufig auch nicht genutzt, wenn kryptische Rechnungen den Kunden bei dieser einzigen Interaktion verärgern. Die eigentliche Leistung wird für den Kunden nur im Leistungsfall erfahrbar und der ist meist selten. Service wird in diesen Beziehungen nur relevant, wenn es Probleme gibt, und ist dann meist mit einem negativen Ereignis belastet. Entsprechend schwer ist es für diese Unternehmen, Markenidentitäten (GMK Markenberatung, 2015) herauszubilden und Serviceprofile zu schaffen.

Es ist für solche Unternehmen daher eine ständige Herausforderung, positiv aufgeladene Kontaktpunkte für Kundeninteraktion zu definieren.

> Bei **Autoversicherungen** ist es üblich, dass sich die Kundenverträge automatisch verlängern, wenn der Kunde nicht kündigt. Die übliche Kündigungsfrist ist sechs Wochen zur Hauptfälligkeit, die meist Ende Dezember liegt, was dazu führt, dass immer im Oktober und November der Wettbewerb um den Kundenwechsel entbrennt.
>
> Die Versicherung **Direct Line** schickt ihren Kunden einen Brief und fordert sie auf, aktiv den Vertrag zu verlängern. Alle Mitarbeiter im Unternehmen sind auf die Kundentreue verzielt. Direct Line ist dadurch in der Bindung der Kunden sehr erfolgreich.

Je weiter ein Unternehmen in seinem Kerngeschäft vom Kunden entfernt ist und je weniger Kontaktpunkte es in der Geschäftsbeziehung gibt, umso mehr Kreativität ist gefragt, um Kunden zu erreichen und Feedback vom Kunden zu bekommen. Ansatzpunkte, dies zu erreichen, sind:
- Kommunikationsmittel wie Kundenzeitschriften oder Newsletter
- Internetforen und Social Media
- lokale Präsenz, z. B. auf Veranstaltungen in der Zielgruppe
- Clubs, Mitgliedsprogramme (z. B. Frequent Flyer Programme)
- bestimmte Serviceangebote, die Kunden näher an das Unternehmen heranholen (z. B. Erlebnisreisen, wenn das Produkt dazu passt)

Gerade wenn die Kontaktpunkte selten sind, kommt es darauf an, bestehende Kundeninteraktionen optimal zu gestalten. Daher ist ein Kundenfeedbackmanagement, welches Kontaktanlässe systematisch erfasst und klassifiziert, eine sehr wichtige Voraussetzung, um adäquat reagieren zu können. Dies umfasst sowohl die Bearbeitung negativer Kommentare und Beschwerden (Beseitigung und Rückmeldung an den Kunden) als auch die Nutzung des scheinbar neutralen Feedbacks (Abbau von Defiziten im Service) und natürlich auch das Eingehen auf positive Rückmeldungen (Danksagung an den Kunden und Stärkung des Serviceprofils).

2.2.3 Management der Beziehungsqualität

Wie schon in anderen Bereichen, zeigte sich auch für die Marken-Beziehungsqualität (Brand Relationship Quality, kurz »BRQ«) (Nyffenegger, Krohmer, Malaer & Hoyer, 2015), dass sie sowohl durch rationale (kalte) als auch durch emotionale (heiße) Variablen beeinflusst wird. Die BRQ spiegelt die Serviceerwartungen wider, die ein Kunde aufgrund der Markenwahrnehmung in die Beziehung zur Marke legt. Die »kalte« BRQ, wird beeinflusst von objektrelevanten Überzeugungen wie Zufriedenheit und Vertrauen. Kalte BRQ ist von einem hohen Vertrauen in die und einer positiven Bewertung der erwarteten Dienstleistungsqualität gekennzeichnet.

»Heiße« BRQ spiegelt die Verbrauchergefühle und die emotionale Bindung an die Marke wider. Die Gefühle der emotionalen Nähe zu der Marke und die Absicht, mit der Marke durch gute und schlechte Zeiten zu gehen, bleiben entscheidende Elemente der heißen Komponente.

Servicestrategien müssen beide Komponenten berücksichtigen. Kalte Beziehungsqualität hilft, neue Kunden durch positive Empfehlungen zu gewinnen. Kunden müssen überzeugt von der Qualität und Zuverlässigkeit der angebotenen Leistungen sein, um die Dienstleistungsmarke weiter zu empfehlen. Wenn das Hauptziel ist, die bestehenden Kunden zu begeistern und zu Fans zu machen, so sind es die emotionalen Servicekomponenten, wie sie durch »heiße« BRQ ausgedrückt werden, die dies ermöglichen können. Es wurde festgestellt, dass »heiße« BRQ eine stärkere Wirkung auf die Zahlungsbereitschaft der Kunden hat. Statt also die Preise zu senken, kann es sich für einen Anbieter auszahlen, sich auf den emotionalen Wert für die Kunden zu konzentrieren und so höhere Preise durch wahrgenommene Beziehungsqualität zu erzielen. Töpfer (Töpfer, 2008, S. 92) differenziert Kundenbindung in ihre rationale Komponente (Gebundenheit) und die emotionale Komponente (Verbundenheit). Rationale Bindungsursachen sind zum Beispiel ökonomisch, vertraglich, technologisch oder situativ (räumlich) entstanden. Emotionale Bindung beinhaltet Involvement, Zufriedenheit, Vertrauen, Commitment, Fairness, etc. Das Management der Beziehungsqualität berücksichtigt beide Komponenten der Kundenbindung.

> Als Beispiel sei hier **Starbucks** aufgeführt, deren Kunden bereit sind, aufgrund des emotionalen Markenerlebnisses und der Bindungen an die Marke einen relativ hohen Preis für ihren Kaffee zu bezahlen.

Dienstleister, die eine starke emotionale Bindung zu ihren Kunden aufbauen, erreichen einen soliden Schutz vor Wettbewerbsbedrohungen.

2.3 Lohnt sich Kundenorientierung?

Die Frage, ob sich Kundenorientierung lohnt, ist mindestens so populär wie die Frage, ob sich Werbung lohnt. Anders als bei der Werbung, über die Henry Ford sagte: »*Fünfzig Prozent bei der Werbung sind immer rausgeworfen. Man weiß aber nicht, welche Hälfte das ist*«, kann man bei der Kundenorientierung noch schwerer eine genaue Berechnung von Nutzen und Ertrag durchführen. Grundsätzlich gibt es Kundenorientierung nämlich nur als Haltung, die zunächst einmal kein Geld kostet. Anders ist es bei den Maßnahmen, um Kundenorientierung im Unternehmen zu etablieren (z. B. Kosten der Messung, Trainings, Etablierung eines Beschwerdemanagements) und bei den Kosten, die möglicherweise entstehen, wenn Mitarbeiter kundenorientiert handeln (Zeiteinsatz, Kompensationen, etc.). Diese Kosten lassen sich meist recht genau beziffern.

Um zu ermitteln, ob sich Kundenorientierung lohnt, muss man aber auch die Ertragsseite kennen. Hier lassen sich drei Ertragstreiber als Ergebnis von Kundenorientierung identifizieren:
- die Beziehung zwischen Kundenzufriedenheit und Unternehmenserfolg
- Kundentreue und Wiederkaufwahrscheinlichkeit
- sinkende Servicekosten: Kunden, deren Probleme gelöst wurden, rufen nicht wieder an und beschweren sich nicht an anderer Stelle

> Die Fluggesellschaft **Ryanair** hat lange Jahre den Wachstumskurs mit günstigen Flugkosten beibehalten können. Durch verschärften Wettbewerb geriet die eigene Kostenposition zunehmend unter Druck, sodass Wettbewerber vergleichbar günstige Preise anbieten konnten. (Golding, 2015). Ryanair startete ein Programm zur Verbesserung der Customer Experience unter dem Titel »Always getting better«. Das Programm, welches jetzt in das zweite Jahr geht, sieht unter anderem vor, eine neue Kundencharta zu verabschieden, auf das zwangsweise Versicherungsangebot zu verzichten, eine neue personalisierte Webseite und bessere Apps sowie eine Neugestaltung des Erscheinungsbildes in der Kabine und beim Personal. Trotz der erforderlichen Investitionen bewertet Ryanair das Programm als großen Erfolg und führt die Fortsetzung des Wachstumskurses zu großen Teilen darauf zurück (O'Leary, 2015).

2.3.1 Kundenzufriedenheit und Unternehmenserfolg

Die grundsätzliche Beziehung zwischen Kundenorientierung und dem Unternehmenserfolg ist heute breit belegt. Der amerikanische Autor Fred Reichheld hat die Korrelation zwischen dem Net Promoter Score (NPS) und dem Unternehmenserfolg für über 30 Branchen empirisch belegt und entsprechende Benchmark-Werte ermittelt. Am Beispiel des amerikanischen Bankenmarktes lässt sich der Zusammenhang zwischen Net Promoter Score und Wachstum aufzeigen (s. Abbildung 15).

Ebenfalls wurde untersucht, ob Kundenzufriedenheit zu einem höheren Aktienkurs führt. Hierfür zeigten sich in verschiedenen Studien Hinweise: In einer Studie wurde die Kursentwicklung von Unternehmen mit einem hohen American Customer Satisfaction Index (ACSI) und National Customer Satisfaction Index, UK (NCSI) untersucht. Danach erreichte »die kumulative Rendite einer Investition von $ 100 in einen American Customer Satisfaction Index (ACSI) Fonds von April 2000 bis April 2012 ein Plus von 390 Prozent. Zum Vergleich: Der S & P 500-Index verzeichnete im Zeitraum einen 7-%-Verlust. In Großbritannien erzielte ein NCSI Portfolio eine Rendite von 59 % von April 2007 bis Juni 2011, der FTSE-100 hatte eine negative Rendite von 6 %. Da für die Unternehmen im betrachteten Zeitraum ansonsten gleiche Marktbedingungen galten, ist die Wahrscheinlichkeit, dass der Erfolg und die Kundenzufriedenheit ursächlich verknüpft sind, hier sehr hoch (Kriss, 2015).

32 Strategische Kundenorientierung

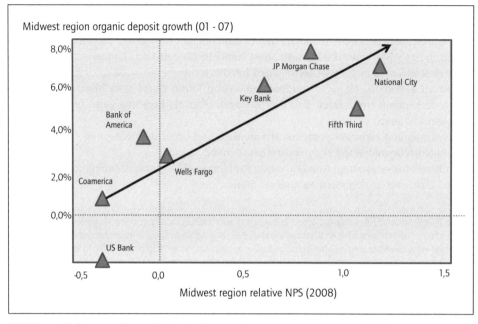

Abbildung 15: Zusammenhang zwischen Wachstum und Net Promoter Score am Beispiel des amerikanischen Bankenmarktes (Reichheld, 2011, S. 79)

Weiterer Ertragstreiber ist die Bereitschaft der Kunden, gute oder schlechte Erlebnisse weiterzuerzählen und damit zum Markenaufbau und zur positiven Anbieterwahrnehmung beizutragen – das sogenannte »Word of Mouth«. Insbesondere die sozialen Medien, aber auch Branchen- und Meinungsportale, geben dem Kunden breiten Raum, negative und positive Erfahrungen mitzuteilen. In einigen Branchen, wie zum Beispiel Reisen, sind Bewertungen inzwischen der entscheidende Erfolgsfaktor geworden.

> Wer an die Kraft des Wortes nicht glaubt, der mag sich das Video »United breaks guitars« (Caroll, 2015) des kanadischen Musikers David Carroll bei YouTube ansehen: auf dem Flug zu einem Konzert beobachtete er, wie die Mitarbeiter von **United Airlines** die als Gepäck aufgegebenen Gitarren herumwarfen. Als Folge waren diese kaputt. Die Bearbeitung des Schadens wurde von United verschleppt, sodass Caroll frustriert einen Song darüber verfasste und bei YouTube hochlud. Am 19.12.2014 hatten 14.413.110 Menschen dieses Video abgerufen und damit der Marke United Airlines einen kaum wiedergutzumachenden Schaden zugefügt. Dave Caroll hat seine Erfahrungen inzwischen als Buch verfasst und tritt als Vortragsredner auf.

2.3.2 Kundentreue und Wiederkaufwahrscheinlichkeit

Auch Kundentreue und Wiederkaufwahrscheinlichkeit lassen sich beziffern. Eine Studie fand zum Beispiel heraus: »Kunden, die sehr gute Erfahrungen aus der Vergangenheit hatten, geben bei einem Anbieter im Schnitt 140 % mehr aus im Vergleich zu denen, die schlechte bisherige Erfahrungen hatten. Ein Kunde, der eine bestehende Kundenbeziehung mit schlechten Erfahrungen bewertet, hat nur eine 43 % Chance, ein Jahr später noch Kunde zu sein, im Vergleich mit 74 % bei einem zufriedenen Kunden« (Kriss, 2015). 70 % der Kunden einer Bank verringerten ihre Ausschöpfung (d. h. den Anteil ihrer Bankgeschäfte in einem Institut) nach einem schlechten Serviceerlebnis. 85 % der Kunden mit einer guten Arbeitsbeziehung zur Bank erhöhten ihre Ausschöpfung.

Es ist kein Geheimnis, dass sich der Wert einer Kundenbeziehung erst über ihre Dauer entfaltet. Am Anfang belasten die Kosten der Kundenakquisition den Wert. Es ist viel spekuliert worden, wie viel mehr es kostet, einen neuen Kunden zu akquirieren, im Vergleich zur Bindung eines Bestandskunden. Man wird dies zwar nicht pauschal sagen können, aber die Mehrheit der Experten geht davon aus, dass die Akquisitionskosten in jedem Fall deutlich höher sind.

Über die Dauer der Kundenbeziehung wirken sich dann verschiedene Faktoren wertsteigernd aus:
- Kunden müssen nicht mehr teuer akquiriert werden, sie kommen freiwillig.
- Kunden kaufen erneut; ggf. kann die Ausschöpfung des Kundenpotenzials gesteigert werden, wenn der Kunde mehr oder andere Produkte und Dienstleistungen kauft.
- Weiterempfehlung bringt neue Kunden, die ebenfalls ohne teure Vertriebs- und Marketingkosten akquiriert werden können.

Eigene Auswertungen von ServiceRating zeigen, dass Kunden, die über eine Empfehlung zum Unternehmen gekommen sind, selbst eher weiterempfehlen und auch zufriedener sind. Wir vermuten, dass sie auch weniger Servicekosten produzieren, da ein Teil der Instruktionen bereits bei der Weiterempfehlung mitgeliefert werden.

2.3.3 Sinkende Servicekosten

Sinkende Servicekosten lassen sich am besten an einem einfachen (fiktiven) Beispiel deutlich machen:

> Ein Kunde einer **Bank** beschwert sich am Donnerstag am Schalter, weil am Sonntag der Geldautomat defekt war. Er musste 4.– EUR für die Bargeldversorgung bei einer fremden Bank bezahlen. Erstattet ihm jetzt die Schaltermitarbeiterin die 4.– EUR, so entstehen Kosten für die Kompensation von 4.– EUR und ein minimaler Zeitaufwand. Weitere Kosten entstehen nicht.
> Anders, wenn sich das Unternehmen nicht kundenorientiert verhält, und die Erstattung auf einen Antragsprozess verlagert. Das Einreichen und Bearbeiten des Antrags verursacht Prozesskosten von beispielsweise 24,50 EUR. Zwischenzeitlich ruft der Kunde im Service Center an, ob schon eine Bearbeitung stattgefunden hat, was die Kostenrechnung mit weiteren angenommenen 12,50 EUR belastet. Lehnt die Bank die Erstattung ab, weil der Kunde keinen Nachweis führen kann, beschwert sich dieser möglicherweise beim Vorstand. Die Bearbeitung der Vorstandsbeschwerde belastet die Kostenrechnung mit weiteren nochmals deutlich höheren Aufwänden, da jetzt der Vorstand und sein Assistent

> persönlich eingreifen. Hinzu kommen dann die 4.– EUR, die der Vorstand selbstverständlich freigibt. Insgesamt hat die Bank in diesem Beispiel jetzt ein Vielfaches der eigentlichen Kompensation ausgegeben und den Kunden vergrätzt.

Abbildung 16: Entwicklung des Kundenwertes nach der Beziehungsdauer

Hinzu kommt, dass es besonders die verärgerten Kunden sind, die hohe Kosten verursachen: Sie geben Produkte zurück, fordern Garantieleistungen ein und belasten mit Beschwerden den Serviceapparat. Unternehmen, die die Kostenzurechnung im Service wirklich beherrschen, sind in der Lage, einen Service-ROI zu berechnen: Sie können ermitteln, ob sich Serviceleistungen für einen bestimmten Prozess betriebswirtschaftlich lohnen.

Servicekosten den Ursachen zuordnen

> Die oben genannten Punkte machen deutlich, dass sich Kundenorientierung grundsätzlich lohnt, auch wenn sich eine einzelne Maßnahme ggf. einmal nicht lohnt. Die Quantifizierung der Kosten von Serviceereignissen und der Versuch, sie ihren Ursachen zuzuordnen, ist eine Aufgabe, die im Unternehmen lohnend sein kann. Manche Ursache-Wirkungsbeziehungen sind klar, andere nicht. Typischerweise werden der Rechnungsabteilung nicht die Kosten belastet, die wegen unverständlicher Rechnungen entstehen. Diese Kosten fallen im Bereich »Kundenservice« an. Erst wenn es möglich ist, nachzuweisen, dass eine bestimmte Ursache Serviceaufwendungen verursacht, kann diese auch verursachergerecht zugeordnet werden. Die Abteilung, die plötzlich eine »Rechnung« erhält, hat einen Anreiz, die Ursachen zu beseitigen. Inwieweit hier tatsächlich Kosten belastet werden müssen oder ob der Hinweis darauf genügt, hängt vermutlich auch von der Unternehmenskultur ab. Wir propagieren hier keine Kultur des gegenseitigen Ankreidens und Aufrechnens, sondern einen offenen Umgang mit Problemen, den Ursachen und vor allem den Lösungen.

2.3.4 Das richtige Maß finden

Gehen wir also als Arbeitshypothese davon aus, dass sich Kundenorientierung lohnt. Dennoch gilt vermutlich ab einem gewissen Niveau auch für Investitionen in die Kundenbeziehung das Prinzip des abnehmenden Grenznutzens. Das bedeutet, dass dann jeder weitere Euro einen geringeren Nutzeneffekt für den Kunden hat. Kundenorientierung kann nicht heißen, jedem Kunden alle Wünsche zu erfüllen und es kann auch nicht bedeuten, dass derjenige, der am lautesten schreit, den besten Service erhält. Zur erweiterten Kundenorientierung gehört für das Unternehmen, insoweit auf Profitabilität zu achten, dass das Unternehmen weiterbesteht und die Dienstleistung weiter angeboten werden kann: Geld verdienen ist erlaubt, Geld verbrennen nicht erwünscht! Es gilt, das richtige Maß zu finden.

Investitionen in die Kundenbeziehung finden auf zwei Ebenen statt: Die System- bzw. Prozessebene und die persönliche Ebene.

Auf der System- und Prozessebene können Unternehmen Geld sparen, indem sie Serviceereignisse automatisieren. Das muss nicht automatisch bedeuten, den Servicelevel für den Kunden zu verringern. In jedem Fall erhöht es die Wahlmöglichkeiten, wenn sowohl persönlicher als auch technischer Service angeboten werden. Viele Kunden möchten heute keinen Bahnschalter mehr nutzen, um eine Fahrkarte zu kaufen. Die früher üblichen Schlangen am Check-in-Schalter am Flughafen können vermieden werden, wenn man sich die Bordkarte über das Internet besorgt oder auf das Handy lädt. Selbst wenn es nur ein Teil der Kunden ist, die automatisierte Serviceprozesse nutzen wollen, kann man für die anderen ja klassische Serviceangebote weiter anbieten. Z. B. kann bei den Self-Service-Kassen von Ikea ein Mitarbeiter vier Self-Service-Kassen betreuen und dem Kunden helfen. Für die anderen Kunden bleiben klassische Kassen geöffnet. Ob es so für sie schneller oder besser wird, können die Kunden selbst entscheiden.

Intelligente Automatisierung kann Geld sparen und gleichzeitig idealerweise die Kundenzufriedenheit erhöhen oder zumindest nicht senken. Die eingesparten Ressourcen können an anderer Stelle durch Investitionen an die Kunden »zurückgegeben« werden, um dort gezielt die Zufriedenheit zu erhöhen. Wir propagieren eine Teilung des Nutzens: Wenn ein Unternehmen durch die Automatisierung 100.– EUR sparen kann, so werden davon 50.– EUR an anderer Stelle wieder in den Service investiert, z. B. durch Personalaufstockung, bessere Qualifikation oder persönlicheren Service. Die zweite Hälfte kann sich das Unternehmen zur Ertragsverbesserung in die Tasche stecken. Am Ende sollte auch die Profitabilität über sofortige Einsparungen und zukünftige geringere Servicekosten profitieren.

Auf der persönlichen Ebene muss sich die Investition am Nutzen für den individuellen Kunden orientieren. Natürlich gilt es, entstandenen Schaden zu kompensieren. Aber alle unsere Erfahrungen zeigen, dass Kunden für die Belange eines Unternehmens durchaus Verständnis aufbringen. Oftmals sind Kundenbedürfnisse gar nicht primär wirtschaftlich ausgerichtet: Wie will man z. B. den Schaden einer einstündigen Nicht-Verfügbarkeit eines Dienstes kompensieren? Eine Erklärung, eine Entschuldigung oder ein Alternativangebot erreichen viel mehr. Kundenorientiertes Handeln ist situationsangemessenes Handeln: Wie schwer wiegt ein Vorfall für den Kunden? Was erwartet er und was ist der beste Weg, Kundenzufriedenheit (wieder) herzustellen? Das sind die Fragen, die kundenorientiert beantwortet werden müssen. Die Schulung der Mitarbeiter, kundenorientiert zu handeln und kundenindividuelle Lösungen zu finden, sollte verstärkt auf solche abwägenden Serviceentscheidungen ausgerichtet werden, ist es doch die große Stärke von Menschen gegenüber Systemen, das ganze Bild zu sehen und auch die Beziehungsebene in die Überlegungen einzubeziehen.

Die Frage, wie viel Geld an welcher Stelle sinnvoll ausgegeben werden sollte, kann nicht pauschalisiert werden. Maßgebend sind die Faktoren:
- Steigerung der Kundenzufriedenheit
- Einsparungen, die das Unternehmen erzielen kann
- Vermeidung von Kundenärger und Folgekosten

Kundenorientierte Unternehmen werden aber sicher die Linie verfolgen, im Zweifel lieber zu viel Geld in die Kundenbeziehung zu investieren als zu wenig.

2.4 Neue Konzepte für die Kundenzufriedenheit

2.4.1 Sinnstiftenden Service gestalten

Strategische Kundenorientierung beinhaltet, dem Kunden ein Angebot zu machen, das ihn zufriedenstellt, an der Stelle, wo der Kunde dies wünscht, aber nach Vorgaben, die ein Anbieter aktiv gestaltet. Die Auffassungen, was dies für einen Kunden bedeuten soll, haben sich aber über die Zeit verändert.

Noch vor nicht allzu langer Zeit ging man folgendermaßen vor: Die Erwartungen der Kunden wurden über Marktforschung und viel Heuristik bestimmt. Aus den definierten Anforderungen entwickelte man dann Standards, die man in der Organisation umsetzte. So entstand beispielsweise das Konzept, dass in einem Service-Center das Gespräch nach dem dritten Klingeln angenommen werden soll. Durch Einhaltung von Standards erzeugt man Zufriedenheit, wenn die Erwartungen erfüllt werden. Im Ergebnis kann man einen sehr guten Service erreichen.

Oftmals wird in der Literatur propagiert, dass es nicht reicht, einen Kunden zufriedenzustellen. Um echte Kundenbindung zu erzeugen, müsse man Kunden begeistern. Dies wird auch als »Wow-Effekt« bezeichnet: über überraschende Serviceelemente zur Kundenbegeisterung. Leider ist auch dieses Konzept endlich. Wird es einen Kunden solcherart überraschen, wenn man das Telefon schon nach zweimal Klingeln abhebt und wird er dadurch begeistert sein? Eher nicht. Wie lange hält der Überraschungseffekt an, wenn Hotelgäste bei jedem Besuch ein Schokoladentäfelchen auf ihrem Bett vorfinden? Möchte man dann noch ein zweites Täfelchen dazulegen? Kunden gewöhnen sich an solche »Wows« und dann sind sie keine mehr. Vor allem: Was passiert, wenn dann mal kein Täfelchen auf dem Bett liegt oder wenn es dann doch mal länger dauert und der Anruf erst nach dem vierten Klingeln abgehoben wird? Dann haben wir einen unzufriedenen Kunden, obwohl das Unternehmen eigentlich nur genau das gemacht hat, was es vorher auch tat.

Neuere Konzepte setzen daher auch hier mehr auf die emotionale Ebene der Kundenbeziehung: einen Service, den der Kunde als verlässlich und sinnstiftend erlebt. Wie kann

ein solcher Service aussehen? Verschiedene Eigenschaften verdeutlichen, was wir meinen (Watkinson, 2013):
- Verlässlich – ein Kunde weiß, was er erwarten kann und dies wird ihm auch geboten.
- Einfach (Effortless) – er muss sich nicht anstrengen, das Unternehmen nimmt ihm Arbeit ab.
- Stressfrei – er kann sein inneres Gleichgewicht wahren, Unsicherheiten werden ihm genommen.
- Emotional befriedigend – über die reine Dienstleistung hinaus bekommt er etwas, was seine Sinne anspricht.
- Zuhörend – wenn der Kunde etwas mitteilen möchte, wird das aufgenommen.
- Reflektiert die Identität des Kunden – berücksichtigt seine Vorlieben und bestätigt seine Persönlichkeit.
- Befriedigt höhere Wertansprüche – indem zusätzlich etwas passiert, was über die reine Leistung hinausgeht, als Beispiel seien CO_2-Zertifikate, Unterstützung von sozialen Projekten, fair trade hier angeführt.
- Berührt die Sinne – und zwar alle Sinne, z. B. sehen, hören, fühlen, riechen, schmecken
- Gibt dem Kunden die Kontrolle – zumindest aus Sicht des Kunden. Die schließt nicht aus, dass die Weichen vom Unternehmen vorgegeben werden.

Die Bedeutung des Wortes »Sinn« ist bei diesem Konzept durchaus mehrschichtig zu verstehen. Zum Einen bedeutet es, einen Service zu gestalten, der die Sinne berührt, also auch die emotionale Seite der Kundenbeziehung beinhaltet. Zum Anderen sollte der Service für die Mitarbeiter Sinn geben, da sie sich damit identifizieren können. Und letztlich soll der Service natürlich auch für die Kunden sinnvoll sein und sich nicht in nutzlosem ChiChi erschöpfen.

Deutlich wird ein solcher Service zum Beispiel durch das Motto von Ritz-Carlton, anerkannt eine der ersten Adressen beim Thema Service: »We are Ladies and Gentlemen serving Ladies and Gentlemen« (Ritz-Carlton, 2015). Das Motto beinhaltet sowohl das einzigartige Serviceprofil von Ritz-Carlton (»Ladies and Gentlemen«) als auch die Augenhöhe zum Kunden und das besondere Vertrauen, welches man in die Mitarbeiter legt. Auf diesem Niveau wird Service vom Kunden als bereichernd und sinnstiftend erlebt, ohne dass kurzfristige »Wow«-Effekte notwendig sind.

Die Strategie, einen Service solcherart einzigartig zu machen, erfordert im Unternehmen eine tiefgehende Analyse des Service: »Wer bin ich, und wer will ich sein?« Sie schafft aber auch Klarheit in einer Zeit der Unsicherheit: Jeder Kunde weiß, was er erwarten kann. Dies zieht unweigerlich Kunden an, vielleicht nicht alle Kunden, aber die Kunden, die das Unternehmen haben will, ohne dass das Unternehmen diesen Kunden nachlaufen muss. So schafft die »Unique Satisfaction Proposal« Differenzierung und lädt die Marke auf.

2.4.2 Customer Experience Management

Die Gesamtheit der Gestaltung der Kundenerlebnisse wird als »Customer Experience Management« bezeichnet. Ziel des Customer Experience Managements (kurz: CEM) ist es, »dem Kunden an allen Berührungspunkten (Customer Touchpoints), die er mit einem Anbieter hat, positive Kundenerlebnisse und ein möglichst ganzheitliches (holistisches) Erlebnis zu generieren, um eine Kundenbegeisterung zu erzeugen und auf diesem Weg die Kunden nachhaltig an das Unternehmen zu binden.« (Meffert & Bruhn, Dienstleistungsmarketing, 2012, S. 188). Für diese persönlichen Erfahrungen spielen insbesondere auch emotionale und sinnliche Aspekte neben rationalen Anteilen eine große Rolle (Institut für marktorientierte Unternehmensführung, 2015). CEM stellt also einen langfristigen Zyklus dar, im Rahmen dessen sich ein Unternehmen aus einer strategischen Perspektive heraus mit der Planung von segmentspezifischen Erlebnisabfolgen, sogenannten »Customer Journeys« beschäftigt (Stickdorn & Schneider, 2014, S. 158 ff. für die Erstellung von Customer Journey Maps). CEM umfasst die systematische Gestaltung von Kundenerlebnissen, mit einem strategischen Hintergrund, über alle Kundenprozesse und an allen Berührungspunkten.

Von bestehenden Konzepten des Marketing unterscheidet sich CEM in drei Aspekten:
- CEM geht nicht von der Kundenbeziehung (Customer Relationship Management), sondern vom Kundenerlebnis aus.
- Perspektive des CEM ist nicht das Unternehmen (»genügend Nachfrager für ein Produkt finden«), sondern der Kunde (»ein optimales Kauf-/Serviceerlebnis bieten«)
- CEM optimiert nicht einen Kontaktpunkt, sondern folgt dem Erlebnisabfolgeprinzip. CEM beinhaltet die Bestrebung, das Erlebnis aller Kundenkontaktpunkte zu designen, entlang der Vorkauf-, Kauf-, und Nachkaufphase, die der Kunde als ganzheitlich, abgestimmt, und Wert schaffend wahrnimmt (Homburg, 2013).

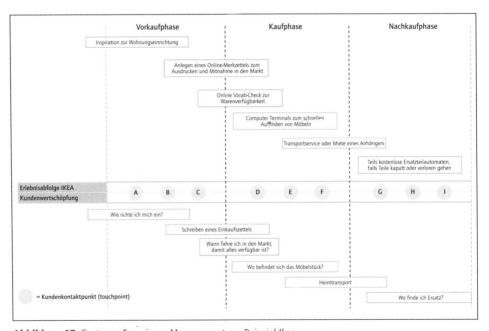

Abbildung 17: Customer Experience Management am Beispiel Ikea

Nun wird aus der Gestaltung von Kontaktabfolgen noch keine Strategie. Entscheidend ist es vielmehr, CEM zum Baustein der Unternehmensstrategie zu machen. Immer wieder ist dabei die strategische Frage zu beantworten »Was ist das Service-Profil des Unternehmens?« bzw. »Warum sollte ein Kunde gerade bei mir kaufen/was macht mich anders?«. CEM ist aber auch ein wichtiger strategischer Baustein, um nah am Kunden zu sein, indem man »die Welt mit seinen Augen sieht« und die Erlebnisse so gestaltet, dass sie für ihn nutzbringend und werthaltig sind.

Um Customer Experience Management strategisch einzusetzen, erfordert es folgende Bausteine (Clear Action LLC, 2015):

- **Auf den Kunden hören (Customer Voice):** Das Unternehmen sammelt systematisch und für alle Kundenprozesse Feedback ein.
- **Verbindung von Kunden- und Managementdaten (Customer Intelligence):** Das Kundenfeedback wird verknüpft mit internen Prozessdaten. So entsteht aus Daten Wissen.
- **Priorisierung von Handlungen orientiert am Kundenerlebnis:** Erkannte Defizite werden systematisch abgearbeitet. Dies versteht sich nicht als einmalige Handlung, sondern als fortlaufenden Zyklus.
- **Weiterentwicklung des Kundenerlebnisses in Richtung Verbesserung:** Ausgehend von der Frage »Was würde mein Kunde erleben wollen?« werden die Erlebnisse end-to-end gestaltet.
- **Innovation in der Kundenbeziehung:** Das Unternehmen entwickelt innovative Angebote, die den Kunden überraschen bzw. seine Erwartungen übertreffen.
- **Kundenorientierung als Wertkomponente des Handelns:** Die kundenorientierte Betrachtungsweise wird in der Kultur des Unternehmens verankert.
- **Kommunikation im Unternehmen:** Über Intranet, Team Meetings, Wikis, Vorschlagswesen, etc. wird ein Dialog im Unternehmen etabliert, der die stetige Verbesserung des Kundenservice im Auge hat.
- **Kommunikation und Engagement nach Außen:** Das Unternehmen erzählt nicht nur auf vielen Kanälen was es tut, es nimmt auch Rückmeldungen auf und integriert diese. Prozessverbesserungen der Customer Experience werden unter Nutzung des Kundenfeedbacks initiiert und umgesetzt.

> Als Beispiel für einen neugestalteten Prozess unter Berücksichtigung des CEM-Ansatzes ist der Prozess der Schadensregulierung einer **Schweizer Versicherung** zu sehen: Bei Gebäudeschäden muss der Kunde seinen Schaden mit einem Gutachten nachweisen, bei der Versicherung einreichen und bekommt dann den Schaden durch Überweisung ersetzt. Die Versicherung unterhält ein Netzwerk eigener Gutachter, die zum Kunden kommen. Der Schaden wird vor Ort aufgenommen. In der gemeinsamen Betrachtung wird dem Kunden die Höhe des Schadens erklärt und etwaige Missverständnisse werden ausgeräumt. Der Gutachter stellt sofort einen Scheck aus. Im Falle einer großflächigen Hagelkatastrophe reagiert das Unternehmen schnell und zieht Gutachter aus dem ganzen Land zusammen, die Straßenzug für Straßenzug abarbeiten und so dem Kunden schnellstmöglich Hilfe zukommen lassen. Das Unternehmen hat hier die emotionale Situation des Kunden im Blick und gestaltet seinen Service ganzheitlich – abhängig vom Bedarf des Kunden, aber strategisch von der Versicherung geplant.

2.5 Checkliste »Strategische Kundenorientierung«

- Das Unternehmen hat eine Strategie zur Kundenorientierung definiert.
- Das Unternehmen hat ein eigenes Serviceprofil definiert.
- Das Serviceprofil definiert, wem das Unternehmen Services anbieten will.
- Die Stärken, die entwickelt werden sollen, sind den Mitarbeitern bekannt.
- Das Unternehmen hat auch festgelegt, welche Serviceangebote es nicht machen will.
- Finanzielle und personelle Ressourcen werden gezielt zu den Punkten gelenkt, die das Unternehmen aufbauen will.
- Servicewerte und Markenprofil sind aufeinander abgestimmt.
- Im Serviceprofil sind auch emotionale Elemente der Kundenbeziehung beschrieben.
- Das Unternehmen lädt über sinnstiftenden Service gezielt die Marke auf.
- Das Unternehmen schafft Schnittstellen zum Kunden und gestaltet Beziehungen durch Austausch.
- Das Unternehmen kommuniziert nach außen, welchen Service es bieten will.
- Das Unternehmen betreibt aktives Kunden-Erwartungsmanagement.
- Das Unternehmen entwickelt Kundenorientierung und übertrifft Standards durch Vertrauen in die Mitarbeiter.
- Versprechen werden gehalten.
- Das Unternehmen berechnet einen Service-RoI.
- Das Unternehmen hat Instrumente entwickelt, wie es Zusatznutzen für den Kunden schaffen kann.
- Das Unternehmen setzt Automatisierung kundenorientiert ein.
- Gesparte Servicekosten werden anteilig wieder in Verbesserungen der Leistung für Kunden investiert.
- Das Unternehmen hat eine »Unique Satisfaction Proposal« definiert.
- Das Unternehmen bietet wertschätzenden, sinnstiftenden Service.
- Prozessgestaltung folgt den Grundsätzen eines Customer Experience Management und gestaltet Kundenerlebnisse.

3 Den Kunden kennen

3.1 Grundlagen

Früher waren viele Unternehmen kleine inhabergeführte Unternehmen, die auf einem begrenzten regionalen Markt aktiv waren. Diese Unternehmen gibt es auch heute noch, und da sie ihre Kunden meist persönlich kennen, bieten viele von ihnen nach wie vor einen exzellenten Kundenservice.

> Als Beispiel kann man hier eine kleine Metzgerei nennen, deren Inhaber und die Verkäufer ihre Kunden persönlich kennen. Betritt Frau Mayer das Geschäft, weiß der Metzger, dass Frau Mayer am Wochenende gerne einen Braten kocht und wird ihr ein entsprechendes Angebot machen. Unter der Woche essen die Mayers abends kalt und daher wird Frau Mayer montags auf das Sonderangebot beim Aufschnitt hingewiesen. Vor Weihnachten erkundigen sich die Mitarbeiter, ob die Kinder über die Feiertage kommen und wenn Frau Mayer mit ihrer Enkelin den Laden betritt, bekommt die Kleine eine Scheibe Salami, denn die Verkäuferin weiß, dass sie keine Fleischwurst mag.

Die wirtschaftliche Entwicklung hat über Konsolidierungsprozesse dazu geführt, dass viele sehr große Unternehmen entstanden sind. Das im Fallbeispiel beschriebene Modell der »Tante Emma in ihrem Laden« ist allenfalls noch in Randbereichen des wirtschaftlichen Handelns präsent. Es liegt in der Natur der Sache, dass größere Unternehmen viele Kunden haben. Je mehr Kunden sie haben, umso schwieriger ist es, einzelne Kunden zu kennen und ihre Bedürfnisse angemessen zu berücksichtigen. Größere Unternehmen haben zwar in vielen Aspekten (z. B. Kosten und Leistungen) einen Vorteil gegenüber den kleinen und mittelständischen Unternehmen. Geht es aber um die Kenntnis der Kunden, haben kleinere Unternehmen Vorteile, sie sind näher an den Kunden dran. Dafür tun sich größere Unternehmen wesentlich leichter, über Systeme Kundeninformationen zu sammeln und zu nutzen. Das Ideal ist das Unternehmen, welches beides verbindet, indem es durch Größe Kostenvorteile erschließt, andererseits aber so nah am Kunden ist, dass es die Kundenbedürfnisse versteht, in seinem Leistungsangebot abbildet und individuell auf diese Bedürfnisse eingeht. Die Voraussetzung hierfür ist, den Kunden zu kennen.

3.1.1 Was heißt »den Kunden kennen«?

Im Sinne des ersten Kapitels interessiert sich das kundenorientierte Unternehmen für den Kunden, wendet sich ihm aktiv zu und versucht, ihn besser kennenzulernen. Dabei geht es nicht darum, den Kunden auszuhorchen und ihm die intimsten Geheimnisse zu entlocken, wenn er sich für ein paar Gartenmöbel im Baumarkt interessiert. Es geht auch nicht darum, ihm mithilfe gesammelter Informationen Dinge zu verkaufen, die er nicht braucht und ihm so das Geld aus der Tasche zu ziehen. Es geht darum, die Kundenbeziehung zu beiderseitigem Nutzen weiter zu entwickeln. Natürlich auch, damit das Unternehmen mehr Geld verdient. Aber es profitieren beide Seiten, wenn ein Kunde in der Kundenbeziehung unter Vermeidung von unnützer Suche und Zeitverschwendung genau die Dienstleistung oder das Produkt erhält, welches er genau zu diesem Zeitpunkt benötigt.

Für diese Herangehensweise wird das Unternehmen auf gespeicherte Daten zurückgreifen, die es über die Kundenbeziehung vom Kunden erfahren hat. Den Kunden zu kennen heißt, z. B. zu wissen,
- Wer er ist (u. a. Geburtstag, Name, Familienstand)
- Wo er ist (u. a. Adresse, Lebensphase)
- Was er gern mag oder nicht mag (Fleisch essen, Bier trinken, Anrufe von seiner Bank).
- Was er tut (u. a. Arbeit, Sport, Kunst, Musik, Familie)
- Was er kann (u. a. Ausbildung, Schule, Studium, Musikinstrument spielen)
- Mit wem er seine Zeit verbringt (u. a. Single, verheiratet, soziale Netzwerke)
- Wie er entscheidet (u. a. spontan, überlegt)
- Welche und wie viele Informationen er benötigt
- Worüber er gerne spricht (spricht er über Privates oder nur rein geschäftlich)

Wie man hier sieht, steht eine Vielzahl von möglichen Informationen bereit. Im ersten Schritt sind diese Informationen statisch. Im zweiten Schritt kann man sie verknüpfen und analysieren, um nicht nur herauszufinden, was ein Kunde getan hat oder gerade tut, sondern vielleicht auch Rückschlüsse zu ziehen, was ein Kunde gerne tun möchte oder in der Zukunft tun wird.

Das reine Sammeln von Daten bringt Unternehmen dabei nicht weiter. Kundenorientierte Unternehmen schaffen es, herauszufinden, welche dieser Informationen für die Verbesserung der Kundenbeziehung nötig sind und diese Informationen dann so bereitzustellen, dass sie im direkten Kundenkontakt auch nutzbringend eingesetzt werden können. Die Frage ist also, welche dieser Informationen sagen etwas über das zukünftige Verhalten des Kunden in der aktuellen Geschäftsbeziehung aus?

3.1.2 Zahlen, Daten, Fakten: Was ist Kundenwissen?

Den Kunden zu kennen, hat sicherlich etwas mit Wissen zu tun. Wissen wiederum (»Herr Mayer hat am 3.2.1969 Geburtstag und hat sich über die Karte zu seinem letzten Geburtstag sehr gefreut«) hat etwas mit Informationen (3.2.1969) zu tun. Informationen bzw. Daten (»3«, »2«, »1969«) können durch Beobachtung, Recherche oder in der Kommunikation mit den Kunden gewonnen werden. Reine Zahlen- und Datensammelei hat allerdings nichts mit Kenntnis vom Kunden zu tun. Die Daten müssen interpretiert und in sinnvolle Strukturen überführt werden, erst dann werden sie zu Wissen über den Kunden. Informationen über den Kunden sind zu unterschiedlichen Zeitpunkten und an verschiedenen Orten im Unternehmen unterschiedlich wertvoll. Die Information, dass ein bestimmter Kunde, der gerade die Geschäftsräume betritt, heute Geburtstag hat, ist für seinen direkten Kundenberater wertvoll, da er hierauf eingehen kann. Wildfremde Personen, die einem ihnen persönlich unbekannten Kunden überschwänglich zum Geburtstag gratulieren, wirken vermutlich eher befremdlich. Genauso wie eine Standardkarte mit vorgedruckter Unterschrift des Beraters einer Bank vermutlich nicht der Höhepunkt des Kundengeburtstags sein dürfte.

3.2 Wie lernt man den Kunden kennen?

3.2.1 Mit dem Kunden sprechen, fragen und zuhören

Dienstleister haben beim Kennenlernen gegenüber reinen Produktanbietern den wesentlichen Vorteil, dass sie in der Regel mit ihren Kunden auf die eine oder andere Weise zusammentreffen (physisch, telefonisch, online, schriftlich etc.). Kunden sind an der Erstellung der Dienstleistung beteiligt, treten bei der Dienstleistung also früher oder später in Erscheinung (Haller, 2013, S. 184). Dienstleister sind also quasi zwangsläufig da, wo der Kunde ist. Diesen entscheidenden Vorteil und damit die Möglichkeit, Kundendaten direkt erheben zu können, haben nicht alle Hersteller (Haller, 2013, S. 195).

Andererseits ist heute kein Unternehmen nicht an irgendeiner Stelle auch Dienstleister. Auch Unternehmen, die früher nie oder selten im Kontakt mit dem Endkunden waren, weil sie z. B. als Produzent über den Handel verkauft haben oder als Handelsunternehmen nur anonyme Laufkundschaft bedienten, haben heute eigene Kundenschnittstellen über Online-Shops, Kundenhotlines, Serviceorganisationen oder Social Media. Abgesehen davon haben und hatten sie eine B2B-Kunde/Dienstleister-Beziehung zu ihren Geschäftspartnern. Die Möglichkeiten, im direkten Kontakt mit dem Kunden Informationen von diesem zu erhalten, sind also da.

Natürlich gibt es auch gegenläufige Tendenzen. Ein Kunde, der einen automatisierten Self-Service nutzt, tritt nicht mehr persönlich in Erscheinung. Einkäufe über das Internet sind wesentlich unpersönlicher als über einen persönlichen Verkauf. Internetbasierte Beratung generiert weniger Kundeninformationen als ein persönliches Gespräch. Vor diesem Hintergrund sollten sich Dienstleister auch fragen, ob sie jede Möglichkeit zum automatisierten Self-Service nutzen wollen, denn dadurch gehen der persönliche Kontakt und die Interaktion von Mensch zu Mensch verloren. Nach wie vor ist es so, dass ein gut ausgebildeter Mensch deutlich besser in der Lage ist, insbesondere die emotionale Verfassung eines Kunden richtig zu deuten und angemessen darauf zu reagieren als eine Maschine. Ob er es dann auch immer tut, steht auf einem anderen Blatt.

Ist das Zusammentreffen von Unternehmen und Kunde gewährleistet, geht es im nächsten Schritt darum, möglichst viel über den Kunden zu erfahren, ohne ihn auszuhorchen. Solange der Kunde das Gefühl hat, dass die Informationen, die er bereitstellt, dazu dienen, dass seine Wünsche besser, schneller oder günstiger erfüllt werden, wird er meist bereit sein, diese Daten freiwillig herauszugeben.

Wenn ein Mitarbeiter nicht weiß, was der Kunde will, kann er ihn fragen. Manche Mitarbeiter haben Angst, Kunden zu fragen, was sie wollen, da sie fürchten, der Kunde könnte überzogene und nicht erfüllbare Wünsche äußern. Das wird in den meisten Fällen nicht der Fall sein. Kunden haben im Allgemeinen ein recht gutes Gespür dafür, was ihnen zusteht und was nicht. Im anderen Fall bleibt ohnehin nichts weiter übrig, als dem Kunden aufzuzeigen, was möglich ist, was nicht und was ihm aus Sicht des Unternehmens zusteht.

In allen kundenorientierten Unternehmen sollte sich das Management die Zeit nehmen, mit den Kunden direkt zu sprechen. Dies gilt unabhängig von der Größe. Alle Führungskräfte sollten sich von Zeit zu Zeit einen direkten Eindruck von den Gedanken und Erwartungen der Kunden machen und die Reaktionen der eigenen Mitarbeiter darauf beobachten. Unternehmen, in denen das Management regelmäßig Kundenkontakt hat, werden in der Kundenwahrnehmung positiver beurteilt als solche, wo dies nicht der Fall ist.

3.2.2 Informationen sammeln

Abgesehen von allen Prozessen und technischen Systemen, die hierbei unterstützen, heißt »kennen lernen« in erster Linie: zuhören und beobachten. Danach erst geht es um Informationen sammeln, kategorisieren, vernetzen, segmentieren, teilen usw.

Viele Informationen geben die Kunden freiwillig und ohne weitere Aufforderung preis. Die Mittel, an diese Informationen zu gelangen, sind vielfältig. Sie lassen sich strukturieren nach:
- Stammdaten
- Beobachtung
- Erfassung aus Systemen
- Erfragen

Stammdaten wie Name, Geschlecht, etc. werden häufig zu Beginn einer Geschäftsbeziehung erfasst. Immer wenn es sich um eine Abonnementsbeziehung handelt (Telekommunikation, Fitnessstudio, Kreditkarte, etc.), seltener wenn es eine sporadische Beziehung ist (Registrierung im Online-Shop), kaum bei Laufkundschaftsbeziehungen (stationärer Handel). Hier versuchen die Anbieter aktiv, aus Laufkundschaftsbeziehungen Abonnementbeziehungen zu machen, z. B. über Kundenkarten, Clubs, etc.

Über *Beobachtung* lassen sich viele Informationen gewinnen. An vielen Stellen kann mit neuen Techniken das Verhalten der Kunden direkt beobachtet werden. Beispiele sind Internetseiten, wo Anbieter sehen können, welche Informationen auf einer Internetseite angeklickt wurden bzw. welche Teile des Newsletters gelesen wurden. Auch in der stationären Interaktion lassen sich aus der Beobachtung des Kundenverhaltens viele Schlüsse ziehen: woher kommt der Kunde? Was tut er? Wohin geht er? Außerdem können Kontakte des Kunden mit dem Unternehmen (Online, telefonisch, schriftlich, persönlich) erfasst werden, wenn der Kunde identifiziert werden kann.

Auch die eigenen technischen *Systeme* liefern eine Vielzahl von Informationen. Kaufdaten und andere Informationen von Kundenkarten können ausgelesen werden. Zusätzlich helfen neue Technologien wie Apps für Smartphones, die Informationen über den Kunden sammeln (z. B. sein Aufenthaltsort, seine Kontakte, sein Verhalten). In manchen Fällen ist den Kunden vermutlich gar nicht klar, welche Daten sie weitergeben.

Letztlich gibt es das Instrument der *Befragung,* um Informationen vom Kunden zu gewinnen. Dies geschieht vor dem Kauf, während des Kaufes und nach dem Kauf. Vor dem Kauf werden Daten gesammelt durch Befragungen zur Feststellung von Einstellungen und Verhaltensintentionen. Während des Kaufs ist es häufig so, dass vor oder während der Dienstleistungserstellung bestimmte Daten abgefragt werden (z. B. Name, Adresse, Geburtsdatum, Wahl einer bestimmten Dienstleistung). Online-Dienstleister sind hier gegenüber Offline-Anbietern im Vorteil, was die Einfachheit der Datensammlung und -verarbeitung angeht (Haller, 2013, S. 184), dennoch sollten auch jene alle Möglichkeiten nutzen, wichtige Kundeninformationen zu sammeln. Nach dem Kauf werden Informationen zur

Qualität der Leistung und zur Zufriedenheit der Kunden erfragt, um die eigenen Leistungen zu verbessern und auch künftig Kunden zufriedenstellen zu können.

Natürlich sind Daten aus einzelnen Quellen nützlich. Das wahre Potenzial erschließt sich erst den Unternehmen, die es schaffen, Informationen zu verknüpfen. So können z. B. Informationen aus gekauftem Warenkorb und Zufriedenheit der Kunden verknüpft werden, um die Leistungen zu verbessern. Die Königsdisziplin ist es, diese Information mit der Identität des Kunden zu verknüpfen, da sich so Rückschlüsse auf Wünsche und Potenziale der Beziehung zu genau diesem Kunden ziehen lassen.

Unternehmen sollten darauf achten, die richtigen Daten zu sammeln. Es geht nicht um Quantität, sondern um Qualität. Die Qualität der Daten lässt sich daran ablesen, ob auf deren Basis sinnvolle Handlungen im Sinne passgenauer Angebote und gezielter Ansprache durchgeführt werden können.

Dabei gilt das Prinzip der Sparsamkeit. Selbstverständlich sind auch sämtliche Regelungen des Datenschutzes zu beachten. Daten, die nicht benötigt werden, sollten gar nicht erst erhoben werden. Solche Entscheidungen können nur Unternehmen sinnvoll treffen, die einen Überblick über die erhobenen Daten haben (siehe Kapitel 10 »Systematische Qualitätsmessung«).

3.2.3 Daten speichern und nutzbar machen

Natürlich kann sich kein Mitarbeiter alle Informationen über die Kunden merken. Die wesentlichen Informationen müssen also in ein Informationssystem übernommen werden (z. B. CRM-System). Aktuell wird dies ein EDV-System sein, in früheren Tagen haben andere Systeme auch gut funktioniert (z. B. eine Kartei, so wie das früher in Bibliotheken und Arztpraxen absolut üblich war).

> Aus einem Unternehmen wurde uns berichtet, dass auch nach dem Jahr 2000 ein Vorstand für die Weihnachtsgeschenke der Kunden noch auf seine Kiste mit Karteikarten zurückgriff. Dort wurde seit mehreren Jahrzehnten für jeden Top-Kunden verzeichnet, was dieser zu Weihnachten erhalten hatte.

Im Kapitel 9 über technische Systeme werden die einzelnen Ansätze, Kundeninformationen zu speichern, zu verarbeiten und wieder in die Kundenbeziehung zurückzuspeisen behandelt. Kundenorientierte Unternehmen zeichnen sich dadurch aus, dass sie auch bei der Nutzung von Kundendaten führend sind:
- Daten aus der Kundeninteraktion werden gespeichert. Dies schließt sowohl die Erfassung durch die Mitarbeiter (wobei Kosten und Nutzen besonderer Abwägung bedürfen) als auch die Übernahme aus Systemen ein.
- Daten werden in *einem* System gespeichert, verarbeitet und verknüpft.
- Daten werden nutzbringend zur Verfügung gestellt, sodass nicht nur allgemeine Analysen möglich sind, sondern auch die konkrete Kundeninteraktion damit unterstützt werden kann.

> Hierzu ein Beispiel: Die Tatsache, dass ein Kunde sich von einem Versicherungsvertreter ein Angebot erstellen lässt, stellt eine solche zu speichernde Information dar. Wenn er eine Woche später im Kundenservice der Zentrale anruft, um das Angebot mit einem veränderten Parameter noch einmal rechnen zu lassen, sollte die Zentrale wissen, von wem er das Angebot erhalten hat. Entweder stellt die Zentrale die Information selber bereit oder sie leitet geordnet auf den Vertreter über. Wenn der Vertreter selber mit dem Kunden in der Woche darauf spricht, muss er ebenfalls wissen, dass für den Kunden eine Angebotsalternative gerechnet wurde.

3.2.4 Kundenwissen pflegen

Kundendaten veralten im Lauf der Zeit. Lebensphasen werden durchlaufen, Nutzungsgewohnheiten und Einstellungen ändern sich. Familienverbünde vergrößern sich oder schrumpfen. All dies hat Einfluss auf die Kundenbeziehung und die Nutzungswahrscheinlichkeit von Produkten und Dienstleistungen.

In der Praxis ist es nicht die größte Hürde, Daten zu gewinnen. Aber je mehr Daten gesammelt werden, umso mehr Daten werden veralten.

> Viele Menschen bekommen zum Beispiel regelmäßig die Information von ihrem Autohändler, dass ihr Fahrzeug zum TÜV muss, auch wenn sie längst ein anderes Fahrzeug bei einem anderen Händler gekauft haben.

Je mehr Unternehmen aus veralteten Daten falsche Handlungen ableiten, umso mehr Streuverluste nehmen sie bei diesen Handlungen in Kauf. Abgesehen davon ist es auch nicht sehr kundenfreundlich, dem Kunden Angebote zu machen, die ihn nicht mehr interessieren oder sogar ärgern. Unternehmen müssen:
- Daten regelmäßig überprüfen und ggf. aktualisieren,
- Daten, mit einem Zeitstempel und einer Gültigkeitsdauer versehen und dann sperren.

Die gesammelten Informationen müssen also regelmäßig hinsichtlich ihrer Aktualität überprüft werden. Es ist besser, Kunden gelegentlich zu fragen, ob ihre Adresse noch aktuell ist, als wichtige Unterlagen an eine alte Adresse zu schicken. Ein besonderes Kriterium sind Mailadressen und Mobilfunknummern, da hier regelmäßige Veränderungen zu erwarten sind.

Für die Überprüfung ist es sinnvoll, regelmäßige Kundenkontakte zu nutzen. Wenn ein Kunde im Servicecenter anruft, kann man schnell und mit geringem Aufwand die wichtigsten Stammdaten mit ihm abgleichen. Wenn ein Kunde ein Fahrzeug zur Inspektion abgibt, kann man ihn fragen, ob auch sein Zweitfahrzeug in der Familie noch existiert. Diese Überprüfung sollte institutionalisiert sein, was auch bedeutet, dass man die Mitarbeiter in den entsprechenden Fragetechniken schult.

3.3 Kundengruppen bilden, Marktsegmentierung

3.3.1 Segmentierungsansätze

Kunden unterscheiden sich in verschiedenen Merkmalen und sie haben auch unterschiedliche Erwartungen und Bedürfnisse. Unternehmen, die ihre Kunden kennen, möchten diese zielgerichtet ansprechen. Das Idealbild ist natürlich die vollkommen individualisierte Ansprache. Dies ist aber nur selten möglich, z. B. im 1:1-Kontakt zwischen Mitarbeiter und Kunde. In dem Moment, wo das Unternehmen Gruppen von Kunden anspricht, wird es versuchen, gleiche Gruppen zu identifizieren und entsprechend ihrer Bedürfnisse anzusprechen. Dabei hilft die Marktsegmentierung. »Unter Marktsegmentierung versteht man die Aufteilung eines Gesamtmarkts in heterogene Teilmärkte« (Pepels, 2013, S. 14).

Hierbei ist zu beachten, dass sich die Segmente untereinander bezüglich ihrer Anforderungen an Produkte oder Dienstleistungen deutlich unterscheiden, innerhalb der Segmente aber relativ homogene Anforderungen vorliegen. Unternehmen, die versuchen, bestmöglich auf diese Bedürfnisse zu reagieren, bieten passgenaue Produkte und Dienstleistungen an. Um sich von anderen Unternehmen zu differenzieren, kann sich ein Unternehmen auf wichtige Bedürfnisse in der Zielgruppe spezialisieren. Auf diese Weise wird nicht der gesamte Markt bedient, sondern nur einzelne Segmente. Eine solche Spezialisierung ist mitunter effektiver und gewinnbringender als die Bedienung des Gesamtmarktes (Kotler, Keller & Bliemel, 2007, S. 357).

Die Extrem-Beispiele der Kundensegmentierung sind der sogenannte Segment-of-one-Ansatz bzw. die atomistische Segmentierung und die Null-Segmentierung (Kotler, Keller & Bliemel, 2007, S. 357). Im ersten Fall werden alle Kunden individuell bedient – jeder ist ein eigenes Segment. Im Fall der Nullsegmentierung werden alle Kunden des Marktes gleich bedient. Grundsätzlich gilt, dass die Passung zwischen individuellen Bedürfnissen und den segmentspezifischen Produkten mit der Anzahl der Segmente steigt.

Folgende klassische Segmentierungskriterien werden hauptsächlich angewendet (Pepels, 2013, S. 20; Kotler, Keller & Bliemel, 2007, S. 366 ff.):
- demografische (Geschlecht, Alter, Familienstand, Ausbildung, Einkommen)
- geografische
- psychografische
- soziografische
- typologische
- neuroökonomische

Im Business-to-Business-Bereich treten noch die Branche, die Unternehmensgröße, oder die Mitarbeiterzahl (Haller, 2013, S. 188) hinzu.

Durch die bessere Nutzbarkeit in der Speicherung und Verarbeitung von Daten hat auch die Nutzbarkeit von Segmentierung große Fortschritte gemacht. Während früher in erster Linie statische Segmentierungskriterien wie Geschlecht oder Alter herangezogen wurden, lassen sich heute wesentlich feinere Segmente identifizieren. Aufbauend auf den feststellbaren Kundenmerkmalen gelingt es zum Beispiel, im Rahmen der dynamischen Segmentierung Kundenpotenziale zu identifizieren oder Kunden entsprechend ihres Status im Lebenszyklus zuzuordnen. So haben junge Kunden am Anfang der Kundenbeziehung vielleicht weniger Geld, aber mehr Zeit als ältere Kunden, die im Lebenszyklus schon fortgeschritten sind. Die Königsdisziplin in der Segmentierung ist die Einbeziehung situativer und verhaltensbezogener Kriterien. Die einfachste Unterscheidung hier ist die Unterscheidung vor oder nach einem Kauf. Aber auch andere situative Faktoren können wertvolle Erkenntnisse zum erwartbaren Kundenverhalten geben.

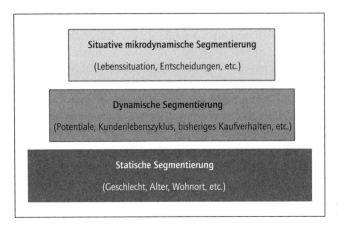

Abbildung 18: Systematik der Segmentierungsansätze

3.3.2 Statische Segmentierung

Statische Segmentierungskriterien sind über die Zeit stabil oder quasi-stabil. So wird sich das Geschlecht eines Kunden meist nicht ändern, sein Geburtsjahr ist konstant und das Alter kann man fortschreiben. Dies hat Vor- und Nachteile: Einerseits sind diese Kriterien sehr verlässlich, andererseits sagen sie meist eher wenig über das Verhalten aus. So gibt es sehr jung gebliebene und aktive 75-Jährige genau wie es 55-Jährige gibt, die ihr Kaufverhalten nicht mehr ändern.

Segmentierungen können auf einem (z. B. Alter: unterschiedliche Angebot für Junge und Alte), wenigen (z. B. Alter und Geschlecht: unterschiedliche Angebote für junge und alte Frauen und junge und alte Männer) oder vielen Kriterien (z. B. Reisen für Junge, Alte, Singles und Menschen, die Luxusreisen bevorzugen) beruhen (Pepels, 2013, S. 14 f.). Je einfacher die Segmentierung (z. B. allein auf wenigen demografischen Daten beruhend) allerdings ist, umso geringer wird auch der Nutzen sein (Haller, 2013, S. 189), denn allein z. B. aus dem Alter und dem Wohnort lassen sich kaum valide Informationen gewinnen, was die nächste beste Dienstleistung für diesen Kunden wäre und wie er angesprochen werden sollte.

Für die Erstellung von Dienstleistungen ist häufig das räumliche Zusammentreffen von Anbieter und Kunde erforderlich. Aus diesem Grund sind bei der Segmentierung auch räumliche Segmentierungskriterien von besonderer Wichtigkeit (Haller, 2013, S. 184). Praxisgerecht ist daher die geografische Segmentierung, d. h. die Einteilung des Marktes in Regionen (Haller, 2013, S. 186). Aus der Analyse von z. B. Ausschöpfungsgraden oder Wachstumsraten nach Regionen können wichtige Informationen für die Gestaltung der Marktbearbeitung gewonnen werden.

Tiefere Einsichten liefert die Unterscheidung nach psychografischen Kriterien: Emotion, Motivation, Einstellungen, Werte, Involvement, Risikoneigung, Lernen, Wahrnehmung, Persönlichkeitsmerkmale (Pepels, 2013, S. 20). Die Besonderheit dieser Merkmale ist, dass sie meist nicht beobachtbar sind und deren Wirkung auch den Kunden nicht bewusst ist (Fischer & Wiswede, 2009, S. 292). Die Erhebung solcher Merkmale ist daher nicht trivial (Fischer & Wiswede, 2009, S. 292; Haller, 2013, S. 190). Sie erfordert zum einen ein gewisses Verständnis für die Thematik und darüber hinaus geeignete Messinstrumente und Mitarbeiter, die diese Instrumente richtig einsetzen können. Für viele der vorgenannten Merkmale gibt es solche Erhebungsinstrumente aus der psychologischen Forschung. Inwieweit sich diese allerdings für den alltäglichen Einsatz z. B. in einer Kundenbefragung eignen, muss im Einzelfall geprüft werden.

Eine weitere Gruppe von Segmentierungskriterien sind soziografische Kriterien. Dies sind zum Beispiel Normen, Subkulturen, Soziale Schicht, Gruppen, Rollen. Sie lassen sich teilweise beobachten und können ansonsten gemessen werden. Häufig können solche Informationen in Form von bereits zielgruppenspezifisch aufbereiteten Adressen zugekauft werden. Sind solche Zugänge nicht möglich, stehen Instrumente wie zum Beispiel Lebensstiltypologien zur Verfügung. Bekannte Beispiele für Lebensstiltypologien sind die Sinus-Milieus® sowie die Roper Socio Styles (Pepels, 2013, S. 110 ff.).

3.3.3 Dynamische Segmentierung

Statische Kriterien sagen über das künftige Verhalten von Kunden wenig aus.

> Was nützt einem **Automobilhändler** die Information, dass ich bisher meinen 7er BMW jährlich zur Inspektion und zweimal zum Reifenwechsel gebracht habe, wenn ich mir einen Audi A8 kaufe und künftig nicht mehr komme?

Oftmals findet man eine Segmentierung über das bisherige Kaufverhalten: Vor allem im B2B-Bereich steuern Unternehmen häufig durch eine einfache umsatzbezogene Segmentierung nach ABC-Kriterien: Kunden oder Unternehmen, die viel kaufen, sind A-Kunden, Kleinkunden sind C-Kunden. Diese Form ist immer noch gängig, für die Steuerung der Kundenbearbeitung aber herzlich wenig brauchbar. Weder ist gewährleistet, dass A-Kunden im Umsatz auch A-Kunden im Ertrag sind, häufig haben diese Kunden nämlich bessere Preise. Noch sagt der Ist-Status etwas über Potenziale aus – vielleicht verbirgt sich hinter einem C-Kunden ein Unternehmen, welches 95 % seines Bedarfs woanders deckt oder ein Unternehmen, welches jedes Jahr um 20 % wächst.

Viel wichtiger ist die Frage, was ich künftig tun werde, z. B. weil mein dreijähriger Leasingvertrag ausläuft. Dieses künftige Verhalten versucht man über dynamische Segmentierungsformen einzugrenzen. Dabei versucht man, aus bestimmten Eigenschaften und Verhaltensweisen des Kunden Rückschlüsse auf sein künftiges Kaufverhalten zu ziehen. Die bekanntesten Formen beziehen sich auf den Lebenszyklus des Kunden. Diesen kann man in vielen Branchen leicht bestimmen. So kann eine Bausparkasse einfach unterscheiden nach Anbahnungsphase mit Abschluss des Vertrages, Ansparphase, Auszahlungsphase und Tilgungsphase. In anderen Branchen wird es schwieriger, wie kann zum Beispiel

ein Einzelhändler wissen, in welcher Lebensphase sich ein Kunde befindet? Hier können dann nur statische Kriterien wie zum Beispiel das Alter ersatzweise hinzugezogen werden. An Hand des Lebenszyklus kann auf Potenziale und künftiges Verhalten geschlossen werden:
- Wie viele Autos wird ein Kunde in seinem Leben noch kaufen?
- Wie groß ist die Wahrscheinlichkeit, dass der Kunde bei mir kauft?
- Wann wird die nächste Veränderung eintreten?
- Wie hat der Kunde bisher gekauft?
- Vor welchen Lebensveränderungen steht der Kunde, die sein Verhalten beeinflussen?
- etc.

Außer über den Lebenszyklus kann man auch auf direktem Weg Informationen über Kundenpotenziale gewinnen. Die einfachste Potenzialfrage ist: Wie viel Prozent seiner Käufe in einer bestimmten Warengruppe deckt ein Kunde bei einem Anbieter? Wenn hier noch Luft ist, dann fragt man, warum das so ist und was ein Unternehmen tun muss, um diese Potenziale zu erschließen? Im B2B-Bereich wird nach unseren Beobachtungen häufig die Dynamik der Entwicklung beim Kunden vernachlässigt. Ein Unternehmen, welches sich konstant entwickelt, hat logischerweise geringere Potenziale als ein Unternehmen, welches jährlich um 20 % wächst.

Weitere Informationen über eine dynamische Segmentierung lassen sich an Hand des Kundenverhaltens der Vergangenheit gewinnen. Kriterien wie Produktartenwahl, Preisbedeutung, Mediennutzung oder Besitzstatus (Pepels, 2013, S. 20) lassen Rückschlüsse auf künftiges Kauf- und Serviceverhalten zu. Auch die Markentreue kann erhoben werden und beeinflusst künftiges Verhalten.

> Ein Kunde, der in den letzten Jahren fünfmal angerufen hat, um seine Rechnung zu hinterfragen, wird dies vermutlich im sechsten Jahr wieder tun. Ein Kunde, der in der Vergangenheit keine Preissensibilität in seinen Einkäufen gezeigt hat, ist auch für künftige hochpreisige Kaufempfehlungen empfänglich. Ein Kunde, dessen letzte drei Autos von Mercedes, Audi und BMW kamen, wird sich vermutlich auch beim nächsten Kauf bei mehreren Anbietern im gehobenen Segment umschauen.

Auch die Kauffrequenz kann als dynamisches Kriterium hinzugezogen werden. Ein Beispiel ist das Auslaufen von Verträgen: Die Wiederkaufwahrscheinlichkeit ist zum Zeitpunkt des Auslaufens eines Leasing- oder Finanzierungsvertrags am größten. Ein Beispiel für eine Segmentierung nach Kauffrequenz und Wert ist das RFMR-Modell: Der Kundenwert berechnet sich im Detail aus der Multiplikation von Kaufaktualität (Recency of last Purchase), Kaufhäufigkeit (Frequency of Purchase) und durchschnittlichem Umsatz pro Kauf (Monetary Ratio) (Haller, 2013, S. 193).

Unternehmen können dynamische Segmentierungskriterien nutzen, indem sie jeden Kunden auf Potenziale untersuchen und entsprechend einstufen. Dies kann auf der Basis von systemgestützten Kriterien oder heuristisch erfolgen, z. B. über Beurteilungen durch einen Kundenbetreuer.

3.3.4 Mikrodynamische und situative Segmentierung

Manche Eigenschaften treten nur eine gewisse Zeit auf, sind dann aber für die entsprechenden Produzenten und Dienstleister von entscheidender Wichtigkeit.

> So stellen schwangere Frauen oder Kinder im Windelalter eine bestimmte Zielgruppe mit sehr speziellen Bedürfnissen für eine überschaubare Zeit dar. Für eine Krankenversicherung sind Menschen, die ein bestimmtes Krankheitsbild aufweisen, ein eigenes Mikrosegment, welches die Kunden aber verlassen, wenn ihre Krankheit ausgeheilt ist. Gleiches gilt für Hausbauer, die in dieser Phase bestimmte Dienstleistungen nachfragen.

Solche mikrodynamischen Segmentierungskriterien sind für den Umgang mit dem Kunden von großer Wichtigkeit, lassen sich doch konkrete Rückschlüsse auf den Bedarf und auf den Umgang mit dem Kunden ziehen.

Noch stärker an situativen Kriterien orientiert sich eine Segmentierung in der konkreten Kaufsituation. Ein Beispiel ist der Umgang mit dem Thema Zeit (Haller, 2013, S. 192). Eine Dienstleistung kann selten gespeichert werden. Wenn es gelingt, eilige Kunden bevorzugt zu bedienen und die anderen Kunden auf weniger ausgelastete Zeitfenster zu schieben, hat man die Kundenzufriedenheit und die eigene Auslastung optimiert. Auch wirkt die Dauer einer Dienstleistung unterschiedlich auf Kunden abhängig davon, ob sie Zeit haben. Dies kann in der Leistungserbringung berücksichtigt werden.

Letztlich ist auch die Stimmung eines Kunden ein Kriterium für eine situative Segmentierung. Ein Beschwerdekunde, der gerade seinen Anschlusszug verpasst hat, ist anders zu behandeln als ein Kunde, der eine Urlaubsreise bucht, die in drei Monaten starten soll. Insofern lassen sich auch Kunden in bestimmten Situationen als eigenes Segment identifizieren und differenziert ansprechen. Das müssen nicht nur negative Vorkommnisse sein. Kunden, die gerade ein Neufahrzeug gekauft haben, sind häufig für weitere diesbezügliche Produkte und Dienstleistungen ansprechbar. Voraussetzung ist hier, dass die Zugehörigkeit zu einem Segment erkannt wird. Sofern das nicht über technische Systeme geleistet werden kann, z. B. weil sich die Segmentzugehörigkeit situativ ergibt, sind es die Mitarbeiter, die entsprechend in der Erkennung geschult werden müssen.

3.3.5 Andere Kunden kauften auch

Ein gutes Beispiel für eine segmentbezogene Kundenbearbeitung lässt sich bei Amazon, dem Online-Händler, beobachten. Amazon wertet die Kundendaten aller Kunden aus vergangenen Käufen aus und generiert daraus Produktvorschläge. Diese Informationen werden auf der Produktseite angezeigt und schaffen Anreize zum Cross-Buying.

Bei Online-Käufen ist dieses Prinzip systembedingt und automatisiert leicht umzusetzen. Aber auch im klassischen Verkauf können Informationen aus vergangenen Käufen anderer Kunden genutzt werden, um zielgerichtete (Zusatz-)Angebote zu machen. Natürlich ist diese Information nicht immer passgenau, aber die Wahrscheinlichkeit des Kaufs ist höher als bei einem Angebot vollkommen ohne Information zum Kunden.

Dieses Prinzip kann sogar für Service und Kundenorientierung genutzt werden. So können z. B. den Servicemitarbeitern im Call-Center abhängig vom Kundenprofil Zusatzangebote auf ihren technischen Systemen angezeigt werden, die anderen Kunden in der Situation nützlich waren. Auch Servicebedarfe lassen sich erkennen: Wenn bestimmte Kundengruppen mit höherer Wahrscheinlichkeit einen bestimmten Informationsbedarf haben, dann kann man bestimmte Informationen zielgerichtet den Mitgliedern dieser Kundengruppe zur Verfügung stellen. Die Information, dass ein bestimmter Kundentyp in Beratungssituationen meist in Eile ist, kann in Mitarbeiterschulungen einfließen.

Entscheidend für die Erkennung solcher Muster ist der intelligente Umgang mit den Kundendaten. Es ist erforderlich, gespeicherte Daten zu verknüpfen, daraus Handlungsmuster abzuleiten und diese Muster dann wieder als Informationen in die Kundeninteraktionen einzuspeisen.

3.3.6 Erfolgsfaktoren für den Einsatz der Kundensegmentierung

Die Segmentierungsansätze ermöglichen es, bestimmte Zielgruppen mit geringeren Streuverlusten zu erreichen und Rückschlüsse auf ihr wahrscheinliches Verhalten zu ziehen.

Als Segmentierungskriterien eignen sich solche Kriterien, auf deren Basis sich homogene Teilgruppen eines Marktes bestimmen lassen, die gegenüber einander starke Unterschiede in Bezug auf die Präferenzen, Einstellungen, Nutzungsgewohnheiten mit dem im Fokus stehenden Produkt oder der Dienstleistung aufweisen. Grundsätzlich sind solche Variablen geeignet, die folgende Anforderungen erfüllen (Meffert & Bruhn, 2006, S. 153 f.):

- **Messbarkeit:** Sind die Kriterien mit Marktforschungsmethoden messbar?
- **Kaufverhaltensrelevanz:** Lassen sich für die einzelnen Segmente Unterschiede in der Kaufwahrscheinlichkeit ableiten?
- **Erreichbarkeit bzw. Zugänglichkeit:** Sind die gebildeten Segmente mit Marketingmaßnahmen zu erreichen?
- **Handlungsfähigkeit:** Kann auf Basis der Segmentierung das Marketinginstrumentarium sinnvoll eingesetzt werden?
- **Wirtschaftlichkeit:** Übersteigt der Nutzen der Segmentierung die Kosten?
- **Stabilität über die Zeit:** Sind die Segmente so stabil, dass sie für die Dauer des Einsatzes der Marketinginstrumente Bestand haben?
- **Bezug zur Dienstleistung:** Berücksichtigen die Segmentierungskriterien hinreichend die Besonderheiten von Dienstleistungen?

Kundenorientierte Unternehmen verfügen in der Regel über ausgefeilte Mechanismen, Segmente zu identifizieren und anzusprechen. Adressaten der Segmentierung sind das Marketing (Upselling- und Crosselling-Potenziale), der Vertrieb (Ausschöpfung der Kundenpotenziale) und der Service (Servicebedarf des Kunden in einer konkreten Kundeninteraktion). Einzelne Kunden können dabei unterschiedlichen Segmenten angehören. Die dynamische Anpassung der Segmente auf Basis von Familien-, Lebens- oder Produktnutzungszyklus erfordert aktuelle Daten und eine entsprechend häufige Rückmeldung an das CRM-System. Die Phase, in der ein Hauskredit für eine Familie interessant ist, ist relativ kurz. Ausgewertete Daten stammen aus verschiedenen Quellen und müssen intelligent verknüpft werden.

Die Mitarbeiter spielen bei der Erstellung von Dienstleistungen eine besondere Rolle und die meisten Dienstleistungen weisen individuelle Komponenten auf. Aus diesem Grund ist es besonders wichtig, dass die Mitarbeiter die Segmentierungskriterien verstehen, akzeptieren und auch anwenden (Haller, 2013, S. 194). Ist das nicht der Fall, werden die Kosten der Segmentierung deren Nutzen übersteigen.

3.3.7 Grenzen der Kundensegmentierung

Unternehmen sollten in jedem Fall beachten, dass die Kundensegmentierung bei den Kunden durchaus auf Widerstand treffen kann. Insbesondere dort, wo Kunden sich ausspioniert fühlen oder der Verarbeitung ihrer Daten nicht trauen, kann eine Kundensegmentierung auf Basis persönlicher Daten auf Ablehnung stoßen. Es gibt hier ein inhärentes Spannungsfeld: Zwar möchten die meisten Kunden von unnötigen Angeboten verschont werden und gehen auf für sie konkret passende Angebote gerne ein. Kunden möchten aber nicht so gern, dass ihr Verhalten nachvollzogen und vorhergesagt wird, weil sie dies als manipulativ bewerten.

Besonders die psychografische Segmentierung wird teilweise von der Bevölkerung kritisch gesehen.

> Diese Erfahrung machte auch die **Hamburger Sparkasse**: Verbraucherschutz, Presse und Kunden reagierten empört, als bekannt wurde, dass die Hamburger Sparkasse eine Segmentierung auf Basis psychologischer Kriterien vorgenommen hatte und diese im Vertrieb bzw. in der Kundenberatung einsetzte. Unter anderem war von »Psychotricks« die Rede. Der öffentliche Druck führte am Ende dazu, dass die Hamburger Sparkasse die Typisierung wieder aus ihren Systemen löschte (Bernau, 2010). Die wirklichen Intentionen des Unternehmens spielten hierbei weniger eine Rolle als der öffentliche Aufschrei.

Segmentierungen oder Typologien können Mitarbeitern interessante Hinweise geben. Trotz allem muss aber klar sein, dass aktuelle Kundenäußerungen immer eine höhere Wichtigkeit für die Reaktion des Mitarbeiters haben müssen, als die Zuordnung zu einem Typ oder Segment. Je nach Situation oder Stimmung kann das Verhalten des Kunden mehr oder weniger dem prototypischen Verhalten entsprechen, das man aufgrund des Kundentyps erwarten würde. Die Mitarbeiter müssen versiert genug sein, auf Abweichungen vom prototypischen Verhalten individuell zu reagieren.

> Selbst der größte »Abenteurer« wird an der roten Ampel anhalten, wie alle anderen Menschen auch, und wird zum Sicherheitsfanatiker, wenn es um den Kindersitz für seine 3-jährige Tochter geht.

Nur in seltenen Fällen werden die Segmentzugehörigkeiten oder Typen auf der Basis aktueller Daten in Echtzeit neu berechnet. Das bedeutet, dass die Zuordnung zum Typ auf der Basis älterer Daten beruht und ggf. nicht mehr zutrifft. Die Kategorie »Student« sollte spätestens nach 3 Jahren überprüft werden, da sich mit der Umstellung vom Diplom auf Bachelor und Master die Regelstudienzeiten deutlich verkürzt haben. Viele weitere Kategorien, die eng mit dem Verhalten zusammenhängen (z. B. »Berufsanfänger«, »junge Familie«, »Patient im Krankenhaus«) sind ebenso zeitlich begrenzt. Entsprechend sollten Segmentierungsdaten in technischen Systemen mit einem »Haltbarkeitsdatum« erfasst werden. Mitarbeiter müssen darauf gefasst sein, dass der Kunde nicht mehr dem Segment entspricht, das im System bei ihm hinterlegt ist.

Informationen müssen zudem mit Bedacht eingesetzt werden.

> Wenn mir ein völlig unbekannter Mitarbeiter meiner **Bank** plötzlich zum Geburtstag gratuliert, dann kann das nur aufgrund eines Hinweises im System geschehen sein. Persönliches Interesse an mir oder besondere Aufmerksamkeit seitens des Mitarbeiters würde ich nicht wahrnehmen können.

Die Wirkung eines solch plumpen Versuchs, Nähe herzustellen, kann dann schnell ins Negative umschlagen.

3.4 Informationen nutzen

»Was ich nicht weiß, macht mich nicht heiß«

Kundendaten und -informationen zu sammeln macht grundsätzlich nur Sinn, wenn das Unternehmen sie später kundenorientiert einsetzt. Um das Kundenwissen auch am Kunden einsetzen zu können, müssen die relevanten Informationen den einzelnen Mitarbeitern – insbesondere im Kundenkontakt – bereitgestellt werden.

Anders als Tante Emma in ihrem Laden haben Mitarbeiter im Kundenservice zunächst einen unbekannten Kunden vor sich. Die Informationen über den Kunden können sie aus technischen Systemen abrufen. Das muss einfach und schnell gehen, weil sie sich ja eigentlich auf den Kontakt mit dem Kunden konzentrieren sollen. Nur besonders nutzerfreundliche technische Systeme schaffen es, die relevanten Daten so bereitzustellen, dass das Gespräch mit dem Kunden davon profitiert.

Auch der Umgang mit der Information ist keinesfalls einfach. Worauf muss ich als Mitarbeiter im Kundenkontakt besonders achten? Es ist naheliegend, dass bestimmte Daten hier besonders relevant sind. Wir empfehlen, sich besonders auf die Potenziale des Kunden (=künftiger Wert des Kunden für das Unternehmen) und auf die situative Komponente (=Gemütslage und situativer Bedarf des Kunden) einzustellen. Mitarbeiter müssen im Umgang mit den Daten und für besondere Belange (=Erkennen von und Umgang mit »Momenten der Wahrheit«) geschult werden. Mitarbeiter können dieses Wissen über den Kunden dann gezielt einsetzen: »Sie sind ja schon sehr lange Kunde bei uns, Herr Maier«, ihr Verhalten darauf abstellen: »Wir verstehen Ihre Verärgerung« und ggf. spezifische Angebote machen »Letztes Mal hatten Sie XYZ gekauft. Haben Sie noch etwas davon zu Hause? Wir könnten Ihnen heute ein interessantes Angebot machen.«

3.5 Segmentierung in der Kundeninteraktion

Wie geht man nun in der Praxis mit dem Thema Segmentierung um? Basis der Segmentierung ist natürlich die Segmentierung an Hand der Stammdaten. Diese Unterschiede sind stabil (Mann/Frau, Alter) oder wenigstens nur wenig dynamisch (Wohnort, Familienstatus). Unter Nutzung der Stammdaten kann man erste Zuordnungen zu Gruppen vornehmen.

Statisch wird ein Kunde eingeordnet, weil er bestimmte Eigenschaften aufweist (Männer der Altersgruppe 35 – 45). Hier ist es eher das Marketing, welches solche Informationen zur Reduzierung von Streuverlusten nutzt. Dynamische Daten können genutzt werden, weil Kunden in der Vergangenheit ein Produkt X gekauft haben und es daher naheliegend ist, dass sie Y auch benötigen könnten. Auch diese Informationen richten sich eher an Marketing und Vertrieb. Für Service und Kundenorientierung besonders bedeutsam sind dynamische und mikrodynamische Daten. Sie ermöglichen es, proaktiv Kundenbedarf zu erkennen und speziell auf diese Kunden zuzugehen. Hier sind einige Beispiele dafür:

- Ein **Energieversorger** identifiziert Kunden, die Rechnungen mit hohen Nachzahlungen bekommen werden. Diese Kunden werden angerufen, auf die kommende Rechnung vorbereitet und mit Informationen versorgt, wie sie künftig Energie sparen können.
- Ein **Automobilhändler** erfasst über die Verkäufer auch Informationen zu voraussichtlicher Haltedauer und Nutzungsverhalten des gekauften Fahrzeugs. Das Autohaus stellt diese Informationen auch den Werkstattmeistern zur Verfügung, die sie bei Reparaturentscheidungen einbeziehen und ggf. den Weg zu einem rechtzeitigen Neukauf ebnen können.
- Ein **Versandhändler** bekommt mit, dass ein bestimmtes Produkt häufiger Fehler aufweist. Kunden, die das Produkt gekauft haben, werden proaktiv angeschrieben, über das Fehlerbild informiert und auf die Möglichkeit eines Tauschs hingewiesen
- Eine **Krankenkasse** bietet allen Kunden, die eine bestimmte Krebserkrankung aufweisen, den Zugang zu einem Infoportal an. Dort können sie gezielt Informationen zu ihrer Krankheit einholen, erhalten Zugänge zu ausgewählten Fach-Ärzten für Zweitmeinungen und können sich in einem Forum mit anderen Betroffenen austauschen. Die Krankenkasse profitiert, weil sie einen direkten Zugang zu dieser Gruppe behält und die Beziehung zu ihnen im Sinne eines »Disease Management« besser steuern kann. Die Kunden profitieren vom passgenauen Serviceangebot und dem Gefühl, dass man sich um ihre speziellen Bedürfnisse kümmert.
- Ein **Reiseveranstalter** hat seine Servicemitarbeiter in Bezug auf das Thema »Kundenpotenzial« speziell geschult. Die Mitarbeiter sind angehalten, durch Fragen eine Einschätzung künftiger Potenziale zu gewinnen und im CRM-System zu vermerken. Anderen Mitarbeitern steht diese Information für Kulanzentscheidungen und für die Ermittlung weiteren Kundenbedarfs zur Verfügung.

In der Praxis ist nicht die Segmentierung der Kunden das Problem, auch wenn hier viele Unternehmen noch deutliche Potenziale haben. Vielmehr ist es die Frage, wie die Daten konkret im Kundenkontakt genutzt werden können. Diese Frage zu beantworten und dann die Antwort auch umzusetzen, stellt die größere Hürde dar. Mitarbeiter können nicht an alles denken. Die Dinge, an die sie denken sollen, müssen speziell geschult werden und die Informationen, die die Mitarbeiter dafür benötigen, müssen über technische Systeme am Ort der Kundeninteraktion verfügbar gemacht werden.

3.6 Mehrwerte generieren für bekannte Kunden

Die Kundenkenntnis und die Typisierung sollen dazu dienen, passgenaue Produkte und Dienstleistungen anbieten zu können. Die langjährigen Datenreihen im Rahmen des Wettbewerbs »Top Service Deutschland« (ServiceRating, 2014) zeigen, dass die meisten Unternehmen ihren Kunden einen guten Service bieten und die Kunden im Allgemeinen auch zufrieden sind. Kunden erwarten nicht noch mehr Kompetenz oder Freundlichkeit. Vielmehr ist der entscheidende Unterschied zwischen gutem und exzellentem Service, ob Kunden die Produkte als auf sie zugeschnitten und das Serviceangebot als individuell empfinden.

Passgenau sind Angebote dann, wenn sie durch ihre (Teil-)individualisierung dem Kunden einen höheren Nutzen stiften als Einheitsgüter oder Dienstleistungen, die für alle Kunden und Kundengruppen gleich sind. Unternehmen können eine Individualisierung ihrer Produkte und Dienstleistungen erreichen, indem sie Leistungen modularisieren und Preise für individuelle Leistungspakete ausweisen (Haller, 2013, S. 202 f.). Auf diese Weise können sich die Kunden Preis-Leistungs-Bündel zusammenstellen, die ihren Wünschen am ehesten entsprechen. Damit sollte in der Folge auch ein erhöhter Absatz verbunden sein.

Unternehmen individualisieren ihre Dienstleistung u. a., indem sie dem Kunden das Gefühl geben, etwas Besonderes zu sein. Dies schaffen Mitarbeiter, indem sie auf die bisherige Kundenbeziehung Bezug nehmen und damit dem Kunden signalisieren, dass sie seinen Bedarf kennen. Sie müssen aber vor allem auch in der Lage sein, sich auf den situativen Bedarf des Kunden einzustellen. Zum Beispiel, indem man für bestimmte Zielgruppen bestimmte Serviceangebote vorsieht und dem Mitarbeiter in seinen Werkzeugkasten packt. Er kann für bestimmte Kunden diese Angebote einfließen lassen.

Wichtig ist, dass der Nutzen für den Kunden im Mittelpunkt steht. Auf diese Weise steigt die Kundenzufriedenheit und -loyalität, die (Marketing-)Kosten sinken aufgrund geringerer Streuverluste und der Ertrag erhöht sich. Auch hier spielt das Potenzial der Weiterempfehlung durch zufriedene Kunden wieder eine große Rolle.

3.7 Datenschutz

Die Nutzung von Kundendaten unterliegt strengen rechtlichen Bedingungen. Kundenorientierte Unternehmen wissen das und handeln entsprechend. Laut Bundesdatenschutzgesetz (BDSchG) dürfen seit dem 1.9.2009 Kundendaten nur noch abgespeichert werden, wenn der Kunde zugestimmt hat. Werden die Daten für Telefon- und E-Mail-Werbung benutzt, muss der Kunde noch einmal separat zustimmen (Opt In). Ausnahmen sind lediglich Daten, die sich nur auf Name, Anschrift, Geburtsjahr, Berufs-, Branchen- oder Geschäftsbezeichnung und Zugehörigkeit zu einer bestimmten Personengruppe (also »statische« Daten) beschränken oder die Daten aus einem allgemein zugänglichen Verzeichnis (z. B. Telefonbuch) erfasst werden. Werden – z. B. im Rahmen eines Kunden-Informations-Systems oder für eine Bonusberechnung – auch Umsatz- oder andere Response- bzw. Bewegungsdaten erfasst, ist die Kundeneinwilligung zwingend erforderlich. Diese Einwilligungserfordernis gilt auch für Bestandskundendaten.

Die Einwilligungserklärung selbst kann vorformuliert in den Allgemeinen Geschäftsbedingungen enthalten sein. Wichtig ist, dass der Betroffene immer in seiner Entscheidung frei ist, ob er sein Einverständnis erklärt. Eine solche offene Willensbildung liegt nicht vor, wenn etwa der Vertragsabschluss von der Einwilligung des Betroffenen abhängig gemacht wird. Die Einwilligung muss von der Datenerhebung ab bis zum Zeitpunkt der Werbeaktion vorliegen.

Die Einwilligungserfordernis beschränkt natürlich nicht die Analyse und Auswertung von Daten soweit dafür die personenbezogenen Daten nicht erforderlich sind und ggf. abgetrennt werden. Insofern ist jedes Unternehmen frei darin, Analysen und Segmentierungen vorzunehmen. Ebenfalls nicht betroffen ist die 1:1-Ansprache im persönlichen Kundendialog. Für diese Beratung darf ein Mitarbeiter des Unternehmens Informationen aus der Kundenbeziehung nutzen. Soll aber eine allgemeine Ansprache zum Zwecke der Werbung erfolgen, so ist die Einwilligung des Kunden (Opt In) erforderlich.

Auch für die Speicherung kundenbezogener Daten gelten die Vorschriften des Bundesdatenschutzgesetzes. Mitarbeiterinnen und Mitarbeiter eines Unternehmens sind zur Wahrung der Vertraulichkeit und zur Einhaltung der gesetzlichen Vorschriften zu verpflichten. Dritte im Dienste des Unternehmens sind ebenso auf die Einhaltung der gesetzlichen Vorgaben zum Schutz personenbezogener Daten zu verpflichten. Im Zweifel sollte der Datenschutzbeauftragte des Unternehmens oder ein erfahrener Anwalt zu Rate gezogen werden.

3.8 Checkliste »Den Kunden kennen«

- Das Unternehmen weiß, wer seine Kunden sind.
- Die Kundendaten werden gespeichert.
- Die Kundendaten werden mit weiteren Informationen aus den Datenbeständen des Unternehmens verknüpft.
- Die Kundendaten werden mit externen Daten (z. B. Lifestyle, Milieu) verknüpft.
- Das Unternehmen stellt die Kundendaten über ein CRM-System den Mitarbeitern im Kundenkontakt zur Verfügung.
- Kundendaten sind mit Zeitstempeln versehen und werden nach Ablauf gesperrt oder gelöscht.
- Mitarbeiter sind in Fragetechniken geschult, um weitere Kundendaten zu erfassen.
- Die Mitarbeiter sind angehalten, erfragte oder beobachtete Kundeninformationen in das CRM-System zurückzuspeisen.
- Das Unternehmen verfügt über eine Zielkundendefinition.
- Das Unternehmen hat eine Kundentypologie mit definierten Kriterien festgelegt.
- Das Unternehmen segmentiert die Kundendaten nach statischen Kriterien.
- Das Unternehmen berücksichtigt in der Segmentierung auch dynamische Kriterien wie Potenziale oder Lebenszyklus.
- Das Unternehmen erkennt auch mikrodynamische Segmente an Hand von Kundenkriterien oder des Kundenverhaltens.
- Aus den Segmenten werden Handlungen für Service und Kundenorientierung abgeleitet.

- Für einzelne Segmente werden spezifische Produktangebote gemacht.
- Für einzelne Segmente werden spezifische Betreuungs- oder Informationsangebote gemacht.
- Das Unternehmen kann auf der Basis gespeicherter Kundeninformationen eine individualisierte Kundenbetreuung sicherstellen.
- Die Segmentierungsinformationen werden mit Kundendaten verknüpft und fungieren als Warnsystem.
- Über das Warnsystem geht das Unternehmen proaktiv auf Kunden zu, wenn es bestimmte Abweichungen erkennt.
- Das Kundenwissen wird den Mitarbeitern im Kundenkontakt über Systeme verfügbar gemacht.
- Die Mitarbeiter im Umgang mit dem Kunden sind in der Berücksichtigung von Segmentierungskriterien geschult.
- Die Vorschriften des Datenschutzes nach dem Bundesdatenschutzgesetz (BDSchG) werden eingehalten.

4 Da sein, wo der Kunde ist

4.1 Wo ist mein Kunde?

4.1.1 Angebot und Nachfrage

Da sein, wo der Kunde ist, ist eine triviale Forderung. Schließlich könnten Kunden nicht kaufen, wenn das Unternehmen nicht da wäre, wo auch der Kunde ist. Leider klammert diese Annahme die Fälle aus, wo das Unternehmen eben nicht da ist, wo ein potenzieller Kunde ist, und dieser Mensch aus diesem Grunde eben nicht gekauft hat. Ein Unternehmen, welches da sein will, wo der Kunde ist, muss das eigene Angebot so ausrichten, dass es auf die Nachfrage des Kunden trifft. Dies beinhaltet sowohl die physische Verfügbarkeit – ein Kunde, der einen Anbieter nicht antrifft, kauft woanders oder gar nicht – als auch das Angebot des Unternehmens, welches den Bedarf des Kunden möglichst genau treffen muss. Es beinhaltet auch die Aufbereitung des Angebots in der Form, dass es den Kunden zum Kauf anreizt einschließlich des Kundenservice. Die Frage »Was wünscht der Kunde?« zerfällt tatsächlich in mehrere Unterfragen:

- Wer ist mein Kunde?
- Welches Bedürfnis hat der Kunde in einer gegebenen Kaufsituation?
- Welche über das reine Bedürfnis hinausgehenden Angebote kann ich oder sollte ich machen?
- Wo treffe ich den Kunden an?
- Wie will er kaufen?
- Welchen Service wünscht er?
- Wie kann ich eine Beziehung aufbauen, sodass ich mit dem Kunden vor, während und nach dem Kauf in einem Austausch bin?
- Welche Informationen kann ich vom Kunden bekommen?

4.1.2 Der hybride Konsument

Das Konzept, da zu sein, wo der Kunde ist, führt also zuerst zu der Frage: Wer ist mein Kunde? Diese Frage zu beantworten ist zunehmend schwieriger geworden. In der Marketing-Welt traditioneller Prägung ließen sich die Kundenbedürfnisse durch Marktforschung ermitteln und zu Nachfragesegmenten bündeln. Diese konnten mit Mitteln der Massenkommunikation angesprochen werden, bis der Kunde zum Unternehmen kam und kaufte.

In der heutigen Welt treten Kunden selten in der Reinform auf, dass man sie gebündelt ansprechen kann. Im Gegenteil. Es treten immer kleinere Zielgruppen auf, wobei ein Konsument in Segmente fallen kann, die obendrein noch ständig im Wandel sind. Kunden sind zunehmend gut informiert und werden immer kritischer. Markentreue und Geschäftstreue nehmen ab.

Auch das Konsumverhalten hat sich verändert. Immer mehr Kunden sind als hybride Konsumenten zu sehen. Von *hybriden Konsumenten* spricht man, wenn die Käufer ein gespaltenes Konsumverhalten an den Tag legen, wenn sie z. B. »Domänen selektiven Luxus und kalkulierter Bescheidenheit« zeigen (Wiswede, 2007, S. 144). Sie konzentrieren sich nicht auf einen Einzelhandelssektor, sondern kaufen sowohl bei einem Discounter als auch in einem Delikatessenladen – bei dem einen decken sie den Grundbedarf, bei dem anderen das über das Alltägliche Hinausgehende. Die Discounter reagieren darauf, so bietet Aldi von Zeit zu Zeit Pata Negra Schinken an, der deutlich aus dem sonstigen Preisgefüge heraussticht.

Neue Konsumtypen treten auf als »Smart Shopper« (Kauf nach Gelegenheiten, preisbewusst auch im Luxussegment), orientieren sich am Trend zum Bequemlichkeitskauf (Convenience) oder sind Erlebniseinkäufer, bei denen ein originäres Bedürfnis gar nicht im Vordergrund steht (vgl. Porkert/Pohler 2004/2005). Solche hybriden Konsumenten sind als Zielgruppe schwerer zu fassen und nicht so leicht anzusprechen.

4.1.3 Konzentration auf den Kundennutzen

Verlassen wir einmal die Pfade des klassischen Marketings. Es ist kaum noch möglich, eine »Unique Selling Proposition« (USP) zu definieren, dem Kunden also ein Angebot zu machen, welches so einzigartig ist, dass der Kunde zu mir und nur zu mir kommt. Wie schon in Kapitel 1 beschrieben, ist es sinnvoller, vom Kunden her zu denken. Und da stellt sich die Frage: Welchen Nutzen bietet das eigene Produkt oder die eigene Dienstleistung dem Kunden?

Das absatzwirtschaftliche Nutzenkonzept geht von einer hierarchischen Gliederung verschiedener Nutzenarten aus, aus denen sich der Gesamtnutzen bzw. Produktnutzen additiv zusammensetzt. Der sog. *Grundnutzen* schafft dabei die aus den physisch-funktionalen Eigenschaften eines Produktes resultierende Bedarfsdeckung. Das Konzept des Grundnutzens reicht aber immer weniger aus, Kaufentscheidungen zu erklären. Fast alle Angebote weisen einen *Zusatznutzen* auf, der zum Beispiel folgende Ausprägungen annehmen kann:

- Unter *Erbauungsnutzen* wird die aus den ästhetischen Eigenschaften eines Produktes resultierende Bedarfsdeckung (z. B. Form, Farbe, Geruch) verstanden.
- Der *Geltungsnutzen* ist die Bedarfsdeckung, die aus den sozialen Eigenschaften (z. B. Prestige) eines Produktes oder einer Leistung resultiert.
- Der *Erlebnisnutzen* speist sich aus dem Kauf- und Nutzungserlebnis beim Konsumieren eines Produkts
- Der *emotionale Zusatznutzen* entsteht durch die Mehrwerte, die man auf der Gefühlsebene erhält, z. B. aus der Interaktion Käufer/Verkäufer oder aus dem Serviceerlebnis.

Man sollte meinen, es wäre ganz einfach, das Nutzenangebot der eigenen Leistungen zu definieren. Der beste Prüfstein für eine gelungene Nutzendefinition ist der sogenannte »Elevator Pitch«. Gesetzt den Fall, man trifft einen potenziellen Kunden im fünften Stock am Aufzug. Er möchte nach unten, genau wie man selbst. Man hat also ungefähr 20 Sekunden Zeit mit diesem Kunden und könnte ihn überzeugen, das eigene Produkt zu kaufen. Wie viele Prozent Ihrer Verkäufer und Servicemitarbeiter würden es schaffen, das eigene Produkt in diesem Zeitraum zu erklären und den Kunden zu überzeugen, dass auch wirklich nur das eigene Produkt in Frage kommt? Wenn die Antwort »nicht viele« ist, sollten Sie über das Thema Kundennutzen verstärkt nachdenken. Es ist durchaus sinnvoll, eine klare Nutzendefinition des eigenen Angebots bereits im Leitbild zu verankern.

Dabei sollte nicht nur der Grundnutzen, bei einem Energieanbieter z. B. Energie, Licht und Wärme, angesprochen werden. Auch die emotionalen Zusatzelemente sollten Gegenstand der Definition sein.

> Bei einem **mittelständischen Anbieter von Leitern und Gerüsten** ging es um die Frage, welche emotionalen Leistungen das Angebot dieses Anbieters einzigartig machen. Ergebnisse eines entsprechenden Workshops waren, dass Leitern und Gerüste sehr viel mit Sicherheit zu tun haben. Es werden sowohl Aspekte der persönlichen Sicherheit berührt, aber auch solche in der Form von gesicherter Verfügbarkeit von Ersatzteilen und Service. Weitere Erkenntnisse waren, dass es durchaus auch für die Arbeiter wichtig ist, mit den Produkten dieses hochwertigen Markenanbieters zu arbeiten, weil sie sich davon Prestige und Ansehen erhofften. Nach dem Workshop wurden die emotionalen Begriffe verstärkt in die Verkaufsleitfäden eingearbeitet. Außerdem verbesserte der Anbieter die Sichtbarkeit des eigenen Logos auf den Bauteilen.

4.2 Wie kauft mein Kunde?

4.2.1 Multichannel-Management

Auch physisch ist es nicht leichter geworden, da zu sein, wo der Kunde ist. Durch E-Commerce haben sich für den Kunden viele neue Kanäle aufgetan. In der klassischen Offline-Welt hatte ein Produzent im Wesentlichen zwei Vertriebswege: Vermarktung über den Handel oder Direktvermarktung:

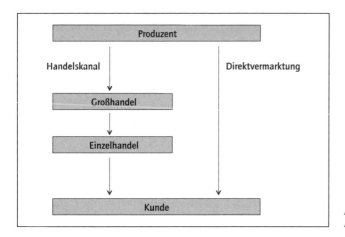

Abbildung 19: Klassische Absatzwege

In der modernen Welt ergeben sich für den Produzenten viel mehr Absatzwege, die er entweder selber bedient oder die andere für ihn bedienen. In beiden Fällen muss er aber ein Auge auf Service- und Produkterlebnis haben:

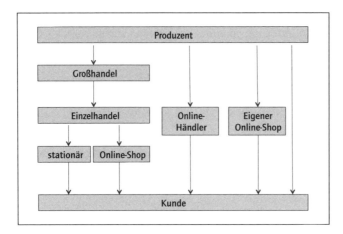

Abbildung 20: Veränderung der Absatzwege

Ein produzierender Anbieter könnte sagen »Es ist mir egal, wer meine Produkte verkauft«. Die bestehenden Absatzmittler nehmen aber auch Funktionen wahr, die direkt auf das Angebot des Anbieters zurückwirken. Die Kunden werden Fehler in der Abwicklung durch den Absatzmittler mit dem produzierenden Anbieter in Verbindung bringen. Es stellen sich Fragen wie:
- Wie kann ein Anbieter die Präsenz im lokalen Einzelhandel sichern, damit Kunden sein Produkt sehen, anfassen und vielleicht zur Probe nutzen können?
- Wie kann die Beratungsfunktion des stationären Einzelhandels auch im Online-Absatz sichergestellt werden?
- Wie kann ein Produzent die Preishoheit behalten und ein der Marke angemessenes Preisniveau sichern, obwohl der Online-Handel absolute Preistransparenz herstellt und die Kunden zu Schnäppchenjägern erzieht?
- Wie kann ein eigener Online-Absatz aufgebaut werden, ohne den stationären Einzelhandel zu vergrätzen oder diesem zu schaden?
- Welche Funktionen, die bisher ein Absatzmittler wahrgenommen hat, müssen im eigenen Unternehmen aufgebaut werden? Welche neuen Kundenschnittstellen entstehen?
- Wie sichere ich die Kundenbindung über die verschiedenen Absatzkanäle hinweg und baue nachhaltige Beziehungen auf?

Tatsächlich verändert sich durch neue Absatzkanäle die gesamte Struktur der Kundenbeziehungen. Bestehende Aufteilungen werden neu sortiert. Immer mehr Kauferlebnisse mischen die Kanäle (Multichannel-Kaufprozesse), indem zum Beispiel online recherchiert und dann im Handel gekauft wird. Die Prozesse müssen überprüft und das Kundenerlebnis optimal gestaltet werden. Auch Handelsunternehmen müssen sich der neuen Konkurrenz stellen, eigene Online-Angebote schaffen und die eigenen Vorteile beim Kunden nutzenorientiert einsetzen:

> Christian Widmann (Widmann, 2015) ist Geschäftsführer der Firma »**Massive Sports**« in Klagenfurt. Er beschreibt die neuen Herausforderungen für Handelsunternehmen: »Abgesehen davon, dass man als Händler gute Verkäufer braucht, finde ich die Warenpräsentation am Wichtigsten. Das heißt Kollektionsthemen bilden, geschmückt mit Accessoires. Ganz wichtig sind Bilder, die für positive Emotionen beim Kunden sorgen. Serviceleistungen dürfen natürlich in einem Fachhandel nicht fehlen. Wir bieten z. B. Testlaufschuhe an, da einige erst nach kurzen Strecken merken ob ihnen der Schuh zu 100 % passt oder nicht. Andere empfinden solch eine Serviceleistung als äußerst professionell und greifen so gleich zum Produkt und kaufen es.
> … Da das Internet ja nicht mehr wegzudenken ist, adaptieren natürlich alle großen Konzerne den Onlinehandel sowie es auch kleine Unternehmen tun sollten. … Der Onlinehandel bringt nicht nur Gefahren für den Handel mit sich, er ist eher als weitere Möglichkeit/Chance für lokale Geschäfte zu verstehen, auch Kunden in fernen Städten bzw. Ländern zu erreichen, die womöglich nie in die Gegend des Geschäftslokals gekommen wären. Ich habe selbst immer wieder Kunden, die topinformiert in mein Geschäft kommen. Die wollen lediglich das Produkt kurz probieren, welche Größe passt und anschließend stehen sie schon an der Kasse.«

In der Praxis erleben wir, dass sich Offline- und Online-Angebote immer mehr verzahnen. Auch produzierende Unternehmen bauen eigene Kundenschnittstellen auf und nutzen dabei sowohl den stationären Handel (»Outlet-Center«) als auch den Online-Handel über eigene Online-Shops. Klassische Einzelhandelsgeschäfte bieten zunehmend eigene Online-Shops an. Aber auch klassische Online-Anbieter entwickeln Offline-Strategien, um näher an den Kunden heranzukommen. Außerdem entwickeln sich Mischformen (vgl. Hell 2013):

- **Notebooksbilliger.de** eröffnet Offline-Shops, versucht aber, die Grundprinzipien des Online-Handels auf das stationäre Geschäft zu übertragen. Dies bedeutet zum Beispiel die gezielte Anmietung von B-Lagen, Online-Kommunikation mit Offline-Abholung und ein schlankes Verkaufskonzept.
- Viele Händler bieten mittlerweile an, dass online gekaufte Ware versandkostenfrei im stationären Handel in einer Wunschfiliale abgeholt werden kann (z. B. **Tchibo**, **Karstadt**).
- **Sport 2000** macht im eigenen Fachhandelsverbund die Online-Kommunikation zur Pflicht, einen Online-Verkauf aber nicht.
- **Saturn** und **Rewe** rüsten die eigenen Märkte mit Displays an den Regalen aus, um den Warenpreis kurzfristig an die Nachfrage anzupassen und mit dem Online-Angebot synchronisieren zu können (Dorn & Meßing, 2015).
- Die Firma **Gira**, Hersteller hochwertiger Elektrokomponenten für Gebäude, verkauft online und über den Fachhandel sowie über selbständige Elektromeister. Gleichzeitig errichtet Gira eigene Showrooms in vielen großen Städten, damit Interessenten die Produkte live erleben können.

4.2.2 Dem Kunden nachlaufen?

Es gibt also eine Vielzahl an Vertriebswegen, und die Kunden sind immer schlechter durch Massenkommunikation erreichbar. Kann es unter diesen Bedingungen eine erfolgsversprechende Strategie sein, dem Kunden hinterherzulaufen?

Klassisches Marketing würde bedeuten, den Werbedruck zu erhöhen, Angebote auch noch in den kleinsten Segmenten zu machen und zu hoffen, dass man dann schon einen ausreichenden Anteil der Nachfrage abbekommen wird. Aber gewinnt man damit Kunden, die treu sind? Können die zusätzlichen Erträge dieser so mühsam akquirierten Kunden wirklich den Aufwand rechtfertigen?

Wir meinen, nein. Vielmehr ist es notwendig, ein klares Profil zu entwickeln, beim Kunden präsent zu sein und das eigene Angebot so unverzichtbar zu gestalten, dass der Kunde in einer Bedarfssituation aktiv zum Unternehmen kommt. Kern der neuen Form des Angebot ist die Kundenbeziehung: Der Aufbau von intensiven, individuellen Kundenbeziehungen ist einer der ältesten und selbstverständlichsten Ansprüche im Wirtschaftsleben (Bammert 2015). Kundenbeziehung bedeutet: Der Kunde kommt zu mir. Über verschiedene Kanäle findet eine Austauschbeziehung mit dem Kunden statt. Ideal ausgestaltet wird das eigene Angebot zur »Love Brand«, bei der die Kunden sich nicht nur mit dem Unternehmen austauschen, sondern auch mit anderen über das Unternehmen sprechen, Fans sind und selbstverständlich das Angebot oft und gerne in Anspruch nehmen, wann immer es ihren Bedarf trifft. Im Idealfall gelingt es, sich so in den Lebenswelten des Kunden zu verankern, dass er gar nicht mehr anders kann, als im Bedarfsfall zum Unternehmen zu kommen.

> Die Kundenerlebniskette beim Mode-Hersteller **Hugo Boss** bestand bisher aus den üblichen drei Stationen: Der Kunde sieht Werbung für die Marke, betritt ein Geschäft und kauft ein Kleidungsstück. Das ändert sich derzeit aber von Grund auf. »Hugo Boss will eine gute Beziehung zum Kunden aufbauen und ihn als Markenbotschafter gewinnen«, sagt Caroline Ritter, die Leiterin CRM. (Crystal Partners, 2014). Die Kundenerlebniskette wurde entsprechend erweitert: Der Kunde nimmt die Marke wahr, entwickelt ein Interesse, ein konkreter Kaufwunsch erwächst und wird erfüllt. Der Kunde gibt Feedback, wird zum treuen Kunden und empfiehlt die Marke weiter.

Um diese gute Kundenbeziehung aufzubauen, muss man den Kunden erkennen, man sollte seine Präferenzen kennen, ihm individuellen Service bieten und seine Erwartungen erfüllen.

Vor dem Beziehungsaufbau steht natürlich die Frage: »Wer sind die Kunden, wer nicht?«. Es ist durchaus in Ordnung, bestimmten Kundenkreisen kein Angebot zu machen, wenn man eine für beide Seiten nützliche Kundenbeziehung nicht garantieren kann. So kann zum Beispiel eine Bank, die Beratung als Kern ihrer Dienstleistung sieht, auf ein kostenfreies Girokonto verzichten. Sie tut dies aus dem Grund, dass Kunden, die nur das Günstigste suchen, vermutlich auch nicht bereit sind, für andere Services, wie eine ganzheitliche Beratung, zu bezahlen.

Eine solche auf Beziehungen ausgerichtete Strategie lebt von der Interaktion. Das Unternehmen muss dort sein, wo der Kunde ist, und immer wieder neue Inhalte in die Beziehung hineingeben. Weiterhin muss das Unternehmen aber auch Impulse aufnehmen und auf Kundenrückmeldungen unmittelbar reagieren.

Eine Kosten-/Nutzenbetrachtung lässt vielleicht vermuten, dass ohne Werbedruck die Umsätze sinken könnten und die Erträge zurückgehen. Tatsächlich muss das nicht so sein. Abgesehen von der Frage, mit welchem Aufwand man die Kunden auf klassischen Kommunikationswegen denn überhaupt noch erreichen könnte, spart die »Ich bin da«-Strategie nicht nur Geld, sie bringt auch noch höhere Erträge, da man in einer Situation des »vom-Kunden-gewollt-werdens« ist und daher auch noch höhere Preise durchsetzen kann.

4.3 Neue Angebotsformen

4.3.1 Anbieten, was der Kunde braucht

Kundenorientierte Unternehmen bewegen sich gelegentlich in einem Zwiespalt: Einerseits ist man aus Gründen der Komplexität und weil man bestimmte Dinge nicht tun will, gezwungen, das eigene Angebot zu beschränken. Andererseits trifft man auf Kunden, die bestimmte Bedürfnisse haben, die man nicht abdecken kann oder will. Jetzt könnte man natürlich »nein« sagen zu einem Kunden. Aber möglicherweise möchte man die Kundenbeziehung trotzdem pflegen. Selbst wenn dieser Kunde nicht zu den Zielkunden gehört, will man sich doch kundenorientiert verhalten und ihn als Menschen und möglichen Multiplikator ernst nehmen.

Kundenorientierte Unternehmen gehen hier mutig vor: Sie sagen dem Kunden, wo er seinen Bedarf abdecken kann, notfalls indem sie ihn zu einem Wettbewerber schicken.

> So bietet zum Beispiel ein Direktversicherer keine Tarife mit persönlichem Support. Es gibt aber Kunden, die diesen wünschen. Die fragliche Versicherung hat mit klassischen Versicherern Kooperationen abgeschlossen und verweist diese Kunden dorthin. **Daimler** arbeitet mit **Google** und **Apple** zusammen, nutzt in einem Fahrzeug Technologie von **Tesla**, vermietet Autos von **Car2Go**, empfiehlt Reisenden in den eigenen Mobilitätsservices aber auch mal die **Bahn**. (Zetsche, 2014). Auch der Motorradzubehörspezialist **Hein-Gericke** bietet einen neuen Service an: Hat **Hein-Gericke** ein Produkt nicht im Sortiment, kann der Kunde direkt im **HG-Shop** auch bei anderen Herstellern stöbern, sich beraten lassen und den Wunsch-Artikel bestellen. Der Artikel kann in der Regel nach fünf Werktagen im **HG-Shop** abgeholt werden. (Motorrad-News, 2014). Ganz ähnlich ist das bei **Zappos**, einem US-Online-Händler für Schuhe. Dort sind die Mitarbeiter im Call-Center darauf geschult, bei mindestens drei Wettbewerbern zu suchen, wenn Schuhe in der gewünschten Größe nicht bei **Zappos** auf Lager sind (Hsieh T., 2010).

Warum tun Unternehmen das? Schlimmstenfalls geht die Kundenbeziehung verloren. Die Unternehmen tun das, weil sie die Kundenbeziehung bei einem »nein« auch nicht sichern können. Kunden hören ja dann nicht auf zu suchen, sondern gehen woanders hin, wenn sie keine Lösung beim ersten Anbieter bekommen. Gleichzeitig bauen sie aber über solch ehrliche Angebote Vertrauen auf. Der Kunde lernt, dass er auch dann zunächst bei »seinem« Anbieter anfragen sollte, wenn der das Produkt nicht führt. Die Kundenbeziehung wird gestärkt. Letztlich können Unternehmen natürlich auch Kooperationsvereinbarungen treffen und profitieren u. U. auch davon, wenn sie gezielt Fremdprodukte anbieten, wenn sie diese selbst nicht führen.

> Das US-Unternehmen **IFTTT** (If this then that) bietet über das Internet eine Plattform an, auf der sich die Dienste verschiedener Anbieter miteinander verbinden lassen, z. B. die automatische Übertragung von Fahrtdaten ins Netz mit der Auswertung eines anderen Anbieters zu einem Fahrtenbuch (https://ifttt.com, 2015). Durch eine Öffnung des eigenen Dienstes auf der Plattform können Unternehmen die eigene Wertschöpfungskette verlängern und den Nutzen des eigenen Angebots steigern.

Auch hier gibt es natürlich das Risiko, dass die Kundenbeziehung geschwächt wird. Andererseits ist es für mitmachende Unternehmen eine echte Chance, weil sie die Tragweite der eigenen Lösung maßgeblich steigern. Außerdem bietet die Plattform eine grandiose

Chance, vom Kunden zu lernen, was er selber mit einem Produkt oder Dienst tut oder tun möchte, um mit den Daten zu arbeiten und das eigene Angebot zielgerichtet zu verbessern.

4.3.2 Verlängerung der Wertschöpfungskette

Viele Unternehmen befinden sich in Situationen, in denen sie nur einen Teil der Wertschöpfungskette abdecken. Für die Kundenzufriedenheit ist es aber nicht entscheidend, diesen Teil der Kette zur Zufriedenheit hinter sich zu bringen, für ihn zählt das Endergebnis.

> Als Beispiel sei ein **Baumarkt** genannt, der die besten Farben verkauft und auch die Beratung dazu sehr gut organisiert hat. Für den Kunden zählt aber, dass seine Wand schön wird. Hier kann es sein, dass ihm Fähigkeiten fehlen (z. B. die benötigte Farbmenge korrekt zu berechnen) und am Sonntagnachmittag geht ihm die Farbe aus, sodass er seine Wand nicht fertig streichen kann. Sicherlich wird dieser Kunde nicht differenzieren, dass die Farbe aber gut war und die Beratung sehr freundlich. Er wird die Episode in negativer Erinnerung behalten.

Es lassen sich viele Schritte denken, wie Unternehmen die Wertschöpfungskette verlängern können. Der erwähnte Baumarkt könnte zum Beispiel für die Flächenberechnung eine App anbieten. Auch wäre es möglich, für gekaufte Farben ein Konto zu führen, sodass der Kunde online schnell nachbestellen kann.

Unternehmen, die da sind, wo der Kunde ist, müssen also auch ihre Wertschöpfungskette vom Ergebnis her denken, und es stellt sich die Frage, ob sie nicht sogar Verantwortung für weitere Schritte übernehmen müssen.

> Die **Allianz Elementar-Versicherung** in Österreich bietet eine Absicherung gegen Hochwasserschäden an. Diese Versicherung umfasst aber nicht nur die Regulierung des Schadens nach einem Ereignis. Die Allianz übernimmt Verantwortung dafür, dass nach einem Schaden schnell wenigstens ein Abschlag gezahlt wird. Das Unternehmen schickt kurzfristig Gutachter, die unbürokratisch Entscheidungen treffen können. Für die Trocknung von Gebäuden und die Reparatur von Schäden unterhält die Allianz ein eigenes Handwerkernetzwerk, die von der Allianz ausgesucht sind und empfohlen werden. Die Allianz fasst die eigene Dienstleistung hier sehr weit. Die Schäden sollen nicht nur reguliert, sondern auch behoben sein, denn das ist es schließlich, was der Kunde will.

Die Herausforderung ist, das Kundenerlebnis von Anfang bis Ende zu denken und dann systematisch Lücken zu füllen. Moderne Medien machen es möglich. So kann man bei Ikea eine Küche online planen, bevor man mit einer ausgedruckten Stückliste zu Ikea geht, um dort die Teile zu kaufen, die man benötigt. Bei Unsicherheiten steht zusätzlich noch eine persönliche Beratung zur Verfügung. In die gleiche Richtung gehen Internetseiten zur Konfiguration von Autos, bei denen man sich das gewünschte Auto vorab zusammenstellt, unter einem Kundenaccount speichert und auf Wunsch direkt zum Händler überträgt. Der Händler prüft dann die Zusammenstellung, ergänzt sie ggf. und stellt ein Angebot zusammen.

> Gleiche Möglichkeiten bieten sich natürlich auch nach einem Kauf. Die Firma **TOOM Baumarkt** vermittelt über eine Handwerkerplattform auch Dienstleister, die die gekauften Materialien verarbeiten. (Toom Baumarkt, 2015)

In vielen Fällen können Unternehmen an solchen Zusatzdienstleistungen sogar verdienen und damit die eigene Wertschöpfung steigern. Versicherungen, die ein Schadenmanagement betreiben, bieten Kunden nicht nur einen End-to-end-Service, sie können auch auf die Konditionen der beauftragten Unternehmen Einfluss nehmen und so Kosten sparen. Oft werden diese Ersparnisse an den Kunden weitergegeben, z. B. bei Autoversicherungen mit Werkstattbindung.

4.3.3 Gesamtverantwortung für das Kundenerlebnis

Wenn Unternehmen die Wertschöpfungskette verlängern oder im Interesse eines ganzheitlichen Kundenerlebnisses Leistungen von konkurrierenden Unternehmen integrieren, dann verfolgen sie das Ziel, die Kundenbeziehung damit zu festigen. Das bedeutet, Unternehmen müssen auch weiterhin darauf achten, nah am Kunden zu sein, die Kundenbeziehung nicht aus der Hand zu geben. Die Frage: »Zu wem gehört der Kunde?« (»Who owns the customer?«) muss eindeutig beantwortet werden. Ideal ist, wenn das auf Vertrauensbasis funktioniert, daher arbeitet man nur mit solchen Unternehmen zusammen, die hier fair spielen und die Kundenbeziehung nicht vereinnahmen. Letzten Endes können von einer solchen Zusammenarbeit alle beteiligten Unternehmen profitieren, aber nur, wenn sich keiner der Partner über Gebühr Vorteile sichert. Auch hier gilt, dass Vertrauen der günstigere Weg ist, da nicht bis ins Detail vertraglich alles geregelt werden muss. Das gilt für alle Partner vom Einkauf bis zum Vertrieb.

Die Unternehmen, die die Kundenbeziehung innehaben, müssen sie auch von Anfang bis Ende die Verantwortung für die Qualität übernehmen. Aus Sicht der Kunden ist der Absender der Leistung das Unternehmen, zu dem sie die ursprüngliche Kundenbeziehung halten und von dem sie auf eine bestimmte Leistung verwiesen wurden. Die Sicherung der Qualität muss daher in gleicher Weise erfolgen, als wenn es um die Kernleistung des Unternehmens ginge. Im Idealfall erfolgt dies, indem ein Unternehmen seine vorhandene Qualitätssicherung auf die weiteren Fremdleistungen ausdehnt. So kann zum Beispiel die Zufriedenheit in vergleichbarer Weise erfragt werden. Es liegt auch nahe, den Unternehmen, denen man Zugang zum eigenen Kundenstamm gewährt, in gleicher Weise Zugang zu den Ressourcen des Unternehmens zu gewähren. So kann die Personalabteilung die Mitarbeiterauswahl und das Training mit überwachen und zum Beispiel die Schulung der Kundenorientierung in gleicher Weise wie für eigene Mitarbeiter mit übernehmen. Das Controlling wacht über die finanzielle Stabilität.

> Beispiele, wo das aus Kundensicht in der Vergangenheit häufig nicht so gut klappte, sind **Energieversorgung und Telekommunikation**. Hier kann es sein, dass ein Unternehmen für die »letzte Meile« – genauer gesagt, die letzten paar Meter bis zum Haus –, ein anderes Unternehmen beauftragen muss. Wir haben in der Beratung schon häufiger darauf verwiesen, dass das Details sind, die den Kunden nicht interessieren. Er bestellt nicht bei der einen Firma ein Kabel bis kurz vor sein Haus sowie den

> Telefon- oder Internetservice und bei einer anderen Firma einen Anschluss ans Haus. Der Kunde möchte zuhause telefonieren und im Internet surfen. Was im Hintergrund passiert, kann ihm relativ egal sein, und wenn es schief geht, wird er sich bei dem Unternehmen melden, wo er die Leistungen bestellt hat.

Eine Steuerung der Partner ist an den Stellen notwendig, wo es direkte Schnittstellen gibt und ein Kunde Leistungen von mehreren Partnern in Anspruch nimmt. Zum Beispiel ergibt sich dies da, wo eine gemeinsame Rechnung an den Kunden gestellt wird.

> Eine **KFZ-Versicherung** bietet ihren Kunden einen Schadenservice an. Wer einen selbst verschuldeten Unfall als Kaskoschaden einreicht, kann diesen in Anspruch nehmen. Im Schadenservice sind zum Beispiel folgende Parteien involviert:
> - ein Gutachter zur schnellen Schadensfeststellung,
> - ein Mietwagenunternehmen zur Sicherung der Mobilität,
> - verschiedene Fachwerkstätten, die die Reparaturen übernehmen.
>
> Die Versicherung koordiniert die Einsätze der beteiligten Partner, sodass sich für den Kunden ein Service aus einer Hand ergibt. Die Werkstatt, die das Auto für die Reparatur abholt, bringt den Mietwagen direkt mit. Die Versicherung koordiniert auch die Abrechnung direkt mit ihren Partnern aus dem Netzwerk. Nach Abschluss einer Reparatur wird die Kundenzufriedenheit über den gesamten Prozess gemessen und jeder der Partner erhält eine Rückmeldung über die Zufriedenheit mit seinen Leistungen. Auch hier gilt wieder, dass schlechte Erfahrungen vermutlich dem Versicherer zugeschrieben werden, gute übrigens auch! Es versteht sich, dass die Versicherung aus oben genanntem Schadenservice Vorteile zieht, da so die anfallenden Gesamtkosten minimiert werden können.

Es lassen sich aber auch Konstellationen denken, in denen ein Anbieter nur mittelbar über zufriedenere Kunden profitiert. Eine faire Aufteilung des Ertrags, zum Beispiel indem Partner Provisionen für vermittelte Leistungen bezahlen, ist aber in jedem Fall denkbar. Jeder der Partner sollte auch im eigenen Interesse an langfristigen Beziehungen interessiert sein, denn die Abstimmung an den Schnittstellen sowie die Anpassung von Prozessen und Systemen aneinander ist sehr teuer und nervenaufreibend.

4.4 Die Rolle von Innovationen

4.4.1 Innovationen und Kundenerwartungen

Unternehmen sind bestrebt, sich durch Produkt- und Serviceinnovationen zusätzliche Wertschöpfung zu erschließen. Innovationen sind für Unternehmen wichtig, die Schwierigkeit ist aber herauszufinden, welche Produkte Kunden morgen kaufen wollen. Die Problematik ist, dass Kunden in ihren Wünschen im »hier und jetzt« verankert sind. Der Kunde will heute Produkte von heute und nicht von morgen. Wenn sich ein Unternehmen innovativ zeigt, so bedeutet dies zwangsläufig, sich von der Stelle, wo der Kunde heute ist, zu entfernen. Man kann Kunden daher kaum fragen, was sie sich wünschen. Um es mit Henry Ford zu sagen: »*Hätte ich Menschen gefragt, was sie sich wünschen, so hätten sie gesagt: ›schnellere Pferde‹.*«

Es dürfte der seltenere Fall sein, dass man Kunden im Rahmen einer Befragung fragt: »Was sollen wir besser machen?« und dann innovative Antworten entstehen. Vielleicht wird man Hinweise erhalten, um die Effizienz und Effektivität bestehender Services und Produkte zu optimieren, aber nichts grundlegend Neues. Es ist vielmehr die ständige Aufgabe des Unternehmens, selbst zu überlegen, was sich ein Kunde noch wünschen könnte und wie man den Kundennutzen des eigenen Angebots so weiterentwickeln kann, dass dies vom Kunden geschätzt wird.

Wer Kunden daher »neue« Dinge anbietet, muss sehr behutsam vorgehen (vgl. Kapitel 12). Natürlich ist Kundennähe ein sehr guter Ausgangspunkt. Nur wer sehr genau weiß, wie Kunden mit einem eigenen Produkt oder einer Dienstleistung umgehen, kann auch Annahmen treffen, welche Veränderung vom Kunden geschätzt wird. Es ist auch ratsam, nahe am Kern der eigenen Leistungen zu bleiben. Nur wenigen Unternehmen gelingt es, völlig neue Dinge zu entwickeln, die dann vom Kunden geschätzt und begeistert aufgenommen werden. Nicht einmal Apple hat in den letzten Jahren beweisen können, dass es ein solches »next big thing« kontinuierlich hervorbringen kann. Die Realität ist eher, dass Unternehmen im Laufe des täglichen Handelns auf Verbesserungen stoßen, die sie nutzen können, um das Kundenerlebnis zu verbessern oder die eigene Serviceleistung zu steigern: Unternehmen, die nah am Kunden sind und die Impulse ihrer Mitarbeiter aufnehmen, reagieren hier besser als andere.

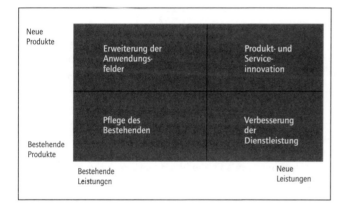

Abbildung 21: Innovationen im Service

Wenn man Innovationen anstößt, so kann man einfach bestehende Dienstleistungen rund um bestehende Produkte verbessern. Auch »kleine Dinge«, die man verändert, können für den Kunden nützlich sein. Eine Verringerung von Durchlaufzeiten oder eine verbesserte IT-Unterstützung lassen sich hier als Beispiele anführen. Man kann aber auch die bestehende Dienstleistung rund um vorhandene Produkte weiterentwickeln. Beispielsweise kann die Einführung eines Chats für Kunden bei bestehenden Produkten nützlich sein, um Entscheidungen zu unterstützen und so dazu führen, dass die Abschlusswahrscheinlichkeit steigt. Alternativ kann man sein eigenes Wissen und Können in der Dienstleistung einsetzen, um neue Produkte im Markt zu platzieren. Nur in seltenen Fällen wird man komplett neue Leistungen rund um neue Produkte anbieten.

> Ein Beispiel für eine Erweiterung der eigenen Dienstleistung ist die **Deutsche Bahn**, die sich von einer engen Schienensicht hin zu einem Mobilitätsdienstleister entwickelt hat. Nun werden auch Fernbusse, Mietwagen und Fahrräder angeboten, um Kunden ein vollständiges Reiseangebot von der Haustür bis zur Haustür zu ermöglichen. Das Bedürfnis der eigenen Kunden, günstig mit dem Bus zu reisen, wurde allerdings zu spät erkannt.

4.4.2 Beteiligung der Kunden

Eine weitere Entwicklungsstufe bei der Innovation von Services ist die direkte Einbindung von Kunden. Neue Angebote und Produkte können so aus der Perspektive des Kunden geplant werden. D. h., sie werden auf Basis von kundenbezogenen Daten und unter Mitwirkung des Kunden (weiter-) entwickelt. Man kann sich die Einbeziehung der Kunden in Entwicklungsprozesse in drei Stufen vorstellen:

1. Stufe: Kundenfeedback und Beobachtung
   Ausgesuchte Kunden werden in einem mehrstufigen Verfahren mit neuen Ideen konfrontiert und nach ihrer Meinung gefragt oder bei der Nutzung beobachtet. Das Feedback der Kunden fließt in die Entwicklungsprozesse zurück

> In den ersten Monaten nach dem Start von **Airbnb** haben die drei Gründer immer wieder bei ihren ersten Kunden übernachtet, sind mit ihnen zusammen die Nutzung der Website durchgegangen, haben gemeinsam getestet, welche Funktionen eine Plattform zum Übernachten braucht. »Wir waren so nah dran, wie es nur geht, wir waren in ihren Köpfen«, sagt Joe Gebbia, einer der Gründer (Gebbia, 2015).

2. Stufe: Der Kunde entwickelt Konzepte
   Kunden werden mit Ideen und Problemstellungen konfrontiert und dürfen in moderierter Runde diskutieren, ggf. auch spinnen, um so neue Ideen zu generieren, die dann im Unternehmen umgesetzt werden

> Der Elektronikkonzern **Sony** bietet für seine Playstation einen Blog an, in dem Nutzer ihre Verbesserungsvorschläge publizieren und von den anderen Nutzern bewerten lassen können.

3. Stufe: Der Kunde entwickelt Produkte (mit)
   Bei dieser Form der Interaktion werden Kunden weitergehend eingespannt, indem diese gemeinsam mit der Entwicklungsmannschaft im Unternehmen die Konzepte marktreif umsetzen.

> Bei **BMW** können Kunden über das Co-Creation-Lab Ideen zur Verbesserung der Wagen über das Internet einbringen – 4758 Freizeitentwickler sind schon angemeldet (Digital Brand Champions, 2014).

Viele neue Möglichkeiten der Einbeziehung von Kunden haben sich durch das Internet und Social Media ergeben. »Die Konsumenten sind durch die digitalen Kanäle längst Partner der Unternehmen geworden – bei der Verbreitung der Markenwerte, aber nicht selten auch bei deren inhaltlicher Entwicklung« (Hennig-Thurau 2014). Unternehmen können durch die Einbeziehung ihrer Kunden ihre Produkte und Dienstleistungen nicht nur sehr nahe am Kunden entwickeln, oftmals können sie auch Ressourcen nutzen, die sie selber nicht vorhalten müssen. Manches Mal kommen durch die Aktivierung größerer Gruppen bessere Ergebnisse zustande (»Wisdom of the crowd«). Auch bei dieser Form der Kooperation gibt es Grenzen: So ist die Vertraulichkeit eine besondere Herausforderung. Auch das Management der Entwicklungsprozesse fernab der Hierarchien ist schwer zu kontrollieren. Es gibt keine Garantien, dass am Ende etwas Sinnvolles herauskommt (Fischer & Wiswede, 2009, S. 667 ff. zeigen Hemmnisse bei Gruppenleistung und Gruppenentscheidungen auf). Und letztlich kann man natürlich auch niemanden zur Verantwortung ziehen, wenn ein sinnvolles Ergebnis ausbleibt.

4.5 Gestaltung des Kundenerlebnisses

4.5.1 Das Konzept der Customer Journey

Wenn sich ein Unternehmen entschließt, dem Kunden nicht nachzulaufen, sondern dort zu sein, wo der Kunde ist, dann ist das Unternehmen auch dazu angehalten, die Kundenerlebnisse so zu gestalten, dass sie so sind, wie der Kunde sie wünscht. Dabei geht man nicht mehr von einem punktuellen Produkterlebnis an einzelnen Berührungspunkten aus, sondern betrachtet die gesamte »Reise« (»Journey«) eines (potenziellen) Kunden (»Customer«) über verschiedene Berührungspunkte mit einem Produkt, einer Marke oder einem Unternehmen, bis zum Abschluss einer Interaktion oder einer Folge von Interaktionen. Eine Customer Journey bezieht sich dabei auf eine Transaktion bzw. einen Prozess. Sie kann kurz sein (Bestellvorgang auf einer Website) oder sich über mehrere Tage (Bestellung mit Auslieferung) hinziehen.

Die Customer Journey beginnt schon weit vor einem Kauf: Wo informiert sich ein Kunde über ein Produkt? Wie erlebt er es, wenn er es noch nicht gekauft hat, z. B. weil andere es besitzen? Im weiteren Verlauf: Wie ist der Kaufakt ausgestaltet? Wenn der Kunde das Produkt gekauft hat: Wie geht er damit um? Welche Fragen tauchen auf und wie kann das Unternehmen diese Fragen beantworten? Welchen Servicebedarf gibt es und wie geht das Unternehmen damit um? Schließlich: Was passiert mit unzufriedenen Kunden und wie können Beschwerden »geheilt« werden?

Eine vollständige Customer-Journey-Betrachtung wird schnell komplex, da aufgrund verschiedener Vertriebs- und Kommunikationskanäle unterschiedliche »Reisen« möglich sind. Das ist aber auch gut so, denn Kunden haben unterschiedliche Präferenzen, die obendrein nicht zeitlich stabil sind. So bieten Hotels heute die Buchungsmöglichkeit über Buchungssysteme für Firmenkunden und Reisebüros, über das Internet und über das Telefon (Telefax und persönlich natürlich auch). Die Zimmerreservierung und -Buchung ist aber nur der erste Schritt. Weiter Punkte sind die Reservierungsbestätigung, der Check-in,

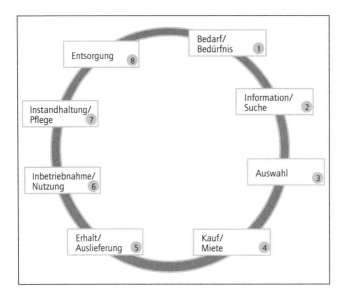

Abbildung 22: Grafik Kundenlebenszyklus

die Betreuung während des Aufenthalts sowie der Check-out, die Bezahlung und mögliche Marketingmaßnahmen, wenn der Gast schon wieder zuhause ist.

Hier für jeden einzelnen Schritt alle Möglichkeiten vorsehen zu wollen, sprengt jeden Kostenrahmen und wäre vermutlich auch organisatorisch nicht mehr zu beherrschen. Daher sollten auch hier die Unternehmen die Prozessschritte definieren, die dem Kunden wirklich wichtig sind. Dann sollten sie dem Kunden zuhören, welche Alternativen er wirklich wünscht und welche für ihn vielleicht noch akzeptabel sind. So kann das Hotel im Beispiel für alle Reservierungen – egal ob über Internet, Buchungssystem oder Telefon systemgestützt eine Bestätigungs-E-Mail verschicken. Grafisch kann man die möglichen Service-Pfade in Form einer Servicelandkarte darstellen, auf der man die wirklich wichtigen Handlungsstränge kennzeichnen kann. Für diese Abschnitte sollte ein Unternehmen überzeugende Lösungen entwickeln. So wird man die meisten Kundenwünsche erfüllen können. Wichtig ist auch hier, eine Feedback-Schleife einzubauen und wenn der Kunde Änderungen wünscht, muss man nahe genug dran sein, diese zu erfassen und umzusetzen.

Es ist wichtig, das Kundenerlebnis aktiv zu gestalten. Das setzt Mut voraus, weil man damit auch immer entscheidet, was man nicht tut. Möglicherweise wird das Unternehmen an einigen Stellen gezielt keine Services oder Produkte anbieten. Dafür kann es aber die Dinge, die es als wichtig identifiziert hat, besonders gut. An diesen Stellen werden den Kunden dann Erlebnisse geboten, die einzigartig sind und das Unternehmen unverwechselbar machen.

Um die Komplexität der Kundenerfahrungen entlang der Customer Journey abbilden zu können, bedient man sich eines Verfahrens namens »Customer Journey Mapping«. »So können Versicherungen zum Beispiel die Schritte aufzeichnen, die der Kunde braucht, um einen Antrag einzureichen. Oder ein Hotel dokumentiert den Weg von der Reservierung bis zum Check-out. Diese Karte der Kundenreise kann sehr umfassend sein oder spezielle wichtige Prozess-Schritte abbilden. Mit diesem Wissen können Unternehmen als nächstes die Kontaktpunkte genauer unter die Lupe nehmen, die für das Kundenerlebnis wichtig sind, bzw. wo sich die Einstellung des Kunden zum Unternehmen ändert. Dazu gehören Produktinformationen, Einzelhandelsstandorte, Webseiten oder Telefongespräche zwischen Kunden und Mitarbeitern«. »Mit der Kartierung der Kundenreise haben die Unternehmen ein Instrument in der Hand, mit der sie die Wirksamkeit ihrer Maßnahmen an den verschiedenen Stationen beurteilen können« (Peschek, 2014). Die Ausrichtung der einzelnen Schritte an den Wünschen der Kunden ist dann der nächste Schritt.

Um die Customer Journey nachzuzeichnen, empfiehlt sich ein Vorgehen in fünf Schritten (Peschek, 2014):

1. Der erste Schritt ist es, die **Entwicklungsphasen** der Reise des Kunden zu definieren. Zum Beispiel könnte die erste Stufe »Aufmerksamkeit auf eine Leistung« oder »Ich denke an einen Abschluss« sein. Die letzte Stufe wäre dann: »Ich kündige« oder »Kaufvorgang abgeschlossen«. Diese generischen Stufen bilden den Rahmen, um den der Rest der Customer-Journey-Bestandsaufnahme erstellt werden kann. Innerhalb dieses Rahmens werden dann die Prozesse, die ein Kunde im Unternehmen durchläuft, angeordnet.
2. Ermittlung der **Kundenerfahrungskurven**: Kundendaten spielen eine entscheidende Rolle. Über die Stimme des Kunden (Voice of the Customer), Ermittlung der Kundenzufriedenheit und/oder NPS-Techniken kann das Unternehmen die »Leistung« und »Bedeutung« des Unternehmens anhand von Kriterien über die Customer Journey bewerten. Dabei sollten nicht nur reale Erfahrungen nachgezeichnet werden, ggf. gelingt es auch, Kurven für ein ideales Kundenerlebnis zu entwickeln.
3. Entwicklung eines tieferen **Verständnisses**: Hier geht es darum, aus dem »was ist« ein »warum ist das so?« zu entwickeln. Es ist erforderlich, tiefer in die Motive und Wirkungsweisen von Handlungen beim Kunden abzutauchen, um seine Präferenzen zu verstehen und die Wirkung von Veränderungen abschätzbar zu machen.
4. **Versprechen und Verpflichtungen:** Die Verbesserung der Kundenerfahrung ist im Grunde möglich über die Verringerung der Kluft zwischen dem, was der Kunde erwartet, und dem, was er tatsächlich bekommt. Es gibt zwei Ansatzpunkte: Über eine Verbesserung der Leistungen kann das Unternehmen näher an die Erwartungen der Kunden herankommen. Ein Unternehmen kann aber auch den Weg gehen, durch das Management von Kundenerwartungen mithilfe der Marketingkommunikation die Kundenerwartungen an das Leistbare anzupassen. Versprechen und Verpflichtungen bilden das Scharnier, an denen die Leistungen permanent an die Kundenerwartungen angepasst werden oder um die Erwartungen so zu gestalten, dass die Unternehmensleistung dem entsprechen kann.
5. **Planung zukünftiger Kundenerfahrungen:** Die vorherigen Schritte helfen, die bestehenden Kundenerfahrungen zu verstehen, und sie helfen auch empirisch zu bestimmen, was die »ideale« Customer Journey sein könnte. Im letzten Schritt gilt es, Veränderungen umzusetzen und zu durchdenken, wie sich die Stadien und Phasen der neuen Customer Journey ansehen und durchleben lassen könnten. Wie eine Erzählung wird die neue Customer Journey zunächst einmal auf dem Papier entwickelt, bevor sie diskutiert, verändert, evaluiert und schließlich in die Wirklichkeit übersetzt wird.

4.5.2 Die Customer Journey gestalten

Wenn man die Customer Journey als Gestaltungsaufgabe versteht, dann sollte man zunächst eine Abgrenzung vornehmen. Prozessdesign haben Unternehmen schließlich schon immer betrieben und darin auch die Frage beantwortet, welche Rolle der Kunde in einem Prozess spielt. Customer-Journey-Gestaltung dreht aber die Betrachtungsrichtung um. Statt zu fragen »Was muss im Unternehmen als nächstes passieren?« wird die Frage gestellt: »Wie erlebt der Kunde den nächsten Prozessschritt?«. Dann wird die für den Kunden optimale Lösung gesucht und danach erst die Frage gestellt, wie diese kundenoptimale Lösung in die Prozesslandschaft eingebaut werden kann. Es ist offensichtlich, dass nicht in allen Punkten dem Kundenwunsch entsprochen werden kann, aber es ist auch wahrscheinlich, dass eine solche Lösung wesentlich kundennäher sein wird, als wenn man die Prozesse primär aus einem Unternehmensfokus heraus gestaltet.

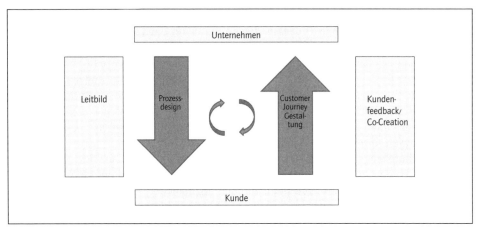

Abbildung 23: Customer-Journey-Gestaltung

Getreu dem Motto »jede Reise beginnt mit einem ersten Schritt« ist auch für die Gestaltung der Customer Journey als erstes die Frage zu beantworten, in welchen Situationen die Reise für die Kunden beginnt. Es ist beispielsweise etwas Anderes, ob ein Kunde einer Fluggesellschaft als Top-Kunde eine Bonusreise antreten will oder ob ein »normaler« und noch nicht registrierter Kunde ein Flugangebot einholt. Die Customer-Journey-Gestaltung kann folgenden Schritten folgen:
1. Beschreibung der Ausgangssituation
2. Auflistung der jeweils nächstmöglichen Schritte aus Kundensicht
3. Voranalyse der Machbarkeit (intern)
4. Abgleich mit Kundenerwartungen
5. Festlegung der verfolgten Optionen
6. Beschreibung der Alternativen bei Nicht-Optionen
7. Überprüfung mit Testpersonen (Friendly User)
8. Verabschiedung
9. Umsetzung

Ausgehend von der Anfangssituation werden für jeden Schritt die jeweils nachfolgenden Schritte aufgelistet. Es ist sinnvoll, bereits an dieser Stelle eine erste Analyse der technischen Realisierbarkeit vorzunehmen. Wenn etwas nicht geht, kann eine Alternative festgelegt und mit den Kundenerwartungen abgeglichen werden.

Am Ende steht für die komplette Customer Journey eine Liste der verfolgten Optionen. In der Regel wird es nicht nur einen Weg geben, um eine bestimmte Aufgabe aus Kundensicht zu erfüllen. Beispielsweise kann der Check-in für eine Flugreise nach wie vor online, am Handy, am Automat oder am Schalter erfolgen. Möglicherweise werden aber bestimmte Optionen andere Preise haben. Ebenso kann es sein, dass bestimmte Optionen (Check-in per Fax) nicht mehr möglich sind.

Kann eine vom Kunden bevorzugte Variante nicht angeboten werden, sollte ein Ausweg bereitgestellt werden. Es geht darum, bei einem »Nein« eine Alternative anzubieten. Ist eine Benennung von Alternativen nicht möglich oder unwirtschaftlich, kann auch das Erwartungsmanagement (s. Kapitel »Offen und ehrlich kommunizieren«) dazu beitragen, dass ein »Nein« vom Kunden akzeptiert wird.

Vor der Verabschiedung eines Customer-Journey-Konzepts sollte der komplette Prozess mit realen Kunden durchgespielt und besprochen werden. Es ist wichtig, systematisch die Kundenmeinung in die Entwicklung einzubeziehen.

4.5.3 Praxisbeispiel »Nah am Kunden sein«

Dort zu sein, wo der Kunde ist, reicht nicht. Das Unternehmen muss auch mit ihm in Kontakt treten und ihm zuhören. Hierbei ist es wichtig, auf allen relevanten Kanälen und an allen relevanten Berührungspunkten die Kundenmeinung zu kennen. Beispielhaft gelöst wurde das durch eine Kreuzfahrtgesellschaft (Thannhäuser, 2014).

> Die **Kreuzfahrtgesellschaft** unterhält auf ihrem Schiff einen »Passenger News Screen«. Es handelt sich dabei aber nicht um einen Dienst für die Passagiere, sondern um ein technisches System mit dessen Hilfe Informationen von den Passagieren aufgenommen werden können (Kunden-Feedback). Neu daran ist die Idee, den »Kunden« nicht nur als Empfänger von Services zu sehen, sondern auch als deren Korrektiv. Aus diesem Grunde werden Passagiere immer wieder animiert, davon zu berichten, was sie erleben. Farbige Tafeln an den stark frequentierten Stellen an Bord laden dazu ein, die eigene Meinung mitzuteilen, offerieren Rabatte über ein Punkte-System und über einen zweidimensionalen Barcode direkten Zugang zum Feedbacksystem. Nicht nur über Handy oder Tablet kann die Kundenmeinung mitgeteilt werden, auch der Fernseher in der Kabine oder das gesamte bordeigene Internet machen es leicht, sich spontan zu äußern. Das alles soll dazu beitragen, die Kundenerfahrung rund um die Kreuzfahrt zu verbessern. Formalien gibt es keine. Nur schnell muss es gehen. Länger als eine Minute soll es nicht dauern.
> Die Kundenbewertungen und Meinungen werden den Berührungspunkten an Bord zugeordnet und nach der Bedeutung bewertet. Auf einem zentralen Informationsbildschirm lassen sich sämtliche Bewertungen für jeden Prozess auf einen Blick erfassen. Abweichungen werden dabei deutlich. Die Analysesoftware verdichtet die Kundenurteile, klassifiziert sie, verrechnet die Bewertungen der Passagiere und offeriert eine Vielzahl von Analysen, die erhellen, wie es den Passagieren geht.
> Über eine »Rote-Flagge-Funktion« werden kritische Ereignisse markiert und direkt gemeldet. Jedem Vorfall wird eine Aktion zugeordnet und entweder an einen Verantwortlichen delegiert oder automatisiert abgearbeitet. Sowohl der Arbeitsstand als auch die Qualität der Lösung lassen sich laufend überprüfen. Auf diese Weise wird der Kreis geschlossen und Qualitäts-Indizes geben Einblick in die die

> Leistungsfähigkeit des Unternehmens im täglichen Kundenkontakt. Die Technik der Lösung bietet ein Gesamtsystem, mit dem sich alle Kontaktvorfälle mit Kunden referenzieren lassen. Alle Arten von Rückmeldungen, Problemfällen, Kommentaren und Meinungen werden so in die Gesamtanalyse integriert.

Diese konsistente Lösung für ein Kreuzfahrtschiff stellt beispielhaft dar, wie es einem Unternehmen gelingt, nah am Kunden zu sein. Im Beispiel kann das Unternehmen für jeden Berührungspunkt sehen, wie die Kunden die Interaktion dort bewerten. Ein solches System aufzubauen wird nicht für alle Unternehmen gleich einfach sein. Dennoch ist es eine spannende Idee, so nah am Kunden zu sein, dass man fast in Echtzeit seine Erfahrungen verfolgen kann, um kurzfristig und vor Ort die Interaktion zu optimieren. Am Ende wird es aber wieder auf den einzelnen Mitarbeiter ankommen, aus den gesammelten Informationen entsprechende Handlungen abzuleiten, um eine positive Erfahrung für den Kunden zu erzielen.

4.6 Checkliste »Da sein, wo der Kunde ist«

- Das Unternehmen hat definiert, wer der Kunde ist.
- Das Unternehmen hat auch festgelegt, welche Kunden es nicht bedienen will.
- Die Bedürfnisse des Kunden sind im Unternehmen bekannt.
- Der Nutzen für den Kunden ist definiert.
- Mitarbeiter können den Kundennutzen im »Elevator Pitch« vermitteln.
- Das Unternehmen hat definiert, welchen Service es bieten will.
- Das Unternehmen verfolgt im Absatz einen Multi-Kanal-Ansatz.
- Sofern ein Verkauf über den Handel und direkt erfolgt, ist die Aufgabenteilung zwischen Direktverkauf und Handelsverkauf transparent geregelt.
- Das Unternehmen investiert in Kundenbeziehungen, bei denen der Kunde zum Unternehmen kommt.
- Für Kunden, die man wegschicken muss, hat man Alternativangebote definiert, die auch den Wettbewerb einschließen.
- Das Unternehmen unterhält Kooperationen, um den Kundennutzen zu erweitern und die eigene Wertschöpfungskette zu verlängern.
- Die Aufteilung von Kosten und Erträgen in der Kooperation mit Partnern ist sauber geregelt.
- Das Unternehmen kennt die Wertschöpfungskette des Kunden vom Anfang bis zum Ende.
- Auch für die Enden der Wertschöpfungskette bietet das Unternehmen eine Lösung an.
- Die Qualitätssteuerung erfolgt über die gesamte Wertschöpfungskette.
- Das Unternehmen übernimmt die Gesamtverantwortung für das Kundenerlebnis.
- Das Unternehmen versteht, wie Kunden das eigene Produkt einsetzen.
- Neue Einsatzformen und Produktweiterentwicklungen werden regelmäßig gemeinsam mit dem Kunden geprüft.

- Das Unternehmen hat eigene Kundenzugänge für Produkt- oder Serviceentwicklung durch und mit dem Kunden.
- Das Unternehmen gestaltet die Kundeninteraktion nach dem Customer-Experience-Ansatz.
- Für die wichtigsten Prozesse sind grafische Journey-Maps aus der Kundensicht vorhanden.
- In die Gestaltung der kundennahen Prozesse sind Kunden interaktiv eingebunden.
- Das Unternehmen unterhält ein umfassendes Kunden-Feedback-System.
- Auf Kundenrückmeldungen wird mit Maßnahmen reagiert.
- Die Wirkung der Maßnahmen wird kontrolliert.

5 Die Organisation am Kunden ausrichten

5.1 Kundenorientierte Organisationsformen

5.1.1 Die Organisation steuert die Funktion

Eine der wesentlichen Grundlagen des Unternehmenserfolgs ist es, Kundenprobleme frühzeitig zu erkennen und dafür optimale Problemlösungen zu entwickeln. Kundenorientierte Unternehmen müssen diese Anforderungen bereits in ihrer Aufbau- und Ablauforganisation abbilden. Daraus resultiert der Anspruch, die gesamte Organisation am Kunden auszurichten.

»Über ihre Aufbau- und Ablauforganisation sorgen Unternehmen für einen zweckmäßigen und effizienten Ressourceneinsatz bei der Erstellung ihrer Produkte und Dienstleistungen« (Jetter, 2014). Wenn man als »zweckmäßig« auch das Wahren der Kundeninteressen definiert, so wird deutlich, dass es sinnvoll ist, den Kunden bei der Gestaltung von Aufbau- und Ablauforganisation zumindest zu berücksichtigen, noch besser aber die Organisation so zu gestalten, dass nicht am Kunden vorbei gehandelt werden kann.

Die überwiegende Zahl deutscher Unternehmen ist nach wie vor nach Funktionen (Einkauf, Produktion, Vertrieb, etc.) in Abteilungen organisiert. Das Wort »Abteilung« birgt das Problem schon in sich: Die einzelnen Organisationseinheiten sind voneinander abgeteilt (Schwarz, 2015).

5.1.2 Funktionale Organisation

Funktionale Organisationsformen haben sich früh herausgebildet. In dem Maße, wie sich einzelne wirtschaftlich handelnde Personen zu Wirtschaftseinheiten zusammenschlossen, stellte sich schnell heraus, dass nicht jeder für den kompletten Prozess verantwortlich sein sollte. Vielmehr erwies es sich als klug, arbeitsteilig vorzugehen. Jeder sollte das machen, was er am besten konnte. Weiterhin entstand der Anspruch, Organisationen steuern zu können. Dies gelang, indem Hierarchieebenen in den Unternehmen geschaffen wurden. Die »Macht« wurde parzelliert und in immer kleineren Häppchen nach unten weitergereicht, bis sie beim Mitarbeiter »ganz unten« angekommen war. Schließlich stellte sich heraus, dass die funktional eingesetzten Arbeiter und Angestellten auf Zuarbeit angewiesen waren, um ihre Tätigkeiten optimal ausüben zu können. Dies war der Ursprung der Stabsabteilungen, die Unterstützungsaufgaben übernahmen und nicht mehr direkt in den Wertschöpfungsprozess eingebunden waren. Heute sind die meisten Unternehmen, die uns in unserer Arbeit begegnen, in einer Stab-/Linienorganisation mit funktionaler Trennung organisiert.

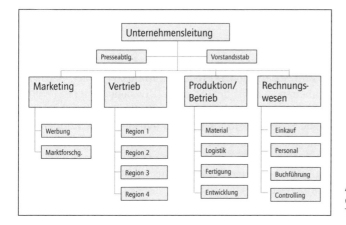

Abbildung 24: Stab-/Linienorganisation mit funktionaler Trennung

Es wird schnell ersichtlich, dass solche Organisationsformen aus Sicht der Kundenorientierung mit mehreren Schwierigkeiten zu kämpfen haben:
- Der »Kunde« kommt in ihnen überhaupt nicht vor.
- Die mit Leitungsaufgaben betreuten Mitarbeiter sind vom Kunden zunehmend weit entfernt.
- Durch die zahlreichen internen Schnittstellen entsteht die Problematik der möglicherweise fehlenden internen Kundenorientierung, sodass die Mitarbeiter im Kundenkontakt ihr kundenorientiertes Handeln nicht ausleben können.
- Im Unternehmen kann der Blick für den Gesamtprozess (»End-to-End-Betrachtung«) verloren gehen. Unternehmenssicht und Kundensicht auf die Dienstleistung unterscheiden sich.
- Mitarbeiter im Kundenkontakt haben nicht die Kompetenzen, Kunden zufrieden zu stellen.

Die beschriebenen Nachteile sind zunehmend gravierend, da Organisationen heute sehr schnell handeln und sehr genau die Kundeninteressen wahren müssen. Mit einer klassischen funktionalen Aufbauorganisation, in der die Verantwortung für die Durchführung eines komplexen Prozesses von Abteilung zu Abteilung weitergereicht wird, ist dies nicht zu schaffen. Der ganzheitliche Blick auf den Prozess, so wie ihn der Kunde wahrnimmt, fehlt in dieser Organisationsform. Verbesserungen beziehen sich deshalb häufig auch nur auf Prozessausschnitte, die wiederum in der Nachbarabteilung zu Mehraufwand führen können (Feddern, 2015).

5.1.3 Kunden in der Organisation sichtbar machen

Gesucht wird also eine Organisationsform, die den Kunden integriert und seine Interessen automatisch wahrt. Das kann entweder sichergestellt werden, indem der Kunde direkt in die Prozesse einbezogen wird oder im Unternehmen ein »Anwalt des Kunden« installiert wird, der seinerseits in sehr engem Austausch mit den Kunden steht und die Kundeninteressen an jeder Stelle wahrt.

Die Nachteile einer funktionalen Organisation lassen sich abmildern, indem die Organisation in Sparten aufgeteilt wird. In der Spartenorganisation wird das Unternehmen nach dem Objektprinzip umgestaltet, indem sie auf Produkte, Produktgruppen, Betriebsprozesse oder räumliche Gegebenheiten ausgerichtete Sparten (Divisionen) bildet. (Wöhe, 1986, S. 167). Jede Sparte bekommt ihre eigenen Ressourcen (z. B. Beschaffung, Logistik, Marketing, Service). Je kleiner eine Sparte, desto fokussierter auf homogene Kundenprobleme kann diese sein. Allerdings gibt man Vorteile größerer Einheiten (Synergien und Economies of Scale) dabei auf. Daher ist eine Spartenorganisation sinnvoll, wenn sich die Produkte und Prozesse in den einzelnen Sparten deutlich unterscheiden. Die kundenorientierte Lösung ist eine Spartenorganisation nicht.

An manchen Stellen wird heute propagiert, man könne gewisse Probleme lösen, indem man den Kunden in der Organisation nach oben stellt. Daraus resultiert eine umgedrehte Organisation:

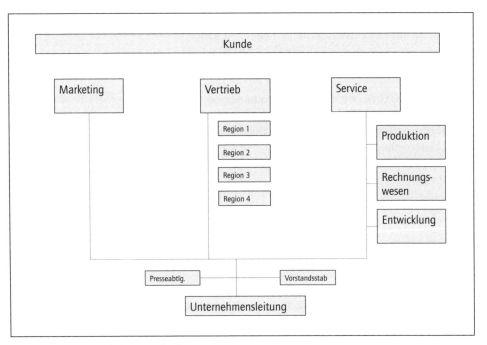

Abbildung 25: »Umgedrehte Organisation«

Es wird schnell deutlich, dass es sich nur um eine andere Darstellungsweise handelt, an der eigentlichen Organisation wurde nichts geändert: Die Kundenschnittstellen sind prinzipiell gleich, die hinter der Organisation liegenden Prozesse sind unverändert. Entsprechend sind auch die oben beschriebenen Problemstellungen auf dem Weg zu einer kundenorientierten Organisation nicht anders. Voraussetzungen für mehr Kundenorientierung bietet eine solche »umgedrehte« Organisation nur insoweit, als sie den Blick auf den Kunden richtet. Einigen Menschen kann dies helfen, sich klarzumachen, dass der Sinn und Zweck der Unternehmung vom Kunden vorgegeben wird, der auch das Geld in das Unternehmen bringt. Der große Durchbruch zu mehr Kundenorientierung bleibt aber aus.

5.1.4 Kundenorientierung prozessorientiert verankern

Zielführender ist der Ansatz, die Organisation nach dem auszurichten, was sie leisten muss. Gefordert wird nicht mehr das Denken in Abteilungen, sondern in Geschäftsprozessen. Es zählen einfache, schnittstellenarme Abläufe und teambezogene Aufgabenstellungen (Schwarz, 2015). Für jeden Prozess werden eigene Verantwortlichkeiten geschaffen. Die folgende Abbildung 26 verdeutlicht dies beispielhaft:

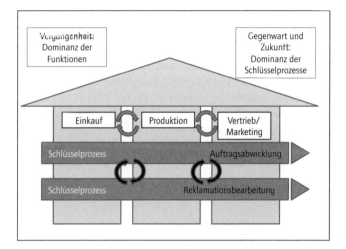

Abbildung 26: Grundgedanke der kundenorientierten Prozessoptimierung

Eine solche prozessbezogene Zuordnung von Verantwortung bietet gute Möglichkeiten, den Kunden im Blick zu behalten. Indem jeder Verantwortliche am Ergebnis seines Prozesses gemessen werden kann, lassen sich auch kundenbezogene Messgrößen leicht steuern. Die Prozessverantwortlichen sind aber immer noch auf Zuarbeiten angewiesen. Ein Artikel, der nicht produziert wurde, lässt sich zum Beispiel auch nicht ausliefern. Auch die Produktentwicklung, die Preisfindung oder das Rechnungswesen lassen sich nur schwer in eine Prozessorganisation integrieren.

5.1.5 Kundenorientierung in Matrixorganisationen

Matrixorganisationen bilden sich in kundenorientierten Unternehmen von selbst heraus, selbst wenn sie nicht im Organigramm als solche erkennbar werden. Der Kunde nimmt nämlich keine Funktionen wahr, er erfährt ja den Prozess, in dem er sich gerade bewegt. Will man die Prozesse kundenorientiert gestalten, muss man dem Prozessowner organisa-

tionale Macht geben. Dies wiederum bringt ihn in Konflikte mit den Funktionsmächtigen, die zum Beispiel die Ressourcen verwalten. Somit werden faktisch Matrixorganisationen geschaffen, einschließlich der damit verbundenen Konflikte. Matrixorganisationen sind typischerweise mit Nachteilen behaftet (Scholz, 1993)
- hoher Bedarf an Führungspersonal
- hoher Kommunikationsbedarf
- Transparenz der Entscheidungsprozesse geht verloren
- Gefahr zu vieler Kompromisse
- durch Teamarbeit entsteht automatisch ein erhöhtes Konfliktpotenzial

Matrixorganisationen haben sich auf Grund der genannten Probleme nicht als optimale Organisationsform herausgestellt. Der erhöhte Abstimmungsbedarf führt zum Beispiel dazu, dass die Organisation langsam wird, was unter Umständen schnellen kundenorientierten Entscheidungen genau entgegensteht. Auch ein Umschwenken auf eine prozessorientierte Organisation kann also nicht sicherstellen, dass die Organisation kundenorientiert funktioniert.

Es wird deutlich, dass es aus Kundensicht keine optimale Organisationsform gibt. Von dem Gedanken, die Aufbauorganisation umzustellen und dadurch automatisch die Kundenorientierung ins Unternehmen zu bringen, müssen wir uns verabschieden. In einer Studie (Nohria, Joyce & Roberson, 2015) zeigte sich, dass es keine Rolle spielt, ob Unternehmen nach Funktionen, Ländern oder Produkten organisiert waren oder ob die einzelnen Geschäftsbereiche Ergebnisverantwortung hatten oder nicht. Entscheidend waren einzig und allein drei organisatorische Prinzipien:
1. Eliminieren unnötiger organisatorischer Ebenen, bürokratischer Strukturen und Verhaltensweisen,
2. Unterstützung von Kooperation und Informationsaustausch im ganzen Unternehmen und
3. der Einsatz der besten Mitarbeiter im Umsetzungsprozess vor Ort.

Aus Sicht einer kundenorientierten Organisation tritt als viertes Kriterium hinzu:
4. Beachten der Kundeninteressen bei der Gestaltung und Umsetzung von Organisationseinheiten und Prozessen.

5.1.6 Die Problematik kundenorientierter Steuerung

Ein weiterer Problemkreis »klassischer« Organisationen ist die Steuerung. Betrachtet man die meisten Organisationen, so werden diese nach Zahlen geführt. An erster Stelle steht die Zielerreichung eines Unternehmens in Form von Umsatz und Ertrag – typischerweise definiert in Euro oder in Prozent vom Budget. Auch eine Ebene tiefer dominieren Zahlen: Ausfall- und Mängelquoten, Durchlaufzeiten, Service-Level, etc. In solchen zahlenorientierten Organisationen ist es sehr schwierig, nicht-quantitative Ziele zu etablieren und durchzusetzen. Servicequalität lässt sich noch relativ gut über Zahlen messen; z. B. über definierte Servicelevel. Allerdings sind die zu messenden Servicelevel meist vom Unternehmen definiert, ohne die Kundenerwartungen wirklich zu kennen. Die Beziehung zum Kundenverhalten ist entweder angenommen oder nur abstrakt bekannt. Über eine Service-Level-Analyse kann man zwar die Auswirkungen einer Veränderung des Service-Levels auf die Kundenzufriedenheit ermitteln, eine wirkliche Steuerung wird so aber nicht möglich.

Zur Steuerung kann eine interne Leistungsverrechnung genutzt werden. Dabei ist es wichtig, Kosten den Stellen in Rechnung zu stellen oder zumindest deutlich zu machen, wo sie verursacht werden und nicht dort, wo sie auftreten. Die Kosten für die Behandlung von Kundenanfragen zu unverständlichen Rechnungen sollten nicht im Kundenservice auflaufen, sondern in der Abteilung, von der die Rechnung erstellt wurde. Diese Abteilung muss nach dem Feedback aus dem Kundenservice tätig werden und die Rechnungen kundenfreundlicher gestalten.

Die Marktforschung spielt in der klassischen Organisation eine wichtige Rolle. Hier werden Kundenzufriedenheit und Kundentreue gemessen. Diese Zahlen können dann in Zielen verankert werden und letztlich kann das Unternehmen auf Basis dieser Zahlen entwickelt werden. Allerdings ist die Marktforschung in den meisten Unternehmen vom täglichen Kundenprozess viel zu weit weg. Weder sind die gelieferten Zahlen nah genug am Kundenprozess, um bei den prozessführenden Fachabteilungen wirklich Gehör zu finden, noch gelingt es der Marktforschung, im Vorfeld von Entscheidungen die Meinung des Kunden einzuholen und seine Interessen zu erforschen.

Ganz schwierig wird es bei der Operationalisierung von Kundenorientierung. Die Ausrichtung am Kunden lässt sich schwer in einfache Zahlen fassen. Für zahlengetriebene Unternehmen stellt das ein Problem dar, denn sie handeln häufig nach der Devise »was nicht gemessen werden kann, kann auch nicht entwickelt werden«. Kundenorientierung wird damit zum reinen Appell, der in den Bereichen des Unternehmens unterschiedlich interpretiert wird und letztlich mangels Messbarkeit keinen Einfluss auf die Entwicklung des Unternehmens hat.

Mit dieser Thematik ist dann ein weiteres Problemfeld berührt: Kundenorientierung kostet Geld. Der Einsatz von Geld wird in Unternehmen von seinem Nutzen abhängig gemacht. Je schlechter der Nutzen von mehr Kundenorientierung belegt werden kann, desto schwieriger ist es, Aufwendungen für Kundenorientierung zu rechtfertigen und im Zweifel genehmigt zu bekommen. Das Dilemma der Kollegen vom Marketing: »*Fünfzig Prozent bei der Werbung sind immer rausgeworfen. Man weiß aber nicht, welche Hälfte das ist*«, trifft auf die Kundenorientierung in verschärftem Maße zu. Interessanterweise hat Henry Ford aber auch gesagt: »*Wer aufhört zu werben, um Geld zu sparen, kann ebenso seine Uhr anhalten, um Zeit zu sparen.*« Auch dieser Satz passt auf die Kundenorientierung.

Es ist daher kein Wunder, dass es sehr schwierig ist, wirklich kundenorientierte Unternehmen zu identifizieren. Als Beispiele für kundenorientierte Unternehmen werden immer wieder dieselben Beispiele, wie z. B. Zappos genannt, interessanterweise sind es häufig amerikanische Unternehmen.

> Der amerikanische Online-Schuhhändler **Zappos** (das Vorbild für Zalando) zeigt bereits seit Jahren, wie Kundenorientierung im E-Commerce funktioniert, und wie man online etwas verkaufen kann, das die Kunden vor dem Kauf eigentlich am liebsten erst mal anfassen und anprobieren möchten. Bei Zappos wird nicht nach klassischen Methoden gesteuert und die Anrufdauer wird nicht gemessen. Zappos arbeitete ohne Telefonskripte und versucht nicht, den Kunden am Telefon mehr zu verkaufen, als er ursprünglich wollte (Hsieh 2010, S. 145).

> Die kundenorientierte Steuerung von **Zappos** baut auf 10 Prinzipien auf (Storz & Willkommer, 2015):
> - Deliver WOW Through Service
> - Embrace and Drive Change
> - Create Fun and A Little Weirdness
> - Be Adventurous, Creative and Open-Minded
> - Pursue Growth and Learning
> - Build Open and Honest Relationships With Communication
> - Build a Positive Team and Family Spirit
> - Do More With Less
> - Be Passionate and Determined
> - Be Humble

Es ist also sehr notwendig, Kundenorientierung in der Organisation zu verankern. Alle Organisationen sind unvollkommen: alle produzieren Konflikte, Koordinationsaufwand, Informationsprobleme, zwischenmenschliche Reibungsflächen, Unklarheiten, Schnittstellen und alle möglichen anderen Schwierigkeiten (Malik, nach Jetter, 2014, S. 263). Es geht hier also auch um eine Machtfrage: Wer ist der »Anwalt des Kunden«, der notfalls auch entgegen dem Effizienzstreben des Unternehmens Entscheidungen aus Kundensicht beeinflusst? Eine solche Funktion muss nicht nur in der Organisation implementiert sein: Eine wahrhaft kundenorientierte Organisation muss zusätzlich das eigene Instrumentarium der Kundenorientierung beständig weiterentwickeln. Und sie sollte Kundenorientierung im Alltag hinreichend operationalisieren, um den eigenen Nutzen auf Zahlenbasis nachzuweisen.

5.2 Anforderungen für Kundenorientierung in der Organisation

Wie kann eine Aufbauorganisation kundenorientiert gestaltet werden? Beschäftigen wir uns zunächst einmal mit den Funktionen, die eine kundenorientierte Organisation aus Kundensicht wahrzunehmen hat. An dieser Stelle ein Postulat:

> In einer am Kunden ausgerichteten Organisation orientieren sich alle Aktivitäten am Kunden(-prozess).

Das hört sich einfach an. Aber wie kann man das umsetzen? Eine am Kunden ausgerichtete Organisation zeichnet sich aus durch (Töpfer, 2008, S. 904):
- **Kundenorientierte Produkte:** Die Produkte sind so konzipiert, dass sie aus Kundensicht einen deutlichen Mehrwert darstellen. Sie sind so einfach, dass der Kunde sie versteht. Sie sind fair, indem sie das Kundeninteresse wahren
- **Kundenorientierte Prozesse:** Kundenorientierte Prozesse berücksichtigen die Erwartungen der Kunden an das Prozessergebnis. Sie sind so einfach und transparent wie möglich. Sie sind außerdem effizient, um dem Kunden die erwartete Leistung zu geringstmöglichen Kosten anbieten zu können

- **Kundenfeedback aufnehmen:** Die Organisation bietet auf allen Ebenen Rückkanäle, über die die Stimme der Kunden in das Unternehmen transportiert und dort wahrgenommen wird. Die Vernetzung mit dem Kunden ist institutionalisiert und weitgehend.
- **Messbare Verantwortung:** Kundenorientierung muss auf Einheitsebene messbar sein. Die Qualitätsdaten im Kundenkontakt werden der Stelle zugerechnet, wo die Qualität entsteht. Als Konsequenz dieser abgegrenzten Verantwortungsbereiche und abgegrenzten Abrechnungskreise lassen sich klare Zielvereinbarungen formulieren sowie durch das angesprochene Empowerment Unternehmertum im Unternehmen realisieren.

Kundenorientierung muss sich sowohl am externen als auch am internen Kunden (den Kollegen, anderen Abteilungen) ausrichten. Außerdem sollten weitere Stakeholder wie z. B. Lieferanten in die Überlegungen einbezogen werden. Auch gegenüber diesen und anderen Partnern des Unternehmens wenden kundenorientierte Unternehmen die gleichen Prinzipien an, wie bei ihren externen Kunden. Das wird exemplarisch von Zappos vorgelebt (Hsieh, 2010, S. 185). Das Prinzip des internen Kunden ist in vielen Unternehmen wenig ausgeprägt. Die Betrachtung der Produktion als Kunde des Einkaufs, des Vertriebs als Kunde der Produktion etc. kann helfen, auch die interne Kundenorientierung spürbar zu steigern, da sich nun alle Mitarbeiter in einer Kunde-Dienstleister-Beziehung befinden an deren Anfang bzw. Ende der externe Kunde steht.

5.3 Möglichkeiten der Umsetzung in der Organisation

5.3.1 Kundennähe organisational verankern

Wie kann nun eine Organisation gestaltet werden, die die beschriebenen Anforderungen erfüllt? Töpfer (Töpfer, 2008b, S. 905) nennt einige Grundprinzipien kundenorientierter Organisationen:

1. Eine hohe Dezentralisierung mit der Konsequenz, dass Macht auf nachgelagerte Ebenen verlagert wird, um die Kundennähe und Reaktionsgeschwindigkeit zu verbessern.
2. Eine starke Vernetzung und damit kundenorientierte Koordination einzelner Verantwortungsbereiche, um in diesem Kontext die Selbststeuerungsfähigkeit ergebnisverantwortlicher Einheiten zu erhöhen. Als Prinzip gilt: Komplexität wird nach innen im Unternehmen in Kauf genommen, um dem Kunden nach außen und damit am Markt Klarheit und Einfachheit der Ansprache und Betreuung bieten zu können.
3. Ein Hohes Maß an Transparenz des Handelns und der Ergebnisse auf allen Ebenen der dezentralen Einheiten. Dies setzt ein verbessertes Steuerungsinstrumentarium mit einem klar strukturierten Berichtswesen voraus.
4. Ein hohes Maß an Kundenorientierung und -nähe bedeutet heute bei zunehmender Wettbewerbsintensität, dass die Unternehmensorganisation immer weniger in Reinform entweder nach Kunden, Produkten oder Vertriebswegen gegliedert ist. Vielmehr werden immer mehr Mischformen realisiert, um speziellen Zielgruppen Systemangebote machen zu können.

Alle Mitarbeiter und Abteilungen, die nicht unmittelbar am Kundenprozess beteiligt sind, müssen ihre mittelbare Beteiligung am Kundenprozess belegen. Ihre Tätigkeiten sind am Kundenprozess auszurichten. Daten werden nicht für das Controlling bereitgestellt, sondern das Controlling stellt Informationen zur Verfügung, damit der Kundenprozess optimiert werden kann.

Die kundenorientierte Organisation wird also sehr viel mehr in Projekten und Prozessen arbeiten. Dabei ist es erstrebenswert, die Hierarchieebenen zu verringern und Verantwortung an die Kundenschnittstelle zu verlagern:

> Im Fall eines **Schweizer Telekommunikationsanbieters** stellte man fest, dass Kompensationsentscheidungen im Servicecenter nicht zur Kundenzufriedenheit abgeschlossen werden konnten. Jeder Mitarbeiter konnte Kompensationen bis 25 Franken gewähren. Bei höheren Summen musste die Bestätigung des Vorgesetzten eingeholt werden. Dies bedeutete meist, den Kunden zu vertrösten, die Entscheidung einzuholen und den Kunden dann zurückzurufen. Bis alles geklärt war und man den Kunden wieder erreicht hatte, verging viel Zeit. Rückmeldungen der Kunden hatten dem Unternehmen gezeigt, dass die Kunden unzufrieden waren. Zudem war der Prozess sehr aufwendig. Es wurde nach Lösungen gesucht. Das Management beschloss, das individuelle Limit auf 999 Franken anzuheben. Das erste Ergebnis, war, dass die Mitarbeiter weniger freigiebig mit den Kompensationen waren, als es vorher der Fall gewesen war. Der Gesamtaufwand für Kompensationen verringerte sich. Dennoch stiegen sowohl die Kundenzufriedenheit als auch die Mitarbeiterzufriedenheit deutlich an. Schließlich stellte man fest, dass nun etliche Vorgesetzte nicht mehr für die Bewilligung von Kompensationen benötigt wurden. Die Kompensationsentscheidungen wurden ja jetzt von den Mitarbeitern getroffen. Diese Vorgesetzten entwickelte man zu Coaches weiter, die fortan die Aufgabe hatten, die Mitarbeiter im Kundenservice zu unterstützen und zu befähigen, damit sie zukünftig noch sicherer Entscheidungen treffen konnten.

5.3.2 Konzentration kundenbezogener Funktionen

Auch wenn kundenorientierte Organisationen dezentraler und näher am Kunden aufgestellt werden, wird es notwendig sein, als Grundprinzip immer noch eine funktionale Trennung beizubehalten. Dies wird schon durch die klare Zuordnung von Führungsverantwortung notwendig, Entscheidungswege müssen ihre Transparenz behalten und nicht zuletzt muss jeder Mitarbeiter wissen, wo er hingehört.

Wir empfehlen an dieser Stelle die Bündelung aller kundennahen Abteilungen in einem zentralen Bereich »Customer Experience«. Als Leiter des Bereichs sollte das Unternehmen einen eigenen »Chief Customer Experience Officer« benennen. »Marketingvorstände werden zum Customer Experience Officer des Unternehmens, die koordinieren, worauf es künftig noch mehr ankommt als bisher: die Kommunikation mit dem Kunden sicherzustellen, zu jedem Zeitpunkt, an und von jedem Ort der Welt, in Echtzeit über alle digitalen Kanäle hinweg. Und das in enger Zusammenarbeit mit dem Chief Operating Officer, der die Wünsche der Kunden bestmöglich in Echtzeit umsetzt. Weil der dank intelligenter, automatisierter Steuerung auch über große räumliche Distanz sehr kurzfristig auf deren Änderungswünsche eingehen kann« (Engeser, 2015).

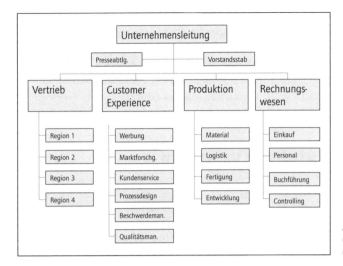

Abbildung 27: Stab-/Linienorganisation mit kundenorientierter Ausrichtung

Aufgabe des Bereichs »Customer Experience« ist es, die gesamten Kundenprozesse, deren Entwicklung sowie die Vertriebswege zu steuern. Dabei ist der Blick immer auf den Kunden gerichtet, mit dem Ziel, die Kundenstimme zu repräsentieren und auf Kundenbedürfnisse zu achten. Der Bereich bündelt die bisherigen Funktionen von Marketing, Marktforschung, Beschwerdemanagement, Kundenservice und Qualitätsmanagement. Der Bereich Customer Experience ist außerdem mit einer Einheit »Prozessdesign« ausgestattet, die in Zusammenarbeit mit anderen Bereichen die Kundenorientierung in den Prozessen sichert.

Im Kern ist der Bereich »Customer Experience« die zentrale Schnittstelle für alle Unternehmensaktivitäten, die zum Kunden hingehen (z. B. Produktentwicklung und Vertrieb) oder von diesem ausgehen (z. B. Kundenservice und Beschwerdemanagement). Customer Experience hat eine zentrale Rolle und in jedem Fall das letzte Wort. Der Bereich ist aber auch zentrale Serviceeinheit für die internen Bereiche, die Produkte und Prozesse am Kunden auszurichten. Er stellt Daten und Know-how bereit.

Die Zusammenfassung der Bereiche stellt sicher, dass Wege kurz sind und Abstimmungen schnell getroffen werden können. Der Bereich Customer Experience muss sich aber auch im Unternehmen vernetzen und die Fachbereiche unterstützen. So, wie der Bereich Customer Experience mit den Kunden bidirektional kommuniziert, ist er auch intern an einer Schnittstelle, indem er Wissen über den Kunden an die Fachabteilungen heranträgt, andersherum aber auch diese in ihrem Handeln unterstützt, sodass der Kundennutzen gewahrt bleibt.

Die Steuerung der Prozesse in einer derart kundenorientiert ausgerichteten Organisation sieht eine Unterteilung in Kunden-, Management- und Unterstützungsprozesse vor, wobei die letzteren interne Dienstleister für die Kundenprozesse sind (Schmelzer & Sesselmann, 2003). Sie sichern den reibungslosen Ablauf und unterstützen. Im Zweifel gehen die kundennahen Prozesse vor. Diese Sichtweise wird in Unternehmen häufig ins Gegenteil verkehrt und Kundenprozesse werden vernachlässigt, z. B. um noch schnell die Zahlen für das Controlling bereitzustellen, auf die dort gewartet wird.

Alle Entscheidungen müssen im Hinblick auf ihre Kundenwirkung untersucht werden. Maßgebend hierfür ist der Bereich Customer Experience. Dies kann zum Beispiel realisiert werden, indem Unternehmen auf ihre Formblätter für Vorstandsentscheidungen explizit die Frage nach den Auswirkungen für den Kunden aufzudrucken. Es wird dort keine Entscheidung getroffen, ohne dass sich das Topmanagement mit der Frage auseinandergesetzt hat, welche Folgen diese Entscheidung für die Kunden haben wird.

5.4 Das Marketing wird sich verändern

5.4.1 Neue Aufgaben im Marketing

In der klassischen Organisation versteht sich die Marketingabteilung als Treiber für die Vermarktung von Produkten. Die Kommunikation wird hierbei klassischerweise vom Unternehmen angestoßen. Natürlich kommen auch kundenorientierte Unternehmen nicht ohne Markenbekanntheit aus. Breitenkommunikation spielt immer noch eine wichtige Rolle. Die Erfüllung der klassischen Aufgaben des Marketing sehen sich aber mit erschwerten Bedingungen konfrontiert:

- **Zielgruppen verschwimmen:** der moderne »hybride« Konsument, der (überzeichnet) mit dem Porsche bei Aldi vorfährt, morgens Holz hackt und abends in die Oper geht, lässt sich immer weniger stabil einem Segment zuordnen und ohne Streuverluste ansprechen.
- **Unique Selling Propositions (USP)** funktionieren nicht mehr. Die wenigsten Produkte lassen sich über ihren Nutzen noch so klar positionieren, dass der Kunde eine echte Alleinstellung wahrnimmt. Das nächste vergleichbare Produkt ist immer häufiger nur einen Maus-Klick entfernt.
- Die **Mediennutzung** streut stark, neue Kanäle sind schwer zugänglich: Die Ansprache von Kunden wird immer schwieriger. Durch Reizüberflutung in klassischen Werbemedien wie z. B. Fernsehen muss immer mehr Aufwand entfaltet werden, um eine bestimmte Wirkung zu erzielen. Viele Kunden entziehen sich diesem, indem sie über Abruffernsehen oder Internet die Inhalte konsumieren. Sie dort zu finden und gezielt anzusprechen, ist eine herausfordernde Aufgabe.

Das Marketing muss sich also in seiner Ausrichtung verändern. Neben die Kommunikation vom Unternehmen zum Kunden tritt eine bidirektionale Komponente, die auf den einzelnen Kunden ausgerichtet ist. Marketing transportiert die zentralen Botschaften des Unternehmens und trägt das Feedback in die Organisation zurück. Dazu gehört zunächst einmal, dass das Marketing die Kommunikationskanäle bedient, auf denen die Kunden auch sind. Marketing und PR müssen dabei Hand in Hand arbeiten. Maßgebend genannt ist die Vernetzung mit dem Kunden über Social Media. Die Aktivitäten gehen dabei verstärkt vom Kunden aus, das Marketing bietet Dialogleistungen an.

> Als Beispiel sei ein **Hersteller von Reisegepäck** angeführt. In der klassischen Marketingorganisation macht dieser Hersteller mit einem geringen Budget Werbung und kann hoffen, dass der Kunde sich in einem Handelsgeschäft an den Markennamen erinnert. Beratung und Verkauf sind Aufgabe des verkaufenden Händlers. In einem Unternehmen neuer Prägung muss das Marketing als erstes dafür sorgen, dass das Unternehmen im Internet bei entsprechender Suchbegriffeingabe gefunden wird. Dann muss das Unternehmen auswerten, wer seine Webseite besucht und auf der Seite den Kunden gezielt leiten. Wenn ein Kunde eine Frage hat, bietet das Unternehmen über Chat-Funktionen oder ein betreutes Forum die entsprechende Antwort. Der Kunde wird idealerweise identifiziert und gezielt bis zu einem Kauf geleitet, wobei der Kauf beim Handel oder – ggf. in Kooperation mit dem Handel – online erfolgen kann.

Statt Werbebotschaften generiert das Marketing Inhalte, über die es vom Kunden gefunden wird. Die Verbreitung dieser Inhalte kann auch viral erfolgen, indem die Weiterempfehlung vom Kunden zu anderen Kunden gezielt genutzt wird. Hierzu ist es nötig, Meinungsführer zu identifizieren und diese in die Kommunikation einzubeziehen (Kroeber-Riel, Weinberg & Gröppel-Klein, 2009, S. 546 ff.). Es ist gut, sehr viel vom Kunden zu wissen und dieses Wissen für die Ansprache nutzbar zu machen (vgl. Kapitel 3 » Den Kunden kennen«). Dies kann über Datenbanken erfolgen, die eine »andere Kunden kauften auch«-Funktion möglich machen. Wenn sich ein Kunde meldet, sollte eine Identifikation möglich sein, sodass er persönlich angesprochen werden kann.

5.4.2 Veränderte Aufgaben der Marktforschung

Die Marktforschung klassischer Prägung stellt Wissen vom Kunden für die Fachbereiche in großen Befragungen und häufig langen und unübersichtlichen Berichten bereit. Sie arbeitet dabei projektorientiert. Dabei gibt es aber Herausforderungen:
- Kunden können für Forschung immer weniger erreicht werden. Dies hat einerseits rechtliche Gründe, denn das Speichern und die Verarbeitung kundenbezogener Daten ist nur mit Einverständnis des Kunden möglich, wenn es der Anbahnung oder Verbreiterung von Geschäftsbeziehungen dient. Die Ansprache per Telefon oder E-Mail z. B. für Kundenbefragungen ist ebenfalls strikten Restriktionen unterworfen. Andererseits können Kunden auch teilweise gar nicht mehr erreicht werden, weil ihre Handynummer unbekannt ist oder sie wegen zu vieler Befragungen nicht mehr bereit sind, teilzunehmen.
- Das Kundenverhalten ist für längerfristige Ableitungen nicht mehr stabil genug. Klassische Segmentierungsansätze greifen zu kurz oder sind nicht mehr in der Lage, Kundenverhalten vorauszusagen.
- Klassische Marktforschung wird im Unternehmen nicht gehört. Zwar wissen Marktforscher viel über den Kunden, oftmals ist ihre Stimme im Unternehmen aber nicht deutlich genug. Vertrieb, Service oder Produktmanagement beziehen das Wissen nicht ein, weil die Aufbereitung über mehrere hundert Berichtsseiten häufig nicht handlungsorientiert ist.
- Klassische Marktforschung ist nicht schnell genug. Entscheidungen treffen Unternehmen heute schneller als früher. In gleichem Maße müssen auch die Entscheidungs-

grundlagen schneller bereitstehen als früher. Marktforschungsstudien mit einem Zeithorizont von mehreren Monaten decken das Bedürfnis nach schnellen Entscheidungsgrundlagen nicht ab.

Marktforschung in einer kundenorientierten Organisation hat daher nicht mehr nur die Aufgabe, vollumfänglich Kundenzufriedenheit zu messen. Sie ist zentrale Instanz in der Vernetzung mit dem Kunden und stellt direkte Zugänge bereit. Dabei sind die Voraussetzungen für Marktforschung heute viel besser als früher. Die Interaktion mit den Kunden über das Internet kann im Unternehmen selbst organisiert werden. Reportingsysteme werden einmalig installiert und verlangen keine separate Auswertung mehr, wenn die Auswertungslogik einmal hinterlegt wurde. Analytische Basisauswertungen sind mit leicht verfügbaren Werkzeugen auch mit den eigenen Mitarbeitern möglich. Größte Herausforderung für die Bereitstellung von Marktforschungsdaten ist die Geschwindigkeit. Eine weitere Herausforderung ist das methodische Wissen, dass eine tiefe Auswertung und Interpretation der gewonnenen Daten mit eigenen Mitteln erschweren kann.

Verschiedene Instrumente sind geeignet, Ergebnisse schnell und kostengünstig zur Verfügung zu stellen:
- Selbst organisierte Online-Befragungen setzen nur einen direkten Zugang zur Zielgruppe über E-Mail-Adressen voraus. Befragungssoftware kann gekauft oder projektbezogen gemietet werden. Online-Befragungen sind innerhalb von Tagen darstellbar, der Ergebnisrücklauf erfolgt kurzfristig.
- Befragungen über Kunden- oder Spezialpanels (z. B. Makler- oder Vermittlerpanels). Einige Marktforschungsunternehmen betreiben große Panel, d. h. Gruppen von Verbrauchern, die für die Marktforschung angesprochen werden. Über Panels können mit geringem Aufwand Befragungen als eigenes Projekt durchgeführt werden oder im Omnibus-Verfahren eigene Fragestellungen in größere Befragungen integriert werden. In den Panels der Marktforschungsinstitute kann häufig nach bestimmten Kriterien vorsortiert werden, sodass die eigene Zielgruppe gezielt befragt werden kann. Ergänzend können Kundenpanels vom Unternehmen selbst oder mit einem Marktforschungsunternehmen gemeinsam betrieben werden. Sie ermöglichen den direkten Zugang zu eigenen Kunden, um diese zu befragen, Prozesse oder Produkte zu testen oder diese für weitere vertiefte Fragestellungen in einen Dialog einzubeziehen. So kann ein Kundenpanel den direkten Zugriff auf Kundenkreise ermöglichen und die Akzeptanz von diesen blitzschnell erfassen.
- Die Kundeninteraktion in Social Media, Networks oder Foren bietet ebenfalls die Möglichkeit, schnell und direkt Rückmeldungen zu erhalten. Hier gibt es verschiedene Instrumente, um die Kundeninteraktion in den sozialen Medien zu beobachten.

5.4.3 Feedbackmanagement statt Beschwerdebearbeitung

Das Beschwerdemanagement hat sich in seinen Aufgaben gewandelt. Früher war die Rolle von Negativität geprägt, der Umgang mit ärgerlichen Kunden war mühsam und der Stellenwert in der Organisation nicht hoch (so lange sich kein besonders unzufriedener Kunde beim Vorstand beschwerte).

> Ein Unternehmen, mit dem wir schon länger zusammenarbeiteten, antwortete auf die Frage nach der Anzahl der Beschwerden: »Ca. 15 im Jahr, spielt keine große Rolle«. Unsere Fragen: »Erhalten Sie genug Beschwerden?« und: »Was unternehmen Sie, um die Beschwerde für Kunden zu vereinfachen?«, weckten das Interesse. Heute trägt dieses Unternehmen jedes Jahr 200 Beschwerden in ein extra dafür installiertes System ein. Das Ziel ist, den Anteil der Beschwerden gemessen am Anteil der unzufriedenen Kunden zu maximieren. Gleichzeitig wird natürlich versucht, den Anteil der unzufriedenen Kunden zu minimieren.

| Alle unzufriedenen Kunden sollen dem Unternehmen den Grund ihrer Unzufriedenheit mitteilen.

Das ist aber nur die eine Seite der Medaille. Heute haben viele Unternehmen die Bedeutung von Kundenrückmeldungen erkannt. Man muss sich aber einmal vorstellen, ein Unternehmen würde seine Leistungen soweit verbessern, dass keinerlei Beschwerden mehr anfielen. Das Unternehmen wäre von einer wichtigen Informationsquelle abgeschnitten. Daher wird in kundenorientierten Unternehmen das Beschwerdemanagement als wichtiges Instrument für Kundenfeedback gesehen, es muss aber um die Aufnahme positiver Rückmeldungen zum ganzheitlichen Kundenfeedbackmanagement erweitert werden. Kundenorientierte Unternehmen beantworten die Frage, ob mehr oder weniger Beschwerden für das Unternehmen gut seien, eindeutig mit »mehr«.

In der Praxis ist die Herangehensweise vieler Unternehmen an das Thema häufig noch eher passiv. Entweder wird der Beschwerdeanlass im Vordergrund gesehen. Das bedeutet, die Eintragung in das Beschwerdesystem wird den Mitarbeitern eingeimpft, die Wiederherstellung der Kundenzufriedenheit tritt dahinter zurück. Oder es wird ein reines Kompensationsinstrument etabliert. Kundenunzufriedenheit soll zuvorderst mit Geld geheilt werden. Dass dies zu kurz greift, wird spätestens bei der Behandlung unberechtigter Beschwerden (das Unternehmen hat nichts falsch gemacht, der Kunde übermittelt aber trotzdem eine Beschwerde) klar: Da schickt man nämlich Kunden, die sich beschwert haben, ohne Lösung weg. Auch hinter aus Sicht des Unternehmens unberechtigten Beschwerden steht aber ein Kunde mit einem Problem. Mindestens eine positive Aufnahme des Anliegens und eine Erklärung steht dem Beschwerdeführer zu.

Die Literatur (Stauss & Seidel, 2007, S. 82) unterscheidet zwischen dem direkten Beschwerdeprozess (Beschwerdestimulierung, Beschwerdeannahme, Beschwerdebearbeitung und Beschwerdereaktion) sowie dem indirekten Beschwerdemanagementprozess (Beschwerdeauswertung, Beschwerdemanagementcontrolling, Beschwerdereporting, Beschwerdeinformationsnutzung). Der direkte Prozess zielt auf die Wiederherstellung von Kundenzufriedenheit, der indirekte Prozess auf Lernen und Verbesserung.

Wir empfehlen ein Beschwerdemanagement hierarchisch in vier Stufen aufzubauen:
1. **Offene Aufnahme der Rückmeldung.** Dazu muss jede Beschwerde (auch die unberechtigten) von jedem Mitarbeiter offen aufgenommen und quittiert werden. Dies kostet oftmals Überwindung. Selbst, wenn der Fehler nicht durch den Angestellten selbst gemacht wurde, will er doch seinen Arbeitgeber verteidigen.
2. **Wiederherstellung der Kundenzufriedenheit:** Es muss durch den Mitarbeiter erfragt werden, was die Gründe sind und was für den Kunden eine Lösung darstellen würde. Dann sollte der Mitarbeiter alles tun, dem Kunden diese Lösung anzubieten. Mindes-

tens sollte dem Kunden erklärt werden, was passiert ist. Es ist unbedingt wichtig, hier die Wahrheit zu sagen.
3. **Schäden heilen:** Möglicherweise sind für den Kunden negative Folgen eingetreten: ein Anschlusszug wurde verpasst, an einem fremden Geldautomaten Gebühren bezahlt, etc. Hier muss ein Ausgleich geschaffen werden. Interessanterweise muss der Ausgleich oftmals in keinem Verhältnis zum Wert des Beschwerdeanlasses stehen. In einem Fall kann eine Hotelübernachtung teurer sein als die ursprüngliche Fahrkarte für den verpassten Zug. Im anderen Fall ist eine ehrliche Entschuldigung ausreichend.
4. **Anlässe dokumentieren und auswerten:** Der eigentliche Beschwerdeanlass steht erst an vierter Stelle. Dennoch ist es wichtig, ein System vorzuhalten, in dem Beschwerden erfasst und codiert werden, damit das Beschwerdemanagement auch ausgewertet werden kann, Fehler in Systemen und Prozessen erkannt werden und sich die Organisation kontinuierlich verbessert.

Je mehr das Unternehmen seine Prozesse weiterentwickelt, desto weniger »echte« Beschwerden werden eingehen. In der Konsequenz wird eine wertvolle Quelle von Wissen versiegen. Das Kundenfeedback-Management hat daher nicht nur die Aufgaben, Beschwerden aufzunehmen und zu bearbeiten, es muss auch positives Feedback stimulieren und erfassen und die Mitarbeiter immer wieder schulen, Anregungen vom Kunden im System einzutragen.

5.5 Ausrichtung der Prozesse auf den Kunden

5.5.1 Prozessdesign

Operational ist der Bereich Customer Experience in die Prozesse des Unternehmens eingebunden bzw. initiiert diese selbst:

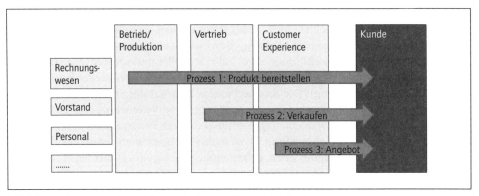

Abbildung 28: Prozessuale Ausrichtung der Organisation auf den Kunden

Die Abteilung Prozessdesign arbeitet in enger Kooperation mit der Produktentwicklung, dem Betrieb und dem Vertrieb. Es ist offensichtlich, dass sie nicht selbst für alle Fachbereiche Prozesse gestalten kann. Dazu fehlt nicht zuletzt das spezifische Wissen. Sie hat aber die Aufgabe, Handlungen des Unternehmens so zu gestalten, dass sie kundenorientiert und einfach sind. Dazu stellt die Abteilung Wissen und Werkzeuge bereit. Sie sichert im Zusammenspiel mit der Marktforschungsabteilung auch die Einbindung der Kunden in die Entwicklung.

Kernaufgaben im Prozessdesign sind (Schmelzer & Sesselmann, 2008):
- Identifizierung und Analyse, insbesondere in Bezug auf Kunden und Markt.
- Gestaltung und Beschreibung der Geschäftsprozesse.

Auf verschiedenen dieser Stufen ist eine Interaktion mit Kunden sinnvoll. Bereits beim Spezifizieren sollten die Wirkungen aus Kundensicht bedacht werden. Durch eine Simulation kann Kundenfeedback eingeholt und die Wirkung von Prozessschritten getestet werden. Dazu kann man sich der Instrumente der Marktforschung bedienen und den neuen Prozess zum Beispiel im Kundenpanel zur Diskussion stellen. Durch die Modellierung vor der Einführung werden Abhängigkeiten erkannt und mögliche Fehlerquellen bereits im Vorfeld identifiziert. Die Einführung kann auch in einem Teilbereich des Unternehmens erfolgen und von dort ausgerollt werden.

Die Prozesse sind Gegenstand kontinuierlicher Optimierung (vgl. Kapitel 8 »Akribische Arbeit an den Prozessen«). Treiber dieser Optimierung ist die Abteilung Prozessdesign.

5.5.2 Kanalübergreifender Kundenservice

Die Frage, ob die Abteilung »Kundenservice« ebenfalls Bestandteil der Einheit »Customer Experience« sein soll, ist für jedes Unternehmen einzeln zu beantworten. Die Antwort auf die Frage wird auch dadurch determiniert, wie groß die Abteilung Kundenservice ist und wie zentral die Funktionen für das Unternehmen sind. Je mehr der Service das eigentliche Kerngeschäft ist (z. B. für große Dienstleistungsunternehmen), umso eher wird hierfür ein eigener Bereich zu schaffen sein. Wenn aber der Service nur eine unterstützende Funktion hat (was z. B. für die meisten Produktionsunternehmen gelten wird), der in eine Einheit Customer Experience eingegliedert werden kann, sollte dies erfolgen. Dies hat einige wichtige Vorteile:
- Alle kundenbezogenen Bereiche werden unter einem Dach versammelt und zentral gesteuert.
- Der Zugriff auf Ressourcen wird vereinfacht. Z. B. können Servicemitarbeiter, wenn weniger Anrufe hereinkommen, ihrerseits Kunden anrufen und zur Zufriedenheit befragen.
- Impulse, die über den Kundenservice hereinkommen, können direkt aufgenommen und weiter verarbeitet werden.

Der Kundenservice hat ebenfalls eine bidirektionale Funktion. Selbstverständlich muss er die Servicefunktionen anbieten, die der Kunde vom Unternehmen erwartet. Er sammelt aber auch Kundenfeedback und trägt dieses in die Organisation zurück. Der Kundenservice bedient dabei alle Kundenschnittstellen, die der Kunde erwartet.

Service sollte grundsätzlich über alle vom Unternehmen angebotenen Kanäle möglich sein. Zunächst entscheidet der Kunde, welchen Kanal er für einen Kontakt wählen will. Kundenorientierte Unternehmen sind ihrerseits so selbstbewusst, den aus ihrer Sicht besten Kanal für eine Antwort zu wählen. Es kann also vorkommen, dass ein Kunde als Reaktion auf eine E-Mail angerufen wird, wenn sich dadurch ein Problem leichter lösen lässt. Ggf. ist es auch notwendig, dem Kunden einen Brief zu schreiben, auf den man vorab per Mail hinweist. Es ist daher aus unserer Sicht nicht sinnvoll, den Service nach Kanälen aufzuteilen (Mitarbeiter, die nur schriftlich oder nur am Telefon kommunizieren). Mitarbeiter sollten hier den besten Weg frei wählen dürfen. Die Vorteile jedes einzelnen Kanals können so genutzt werden: Briefe sind beständige Dokumente und verlässlich archivierbar, E-Mails sind schnell, Anrufe sind persönlich, etc. Oftmals kann dadurch die Kundenzufriedenheit positiv beeinflusst werden, weil es Kunden positiv überrascht, wenn auf eine Mail ein persönlicher Anruf erfolgt. Welche Kunden das sind, weiß ein kundenorientiertes Unternehmen oder merkt es sich (vgl. Kapitel 3 »Den Kunden kennen«)

5.5.3 Qualitätsmanagement als Querschnittsfunktion

Das Qualitätsmanagement ist für die Messung und Entwicklung der Qualität zuständig. Dabei gewinnt das Qualitätsmanagement (kurz »QM«) Daten aus unterschiedlichen Quellen:
- Prozesskennzahlen wie Durchlaufzeiten, Response-Raten oder Häufigkeiten (z. B. Anzahl Calls, die an den 2nd Level weitergestellt werden).
- Messzahlen aus Kundenzufriedenheitsbefragungen. Diese werden möglichst zeitnah erfasst, dem Prozess zugeordnet und an den Prozessverantwortlichen weitergeleitet.
- Rückmeldungen vom Kunden, z. B. über das Beschwerdemanagement.

Das Qualitätsmanagement hat drei primäre Aufgaben (Homburg, 2015, S. 981 ff.):
1. Messung der Dienstleistungsqualität
2. Analyse der Dienstleistungsqualität
3. Beeinflussung der Dienstleistungsqualität

Gemäß dem Grundsatz: »die Qualitätsdaten müssen an die Stelle, wo die Qualität entsteht«, stellt das Qualitätsmanagement Instrumente für eine prozessorientierte transaktionale Messung bereit. Über Echtzeit-Messungen an den Kundenschnittstellen werden die Daten an die Prozessverantwortlichen weitergeleitet. Jeder Verantwortliche hat über internet- oder intranet-basierte Darstellungen jederzeit Zugriff auf »seine« Daten. Die Manager an den Kundenschnittstellen werden auf die gemessenen Daten verzielt, was das Qualitätsmanagement steuert.

Das Qualitätsmanagement aggregiert weiterhin die Daten und führt sie zu einem zentralen Steuerungsinstrument zusammen, welches die Kundenorientierung und Servicequalität in der Breite messbar und entwickelbar macht.

Die Entwicklung der Qualität selbst kann hingegen nicht Aufgabe des QM sein. Dies bleibt die originäre Aufgabe jedes Fachverantwortlichen, der daran auch gemessen wird.

5.5.4 Praxisbeispiele Customer Experience

Am Beispiel einer großen Versicherung lässt sich die kundenorientierte Ausrichtung der Organisation verdeutlichen:

> Eine große **Versicherung** hat die kundennahen Bereiche in einen Bereich »Customer Experience« zusammengefasst. Der Bereich Customer Experience verfügt über eine eigene Prozessabteilung. Sie unterstützt verschiedene Abteilungen bei der kontinuierlichen Verbesserung der Prozesse. Zentraler Prozess ist der Review-Prozess, mit dem die Versicherung eine kontinuierliche Verbesserung der Service- und Beratungsleistungen anstrebt. In jährlichem Turnus werden alle Prozesse auf den Prüfstand gestellt, Verbesserungen entwickelt, umgesetzt und Erfolge gemessen. Nach Abschluss der Maßnahmen beginnt ein erneuter Zyklus.
> Über modulare Produkt- und Dienstleistungsbausteine erreicht die Versicherung die Individualisierung des Angebots für ihre Kunden: Bei der Entwicklung von Produkten berücksichtigt die Versicherung Kundenerwartungen auf verschiedene Weise, nämlich über Marktforschung (auch im eigenen Kunden-Panel), über Fokusgruppengespräche oder über Co-Creation-Ansätze. Darüber hinaus werden auch Produktideen aus direkten Kundenrückmeldungen (z. B. Kundenbeschwerden) berücksichtigt. Auch Mitarbeiter mit Serviceaufgaben werden an der Produktentwicklung beteiligt, z. B. über Lenkungsgremien und Fokusgruppen. Auch bestehende Produkte werden anhand von Marktforschung getestet und ggf. weiterentwickelt. Die Versicherung erklärt ihren Kunden aktiv, wie die Preise zustande kommen. Segmentspezifisch differenzierte Preismodelle werden entwickelt.
> Das Qualitätsmanagement wird durch einen Qualitätsbeauftragten, das Topmanagement und die jeweiligen Führungskräfte auf den unterschiedlichen Ebenen gesteuert. Ziel des Qualitätsmanagements ist die kontinuierliche Steigerung der Servicequalität gegenüber allen Kunden, extern sowie intern. Qualitative und quantitative Marktforschung wird regelmäßig durchgeführt und dient als Informationsgrundlage des Qualitätsmanagements. Weitere Anstöße zur Qualitätsverbesserung kommen aus Kundenbeschwerden.

Ein solcher kundenorientierter Umbau der Organisation ist weitreichend. Manche Unternehmen werden den Aufwand scheuen, solche Veränderungen vorzunehmen. Vielleicht ist auch einfach der Schritt noch zu groß. Natürlich gibt es auch ohne die Schaffung eines Bereichs »Customer Experience« die Möglichkeit, die Organisation kundenorientierter auszurichten. Wie beschrieben lassen sich auch über die Prozesse klassische Funktionen im Unternehmen kundennäher ausrichten. Hier ein weiteres Beispiel, wie eine kundenorientierte Organisationsausrichtung erreicht werden kann:

> Die meisten Menschen waren schon einmal Kunde in einem **Autohaus**. Das Erste was auffällt, ist, dass der Verkauf der Fahrzeuge und der Service organisational üblicherweise komplett getrennt ablaufen. Gerne wird einem ein Verkäufer ein neues (oder gebrauchtes) Auto verkaufen. Mit der Übergabe endet aber seine Rolle. Für den Service ist jetzt der Werkstattmeister zuständig. Er kennt aber den Kunden nicht, noch kennt der Kunde den Meister. Erst nach mehreren Jahren, wenn der Kunde das Auto wieder verkaufen will, beginnt wieder die Zuständigkeit des Verkäufers, der aber in der Zwischenzeit nicht weiß, was mit dem Auto passiert ist, ob der Kunde zufrieden war und ob er der Marke treu bleiben will. Passiert jetzt etwas Unvorhergesehenes, z. B. weil der Kunde mit einem Unfall oder gravierenden Schaden in die Werkstatt kommt, so wird der Werkstattmeister diesen gerne reparieren. Die gute Gelegenheit, ein neues Auto zu verkaufen und den Unfallwagen in Zahlung zu nehmen, bleibt ungenutzt. Dabei wäre es problemlos möglich, die Verkäufer zum Kundenbetreuer weiterzuentwickeln. Diese bleiben Ansprechpartner des Kunden und koordinieren auch Termine und Abläufe mit der Werkstatt. Sie wissen zu jeder Zeit, wie es dem Kunden geht und was mit dem Auto ist. Dadurch sind sie auch nah am

> Kunden, wenn ein Neukauf ansteht. Die Rolle des Servicemeisters reduziert sich, da er nicht mehr mit dem Kunden interagiert, sondern nur noch Fahrzeuge betreut und Werkstattabläufe koordiniert. Er ist der Ansprechpartner des Kundenbetreuers für alle reparaturrelevanten Themen. Natürlich braucht man dafür mehr Kundenbetreuer im Autohaus und muss die bestehenden Verkäufer weiter qualifizieren. Dafür kann aber die Zahl der Servicemeister reduziert und diese zum Kundenbetreuer (und Verkäufer) weiterentwickelt werden. Der Kunde profitiert, da er während des gesamten Lebenszyklus nur noch einen Ansprechpartner hat. Wichtig ist bei solchen Veränderungen, dass die Mitarbeiter transparent in alle Veränderungen einbezogen werden.

5.6 Checkliste »Die Organisation am Kunden ausrichten«

- Das Unternehmen ist durch Spartenaufteilung mit eigenen Kunden und Supportaufgaben kundennah geführt.
- Das Unternehmen hat eine flache Hierarchie.
- Das Unternehmen hat die Kundenprozesse definiert.
- Die Organisation ist so gestaltet, dass nicht am Kunden vorbei gehandelt werden kann.
- Die Prozesse sind in Kundenprozesse, Supportprozesse und Managementprozesse gegliedert.
- Der Kunde ist in Organigrammen sichtbar.
- Der Kunde wird in Prozessen sichtbar.
- Alle Aktivitäten werden am Kunden ausgerichtet.
- Weitere Stakeholder (Anteilseigner, Mitarbeiter, Lieferanten) werden in die Überlegungen einbezogen.
- Verantwortung wird grundsätzlich so nah wie irgend möglich an die Bereiche im Kundenkontakt verlagert.
- Für die Steuerung der Organisation hat das Unternehmen die Kundenorientierung in quantifizierten Größen operationalisiert.
- Es gibt eine Unternehmenseinheit, die sich als Stimme des Kunden in der Organisation versteht.
- Die Organisationseinheit mit der Stimme des Kunden hat einen »direkten Draht« zum Vorstand.
- Die Organisationseinheit mit der Stimme des Kunden hat in Konflikten das letzte Wort.
- Das Unternehmen hat alle kundennahen Abteilungen in einem Unternehmensbereich zusammengeführt (z. B. »Customer Experience«).
- Der Bereich »Customer Experience« stellt nach innen Wissen und Erkenntnisse zur Verfügung.
- Ein »Chief Customer Officer« ist benannt.
- Das Marketing steht in direktem Kundendialog.
- Das Unternehmen hat ein Kundenpanel oder kann in einem bestimmten Kundenkreis eigene Marktforschungen schnell durchführen.
- Der Kundenservice arbeitet kanalübergreifend.

- Die Stimme des Kunden wird in das Prozessdesign einbezogen.
- Durch einen Test neuer Prozesse wird frühzeitig Kundenfeedback eingeholt und die Wirkung von Prozessschritten überprüft.
- Prozesse und Produkte werden mit Kunden getestet.
- Alle Mitarbeiter sind in der Annahme von Kundenfeedback (Beschwerden und Lob) geschult.
- Schwerpunkt des Beschwerdemanagements ist die Wiederherstellung von Kundenzufriedenheit.
- Das Unternehmen erfasst Feedback systematisch den Ursachen nach über handlungsorientierte Kategorien.
- Beschwerden werden systematisch ausgewertet und analysiert.

6 Konsequent führen

6.1 Die Bedeutung konsequenter Führung

Warum ist Führung so wichtig? Warum ist Konsequenz bei der Führung wichtig und worauf kommt es an? Hier sind im Wesentlichen zwei Gründe zu nennen: Erstens werden Dienstleistungen meist von Menschen für Menschen erbracht. Auf der Unternehmensseite sind diese Menschen eingebunden in hierarchische Strukturen und ein Netzwerk sozialer Interaktion. Von prägender Bedeutung ist dabei die Führung durch den direkten Vorgesetzten. Zweitens kann die Dienstleistung von verschiedenen Orten aus erbracht werden (z.B. Geschäftsstelle, Filiale, Service-Center, beim Kunden vor Ort). Je weiter räumlich entfernt diese Orte voneinander sind, desto schwieriger ist ein zentraler Durchgriff und desto größer ist die Bedeutung der lokalen Führungskraft. Die Unternehmen, die kundenorientiert agieren, haben dies verstanden und führen konsequent. Konsequent führen heißt in dem Zusammenhang nicht, mit der Knute durchzugreifen. Konsequent führen heißt, systematisch eine Arbeitsumgebung zu schaffen, in der jeder einzelne Mitarbeiter seine optimale Leistung für das Unternehmen einbringen kann.

Dabei ist es von großer Wichtigkeit, dass Führung einheitlichen Prinzipien folgt und sich dabei am Unternehmensleitbild ausrichtet. Gerade in verteilten Einheiten findet man häufig die Situation, dass sich eine Führung »nach Gutsherrenart« etabliert. Die Dinge, die ein Unternehmen als gut und richtig erkannt hat, werden nicht konsequent in der Fläche eingesetzt. Als Resultat entstehen Bereiche, in denen völlig unterschiedliche Mitarbeitertypen gedeihen. Die Mitarbeiter, die darin »groß werden«, können in anderen Bereichen des Unternehmens kaum erfolgreich sein. Kunden, die den Service des Unternehmens an unterschiedlichen Kontaktpunkten erleben, machen völlig unterschiedliche Erfahrungen.

> »Wo Klarheit herrscht, ist auch Ruhe, oder entsteht doch nach und nach von selbst.«
> (Wilhelm von Humboldt)

Unternehmen, die konsequent führen, beeinflussen die Leistung ihrer Mitarbeiter aus drei Richtungen:
1. Die Rolle der Personalabteilung: Die Personalabteilung ist mit Macht ausgestattet und direkt an die Geschäftsleitung angebunden. Sie unterstützt die fachlichen Führungskräfte konsequent und auf Augenhöhe. Dazu hält die Personalabteilung ein Instrumentarium der Mitarbeiterbeurteilung und Entwicklung bereit, und fordert die Mitwirkung der Führungskräfte in diesem Rahmen konsequent ein.
2. Entwicklung der Führungskräfte: Die Leistung der Führungskräfte wird nicht nur fachlich, sondern auch in Bezug auf ihre Führungsleistung konsequent bewertet und ebenfalls entwickelt.
3. Entwicklung der Mitarbeiter: Jeder Einzelne kann sich optimal einbringen. Das Unternehmen erkennt Übererfüller und Schlechtleistung. Übererfüller werden gezielt gefördert. Schlechtleister werden systematisch entwickelt.

Dabei haben wir die Entwicklung der Mitarbeiter hier bewusst an dritte Stelle gesetzt. Wird sie doch häufig direkt beeinflusst von der Arbeit der Personalabteilung und von der Rolle, die die eigene Führungskraft spielt.

6.1.1 Uneinheitliche Führung führt zu uneinheitlichen Kundenerlebnissen

Oftmals begleiten wir Zufriedenheitsmessungen oder Mystery-Untersuchungen auf der Ebene von Teileinheiten wie z. B. Filialen eines Unternehmens. Innerhalb einer Organisation haben alle Einheiten vergleichbare Ausgangsbedingungen: Die Produkte und Preise sind gleich, die Erwartungen an die Mitarbeiter sind gleich, alle Mitarbeiter sind in etwa gleich geschult und die Kunden sind zumindest ähnlich. Dennoch zeigt sich das Bild, das wir bei typischen Messungen zurückbekommen, etwa so wie in Abbildung 29.

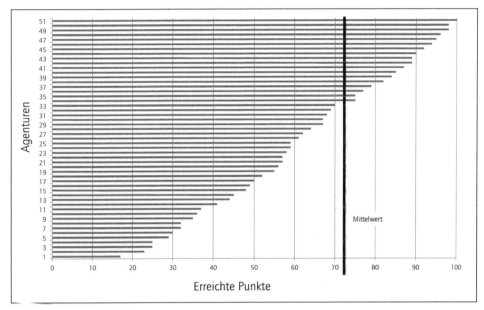

Abbildung 29: Verteilung von Mystery-Testergebnissen (Gesamtzufriedenheit) nach Standorten (Qualiance GmbH, 2012)

Auf einer 100-Punkte Skala schneiden 20 % im oberen Bereich ab, dann gibt es eine breite Masse, und im unteren Segment tummeln sich auch noch einmal 20 % der gemessenen Einheiten. Der Abstand zwischen den Top 20 und den unteren 20 beträgt ca. 40 Prozentpunkte. Natürlich heißt das, dass ein Kunde mit dem gleichen Anliegen, abhängig von der Filiale, die er aufsucht, ein völlig unterschiedliches Serviceerlebnis hat.

Dies bestätigen auch die Ergebnisse des Servicewettbewerbs »TOP SERVICE Deutschland«, der jährlich von der Firma ServiceRating durchgeführt wird. Auf einer Skala von 0–10 antworten auf die Frage »Die Mitarbeiter des Unternehmens sind sehr hilfsbereit und motiviert« nur 60 % der Kunden in den oberen Antwortkategorien. Bei den Top 10-Unternehmen sind es immerhin 77 %.

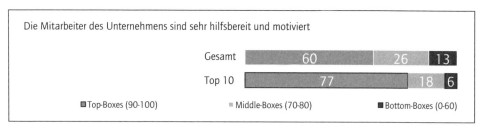

Abbildung 30: Motivation der Mitarbeiter (ServiceRating, 2014)

Es ist klar: Solche Streuungen im Serviceerlebnis sind nicht gewollt. Daher stellt sich die Frage: Woher kommt das?

6.1.2 Mitarbeiterverhalten wird durch Führung geprägt

Solche unterschiedlichen Leistungen allein auf die Fähigkeit und Motivation der Mitarbeiter im Service zurückzuführen, würde diesen nicht gerecht. In der Regel ist es so, dass sie ihren Job weder schlechter beherrschen, noch dass sie mit geringerer Freude ihrer Arbeit nachgehen. Dennoch muss es Faktoren geben, die in den guten Einheiten gut und in den schlechteren Einheiten nicht so gut sind. Hier bietet sich die Führung als Erklärung an.

Den Einfluss der Führung auf das Verhalten der Mitarbeiter hat Volkswagen erforscht. In einer Studie für VW (Nieder, 2015) zeigte sich, dass Führungskräfte, die den Bereich wechseln, den Krankenstand ihrer Mitarbeiter »mitnehmen«. Im Rahmen der Studie hat Volkswagen in seinen Werken probeweise Vorgesetzte aus Bereichen mit überdurchschnittlich hohen Krankheitsraten in solche mit besonders niedrigen Fehlzeiten versetzt. Das Ergebnis: Schon nach kurzer Zeit schossen die Fehlzeiten in den ehemals vorbildlichen Abteilungen nach oben. Bereits nach einem Jahr zeigte sich in der neuen Abteilung der »alte« Krankenstand bei den neuen Mitarbeitern.

Wenn solcherart der Krankenstand durch Führungskräfte beeinflusst wird, dann liegt die Vermutung nahe, dass auch die sonstige Leistung durch Führung beeinflussbar ist. Besonders gilt dies für den Service. »Servicewüsten entstehen durch Führungswüsten« (Schüller, 2014b).

6.1.3 Gute Führung beeinflusst das Kundenerlebnis und damit auch das Unternehmensergebnis

Die Zusammenhänge, wie Mitarbeiterführung das Kundenerlebnis beeinflusst, haben Heskett et al. in der Service-Profit-Chain verdeutlicht (Heskett, Jones, Loveman, Sasser & Schlesinger, 1994). Profitabilität und Wachstum werden durch die Kundenloyalität beeinflusst. Die Kundenloyalität hängt positiv mit dem Mehrwert zusammen, den ein Unternehmen für die Kunden schafft. Diesen Mehrwert schaffen die Mitarbeiter des Unternehmens, entweder indirekt über die Produkte, die sie schaffen, im Service aber direkt durch ihre

Leistung am Kunden. Die interne Servicequalität beeinflusst die Mitarbeiterzufriedenheit, die sich wiederum positiv auf deren Loyalität und Produktivität auswirkt. Die interne Servicequalität wird beeinflusst durch den Arbeitsplatz und die Jobumgebung, die Personalentwicklung und die Anerkennung und Bezahlung. Auf diese wiederum hat Führung den prägenden Einfluss.

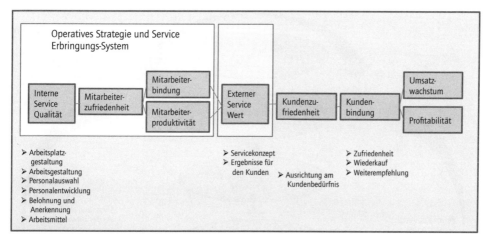

Abbildung 31: Die Service Profit Chain (Heskett et al., 1994)

Im Sinne der Service Profit Chain hat die Mitarbeiterzufriedenheit Einfluss auf die Kundenzufriedenheit. Nur wenn es gelingt, für die Mitarbeiter eine Umgebung der Produktivität und Zufriedenheit zu schaffen, werden sie im Kundenservice ihre beste Leistung für die Kundenzufriedenheit abrufen können. In einer Studie haben Schneider und Bowen aufgezeigt, dass sowohl ein Klima, welches servicefreundlich ist, als auch ein Klima, welches das Wohlbefinden der Mitarbeiter begünstigt, mit der generellen Wahrnehmung der Serviceinteraktion aus Kundensicht hoch korreliert (Schneider & Bowen, 1993). Kundenorientierung und Mitarbeiterorientierung sind zwei Seiten einer Medaille. Die Verantwortung zur Schaffung einer solchen mitarbeiter- und kundenorientierten Kultur liegt wiederum in der Hand der Führung.

6.1.4 Leistungsmanagement ist eine strategische Gesamtaufgabe

Wie kann konsequente Führung in kundenorientierten Unternehmen zu einer Leistungssteigerung genutzt werden? Alle Maßnahmen sollten im Rahmen eines Gesamtkonzepts verbunden werden. Die Strategie und das Leitbild bilden den Rahmen. Die Personalabteilung organisiert konsequente Führung und stellt die relevanten Instrumente bereit. Die Führungskräfte bilden die Schnittstelle zwischen Unternehmen und Mitarbeiter im Kundenkontakt. Sie müssen mit Bedacht ausgewählt und geschult werden. Sie müssen aber auch bereit sein und die (zeitlichen) Ressourcen haben, um zu führen. Der Mitarbeiter im

Kundenkontakt erhält die Spielräume, seine optimale Leistung zu erbringen. Da, wo er das nicht kann, wird ihm geholfen. Mess- und Feedbacksysteme sichern den Prozess und bilden die Basis für eine kontinuierliche Optimierung. Es empfiehlt sich, alle Bausteine zu einem Gesamtprozess Leistungsmanagement (englisch: Performance Management) zu verknüpfen.

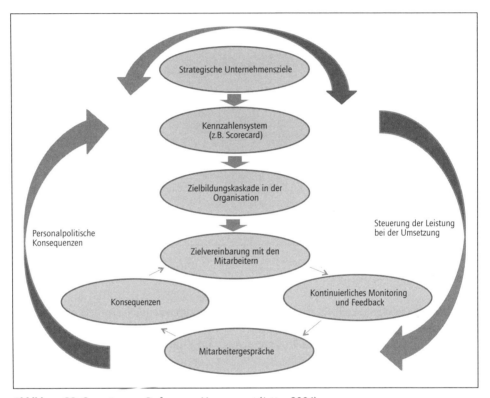

Abbildung 32: Gesamtprozess Performance Management (Jetter, 2004)

6.1.5 Motivation und Bindung sind kritische Erfolgstreiber

Jedes Unternehmen wünscht sich hoch motivierte Mitarbeiter, die sich besonders im Service jeden Tag um jeden Kunden bemühen. Haben wir solche Mitarbeiter? Leider nein: Nur 29 % der deutschen Arbeitnehmer schätzen sich selbst als hochengagiert ein (Towers Watson, 2012). Leider gilt: Wer an seinem Schreibtisch sitzt und von Hawaii träumt, ist weder auf Hawaii, noch an seinem Schreibtisch (Sprenger, 2002). Übersetzt heißt dies: Eine Situation des Minder-Engagements ist weder für den Mitarbeiter zufriedenstellend, noch für das Unternehmen akzeptabel, denn die Folgen sind erheblich.

Mitarbeiter, die innerlich gekündigt haben, weisen eine geringere Bindung auf und sie sind häufiger krank. Bindung bezeichnet in diesem Zusammenhang weniger die Gebundenheit an das Unternehmen, sondern primär die Verbundenheit mit dem Unternehmen.

Diese emotionale Bindung entspricht dem amerikanischen Wort »Engagement« (Gallup, 2013). So hat Gallup herausgefunden, dass Mitarbeiter, die eine geringere Bindung aufweisen, im Schnitt 8,5 Tage im Jahr fehlen, Mitarbeiter mit hoher Bindung hingegen nur 5 Tage (Gallup-Studie, 2011). Auch tendieren Mitarbeiter mit geringerer Bindung dazu, eher den Arbeitgeber zu wechseln: Während 86 % der Mitarbeiter mit hoher Bindung angeben, dass sie in 3 Jahren sicher noch beim gleichen Unternehmen sind, sind es bei Mitarbeitern mit geringer Bindung nur 46 %.

Es lässt sich ableiten, dass Mitarbeiter mit geringer Bindung den Service also eher belasten als Mitarbeiter mit hoher Bindung: Fehlzeiten auf Grund von Krankheit führen zu geringerer Verfügbarkeit und höherer Belastung der anwesenden Mitarbeiter. Mitarbeiter, die das Unternehmen verlassen, nehmen nicht nur ihr Wissen mit, sondern häufig genug auch Kunden. Die Zeit, die man benötigt, einen neuen Mitarbeiter einzuarbeiten, ist ebenfalls eine Phase geringerer Leistungsfähigkeit im Service, da nicht nur der Mitarbeiter noch nicht seine volle Leistung einbringen kann, sondern es benötigt auch weitere Ressourcen, ihn auszubilden und einzuarbeiten. Und so ist es denn auch kein Wunder, dass Unternehmen mit stark gebundenen Mitarbeitern erfolgreicher sind. Sie weisen eine geringere Fluktuation auf, es passieren weniger Arbeitsunfälle, die Qualität ist besser, Produktivität und Rentabilität ebenfalls:

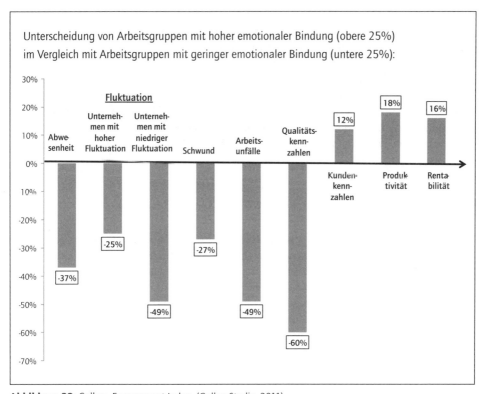

Abbildung 33: Gallup »Engagement-Index« (Gallup-Studie, 2011)

Für Engagement und Bindung trägt aber der direkte Vorgesetzte in der Regel die Hauptverantwortung. »Menschen kommen zu Unternehmen, aber sie verlassen Vorgesetzte.« (Sprenger R., 2011). Aus diesem Grund muss die Rolle von Führung in der Umsetzung von Kundenorientierung viel intensiver betrachtet werden.

6.2 Die neue Rolle der Personalabteilung

Betrachten wir zunächst die Arbeit der Personalabteilung etwas näher: Sie sitzt an den zentralen Stellhebeln für gute Führung. Sie muss nicht nur sicherstellen, dass das Unternehmen die richtigen Mitarbeiter in der richtigen Menge an den richtigen Orten beschäftigt. Sie ist auch dafür verantwortlich, dass Führungskräfte ihr Führungshandwerk beherrschen, die richtigen Instrumente zur Verfügung haben und auch nutzen. Führung sollte dabei gegenüber der fachlichen Leistung ein mindestens gleichberechtigtes Bewertungskriterium der Leistung von Führungskräften sein.

In früheren Zeiten war die Rolle der Personalabteilung häufig limitiert als ausführendes Organ für Personalentscheidungen der Führungskräfte. Dies führte dazu, dass jede Führungskraft Mitarbeiter nach eigenem Gusto und Geschick auswählte und entwickelte. Da dieses Geschick unterschiedlich ausgeprägt ist, konnte das Unternehmen keine einheitlichen Personalstandards umsetzen. Mitarbeiter wurden unterschiedlich entwickelt und Schlechtleister befördert. Im ungünstigsten Fall zog eine Führungskraft lauter kleine Klone der eigenen Persönlichkeit heran.

Die heutige Personalarbeit braucht Manager im Personalwesen, die Teil des täglichen Geschäfts sind. Die Personalmanager müssen das Geschäft des Unternehmens nicht nur verstehen, sie müssen es mitgestalten. Dazu braucht es eine Rolle, in der sie in der Lage sind, auf Augenhöhe gemeinsam mit den fachlich Verantwortlichen zu agieren und (mit-) zu entscheiden (PWC PricewaterhouseCoopers, 2012). Man nennt diese Rolle auch HR-Business-Partner.

6.2.1 Die Personalabteilung als HR-Business Partner

In der Rolle als HR-Business-Partner agiert die Personalabteilung als gleichberechtigter Partner der Führungskraft. Personalauswahlgespräche werden gemeinsam geführt und Personalentscheidungen einvernehmlich getroffen. Die Personalabteilung stellt ein Instrumentarium für Mitarbeiterbewertungen bereit und entwickelt Führungskräfte nach einem systematischen Raster. Für diese Rolle ist die Personalabteilung direkt an die Geschäftsleitung angebunden. Entweder ist die verantwortliche Führungskraft direkt dort vertreten oder es gibt zumindest die direkte Unterstützung von »ganz oben«.

Die Schlüsselpositionen in diesem Modell haben die bisherigen Personalreferenten, die jetzt als HR-Business-Partner auftreten. Sie sind es, die die fachlichen Führungskräfte begleiten. Sie sind aber auch dafür verantwortlich, dass die richtigen Menschen in die Führungsverantwortung kommen und dass sie die Fähigkeiten haben, optimal zu führen. Die Organisation der Business Partner ist in diesem Fall spiegelbildlich zur fachlichen

Abbildung 34: Organisation der Personalabteilung

Organisation des Unternehmens aufgebaut, sodass ein Business-Partner einen Bereich verantwortlich betreut. Ein Personalmitarbeiter ist dabei je nach Struktur für ca. 250 – 400 Mitarbeiter verantwortlich (Riedel, 2015). Die administrativen Aufgaben der Personalabteilung werden in einem solchen Modell in einem »Shared Service Center« gebündelt. Weiterhin stellt die Personalabteilung Unterstützung in der Personalentwicklung und im Bereich Politik und Personalstrategie zur Verfügung.

Die Rolle der Personalabteilung ist es nicht nur, Werkzeuge und Verfahren zur Verfügung zu stellen, damit gute Führung erfolgt und gute Leistungen entstehen können. Die Personalabteilung ist auch in der Verantwortung, dafür zu sorgen, dass diese Verfahren im Unternehmen einheitlich eingesetzt werden. Dies bedeutet, in die Art, wie Führungskräfte führen, einzugreifen. Selbstverständlich will niemand Führungskräfte in ihrer Individualität begrenzen. Aber genauso, wie sich Mitarbeiter im Kundenkontakt an Servicestandards orientieren müssen, gelten auch für Führungskräfte die unternehmensübergreifenden Führungsstandards.

6.2.2 Kernaufgaben der Personalabteilung zur Unterstützung der Führungskraft

Die Personalabteilung unterstützt die Kundenorientierung, indem sie bereits bei der Personalauswahl die Kundenorientierung potenzieller Mitarbeiter in die Auswahlkriterien einbezieht. Dies sollte nicht nur für Mitarbeiter im Kundenkontakt, sondern für alle Mitarbeiter gelten. Durch geeignete Kriterien bei der Auswahl, aber auch durch geeignete Verfahren wie zum Beispiel Assessment Center und Rollenspiele, kann eine kundenorientierte Einstellung der zukünftigen Mitarbeiter abgeprüft werden.

Die Personalabteilung übernimmt weiterhin die nachfolgenden Kernaufgaben:
- Organisation von Personalplanung und Vorausschau
- Festlegung einer Rekrutierungsstrategie
- Serviceorientierte Ausrichtung von Anreiz- und Vergütungssystemen
- Personaleinstellung an Hand von Profilen

- Spezielle Schulung von Mitarbeitern, die Einstellungsgespräche durchführen
- Gezielte Steuerung von Diversity (Vielfalt an Geschlecht, Alter, Ausbildung, etc.)
- Etablierung von Instrumenten zur Talenterkennung und -entwicklung
- Verankerung der Mitarbeiterzufriedenheit als Bestandteil von Zielsystemen der Führungskräfte
- Bereitstellung von IT-Unterstützung für Personalplanung und Entwicklung
- Durchführung von regelmäßigen Soll-/Ist-Vergleichen zur Talentförderung

6.3 Entwicklung der Führungskräfte

Nach der Rolle der Personalabteilung ist die Entwicklung der Führungskräfte die zweite zentrale Stoßrichtung für eine konsequente Führung. Natürlich gibt es in einer idealen Welt nur ideale Führungskräfte. Sie entwickeln Mitarbeiter, fördern die Kundenorientierung, lassen Motivation wachsen und geben jedem Mitarbeiter den Raum, seine beste Leistung zu erbringen. Leider ist auch das Führungsverhalten normalverteilt, d.h. der Anteil schlechter Führungskräfte dürfte annähernd gleich groß sein wie der Anteil der sehr guten Führungskräfte. Diese schlechten Führungskräfte beeinflussen die Leistungen ihrer Bereiche negativ.

Die Vorstellung »zur Führungskraft wird man entweder geboren oder eben nicht« ist in der Unternehmenswelt noch weit verbreitet. Dabei hat die Führungsforschung längst nachgewiesen: Naturtalente sind extrem selten. Vielmehr ist Führung ein Handwerk, das jeder erlernen kann – sofern er zwei Voraussetzungen mitbringt: Er mag Menschen und er hat den Willen, andere zu führen (Dossier Führung, 2012). Gute Führung hat drei zentrale Einflussfaktoren: Wollen, Dürfen, Können.

6.3.1 Führungskräfteentwicklung fängt bei der Auswahl an

Wenn ein Unternehmen den Anspruch hat, die richtigen Führungskräfte in den Funktionen zu haben, dann muss man als Erstes fragen, wie es diese erkennt und entwickelt. Konsequent führen heißt auch, klare Kriterien anzulegen, nach welchen Prinzipien Mitarbeiter Führungskräfte werden.

In früheren Zeiten wurden die Mitarbeiter zu Führungskräften, die durch besonders gute Arbeitsergebnisse auffielen. Diese wurden dann befördert, mit dem paradoxen Ergebnis, dass sie jetzt genau das, was sie bisher gut machten (fachlich gute Arbeit leisten), weniger tun konnten. Schließlich kamen ja neue Aufgaben in der Führung, Administration und Strategie hinzu. Gleichzeitig war nicht gewährleistet, dass Mitarbeiter als Führungskräfte genauso talentiert waren, wie in der fachlichen Arbeit.

Unternehmen, die konsequent führen, identifizieren die Mitarbeiter, die fachlich und sozial als Führungskräfte geeignet sind und vor allem den Willen haben, zu führen. Dabei ist unbedingt darauf zu achten, dass es für die guten Kräfte, die Führung nicht wollen, gleichberechtigte Entwicklungsmöglichkeiten gibt. Kundenorientierte Unternehmen offerieren ihren Mitarbeitern in der Regel auch Karrierepfade auf der fachlichen Schiene – ein solcher Fachleiter kann genauso viel Verantwortung haben und auch das gleiche Einkommen wie eine Führungskraft. Er führt aber nicht direkt Mitarbeiter und kann seine fachlichen Fähigkeiten in vollem Umfang zur Entfaltung bringen.

Konsequente Führungsarbeit bewertet Potenzialträger schon frühzeitig nach ihrem Führungspotenzial, sodass die Entscheidung, welcher Mitarbeiter Führungsaufgaben übertragen bekommen soll, auf einer soliden Basis getroffen werden kann. Diese Mitarbeiter können dann systematisch über Führungstrainings auf ihre Aufgabe vorbereitet und bei der Ausübung dieser Aufgabe durch geeignete Vertiefungen begleitet werden.

6.3.2 Führungskräfte entwickeln

Die kritischste Phase, die eine junge Führungskraft durchlebt, ist zu Beginn, wenn sie die ersten Führungserfahrungen sammelt. In der Regel bedeutet die Übernahme einer Führungsaufgabe eine deutliche Veränderung:
- Die Aufgaben in der Personalführung bedeuten eine Verschiebung von Arbeitszeitressourcen für die Führungskraft weg von operativen Themen hin zu Strategie und Führung.
- Die Erfolgsmessung erfolgt über die Leistung des Teams und nicht mehr über die eigene Leistung.
- Die Arbeitsinhalte verschieben sich: Alles selbst machen ist keine Option. Das, was der Mitarbeiter vorher gut gemacht hat, ist weniger wichtig.
- Neue Instrumente und Techniken müssen beherrscht werden, wie zum Beispiel Coaching, Anleitung, Bewertung, Feedback.
- In der Strategieentwicklung entstehen neue Aufgaben, sowohl für den eigenen Bereich als auch durch Aufgaben in übergreifenden Projekten und Teams.
- Hinzu kommt die Repräsentationsfunktion, da die Führungskraft ihren Bereich nach außen vertritt.

Unternehmen tun gut daran, die junge Führungskraft frühzeitig auf ihre Aufgabe vorzubereiten und sie auch in der Rolle als Führungskraft intensiv zu begleiten.

Führung kann man lernen. Es sind vor allem folgende fünf Felder, in denen Führungskräfte zusätzlich ausgebildet werden sollten (Dossier Führen, 2012, S. 52):
1. **Theorie:** »Learning by Doing« funktioniert im Bereich Führung nur begrenzt. Spätestens wenn ein erprobtes Führungsverhalten plötzlich nicht mehr funktioniert, muss die Führungskraft dieses analysieren und reflektieren können. Dafür braucht sie ein solides theoretisches Basiswissen.
2. **Umgang mit schwierigen Mitarbeitern:** Ein entsprechendes Training ist auch deshalb wichtig, weil im Umgang mit schwierigen Mitarbeitern leicht Emotionen wie Verwirrung oder Wut entstehen, die rationales Denken blockieren.
3. **Richtig fragen:** Offene Fragen und ein echtes Erkenntnisinteresse sollten die Kommunikation prägen. Zirkuläre Fragen, skalierende Fragen und geschlossene Fragen sind zu vermeiden. Die Technik »Wann führt welche Art von Frage weiter?« kann gelernt werden.

4. **Aktiv zuhören:** Wer Menschen führt, muss wissen, was sie bewegt, was sie motiviert, was sie inspiriert. Deshalb ist Zuhören eine der wichtigen Führungskompetenzen. Durch aktives Zuhören, das eine bestimmte Körperhaltung, Mimik und Ausdruckssignale beinhaltet, signalisiert die Führungskraft ehrliches Interesse und motiviert die Mitarbeiter, ihre Gedanken und Meinungen offenzulegen.
5. **Selbstreflexion:** Die Fähigkeit zur Selbstreflexion halten viele Experten für die wichtigste Führungskompetenz. Es geht darum, das eigene Verhalten zu hinterfragen und zu beobachten, um festzustellen, wie die eigene Führung wirkt und ob sie eventuell verändert werden muss. Selbstreflexion ist zudem eine Voraussetzung dafür, mit sich selbst ins Reine kommen zu können. Wieso handle ich so wie ich handle? Was treibt mich an? Was inspiriert mich? Was demotiviert mich? Wer als Führungskraft diese Fragen für sich geklärt hat, beschäftigt sich weniger mit sich selbst und kann seine Aufmerksamkeit intensiver auf seine Mitarbeiter richten.

Aber auch die erfahrenen Führungskräfte sollten in ihrer Rolle unterstützt werden. Dabei haben sich folgende Instrumente bewährt:

- **Klassisches Führungskräftetraining:** Es ist natürlich immer noch die Grundlage der Aus- und Weiterbildung von Führungskräften. Solche Trainings können mit hauseigenen Trainern organisiert werden. Auch der Weiterbildungsmarkt bietet eine Fülle von Angeboten. Wichtig ist nur, dass es einen Ausbildungs- und Weiterbildungsplan für jede Führungskraft mit Pflichtelementen gibt, sodass alle Führungskräfte auf den gleichen Wissensstand aufbauen können. Mit der Entwicklung zur Führungskraft sollte begonnen werden, bevor ein Mitarbeiter die erste Führungsaufgabe übernimmt.
- **Fallbezogene Unterstützung durch die Personalabteilung oder den Vorgesetzten.** Sie ist die zweite tragende Säule. So wie die Führungskraft ihre Mitarbeiter arbeitsbegleitend ausbildet (»Training-on-the-Job«), muss es die Pflicht des Vorgesetzten sein, die Führungsfähigkeit seiner Mitarbeiter zu entwickeln. An Punkten, wo eine Führungskraft nicht mehr weiterkommt (z. B. wenn arbeitsrechtliche Maßnahmen erforderlich sind), wird sie durch die Personalabteilung unterstützt.
- **Regelmäßiges Feedback durch den direkten Vorgesetzten**, gibt Impulse und zeigt der Führungskraft, wo sie auf dem richtigen Weg ist und was verändert werden sollte.
- **Teamentwicklungsworkshops** helfen der Führungskraft, gemeinsam mit dem Team Regeln der Zusammenarbeit festzulegen. Sie können als Instrument des Vorgesetztenfeedbacks eingesetzt werden, bei Teamkonflikten oder wenn sich die Aufgaben im Team verändern. Es empfiehlt sich, Teamworkshops extern oder durch die Personalabteilung moderieren zu lassen.
- **Kollegiale Beratung** ist ein Instrument, um erfahrenen Führungskräften zu ermöglichen, sich gegenseitig beratend zu unterstützen. Ziel ist, die eigene Beratungskompetenz zu fördern und sich bei der Erarbeitung von Problemlösungen gegenseitig zu helfen. Einander gleichgestellte Führungskräfte treffen sich zur gegenseitigen Beratung. Einer beschreibt sein Problem und stellt eine damit verbundene Frage. Die anderen beleuchten gemeinsam das Problem und versuchen, Antworten und Lösungen zu finden. In diese Diskussion ist der Fragesteller nicht einbezogen, hört aber zu und schreibt mit. Anschließend gibt der Fragesteller Feedback. Daraufhin kann die Situation weiter vertieft werden.

Ein guter Weg, Wissen weiterzugeben ist »Coaching«. Das englische »to coach« bedeutet »betreuen, trainieren, Anleitung geben«, auch: »innere Hindernisse bewältigen«. In diesem Sinne ist Coaching keinesfalls gleichzusetzen mit dem oftmals assoziierten »Bewältigen persönlicher Schwierigkeiten in Person und Führungsrolle«. Coaching ist vielmehr ein übergreifender Ansatz, Wissen und Erkenntnisse zu fördern und zu fordern (Whitmore, 2006). Natürlich hat Führung viel mit Selbstreflexion zu tun, und ein guter Coach wird diesen Aspekt nicht aussparen. Im Kern wird der Coach aber durch beständiges Hinterfragen Erkenntnisse mit der gecoachten Person entwickeln und so neue Lösungen finden.

Es ist keinesfalls so, dass nur ausgebildete Coaches ausgewählte Mitarbeiter coachen. Natürlich gibt es diese Profis und für bestimmte Aufgabenstellungen ist es auch sinnvoll, sie einzusetzen. Coaching ist aber auch eine Führungstechnik, die immer breitere Anwendung findet. Hier sind es dann die Führungskräfte, die andere Führungskräfte coachen oder Führungskräfte, die ihre Mitarbeiter coachen. Durch spezielle Seminare und Trainings kann Coaching als Führungstechnik gelernt werden. Es braucht dazu nicht viel: Einfühlungsvermögen – Integrität – objektive Distanz und eine neue Haltung zum Mitarbeiter, das sind die wichtigsten Grundeigenschaften.

6.4 Entwicklung kundenorientierter Mitarbeiter

Zentral für die Entwicklung einer kundenorientierten Organisation ist natürlich die Frage: Wer sind die kundenorientierten Mitarbeiter? Wie findet man sie, und welche Entwicklungsmöglichkeiten gibt es für sie?

Die zentrale Rolle bei der Entwicklung von kundenorientierten Mitarbeitern hat der direkte Vorgesetzte. Dieser hat ein großes Instrumentarium zur Verfügung:
- Erhalt und Förderung der Motivation
- Mitarbeiter-Feedback
- Individuelle Entwicklung
- Leistungsbewertung
- Umgang mit Minderleistern

6.4.1 Motivation muss nicht erzeugt werden

Motivation bedeutet »Triebkraft« und bezeichnet den »Zustand einer Person, der sie dazu veranlasst, eine bestimmte Handlungsalternative auszuwählen, um ein bestimmtes Ergebnis zu erreichen und der dafür sorgt, dass diese Person ihr Verhalten hinsichtlich Richtung und Intensität beibehält« (Kirchgeorg, 2015). Sie ist ein »aktivierender Prozess mit richtunggebender Tendenz« (Fischer & Wiswede, 2009, S. 97).

Übersetzt auf das Wirken von Mitarbeitern heißt dies, Mitarbeiter müssen im Unternehmensinteresse die richtigen Dinge »wollen«. Nach dem Stand der Forschung und nach allen Erfahrungen, die die Autoren in ihrem Berufsleben gemacht haben, ist erst einmal davon auszugehen, dass Mitarbeiter in ihrem »Wollen« keine Defizite aufweisen. Intrinsische Motivation kann als Ressource vorausgesetzt werden. Wo intrinsische Motivation gegeben ist, wird extrinsische Motivation nicht wirklich gebraucht.

> »Alles Motivieren ist Demotivieren. Belobigen, Belohnen, Bestechen, Bedrohen, Bestrafen: Alles, was in Unternehmen an Tricks und Kniffen zur Mitarbeiter-Motivation praktiziert wird, ist kontraproduktiv.«
> (Sprenger R., 2011)

Vorgesetzte müssen ihre Mitarbeiter nicht motivieren, sie müssen aber die Bedingungen so schaffen, dass Mitarbeiter ihre Motivation ausleben können. Arbeitsbedingungen sind so zu gestalten, dass die Mitarbeiter sich einbringen können und dass Motivation erhalten bleibt. Mitarbeiter brauchen nach Kevin Roberts, CEO von Saatchi & Saatchi vor allem vier Dinge (Roberts, 2014, S. 57):
1. Verantwortung
2. Weiterbildung
3. Anerkennung
4. Freude

Wie Arbeitszufriedenheit entsteht, ist umfangreich untersucht worden. Eine Sicht auf das Thema bietet das Konzept von Herzberg:

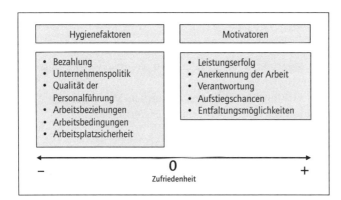

Abbildung 35: Motivations- und Hygiene-Faktoren nach Herzberg (Scholz, 1989)

Nach diesem Konzept hat ein Unternehmen zunächst dafür zu sorgen, dass die Hygienefaktoren »in Ordnung« sind. Dazu gehört übrigens auch das Gehalt. Viele Führungskräfte haben schon erlebt, dass die motivationsfördernde Wirkung einer Gehaltserhöhung leider schnell verpufft. Aber auch Bedingungen wie die Arbeitsplatzsicherheit und die Qualität der Führung sind klassische Hygienefaktoren. Stimmt es hier nicht, wird Motivation zerstört und die Mitarbeiterleistung sinkt. Auch wenn das Konzept von Herzberg in der Literatur kritisch gesehen wird (Wiswede, 2007, S. 221) und es in der Reinform so auch nicht empirisch bewiesen werden konnte, bietet es doch eine Orientierung in folgender Richtung: Hygienefaktoren sind notwendige, aber nicht hinreichende Bedingungen für Mitarbeitermotivation. Echte Motivation entsteht durch andere Dinge. An erster Stelle steht natürlich der Erfolg, der ein persönlicher Erfolg sein kann oder ein Teamerfolg. Genauso wichtig wie der Erfolg selbst ist aber, dass dieser auch anerkannt wird. Die eigene Verantwortung ist ein wichtiger Stellhebel für Motivation, auch wenn ein Aufstieg in der Organisation nicht angeboten werden kann. Zum Beispiel erreicht man dies durch Übernahme von Projekten oder wenn der Mitarbeiter mit Querschnittsaufgaben betraut wird. Der Schlüssel hierfür ist »Job Enrichment« (Erweiterung durch zusätzliche Inhalte) und »Job Enlargement« (Erweiterung durch zusätzliche Aufgaben). Es hat auch eine sehr positive Wirkung, erfahrene Mitarbeiter damit zu betrauen, jüngere Mitarbeiter zu schulen und ihr Wissen weiterzugeben. Nicht nur, dass dies billiger ist als ein Training, es steigert auch die Motivation der erfahrenen Mitarbeiter.

Gute Führungskräfte schaffen für die Mitarbeiter die Voraussetzungen, ein Flow-Erlebnis erfahren zu können. Dieses stellt sich dann ein, wenn die Mitarbeiter in ihrem Verantwortungsbereich auf hohem Niveau gefordert werden und über die Fähigkeiten verfügen, ihre Aufgabe zu bewältigen. Fehlt die Ressource »Können«, leiden Mitarbeiter unter der Angst, ihre Aufgabe nicht meistern zu können. Fehlt es an Komplexität in der Aufgabe, kehrt Langeweile ein. Können die Mitarbeiter wenig und werden auch nicht gefordert, so ist Apathie die Folge. Erreichen Mitarbeiter einen »Flow«, so wird dies für den Kunden sofort sichtbar und erlebbar.

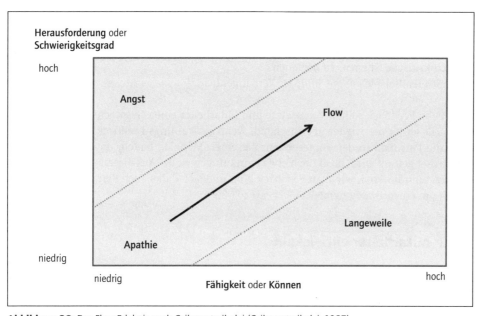

Abbildung 36: Das Flow-Erlebnis nach Csikszentmihalyi (Csikszentmihalyi, 1987)

6.4.2 Mitarbeiter-Feedback

In einer globalen Studie des Corporate Leadership Council (Corporate Leadership Council, 2002) wurde untersucht, wie eine Führungskraft die Motivation ihrer Mitarbeiter stärken kann:

- Qualität des informellen Feedbacks
- Umfeld, das Lernen und Ausprobieren fördert
- Stärkung und Anerkennung von Leistung steht im Fokus
- Mitarbeiter sind sich der Leistungsstandards bewusst
- Qualität der internen Kommunikation
- Führungskräfte kennen die Leistung ihrer Mitarbeiter
- Einsatz der Mitarbeiter nach Stärken
- Differenzierte Anregungen für Möglichkeiten zur Leistungssteigerung
- Chance, für ein starkes Führungsteam zu arbeiten

Interessanterweise haben fünf der neun Punkte mit Feedback zu tun. Das ist aber kein Zufall. Feedback ist das zentrale Element, wie Führungskräfte Mitarbeiter entwickeln können. Wichtig ist (und Führungskräften häufig nicht bewusst): Feedback ist keine Beurteilung, es ist eine strukturierte Rückmeldung. Feedback kann Beurteilungen vorbereiten und unterstützten. Aber primär erfüllt Feedback zwei Zwecke:
- Mitarbeiter wissen, was von ihnen erwartet wird.
- Mitarbeiter wissen, wo sie vor dem Hintergrund der Erwartungen stehen.

Gutes Feedback ist ein Dialog über Leistungen und lebt von
- Regelmäßigkeit,
- der Coachingfunktion des Vorgesetzten: Eine unterstützende Haltung ermöglicht es, auch kritische Themen zu begleiten,
- konkreten Beispielen, aus jüngster Vergangenheit.

Auch beim Feedback sollten Vorgesetzte und Mitarbeiter einen Gesprächsanteil von 50/50 haben. Es ist immer wieder überraschend, wenn in Trainings Feedback geübt wird, und dann die Personen in der Vorgesetztenrolle einen Monolog halten, an dessen Ende der Mitarbeiter gefragt wird, ob er noch etwas hinzufügen wolle. Aus diesem Grund ist es sehr wichtig, zu trainieren, wie man Feedback gibt, und sich dabei auch klar zu machen, dass es sich um einen Dialog handelt.

6.4.3 Mitarbeiter entwickeln

Zentrale Aufgabe der Führung ist die Entwicklung von Mitarbeitern. In diesem Bereich werden unseres Erachtens die meisten Fehler gemacht. Zu häufig entwickeln Führungskräfte Mitarbeiter nach dem Motto: »Ich zeige ihm, wie es gemacht wird, und dann macht er das«. Bei dieser Herangehensweise fehlt aber der entscheidende zweite Schritt: Die Führungskraft als Coach, die den Mitarbeiter direkt bei seiner Arbeit beobachtet, Verbesserungsmöglichkeiten entdeckt und bei der Umsetzung durch den Mitarbeiter an dessen Seite bleibt, sogenanntes »Side-by-Side-Coaching«.

> Ein Leiter einer **Direktvermarktungsfirma** beschäftigte mehrere angestellte Vertreter. Er führte die Mitarbeiter mit der Kraft des Vorbilds. Da er als Leiter erfolgreich war, mussten die Mitarbeiter nur

> seine Verhaltensweisen übernehmen, um ebenfalls erfolgreich zu sein. Waren sie aber nicht. Tatsächlich wirkte die Aura des »alten Kämpen« eher abschreckend und die Techniken waren durch Abschauen nicht zu vermitteln. Der Erfolg für die Mitarbeiter kam erst, als sich der Inhaber systematisch um die Entwicklung seiner Mitarbeiter kümmerte und durch aktives Coaching seine Erfolgstechniken vermittelte.

Unter Side-by-Side-Coaching werden unterstützende Maßnahmen verstanden, die zur Optimierung des Verhaltens des Mitarbeiters in seiner Aufgabe dienen und in welcher der Coach dem Mitarbeiter prozessbegleitend partnerschaftliche Hilfestellung anbietet (Hartwig, 2015). Das Ziel ist, dem Mitarbeiter Hilfsmittel für das eigene Tun auf dem Weg der Erreichung der vereinbarten Ziele an die Hand zu geben. Das Coaching ist die professionelle Umsetzung der vorher in Schulungen erprobten Inhalte in die erlebte Praxis. Z. B. werden in einem Call-Center mit einem zweiten Kopfhörer die Kundengespräche direkt mitgehört, während des Gesprächs macht der Coach sich Notizen und gibt anschließend Feedback. Im Vordergrund des Coachings stehen: Aktivierung der eigenen Analyse, Selbsteinschätzung und Verbesserung. Das Coaching richtet sich folglich nach dem individuellen Entwicklungsstand des Mitarbeiters und verfolgt konkrete, messbare Ziele. Besonders intensiv muss die Begleitung von neuen Mitarbeitern ausfallen.

Diese Methode »kostet« die Führungskraft sehr viel Zeit. Genau aus diesem Grund schrecken viele Führungskräfte davor zurück. Sie ist aber der direkte Weg, Mitarbeiter in ihrem Handeln besser zu machen. Solch intensive Entwicklung geht maximal für ein bis zwei Mitarbeiter gleichzeitig. Bei quartalsweisem Wechsel können pro Jahr ca. 6 Mitarbeiter intensiv entwickelt werden.

6.4.4 Ziele vereinbaren

In den meisten Unternehmen sind Zielvereinbarungen heute ein institutionalisiert genutztes Instrument, um Mitarbeiter zu führen und zu entwickeln. Vorgesetzte schlagen dabei dem Mitarbeiter Ziele vor, die sie entweder für den Mitarbeiter oder aus Sicht des eigenen Bereichs für sinnvoll halten. Stimmt der Mitarbeiter zu, werden die Ziele fixiert und dienen als Maßstab der Entwicklung.

Leider ist häufig zu beobachten, dass die Zielvereinbarungen eher »pro forma« geschlossen werden und unterjährig keine echte zielorientierte Mitarbeiterentwicklung stattfindet. Das lässt sich vermeiden, wenn die vereinbarten Ziele nicht nur der nachhaltigen Entwicklung der Mitarbeiter dienen, sondern auch direkt den Erfolg des eigenen Bereiches fördern. An diesen Zielen sollten Vorgesetzter und Mitarbeiter dann nicht nur im Rahmen der institutionalisierten Bewertungen, sondern auch im täglichen Alltag arbeiten. Es hat sich dabei bewährt, eine Zahl von vier individuellen Zielen nicht zu überschreiten, von denen zwei Ziele eher qualitativ der Entwicklung des Mitarbeiters dienen (Riedel, 2015).

Ein weiteres Kriterium ist bei Zielvereinbarungen in Dienstleistungsunternehmen unbedingt zu beachten: Kundenorientierung und individuelle Ziele können konfligieren. Typischerweise ist Kundenorientierung nur abstrakt messbar, Mitarbeiterziele aber häufig konkret. Wenn es z. B. das Ziel eines Mitarbeiters ist, die Ausgaben für die Auflösung von Beschwerden gering zu halten, wie freigebig wird er bei der Lösung von Kundenproblemen sein? Oberstes Mitarbeiterziel sollte immer die Kundenorientierung sein und sie sollte auch für jeden Mitarbeiter im Rahmen seiner Ziele angesprochen und entwickelt werden. Entsprechende Freiräume bei der Einhaltung seiner anderen Ziele sind dem Mitarbeiter dabei zu lassen.

Häufig fokussieren Vorgesetzte bei der Mitarbeiterentwicklung auf die Schwächen des Mitarbeiters (neudeutsch: Verbesserungspotenziale). Selbstverständlich müssen alle Mitarbeiter im Grundgerüst der eigenen Fähigkeiten wenigstens ein Mindestmaß der Anforderungen ihrer Tätigkeit erfüllen. Aber ist es wirklich eine zielführende Herangehensweise, sich vor allem auf Schwächen zu fokussieren? Kann ein Mitarbeiter in einem Feld, welches eine Schwäche darstellt, eine wirklich herausragende Leistungsfähigkeit entwickeln? Wir meinen nein. Ein gutes Team lebt sowieso von der Ausgeglichenheit verschiedener Fähigkeiten. Es ist daher viel besser, gemeinsam mit dem Mitarbeiter darauf zu achten, dass er seine Stärken entwickeln kann und ihn dann entsprechend einzusetzen. Es ist schwieriger, ein Team von divergierenden Profilen zu führen und jeden gemäß seiner Stärken einzusetzen – für die Leistungsfähigkeit des Teams als Ganzes ist es aber vorteilhaft.

6.4.5 Maßstabsdiskussionen vereinheitlichen Beurteilungen

Wenn Mitarbeiter regelmäßig Feedback bekommen und zielgerichtet entwickelt werden, dann bleibt die Frage: Wie gut erfüllen sie ihre Aufgabe wirklich? Nach klassischen Zielvereinbarungsmechanismen nimmt der Vorgesetzte eine auf ein formalisiertes Verfahren gestützte Beurteilung vor und bespricht diese mit dem Mitarbeiter. Der Mitarbeiter hat die Chance zur Stellungnahme. Nachteil dieses Verfahrens ist, dass die Beurteilung durch den Vorgesetzten sehr subjektiv ist und dieser nur ein sehr eingeschränktes Referenzsystem zur Verfügung hat, bestehend aus seinen bisherigen Erfahrungen und der Leistung anderer Mitarbeiter in seinem Bereich. Ob andere Mitarbeiter anderer Bereiche genauso gut sind und vergleichbar bewertet werden, erfährt er nicht.

Ein wirksames Instrument, Mitarbeiterleistung einheitlich zu bewerten, sind sogenannte Maßstabsdiskussionen. Maßstabsdiskussionen werden immer für Mitarbeiter einer Ebene durchgeführt. Vorgesetzte bewerten ihre Mitarbeiter im Rahmen der Leistungsbeurteilung. Dann werden in einem moderierten Workshop mit mehreren Führungskräften einer Ebene die Mitarbeiter von der Führungskraft vorgestellt und die vorgenommenen Beurteilungen dargelegt. In öffentlicher Diskussion werden dann die Maßstäbe abgeglichen und die Bewertungen ggf. angepasst, nach dem Motto:»Das, was Du für Herrn Maier aus deinem Bereich in der Kundenorientierung mit der Einstufung ›übertroffen‹ bewertest, sehe ich als selbstverständlich an. Bei mir bekommt Frau Müller dafür ein ›voll erfüllt‹«. In der folgenden Diskussion sollten auch die Maßnahmen für die einzelnen Mitarbeiter diskutiert und abgeglichen werden. Die vorgenommenen und abgestimmten Bewertungen werden dann wie üblich mit dem Mitarbeiter besprochen. Mit der Maßstabsdiskussion werden folgende Ziele erreicht:
- Gewährleistung eines einheitlichen Bewertungsrasters
- bereichsübergreifende Identifikation von Talenten
- »Einüben« des Bewertungsinstrumentariums

Maßstabsdiskussionen sind zunächst ein relativ aufwendiges Verfahren, das aber langfristig einen großen Nutzen hat. In der Regel werden sich bereits nach wenigen Jahren die Bewertungen soweit verstetigt haben, dass nicht mehr alle Führungskräfte in solche Diskussionen einbezogen werden.

6.4.6 Individuelle Entwicklungspläne systematisieren die Entwicklung

Weiter in die Zukunft als die Zielvereinbarung reicht der Entwicklungsplan. In ihm wird über mehrere Jahre festgelegt, welche Ziele der Mitarbeiter anstrebt, welche Ziele das Unternehmen unterstützt und was beide Seiten dafür tun werden, dass die Ziele erreicht werden können. Anders als Zielvereinbarungen sind individualisierte Entwicklungspläne bei wesentlich weniger Unternehmen üblich und dann auch nicht für alle Mitarbeiter. Häufig wird lediglich für ausgewählte Potenzialträger ein Entwicklungsplan gemacht. Man darf vermuten, dass dies auch daran liegt, dass Unternehmen es scheuen, zu viele Versprechungen zu machen. Als Folge sind es aber dann häufig die Mitarbeiter, die ihre eigene Entwicklung forcieren, indem sie nämlich das Unternehmen wechseln. Unternehmen sollten daher das Thema einer geplanten Mitarbeiterentwicklung stärker beachten.

6.4.7 Minderleistung systematisch abbauen

Eines der am meisten tabuisierten Themen im Bereich der Führung ist der Umgang mit Minderleistern. Dabei ist gerade an den Kundenschnittstellen das Thema Minderleistung ein sehr sensibles Thema, denn schlechte Leistungen haben sofort Auswirkungen auf die Kundenzufriedenheit. Außerdem ist schlechte Leistung von einzelnen Mitarbeitern unfair gegenüber den anderen Mitarbeitern und schadet dem Unternehmen. Entweder müssen andere Mitarbeiter die fehlende Leistung einzelner Mitarbeiter kompensieren oder sie fahren ihrerseits die Leistung herunter. Jeder Mitarbeiter hat das Recht und die Pflicht, seine optimale Leistung einzubringen. Jeder Mitarbeiter kann erwarten, dass auch die anderen ihre optimale Leistung zu Gunsten des »Großen, Ganzen« einbringen. Und Unternehmen haben die Pflicht – bei aller Rücksichtnahme – Schlechtleistung aufzuspüren und zu entwickeln, um so die Leistung der ganzen Einheit zu verbessern und die Kundenzufriedenheit zu steigern. Auch der Umgang mit Minderleistung ist prägend für die Führungskultur, und Unternehmen sollten nicht aufhören, sich in diesem Bereich verbessern zu wollen.

Ein Mittel zur Entwicklung von Schlechtleistung ist der individuelle Korrekturplan oder auf Englisch »Corrective Action Plan« (CAP) (Ochsner, 2008). Voraussetzung zur Erstellung eines CAP ist, dass das Unternehmen identifiziert hat, dass ein Mitarbeiter in einem bestimmten Punkt die von ihm erwarteten Leistungen auf Dauer nicht erfüllt und die bereits unternommenen Entwicklungsmaßnahmen des direkten Vorgesetzten nicht zum Erfolg geführt haben. Die Führungskraft wird nun, in der Regel unterstützt durch die Personalabteilung, gemeinsam mit dem Mitarbeiter einen solchen Plan erarbeiten.

Am Anfang der Erstellung stehen fünf Fragen:
1. **Zustand** – Was ist passiert?
2. **Kriterien** – Was sollte geschehen? Was ist das Ziel?

3. **Ursache** – Warum tritt das Problem auf? (die Identifizierung der Wurzel des Problems führt zu effektiven Plänen, um das Problem zu beheben)
4. **Impact** – Was ist der Effekt?
5. **Auflösung** – Wie kann man das Problem beheben?

Es empfiehlt sich, einen Corrective Action Plan in einem institutionalisierten Formblatt zu erarbeiten. Dabei sollten Sie folgende Schritte umsetzen:
- Benennen Sie das Problem oder die Schwäche, einschließlich der Ursache.
- Benennen Sie die Personen, die verantwortlich für die Ergebnisse sind. Das ist im Kern der Mitarbeiter selbst, der aber durch die Führungskraft und die Personalabteilung unterstützt wird.
- Brechen Sie die Lösung herunter in konkrete, messbare Aktionen, die geeignet sind, die Ursache anzugehen.
- Identifizieren Sie Kontrollelemente für jede Aktion.
- Setzen Sie realistische Fristen und konkrete Meilensteine.
- Überwachen Sie die Fortschritte.

Ein CAP wird von der Führungskraft in Abstimmung mit dem Mitarbeiter erstellt und von beiden unterschrieben. Ggf. ist der Betriebsrat einzubinden. Der Plan hat in sich schon die Funktion, eine Minderleistung zu dokumentieren, es kann aber sinnvoll sein, ihn mit weiteren arbeitsrechtlichen Maßnahmen wie z. B. Abmahnungen zu begleiten. Wenn die Entwicklung fehlschlägt und die Ziele des Plans nicht erreicht werden, ist eine Trennung eine mögliche Konsequenz. Dies muss nicht bedeuten, dass der Mitarbeiter das Unternehmen verlässt, lediglich das Aufgabengebiet muss sich ändern. Gemeinsame Lösungen können gefunden werden.

Die Praxis zeigt, dass etwa 70 % aller CAP positiv verlaufen. Gründe dafür sind:
- Eine Schlechtleistung wird klar und rechtzeitig adressiert und nicht erst, wenn die Situation verfahren ist.
- Dem Mitarbeiter wird fair kommuniziert »es ist ein Punkt erreicht, an dem sich etwas ändern muss«.
- Unterstützungsmaßnahmen werden systematisch erarbeitet und umgesetzt.
- Die Führungskraft begleitet den Mitarbeiter eng und an den Ursachen orientiert (was sie vielleicht schon vorher hätte tun sollen).
- Der Plan bietet die Möglichkeit, auf Zielerreichung konkret überprüft zu werden.

6.5 Checkliste »Konsequent Führen«

- Die Personalstrategie ist aus der Unternehmensstrategie abgeleitet.
- Die Personalstrategie orientiert sich am Serviceleitbild.
- Das Unternehmen verfolgt eine längerfristig ausgerichtete Personalbedarfsplanung.
- Der Personalbereich agiert als strategischer Partner.
- Das Unternehmen verfolgt eine Rekrutierungsstrategie und -leitlinien (z. B. Globalität, Diversity).

- Der Personalauswahlprozess orientiert sich an Anforderungsprofilen.
- Das Unternehmen wertet wichtige Kennzahlen (Altersstruktur, Fehlzeiten, ...) regelmäßig aus.
- »Weiche« Faktoren (Work-Life-Balance, Gesundheit, Flexibilisierung der Arbeit, Beruf und Familie...) sind in die Betrachtung einbezogen.
- Das Unternehmen zahlt marktübliche Vergütung und Nebenleistungen.
- Neue Mitarbeiter erhalten einen Einarbeitungsplan/-Trainings.
- Der Probezeit-Prozess wird eng begleitet.
- Das Unternehmen hat ein systematisches Personalentwicklungskonzept.
- Das Unternehmen hat ein Programm zur Führungskräfteentwicklung.
- Künftige Führungskräfte werden über Nachwuchsprogramme/Nachfolgeplanung ausgewählt.
- Führungskräfte haben eine Grundschulung bevor sie die Führungsaufgabe übernehmen.
- Das Unternehmen bietet differenzierte Karrierepfade, z. B. Projekt, Führung, Spezialist.
- Die Einteilung erfolgt auch aufgrund einer Selbstreflexion, ob Mitarbeiter Führungsverantwortung wollen.
- Das Unternehmen hat ein Programm zum Talent-Management.
- Das Unternehmen hat einheitliche Werkzeuge zur Leistungsbewertung.
- Die Potenzialbeurteilung folgt einem standardisierten Verfahren.
- Maßstabsdiskussionen sichern die Leistungsbeurteilung bereichsübergreifend und einheitlich.
- Mitarbeitergespräche dienen als Basis für die Personalentwicklung.
- Minderleistung wird aufgespürt und Minderleister konsequent entwickelt, versetzt oder gekündigt.
- Führungskräfte erhalten systematisch Unterstützung zum Bewältigen schwieriger Situationen (z. B. Coaching, Teamentwicklung).
- Kundenorientierung ist in der Personalauswahl und -entwicklung als eigenständiger Baustein verankert.
- Kundenorientierung ist Kriterium bei der Einstellung von allen Mitarbeitern.
- Das Unternehmen misst die Mitarbeiterzufriedenheit regelmäßig.
- Führungskräfte erhalten Rückmeldungen zur Führungszufriedenheit.
- Die Kundenorientierung wird durch eine regelmäßige Messung der internen Kundenzufriedenheit abgesichert.
- Kundenorientierung ist in Mitarbeiter-Anreizsystemen abgebildet.
- Regelmäßige Schulungen und Trainings zum Thema Kundenorientierung werden angeboten.
- Teilnahme an Schulungen zur Kundenorientierung ist Pflicht für alle Mitarbeiter nicht nur mit Kundenkontakt.

7 Mitarbeitern vertrauen und Leadership

7.1 Warum Vertrauen und Leadership zwei Seiten einer Medaille sind

Im vergangenen Kapitel haben wir beschrieben, wie kundenorientierte Unternehmen das Instrument Führung konsequent nutzen, um die Leistung ihrer Mitarbeiter zu entwickeln. Führung beschreibt aber nur die formale Seite der Beziehung zwischen einer Führungskraft und einem Mitarbeiter. Auf der Interaktionsseite gibt es ebenfalls wichtige Aspekte, die kundenorientierte Unternehmen besonders leben. Dies sind Leadership und Vertrauen.

Kundenbegeisterung wird von Mitarbeitern gemacht. Es erfordert jedoch Begeisterung im Unternehmen, eine inspirierende Führung und Mut zum Fokus, um dieses Potenzial richtig zu nutzen (Bruch, 2015). Transformator dieser inspirierenden Führung ist ein Leader, der nicht nur steuert und führt, sondern anführt. Während eine Führungskraft dank organisationaler Macht führt, ist ein Leader ein Anführer, dem die Mitarbeiter freiwillig folgen.

Was hat das nun mit Vertrauen zu tun? Leadership und Vertrauen hängen eng zusammen. Einerseits wissen Leader um ihre Stärken und empfinden Selbstvertrauen, welches sie auf ihre Mitarbeiter übertragen. Andererseits folgen die Menschen ihren Leadern freiwillig. Anführer müssen daher nicht kontrollieren, sie können darauf vertrauen, dass Menschen ihre Vorgaben umsetzen. Es ist daher naheliegend, dass Vertrauen und Leadership zusammenhängen.

7.2 Das Konzept Leadership

7.2.1 Führen und Anführen

Führungskräfte in einer Organisation werden von der Organisation mit Macht ausgestattet. Diese Macht beinhaltet die Befugnis, den Mitarbeitern Anweisungen zu geben und diese notfalls mit disziplinarischen Mitteln durchzusetzen. Werden Mitarbeiter in einer solch abhängigen Rolle aber ihre beste Leistung abrufen? Werden aus guten Mitarbeitern, die zu Führungskräften ernannt wurden, automatisch Anführer? Und braucht es nicht noch weitere Eigenschaften, die aus Führungskräften Anführer machen? Die Erfahrung zeigt, dass eine fachlich hohe Qualifikation und die von der Organisation dafür verliehene Macht, Anweisungen zu geben, eben nicht ausreichen, die Leistung in einer Organisation zu optimieren. Dafür werden Anführer benötigt (im Folgenden: Leader), denn ihnen folgen die Mitarbeiter gerne. Leader sind erfolgreicher, weil sie ihre Mitarbeiter in die Lage versetzen, ihre beste Leistung zu erbringen.

Am Beispiel bestimmter Eigenschaften wird dies deutlich. In einer Studie (Bruch, 2015) wurden Unternehmen mit hoher Kundenbegeisterung und Unternehmen mit niedrigerer Kundenbegeisterung miteinander verglichen, indem die Eigenschaften der Führungskräfte in den Unternehmen gegenübergestellt wurden. Es wurde deutlich, dass einige Verhaltensweisen der Führungskräfte Zusammenhänge mit der Kundenbegeisterung aufweisen:

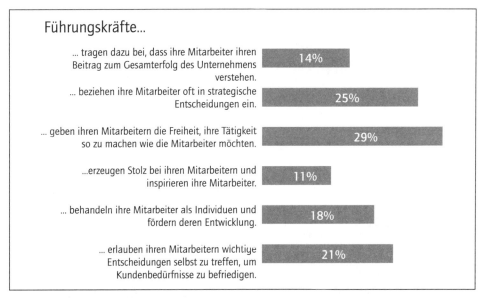

Abbildung 37: Führungseigenschaften in Unternehmen mit hoher Kundenbegeisterung im Gegensatz zu Unternehmen mit geringerer Kundenbegeisterung (Bruch, 2015)

Leadership funktioniert von innen nach außen. Im Kern steht die Persönlichkeit des Leaders. In einer Leserbefragung wurden Leader durch folgende Persönlichkeitsmerkmale beschrieben (Dossier Führen, 2012):
- Fähigkeit zur Selbstreflexion 78 %
- Empathie 73 %
- Fähigkeit zum ganzheitlichen Denken 71 %
- Strategisches Denken 47 %
- Weitblick 14 %
- Fachwissen 7 %

Durch seine Persönlichkeit, gepaart mit erlernten Techniken, führt der Leader seine Mitarbeiter anders. Besonders zu nennen sind folgende Eigenschaften:
- Vorbild sein
- Andere herausfordern (Stimulation)
- Faire Kommunikation
- Eigeninitiative anregen
- Kompetenzen entwickeln
- Unternehmerisch handeln

Diese Fähigkeiten einer Führungskraft versetzen den Mitarbeiter in die Lage, seine beste Leistung abzurufen. Vor allem folgende Wirkungen kann der Leader beim Mitarbeiter erzielen:
- Lernbereitschaft
- Leistungsbereitschaft

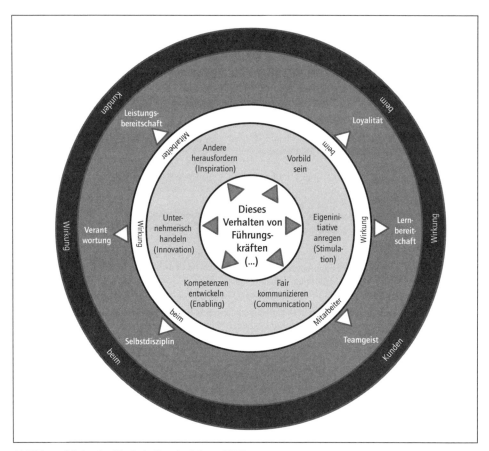

Abbildung 38: Leadership Cycle (Dossier Führen, 2012)

- Loyalität
- Teamgeist
- Verantwortung
- Selbstdisziplin

7.2.2 Management versus Leadership

Die moderne Wissenschaft verbindet Mitarbeiterführung mit zwei Funktionen (Solga, Ryschka & Mattenklott, 2005): Verhalten steuern und Bindung fördern. Mit Blick auf die zuerst genannte Funktion – Verhalten steuern – ist häufig auch von aufgaben- oder ergebnisorientierter Führung im Sinne eines Mitarbeitermanagements die Rede. Dabei geht es um das ziel- oder ergebnisorientierte Steuern von Mitarbeiterverhalten. Mit Blick auf die zweite Funktion – Bindung fördern – wird häufig auch von mitarbeiter- oder beziehungsorientierter Führung und – in Abgrenzung bzw. Ergänzung zur Managementfunktion – von

Leadership gesprochen. Ziel ist es, die erlebte Verbundenheit mit der Organisation, also Commitment und Identifikation, zu stärken. Für beide Funktionen existieren fundierte, durch psychologische Forschung validierte Leitmodelle (Solga & Ryschka, 2013).

Die beiden Funktionen – Verhalten steuern und Bindung fördern – sollten einander stets ergänzen. Im Kapitel »Konsequent Führen« haben wir die Managementaspekte von Führung ausführlich behandelt. Aber Maßnahmen zur leistungsorientierten Steuerung werden langfristig zu Rückzug und Widerstand führen, wenn nicht zugleich ein hohes Maß an Verbundenheit, Commitment und Identifikation existiert. Veränderungsprozesse können nicht langfristig erfolgreich sein, wenn nicht gutes Management mit Leadership kombiniert wird (Kotter, 1996, S. 129). Darum ist Leadership so wichtig und soll an dieser Stelle noch weiter vertieft betrachtet werden.

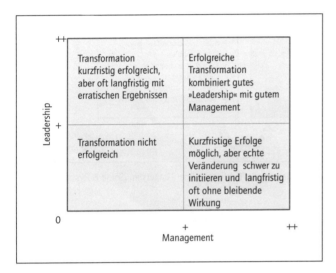

Abbildung 39: Die Beziehung zwischen Leadership und Management in Veränderungsprozessen (Kotter, 1996)

Das Fundament, auf dem wir hohe Leistungsanforderungen akzeptieren, ist Bindung. Ein als partnerschaftlich erlebtes Arbeitsklima, Fairness und Unterstützung, werden kaum zu Höchstleistung im Sinne der Organisationsziele führen, wenn nicht zugleich schwierige und spezifische Ziele, Feedback und eine leistungsabhängige Belohnung für Aktivierung und Orientierung sorgen.

Der moderne Manager erlebt, dass der Anteil verhaltenssteuernder Elemente in der Führung abnimmt. Grund ist die fortschreitende Automatisierung von Geschäftsprozessen. Immer mehr Prozesse im Kundenkontakt können standardisiert werden und wenn man sie standardisieren kann, kann man sie meist auch automatisieren. Die Geschäftsvorfälle, die man hingegen nicht standardisieren kann, sind die mit einer höheren Komplexität (Wohland & Wiemeyer, 2012, S. 183). Diese wiederum können nur von Mitarbeitern bearbeitet werden, die eigeninitiativ und mit hoher Lösungskompetenz ausgestattet vorgehen. Diese Mitarbeiter kann man aber zunehmend weniger in ihrem Verhalten steuern, da sie Experten sind, die ihre Aufgabe beherrschen. Leadership und Vertrauen sind vielmehr die Führungseigenschaften, auf die es dann ankommt.

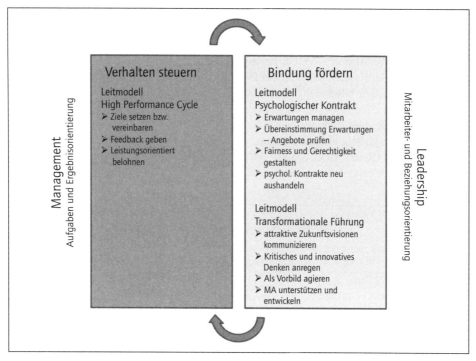

Abbildung 40: Verhaltenssteuerung vs. Förderung von Bindungen über Leadership (Solga & Ryschka, 2013)

Diese Anforderungen an Leadership müssen nicht bedeuten, dass die Beziehung Vorgesetzter – Mitarbeiter von Wohlgefallen und Friede, Freude geprägt ist. Es gibt genügend Beispiele von nach außen hin sehr problematischem Führungsverhalten, trotzdem erbringen die Mitarbeiter aber mit Freude Höchstleistungen. Allen Mitarbeiterbeziehungen, die auf Leadership basieren, sind bestimmte Grundprinzipien gemein: Respekt, Fairness und Gleichbehandlung aller schaffen ein Klima, in dem sich Mitarbeiter wohl fühlen und ihre beste Leistung abrufen können (Iqbal, 2015).

7.2.3 Influencing

Leadership geht oftmals einer mit erreichten Ergebnissen. Warum ist das so? Leader beeinflussen das Verhalten ihrer Mitarbeiter (Influencing) (Patterson, 2008). Sie motivieren ihre Mitarbeiter dazu, sich zu verändern und ersetzen nicht gewünschte Verhaltensweisen durch neue Fähigkeiten. So erreichen sie Veränderungen.

Influencing fokussiert sich ausschließlich auf Verhaltensweisen. Im Kern steht die Frage:»Um eine Veränderung zu erreichen, was müssen Mitarbeiter konkret tun?« Wie verhalten sie sich heute und was muss geändert werden? Oftmals sind es nur wenige Schlüsselverhaltensweisen, die geändert werden müssen, um eine Veränderung der Gesamtorganisation zu erreichen.

Influencing als Technik kann gelernt werden. Folgende Schritte sind dabei zu durchlaufen:
- Identifikation der kritischen Verhaltensweisen
- Festlegen neuer gewünschter Verhaltensweisen
- Verknüpfen der gewünschten Verhaltensänderung mit Werten
- Vermittlung neuer Techniken, um die neuen Verhaltensweisen ausführen zu können
- Etablierung von Leitfiguren, die den Wandel verkörpern und Vorantreiben
- Erste Erfolge verstärken
- Das Umfeld verändern, sodass das neue Verhalten zur Norm wird

7.2.4 Transformationale Führung

»Die Metapher von Zuckerbrot und Peitsche leitet sich daraus ab, wie man einen Esel motiviert« (Whitmore, 2006, S. 112). Mitarbeiter sind keine Esel. Dennoch erlebt man häufig, dass Mitarbeiter mit den Hilfsmitteln Belohnung und Strafe geführt werden. Diese Art von Führung nennt man transaktionale Führung. Dieser Führungsstil wird in modern agierenden Unternehmen (die häufig auch die besonders kundenorientierten Unternehmen sind) ergänzt oder ersetzt durch einen neueren Führungsstil, der sich transformationale Führung nennt. Unter diesem Überbegriff laufen all jene Konzepte, die folgenden Leitgedanken folgen: »Man muss Mitarbeitern die Arbeit nicht abkaufen, sondern sie emotional mitnehmen, ihnen den Sinn der Arbeit aufzeigen und sie inspirieren« (Bruch, 2012). Transformational führende Führungskräfte wissen: Geben sie ihren Mitarbeitern einen Rat, und es geht schief, geben die Mitarbeiter der Führungskraft die Schuld. Dann hat die Führungskraft ihren Rat gegen die Verantwortung der Mitarbeiter getauscht, und das ist selten ein gutes Geschäft (Whitmore, 2006, S. 43). Viel besser ist es, Mitarbeiter zu befähigen, ihre Leistungen eigenverantwortlich zu erbringen. Transformationale Führung lebt von Freiwilligkeit, weil der Mitarbeiter seine Höchstleistung getragen von Bewunderung, Vertrauen und Bindung an das Unternehmen und die Führungskraft erbringt. Transformational agierende Führungskräfte fördern Bindung, indem sie attraktive Visionen kommunizieren, kritisches und innovatives Denken stimulieren, vorbildlich handeln und die Entwicklung ihrer Mitarbeiter individuell unterstützen. Transformationale Führung verändert die Einstellungen und Verhaltensgewohnheiten von Mitarbeitern, indem sie die Bedeutung der Arbeitsergebnisse hervorhebt und das Gesamtinteresse über das Einzelinteresse stellt. Sie gibt der Arbeit einen höheren Sinn als nur das Streben nach Einkommen, Status, Bequemlichkeit oder Spaß (Pelz, 2013, S. 24).

Folgende Handlungsmerkmale differenzieren eine transaktionale Führung von einem transformationalen Führungsstil (Bruch, 2015):

Transaktionale Führung	Transformationale Führung
➢ Ziele setzen	➢ Vorbildhandeln
➢ Leistungskontrolle	➢ Inspirierende Motivation
➢ Systematisches Feedback	➢ Geistige Anregung
➢ Belohnen / Bestrafen	➢ Individuelle Beachtung

Abbildung 41: Kennzeichen eines transformationalen Führungsstils (Bruch, 2015)

7.3 Vertrauen

7.3.1 Menschen wollen ihre beste Leistung einbringen

Warum arbeiten Menschen? Warum haben Menschen den Wunsch, die eigenen Aufgaben gut zu erledigen? Und kann man sich darauf verlassen? Wenn man sich die Steuerungsmechanismen in heutigen Unternehmen ansieht, dann bekommt man häufig den Eindruck, dass den Mitarbeitern nicht sehr viel zugetraut wird. Das wird deutlich in der Überwachung und Steuerung, die oftmals eng ist. Es äußert sich aber auch in der Haltung von Vorgesetzten, die häufig noch von dem Prinzip getragen wird: »was ich nicht kontrolliere, wird nicht gemacht«. Dieses Menschenbild ist sehr negativ und entspricht auch nicht den Tatsachen.

Im Zuge unserer Beratungstätigkeit sind wir häufig damit konfrontiert, Mitarbeiterleistungen zu überprüfen, z. B. auf der Basis von Mystery-Untersuchungen oder Kundenbefragungen. Oftmals werden dabei Daten erhoben, die sich einzelnen Teams zuordnen ließen. An der Stelle ist natürlich ein sensibler Umgang mit den Daten gefordert, nicht zuletzt aus Gründen des Datenschutzes und weil die Überprüfung der Mitarbeiterleistung häufig mitbestimmungspflichtig ist. Es ist aber immer das gleiche Muster erkennbar: Fragt man die Mitarbeiter, ob sie ein zentrales Kontrollinstrument wünschen, das ihre Leistung mess- und vergleichbar macht, so wird dies meist verneint. Fragt man sie aber, ob sie Rückmeldungen zu ihrer eigenen Leistung auf der Basis von Kundenmeinungen haben wollen, um sich zu verbessern, so treffen wir fast immer auf eine positive Bereitschaft. Fazit: Mitarbeiter sind daran interessiert, sich zu verbessern, wollen aber nicht kontrolliert werden.

Es gibt zwei Aspekte, die dazu näherer Betrachtung bedürfen:
- Die Bedürfnisse des Menschen und
- das Verhalten in Beziehungen.

7.3.2 Menschen verhalten sich von sich aus prosozial

»Gesetze regeln weite Teile der menschlichen Interaktion. Vieles, was Gesetze nicht erfassen, wird durch soziale Normen, z. B. der Fairness und der Gerechtigkeit, bestimmt. Die meisten Menschen vertrauen auf diese Normen und halten sich daran. Häufig kommt es aber zu Dilemma-Situationen, in denen ein Individuum vor einer schwierigen Entscheidung steht. So z. B., wenn eine Normverletzung individuell lukrativ, für die Gemeinschaft jedoch schädlich ist. Wie können Normen in diesem Spannungsfeld von Eigennutz und Gemeinsinn dennoch durchgesetzt werden? Setzt man eigennützig handelnde Individuen voraus, wie es die [klassische] Ökonomie grundsätzlich tut, kommt man zu dem Schluss, dass es in dieser Art von Dilemmasituationen üblicherweise nur ein stabiles Gleichgewicht in der Gesellschaft geben kann: Niemand hält sich an die Normen, weil das, unabhängig vom Verhalten aller anderen, die beste Strategie für das Individuum ist. Ein solches Treiben hätte verheerende Folgen für die Gesellschaft. Aber lässt sich ein allgegenwärtiger Normbruch in der Gesellschaft beobachten? Nein, gelegentlich wird zwar über den Verfall gesellschaftlicher Normen geklagt und dennoch gibt es in den meisten menschlichen Gesellschaften [...] ein hohes Maß an Vertrauen, Normeinhaltung, Altruismus und Kooperation, das weit über dem liegt, was man aus den Voraussagen der Ökonomie und der rationalen Entscheidungstheorie ableiten würde« (Gresser, 2007, S. 1).

Wenn dieser Grundsatz für die gesamte Gesellschaft gilt, dann gilt er auch für Unternehmen, die ein Abbild der Gesellschaft im Kleinen sind. In Unternehmen lässt sich Folgendes beobachten: Mitarbeiter bringen sich aufopferungsvoll ein, manchmal ohne Rücksicht auf die eigene Person. Diese Eigeninitiative lässt sich weder mit dem Gehalt noch mit Kontrolle und Steuerung erklären, die Mitarbeiter tun ja mehr als sie müssten. Es muss hier noch weitere Gründe geben wie z. B. internalisierte Normen (z. B. Gerechtigkeitsnormen) und externe Normen (z. B. explizite Regeln zum Umgang miteinander im Unternehmen).

Es gibt viele Ansätze, solches nach außen nicht rational erscheinendes Verhalten zu erklären. Einen Ansatz liefert die Spieltheorie. Am Anfang der Betrachtung stand das klassische Gefangenendilemma (Ridley, 1996): Zwei Beschuldigte, die in separaten Zimmern verhört werden. Jeder von beiden kann straffrei ausgehen, wenn er den Anderen beschuldigt, der dann aber eine höhere Strafe bekommt. Wenn beide schweigen, kann niemand bestraft werden. Dann weiß der Schweiger aber nicht, ob er vom Anderen beschuldigt wird und dann die höhere Strafe bekommt. Das Gefangenendilemma ist häufig untersucht worden und führt in der Regel dazu, dass beide Beschuldigte aussagen und sich gegenseitig belasten. Übertragen auf die Organisation bedeutet das Gefangenendilemma, dass es rational wäre, sich auf Kosten der anderen Mitarbeiter hängen zu lassen und die eigene Leistung nur dann zu erbringen, wenn man unmittelbar dabei kontrolliert wird. Tatsächlich handeln Mitarbeiter aber anders.

Man hat das Gefangenendilemma weiter untersucht und herausgefunden, dass es in seiner Reinform nur gilt, wenn es nur einmalig gespielt wird. Je öfter man ein vergleichbares Spiel spielt, umso mehr wird die Reaktion eines Probanden davon geprägt, wie sich der andere in den vorherigen Spielen verhalten hat (Reziprozität). Hat er geschwiegen, so belohnt man ihn durch gleichermaßen Stillschweigen. Wurde man vom Anderen belastet, so wird man ihn im Folgespiel ebenso belasten. Tatsächlich stellt sich über mehrere Spiele ein stabiler Zustand ein, wenn Einzelne ihre Reaktionen im Folgespiel an den Aktionen der Mitspieler in vorangegangenen Spielen ausrichten. Übertragen auf die Organisation bedeutet dies: Weil Mitarbeiter wissen, dass sie auch von ihren Kollegen abhängen, werden sie sich von sich aus Mühe geben und sich nicht zu Lasten der Kollegen hängen lassen.

Besonders gut funktioniert diese Form der Interaktion, wenn man sich kennt oder wenn man durch gemeinsame Werte einer Gemeinschaft verbunden ist. Übertragen auf Unternehmen bedeutet dies: Mitarbeiter im Unternehmen kooperieren, weil sie darauf vertrauen, dass ihr positives Verhalten im Gegenzug erwidert wird und Reziprozität eine große Rolle spielt.

Es sei angemerkt, dass das Gefangenendilemma nur ein Ansatz ist, um den nach außen hin nicht rational erscheinenden Einsatz zu erklären. Selbst wenn Reziprozität keine Rolle spielt, weil man sich nur ein einziges Mal trifft, handeln viele Menschen kooperativ. Menschen handeln aus sich heraus altruistisch. Interessanterweise greift dieses Vertrauen nicht nur in der Interaktion von Kollegen untereinander, auch in der Beziehung zum Kunden ist beidseitig ein solches Grundvertrauen zu beobachten.

Dieses Vertrauen kann als Grundkapital interpretiert werden, von dem jedes Unternehmen zehrt. Mitarbeiter und Vorgesetzte im Unternehmen können sich also vertrauen, und sie wissen, dass dieses Vertrauen erwidert wird.

Falsche Führung kann Vertrauen zerstören, indem sie die Normen eines guten Zusammenlebens durch Kontrolle und kleinteilige Steuerung ersetzt.

Gesellschaften mit einem hohen Maß an Kooperation und Vertrauen sind erfolgreicher, weil die Arbeitsteilung dazu führt, dass jeder seine Stärken optimal einbringen kann. Unternehmen, die auf Vertrauen aufgebaut sind, sind aus dem gleichen Grund erfolgreicher. Vertrauen hat aber noch eine Reihe von weiteren positiven Implikationen:
- Die Kosten für Steuerung und Kontrolle – in Form von Zeit und Geld – entfallen. Mitarbeiterleistung muss nicht mehr im Detail überprüft werden.
- Die Mitarbeitermotivation steigt, weil Mitarbeiter lernen, dass ihnen Vertrauen entgegengebracht wird.
- Die Leistung des Unternehmens steigt, weil Mitarbeiter, die näher am Geschehen sind, bessere Entscheidungen treffen.

7.3.3 Gelebtes Vertrauen im Unternehmensalltag

Wie kann Vertrauen im Unternehmen begünstigt werden? Wird wirklich verlangt, Kontrolle abzugeben? Was ist mit der Verantwortung, die Manager für ihren Bereich haben? Und was passiert, wenn etwas schief geht? Es klingt trivial: Vertrauen entsteht im Unternehmen nur, wenn man vertraut. Das schließt ein, die Kontrolle über bestimmte Dinge abzugeben und auf die Mitarbeiterebene zu verlagern. Notwendigerweise muss man damit in Vorleistung gehen. Es bedeutet natürlich nicht, auf Steuerung zu verzichten und Anarchie einkehren zu lassen. Auch muss man natürlich sicherstellen, dass die Mitarbeiter, die eine erweiterte Verantwortung bekommen, sowohl die Fähigkeiten als auch die Ressourcen haben, dieser Verantwortung auch gerecht zu werden. Wie können Unternehmen damit in der Praxis umgehen? Einige Beispiele für eine Umsetzung:
- **Abgabe der Steuerung an die unteren Ebenen:** Ein uns bekanntes Telekommunikationsunternehmen verzichtete darauf, KPI's im Servicecenter zentral zu messen. Stattdessen wurde die Steuerung der Parameter auf die Teamebene verlagert. Mitarbeiter konnten z. B. selber entscheiden, wie lang Telefongespräche sein müssen, um Kunden zufrieden zu stellen. Die Optimierungsaufgabe, mehr zufriedene Kunden in längeren Gesprächen zu haben oder die Warteschlangen der Hotline kurz zu halten, kann sowieso nur am Punkt des Kundenkontakts gelöst werden.
- **Steuerungselemente auf übergeordnete Ebenen ziehen:** Statt der üblichen kleinteiligen Steuerung (Gesprächszeiten, Prozesskennzahlen) werden globalere Kennzahlen wie zum Beispiel der Net-Promoter-Score verwendet. Ein Finanzdienstleister hat die kleinteilige Steuerung komplett aufgegeben und misst nur noch die Kundentreue. Die Verantwortung für treue Kunden ist komplett auf die betreuenden Teams verlagert worden.
- **Erweiterung von Spielräumen:** Ein Zeichen von Vertrauen ist die Vergrößerung von Entscheidungskompetenzen. Mitarbeiter einer Bank durften für Kompensationen bei Beschwerden anstatt von 20 zukünftig 250 EUR ausgeben. In der Folge stieg die Kundenzufriedenheit und das, obwohl die Aufwendungen für Kompensationen insgesamt konstant blieben.

- **Schaffung einer Fehlerkultur und gelebtes Vertrauen:** Verstärkung lebt von der Wiederholung. Wenn man ein bestimmtes Verhalten fördern will, dann sollte man gewünschtes Verhalten immer wieder herausstellen. So propagiert zum Beispiel die Autovermietung Sixt, dass noch nie jemand getadelt wurde, der ein Auto vermietet hat, selbst wenn es hinterher zu Problemen kam.

Vertrauen ist etwas, das in allen Beziehungen und auf allen Hierarchieebenen von Führungskräften gelebt werden kann. Ihre wirkliche Stärke entfaltet sie, wenn eine Vertrauenskultur etabliert wird. Oftmals wird Vertrauen zu einem Grundsatz in den Führungsleitlinien erhoben (und mehr schlecht als recht gelebt). In der praktischen Umsetzung wird Vertrauen in vielen Unternehmen leider oft noch nicht gelebt. Fast zwei Drittel der Topmanager in Deutschlands Unternehmen sind der Ansicht, dass sich Mitarbeiter das Vertrauen ihrer Vorgesetzten erst verdienen müssen. Auch 44 % der leitenden Angestellten geben an, dass es keinen Vertrauensvorschuss in ihrer Firma gibt. (Rochus Mummert und Partner, 2012). Vertrauen wird von den Führungskräften oft nur vorgegaukelt, und das ist den Mitarbeitern häufig auch bewusst. So sagt jeder vierte befragte Mitarbeiter, dass das Management in seinem Unternehmen lieber auf Kontrolle statt auf Vertrauen setzt.

Ein Beispiel für gelebtes Vertrauen ist auch, Mitarbeiter zu informieren. Im Bereich der Ziele ist das inzwischen in den meisten Unternehmen gelebtes Handeln, indem die Unternehmensziele kommuniziert und auf Teileinheitsebene herunter gebrochen werden. Daraus kann der einzelne Mitarbeiter seinen Beitrag ableiten und persönliche Ziele formulieren. Bei der Zielerreichung sieht es allerdings schon nicht mehr so gut aus. Das Erreichen des Umsatzziels ist etwas, was häufig kommuniziert wird. Aber zum Beispiel der Ertrag wird häufig nicht bekannt gegeben, obwohl dieser doch gerade aus dem Zusammenspiel von Umsätzen und Kosten entsteht und Mitarbeiter durchaus auf beiden Seiten verantwortlich sind. Unternehmen, die Vertrauen leben,
- informieren ihre Mitarbeiter über Kennzahlen und Entwicklungen,
- ertüchtigen Mitarbeiter, zum Beispiel über direkten Zugriff auf Informationen,
- fragen Mitarbeiter nach ihrer Meinung,
- binden Mitarbeiter in Entwicklungsprozesse ein und
- beteiligen Mitarbeiter direkt am Erfolg.

Mitarbeiter, die Vertrauen spüren, erfahren die Sicherheit, dass das Unternehmen hinter ihnen steht. Dies setzt Kräfte frei. Nicht nur, weil Abstimmungsprozesse entfallen und Entscheidungen schneller getroffen werden. Sondern auch weil Mitarbeiter sich nicht zusätzlich absichern müssen und keine Gedanken daran verschwenden, ob sie das Richtige tun. Außerdem schafft Vertrauen Motivation, was zu einem weiteren Anstieg der Leistung führt. Ein Indikator für Vertrauen kann die Anzahl derer sein, die bei einer E-Mail »in CC gesetzt« werden. Je mehr Personen zur Absicherung informiert werden, umso geringer ist vermutlich das Vertrauen in dem Unternehmen ausgeprägt.

7.3.4 Negative Energie vermeiden

Gerne wird auf Organisationsebene das sogenannte »Blame Game« gespielt. Es ist ein gutes Beispiel für negative Energie und das Verlagern von Verantwortung für Fehler auf Andere. Der Umgang mit Fehlern ist eine Kulturfrage und hat sehr viel mit Vertrauen zu tun. Nur wenn Mitarbeiter wissen, dass man ihnen vertraut, auch wenn sie Fehler machen, trauen sie sich auch, riskante Entscheidungen zu treffen. Eine positive Fehlerkultur zu etablieren, ist daher wichtig beim Aufbau einer kundenorientierten Organisation. Hier sind einige Empfehlungen, wie Manager die Fehlerkultur im eigenen Unternehmen fördern können (Fast, 2010):
- andere nicht für eigene Fehler verantwortlich machen,
- Kritik konstruktiv äußern,
- ein Beispiel geben, indem man offensiv Verantwortung für eigene Fehler übernimmt,
- den Fokus auf das Lernen aus Fehlern richten,
- Menschen für Fehler belohnen.

7.3.5 Verlagerung von Kompetenzen in die Peripherie

»Wo Probleme gelöst werden, wächst Beurteilungs- und Handlungskompetenz« (Wohland & Wiemeyer, 2012, S. 21). In dynamisch agierenden Unternehmen entsteht die Problemlösung im direkten Kontakt mit dem Kunden. Daraus ergibt sich der Aufbau dezentraler Kompetenz, die Peripherie (Wohland/Wiemeyer S. 21). Je dynamischer das Handlungsumfeld, umso weniger können Entscheidungen über den Umweg einer Zentrale geleitet werden und umso weniger ist dies auch notwendig, da die Kompetenz, ein Problem zu lösen, in der Einheit im Kundenkontakt selbst vorhanden ist.

»Steuerung ist die Übertragung von Wissen, setzt also ein Wissensgefälle voraus. Nur, wer etwas besser weiß, kann dem, der es nicht weiß, sinnvolle Handlungsanweisungen geben.« Je mehr also die Beurteilungs- und Handlungskompetenz der Peripherie das Wissensgefälle zwischen Peripherie und Zentrum aufhebt, umso weniger ist eine zentrale Steuerung möglich (Wohland & Wiemeyer, 2012, S. 21).

Tatsächlich kann es sein, dass zentrale Anweisungen sogar schädlich sind: Sie schaffen Bürokratie und halten Mitarbeiter von kundennahen Aufgaben ab. Wenn sie nicht »bessere« Lösungen anbieten (was aus dem beschriebenen Grund oftmals nicht so ist), muss ihre Einhaltung aktiv kontrolliert werden. Dennoch werden Mitarbeiter sie häufig umgehen, wenn sie sich der optimalen Lösung im Sinne des Kunden verpflichtet fühlen.

Es ist daher sinnvoll, die Arbeitsteilung zwischen Zentrum und Peripherie neu zu überdenken. Z.B. kann bei einer Beschwerde die Lösung dezentral im Kundenkontakt gefunden werden. Aufgabe des Zentrums ist es, die dezentralen Einheiten mit Ressourcen zu unterstützen. Außerdem hat die Kompetenz der Peripherie im Unternehmen nur eine geringe kommunikative Reichweite. Das Zentrum kann hier unterstützen, indem es Best-Practice-Beispiele von dezentralen Einheiten identifiziert und kommuniziert, sodass Wissen sich verbreitet und nicht jede Einheit der Peripherie jede Erfahrung für sich machen muss.

7.4 Das demokratische Unternehmen

Kundenorientierte Unternehmen sind auch deshalb erfolgreiche Unternehmen, weil es ihnen gelingt, die besten Mitarbeiter zu gewinnen und an sich zu binden. Die hier behandelten Themen »Leadership« und »Vertrauen« stützen die Mitarbeiter und führen dazu, dass eine offene und attraktive Kultur für Talente geschaffen werden kann. Es ist einleuchtend, dass man Talente nicht mehr nach klassischen Methoden von oben nach unten führen kann. Vielmehr entsteht die Notwendigkeit, Führungskulturen zu öffnen und Unternehmen zu demokratisieren.

Die Notwendigkeit einer Demokratisierung wird dabei von drei zentralen Trends getrieben (Sattelberger, 2015, S. 68):
1. Neue digitale Technologien erhöhen die Souveränität und den Freiheitsraum des Einzelnen.
2. Die Macht der Talente, die unter verschiedenen attraktiven Arbeitgebern auswählen können.
3. Der Wunsch nach Teilhabe: Mit zunehmender Vernetzung und Austausch von Wissen wird Herrschaftswissen durch Partizipation ersetzt.

Talente stellen aber im derzeitigen Arbeitsmarkt hohe (und wachsende) Anforderungen an das Unternehmen, für das sie sich entscheiden:

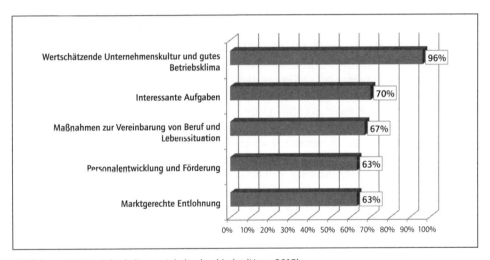

Abbildung 42: Was Mitarbeiter an Arbeitgeber bindet (Hays, 2015)

Es wird erkennbar, dass materielle Wünsche der Mitarbeiter nicht die oberste Priorität haben. Es geht viel mehr »um den Wunsch von Mitarbeitern, an der Strategieentwicklung ihres Unternehmens teilzuhaben. Als souveräner Unternehmensbürger über die eigene Arbeitsorganisation zu entscheiden. Mitzureden in der Frage, wer mich führt. Am materiellen Erfolg beteiligt zu werden. Also Betroffene zu Beteiligten zu machen, statt zu Opfern von Entscheidern« (Sattelberger, 2015).

Die Veränderungen in den Arbeitsinhalten der Mitarbeiter wurden an anderer Stelle schon besprochen. Aus manueller Arbeit wird zunehmend Wissensarbeit. Dies gilt für den Fertigungsmitarbeiter, der nicht mehr Metallteile bearbeitet, sondern die CNC-Fräsmaschine programmiert, genauso wie für den Call-Center-Mitarbeiter, der vor allem die komplexen Kundenvorfälle löst, da die einfachen Fälle standardisiert und automatisiert werden. Diese Fachkräfte verfügen für ihre Aufgaben über Fachwissen, welches schon die direkte Führungskraft häufig nicht mehr in gleichem Maße haben kann. Die Führungskraft kann also über die Vorgehensweise gar nicht mehr steuern, weil sie das notwendige Wissen dazu nicht hat. Sie kann nur noch über Vorgaben zu Ergebnissen Einfluss nehmen und muss für die Umsetzung auf die Mitarbeiter vertrauen. Mitarbeiter nehmen diesen Machtzuwachs wahr und es braucht Leadership, damit sie die Vorgaben der Führungskraft umsetzen. »Für die Unternehmen ergibt sich daraus die Notwendigkeit, Antworten zu finden für den Umgang mit den neuen Freiheitsgraden: Menschen, die an der Basis souveräne Produktionsentscheidungen treffen, Teams, die selbst bestimmen, wen sie rekrutieren und wen sie als Führungskräfte akzeptieren, Mitarbeiter die ihre neu gewonnene Zeit- und Ortssouveränität nutzen« (Sattelberger, 2015, S. 68). An dieser Stelle wird deutlich, dass Kundenorientierung und Mitarbeiterorientierung zwei Seiten derselben Medaille sind: Partizipation ist sowohl für Mitarbeiter als auch für Kunden wichtig. Kundenorientierung setzt Mitarbeiterorientierung voraus. Mitarbeiterorientierung lebt von Leadership und Vertrauen.

7.5 Checkliste »Mitarbeitern vertrauen und Leadership«

- Das Unternehmen sucht bei der Personalauswahl von Führungskräften gezielt nach Anführern.
- Das Unternehmen kombiniert Management und Leadership als Führungsprinzipien.
- Führungskräfte werden gezielt in Richtung Leadership entwickelt.
- Im Unternehmen herrscht ein transformationaler Führungsstil vor.
- Das Menschenbild vom Mitarbeiter im Unternehmen ist positiv geprägt.
- Die Grundannahme »Mitarbeiter wollen ihre beste Leistung bringen« dominiert.
- Führungskräfte nehmen ihre Vorbildfunktion wahr. Die persönlichen Ziele, Werte und Überzeugungen der Führungskraft erscheinen authentisch.
- Leistungs- und Lernbereitschaft der Mitarbeiter sind stark ausgeprägt.
- Die Herausstellung von Erfolgserlebnissen erfüllt die Mitarbeiter mit Stolz und inspiriert sie zu größeren Leistungen.
- Die Mitarbeiter verfügen über die notwendigen Fähigkeiten, Kenntnisse und Ressourcen, um ihre Aufgaben selbstständig und kundenorientiert zu erledigen.
- Mitarbeitern ist klar, was von ihnen erwartet wird und welche Konsequenzen es hat, wenn sie den Anforderungen nicht gerecht werden.
- Es besteht ein Klima der persönlichen Verantwortung (statt einer Rechtfertigungskultur).
- Das Unternehmen achtet auf die Einhaltung von prosozialen Normen i. S. eines fairen Umgangs miteinander.

- Das Denken und Handeln der Mitarbeiter ist an Chancen, Risiken und deren wirtschaftlichen Konsequenzen ausgerichtet.
- Das Unternehmen verlagert Kompetenzen gezielt auf untere Ebenen.
- Die Steuerung wird auf globalere Kennzahlen verlagert.
- Die Spielräume einzelner Mitarbeiter werden gezielt und so oft wie möglich erweitert.
- Das Unternehmen hat eine konstruktive Fehlerkultur geschaffen und lebt Vertrauen.
- Fehler werden als Anreiz zum Lernen gesehen.
- Das Unternehmen informiert Mitarbeiter über Entwicklungen und Kennzahlen.
- Die Rolle der Peripherie im Entscheidungsprozess wird gezielt gestärkt.
- Die Herausforderung, Strukturen zu demokratisieren, wird erkannt und angegangen.
- Mitarbeiterorientierung wird als Spiegelbild der Kundenorientierung gezielt entwickelt.

8 Akribische Arbeit an den Prozessen

8.1 Grundlagen

Viele Tätigkeiten im Kundenservice sind täglich neu, das Meiste jedoch sind sich wiederholende Aufgaben, an deren Ende ein vom Kunden gewünschtes Resultat stehen sollte. Überall da, wo eine Reihe von Aufgaben in gleicher Art und Weise häufig wiederholt wird, lohnt es sich, diese als Prozess zu begreifen und festzuhalten. Wo das der Fall ist, ist es sinnvoll, sich verschiedene Fragen zu stellen. Diese Fragen sollten die allgemeine Kundenorientierung der Prozesse sowie deren Effizienz betreffen. Zwischen Kundenorientierung – also effektiv Ziele des Kunden zu erreichen – und Effizienz besteht häufig ein Spannungsverhältnis. Eine Optimierung des einen Kriteriums führt häufig zu einer Verschlechterung des anderen. Das folgende Beispiel zeigt, dass Prozesse nicht immer im besten Sinne des Kunden sein müssen. Ein Punkt, den Unternehmen bei der Aufstellung oder Optimierung ihres Kundenservices beachten sollten.

> **Mensch trifft Prozess – ein Beispiel**
>
> Am Flughafen, bald nach der Einführung neuer 10-Euro-Scheine: Ein Reisender will kurz vor dem Abflug noch einen Taschenkalender in einem Flughafengeschäft kaufen. Er sucht den Kalender aus, geht damit zur Kasse, die Kassiererin nennt den Preis. Der Käufer reicht ihr einen neuen 10-Euro-Schein, den die Verkäuferin in ein Gerät schiebt. Das Gerät signalisiert, dass der Schein nicht angenommen werden kann. Der Kunde reicht der Verkäuferin einen weiteren neuen 10-Euro-Schein, anderes Geld hat er nicht dabei. Auch der wird vom Gerät beanstandet. Die Verkäuferin sagt, dass sie verpflichtet sei, alle Scheine zu prüfen. Sie könne da keine Ausnahme machen. Der Käufer verliert die Lust und das Geschäft einen Kunden. Offensichtlich folgte die Verkäuferin dem vorgeschriebenen Prozess, das Resultat war aber weder für das Unternehmen noch für den Kunden zufriedenstellend, der nicht nur nicht kaufte, sondern diese Geschichte auch noch mehrfach weitererzählt hat.

Hier wird deutlich, was passiert, wenn ein starrer Prozess (Maschine ist für alte 10-EUR-Scheine programmiert) auf eine dynamische Umwelt trifft (neue 10-EUR-Scheine sind im Umlauf und offizielles Zahlungsmittel).

8.1.1 Definition »Prozess«

Heute werden sowohl Produkte als auch Dienstleistungen in der Regel von mehreren Personen erstellt. Sie führen einzelne Aufgaben oder ganze Aufgabenfolgen parallel oder nacheinander durch. Unterschiedliche Mitarbeiter können hierbei zu unterschiedlichen Ergebnissen kommen, wenn sie unterschiedlich angeleitet worden sind oder die einzelnen Aufgaben in unterschiedlicher Reihenfolge ausführen. Aus diesem Grund ist es für eine effiziente und homogene Erstellung von Dienstleistungen oder Gütern grundsätzlich sinnvoll, die einzelnen Aktivitäten und deren Reihenfolge in einem Prozess festzuschreiben. In den meisten Fällen schätzen es Kunden, wenn sie vorher wissen, was sie bekommen, und wenn Produkte und Dienstleistungen eine konstante Qualität aufweisen.

Unter einem Prozess versteht man »eine Reihe von Aktivitäten [...], die aus einem definierten Input ein definiertes Ergebnis (Output) erzeugt« (Schmelzer & Sesselmann, 2008, S. 64).

Wiederholen sich diese Aktivitäten häufiger in der gleichen Reihenfolge, können die dahinterliegenden Regeln beschrieben werden. Ändert sich an Inputs und gewünschten Outputs nichts und geschehen keine unvorhergesehenen Dinge, erfasst die Prozessbeschreibung alle wichtigen Punkte und kann als Handlungsanleitung die gewünschten Resultate erwirken (Wohland & Wiemeyer, 2012, S. 166). Dies ist häufig der Fall, und auch im privaten Alltag kennen die Menschen viele Prozessbeschreibungen z. B. in Form einer Aufbauanleitung für ein Bücherregal oder bei der Rückgabe von Pfandflaschen an einem Automaten.

Eng verbunden mit dem Begriff »Prozess« sind die Begriffe »Standard«, »Qualitätsstandard« oder »Service Level Agreement«, wobei es hier meist um ein erwünschtes Ergebnis aus einem Prozess geht (z. B.: »E-Mails sollen innerhalb von 24 Stunden beantwortet werden«). Wenn ein Ablauf in Form eines Prozesses definiert ist, soll auch das Ergebnis immer wieder gleich sein und kann mit dem gewünschten Standard oder Service Level verglichen werden. Anhand der Abweichung von den Standards kann die Effizienz eines Prozesses beurteilt werden.

8.1.2 Automatisierte Prozesse, technische Systeme und Maschinen

Sind Prozesse eindeutig definiert und die Umfeldvariablen hinreichend konstant, spricht grundsätzlich nichts dagegen, eine Maschine/Automaten oder ein anderes technisches System (bzw. IT) zu konstruieren, die (teil-)automatisch die Abfolge an Aufgaben erledigt. Entsprechend kann dann nach dem Grad der Automatisierung von Prozessen unterschieden werden:

- Von **»Dunkelverarbeitung«** wird gesprochen, wenn Prozesse oder Aufgaben vollständig automatisiert – im Dunkeln – ablaufen. Der Anstoß für den Start des Prozesses kann hierbei vom Kunden direkt, einem Mitarbeiter, einem Geschäftspartner oder von einem anderen Automaten kommen. Ein Beispiel hierfür ist der Versand von automatisch erstellten Rechnungskopien, die ein Kunde anfordert, oder die Erstellung und der Versand von Erstrechnungen und Bescheiden, die automatisch zu einem bestimmten Datum versendet werden, ohne dass ein Mitarbeiter oder Kunde dies angestoßen hat. Auch bei der Übernahme von Daten in die bestandsführenden Systeme eines Unternehmens müssen Mitarbeiter nicht eingreifen, wenn Kunden diese in einem Login-Bereich selbst vornehmen und die Logik der Übernahme in die Datenbank vollständig programmiert ist.
- Eine **»Teilautomatisierung«** liegt vor, wenn Prozesse z. B. nach der Freigabe durch einen Mitarbeiter automatisch ablaufen. Ein Korrespondenz-Management-System (technisches System) kann z. B. nach der automatischen Textanalyse einer eingehenden E-Mail entsprechende Textbausteine für eine Antwort vorschlagen. Die Fertigstellung und der Versand der E-Mail erfolgt dann bei komplexeren Themen durch einen Mitarbeiter, der verschiedene Textbausteine verbindet und an das Anliegen des Kunden anpasst.
- **Vollständig ohne Automatisierung** finden viele Prozesse gerade im Dienstleistungssektor statt. Sie werden von Menschen für Menschen durchgeführt. Häufig wird selbst dort, wo das technisch möglich wäre, auf eine Automatisierung verzichtet. Die meisten Hotels führen die Anmeldung der Gäste und die Ausgabe von Zimmerschlüsseln

immer noch mithilfe von Mitarbeitern durch, obwohl manche Hotels schon beweisen, dass dies technisch auch von Automaten geleistet werden kann. Dort, wo Menschen arbeiten, besteht die Herausforderung darin, auf eine homogene und hohe Servicequalität zu achten. Diese Herausforderung ist gleichzeitig aber auch eine Chance, denn die mangelnde Homogenität kann ja auch gezielt genutzt werden, um eine bessere Passung mit individuellen Bedürfnissen einzelner Kunden zu erreichen. Diese Chance wird aus unserer Sicht noch zu wenig genutzt, häufig auch aufgrund eines Vertrauensdefizits seitens des Managements und daraus resultierend zu geringen Entscheidungsspielräumen für die Mitarbeiter im Kundenkontakt.

Alle drei Formen haben jetzt und in Zukunft im Service ihre Berechtigung. Auch mit zunehmender Automatisierung werden Menschen immer eine Rolle spielen. Bei Abläufen, in denen Menschen Tätigkeiten ausführen, die man automatisieren könnte oder bei solchen, in denen Automaten Tätigkeiten ausführen, die auch von Menschen erledigt werden könnten, sollten die Interessen des Kunden den Ausschlag für eine mögliche Veränderung geben.

Ob eine Maschine bzw. automatisierter Prozess eingesetzt werden kann oder nicht, hängt maßgeblich von der Dynamik ab, denen die Anforderungen, Inputs, die Aufgaben selbst und gewünschten Ergebnisse unterworfen sind. Besonders deutlich wird dies bei automatisierten Prozessen über technische Systeme/Maschinen. Maschinen können grundsätzlich nur die Prozesse ausführen, für die sie erstellt wurden. Durch die Art und Verbindung ihrer mechanischen Bauteile und Programme sind die Maschinen für bestimmte Input-Aufgaben-Ergebnis-Kombinationen einsetzbar und für andere eben nicht.

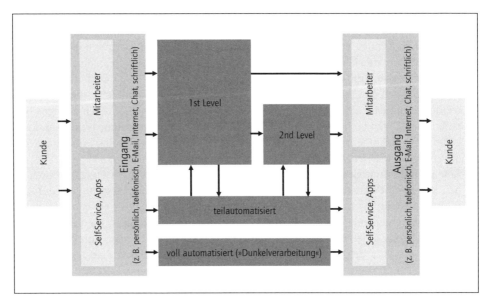

Abbildung 43: Beispiel für kundennahe Prozesse mit unterschiedlichem Automatisierungsgrad

EDV-Systeme oder Maschinen können Input-Aufgaben-Ergebnis-Kombinationen dann vollständig und fehlerfrei bearbeiten, wenn sie hierfür vorbereitet wurden und keine Dynamik auftritt. EDV-Systeme oder Maschinen können auch als Werkzeuge in dynamischen Umgebungen eingesetzt werden. Wohland und Wiemeyer nennen hier als Beispiel ein Textverarbeitungsprogramm (Wohland & Wiemeyer, 2012, S. 101). Ein fähiger Mitarbeiter kann es dazu verwenden, alle Arten von Kundenanfragen per Brief zu beantworten. Das technische Hilfsmittel wird in Verbindung mit dem fähigen Mitarbeiter zu einem wirksamen Instrument in dynamischer Umgebung. Ohne ihn wäre es nutzlos, der dynamische Teil der Aufgabe wird vom Mitarbeiter gelöst. Aufgaben, die Kommunikation oder Verstehen beinhalten, vollständig an ein technisches System auszulagern, ist derzeit nicht möglich. Hier ist menschliche Intelligenz gefragt. Auch sogenannte selbstlernende Systeme und künstliche Intelligenz sind noch nicht in der Lage zu verstehen und im menschlichen Sinne zu kommunizieren (Wohland & Wiemeyer, 2012, S. 134). Technische Systeme sind sicherlich bald in der Lage, die Sachebene einer Nachricht vollständig zu entschlüsseln. Da bei jeder Form der menschlichen Kommunikation aber auch die weiteren Ebenen der Nachricht (Schulz von Thun, 1998) eine wichtige Rolle spielen (siehe Kapitel 11) und zur Entschlüsselung auch weitere Reize eine Rolle spielen (Gestik, Mimik etc.,) wird die Verständigung zwischen Mensch und Maschine auch zukünftig fehleranfällig sein.

8.1.3 Prozesse und Dienstleistungen

Gerade komplexe Dienstleistungen umfassen viele Arbeitsschritte unterschiedlicher Mitarbeiter, die ggf. in verschiedenen Abteilungen eines Unternehmens arbeiten. Hier können Prozesse dazu dienen, Aufgabenabläufe und Ergebnisse zu vereinheitlichen. Erst durch die Definition und Kommunikation von einheitlichen Prozessen wird die Dienstleistungserstellung steuerbar. Für neue Kollegen bieten die Prozesse Orientierung in der Anfangsphase und die Prozesshandbücher ergänzen die Schulungsunterlagen.

Auch in Bezug auf die Kundenkommunikation geben Prozesse Sicherheit, da das Vorgehen in der Dienstleistungserstellung dem Kunden beschrieben werden kann. Kunden können so erfahren, was war, ist und sein wird und an welcher Stelle im Erstellungsprozess sie sich gerade befinden.

Der Großteil der Prozesse findet für die Kunden im Verborgenen – in der Service-Blue-Printing-Sprache »jenseits der Sichtbarkeitslinie« – statt. Manche Prozessschritte vor der Sichtbarkeitslinie können sie zwar sehen, wenn z. B. der Mitarbeiter eine Bestellung im Restaurant in eine Kasse oder ein mobiles Gerät eintippt. Die Kunden selbst kommen aber nur an bestimmten Kontaktpunkten (Touchpoints) – an der Interaktionslinie – mit den Prozessen in Kontakt.

8.1.4 Effizienz

Es kann davon ausgegangen werden, dass Kunden es schätzen, wenn Unternehmen sparsam mit ihrer Zeit, ihrem Geld und anderen Ressourcen umgehen. Daher ist höchstmögliche Effizienz für Kunden grundsätzlich ein wünschenswerter Aspekt. Kunden schätzen überdies gleichmäßige Qualität und die Einhaltung von Gerechtigkeitsprinzipien. Dies sind alles Punkte, die bei effizienter Anwendung von Prozessen gut erreicht werden können. Bei Einhaltung von kundenorientierten Prozessen kann sowohl die Produktivität als auch die Qualität und damit die Zufriedenheit positiv beeinflusst werden. Bei einer stärkeren Individualisierung (Customization) ist dagegen eher mit einer Erhöhung der individuellen Zufriedenheit zu Lasten der Produktivität zu rechnen (Michel, Bowen & Johnston, 2009, S. 265).

Überall dort, wo sinnliche und emotionale Aspekte neben den reinen technischen oder geschäftlichen Eigenschaften eines Produktes oder einer Dienstleistung angesprochen werden, sind Einschränkungen des Effizienzgedankens nötig. Folgendes Beispiel soll dies verdeutlichen. Oswald Neuberger persifliert sehr schön die Effizienzbemühungen in seinem McKinsey-Bericht über einen Konzertbesuch:

> [...] Die zwölf Geigen spielen alle dasselbe. Das ist unnötige Doppelarbeit. Diese Gruppe sollte drastisch verkleinert werden. [...] In einigen Partien wird zu viel wiederholt. [...] Es dient keinem sinnvollen Zweck, wenn das Horn eine Passage wiederholt, mit der sich bereits die Geigen beschäftigt haben. Werden alle überflüssigen Passagen eliminiert, dann dauert das Konzert, das jetzt zwei Stunden in Anspruch nimmt, nur noch schätzungsweise zwanzig Minuten [...] (Neuberger, 1994, S. 206 f.).

Hieran wird deutlich, dass übermäßige Effizienz in der Erstellung nicht immer im Kundeninteresse liegt. Sicherlich ist ein 20-minütiges Konzert sowohl zeitlich als auch finanziell deutlich ressourcenschonender als ein 2-stündiges, allerdings sind der Preis und die Ressourcenschonung offensichtlich hier nicht entscheidend. Bei manchen Dienstleistungen würde die Wahrnehmung einer möglichst effizienten Bereitstellung und prozessualen Abwicklung die Gesamtwahrnehmung massiv stören. Denken Sie bitte nur an ein Gespräch mit einem Arzt, Psychotherapeuten oder Pfarrer oder den Genuss einer entspannenden Massage, eines romantischen Abendessens oder eben eines klassischen Konzertes. Auch das, was manche Spitzenhotels an Serviceleistungen bieten und deren Erstellung, hat häufig nur am Rande etwas mit Effizienz zu tun. Manche Einzelmaßnahmen sind separat betrachtet vermutlich auch nicht statistisch mit der Zufriedenheit oder der Kundenbindung in Zusammenhang zu bringen. Hier wird also entweder ein ganzheitlicher Zusammenhang angenommen, oder diese Aktivitäten werden l'art pour l'art ausgeführt, vielleicht, um ein besonderes Signal zu setzen, dass keine Kosten und Mühen für den Kunden gescheut werden.

> Die Autoren konnten vor einem Dresdner **Luxushotel** beobachten, wie in den Sand der Aschenbecherschalen mithilfe eines Reliefs ein Abdruck des Hotellogos eingeprägt wurde. Durch jede ausgedrückte Zigarette wird das Bild gestört und muss daher häufig erneuert werden. Wir haben durchaus schon deutlich effizientere Wege gesehen, Zigaretten zu entsorgen. Diese spezielle Serviceleistung ist dennoch im Gedächtnis geblieben.

Auch bei vielen Dienstleistungen und Produkten rund um traditionelle oder rituelle Vorgänge – wie z. B. Hochzeiten, Beerdigungen, Prozessionen, Ausrichtung von Festen zu Feiertagen – werden viele Kunden kaum oder gar nicht an eine effiziente Erledigung denken, auch wenn gerade viele rituelle Handlungen ganz strikten Prozessabläufen folgen.

8.2 Prozesse und Kundenorientierung

8.2.1 Voraussetzungen und Rahmenbedingungen für kundenorientierte Prozesse

Kundenorientierung muss als Grundlage für die Erstellung, Einführung und Weiterentwicklung der Prozesse im Unternehmensleitbild verankert sein. Wichtiger noch: Kundenorientierung muss Teil der gelebten Kultur des Unternehmens sein. D. h., sie muss von der Geschäftsleitung vorgelebt und von den Mitarbeitern praktiziert und geteilt werden. Damit überhaupt ein reibungsloser Ablauf gewährleistet wird, müssen die Prozesse den Mitarbeitern vermittelt werden. Das bedeutet aber nicht nur, dass die Mitarbeiter den eigentlichen Prozess verstanden haben. Ihnen muss darüber hinaus klar sein, auf welches Ziel (Kundeninteresse) der Prozess ausgerichtet ist. Darüber hinaus müssen ihnen die möglichen Ressourcen zur Verfügung stehen, den Prozess umzusetzen. Über das Personalmanagement ist also zunächst für eine grundsätzlich kundenorientierte Einstellung beim einzelnen Mitarbeiter und die geistige Einbindung der Prozesse in eine kundenorientierte Kultur zu sorgen. Hier spielt die Kommunikation des (Top-)Managements eine wesentliche Rolle, das in Bezug auf die Kundenorientierung und die Implementierung kundenorientierter Prozesse eine starke Vorbildfunktion hat. Bei jeder Einführung oder Änderung von Prozessen muss darauf geachtet werden, dass sie (noch) kundenorientiert sind. An erster Stelle ist das Topmanagement für die Implementierung kundenorientierter Prozesse verantwortlich und muss für die entsprechenden Voraussetzungen in den Strukturen sorgen. Die Prozessgestaltung muss auf Basis der Kundenanforderungen und -erwartungen erfolgen und orientiert sich am Leitbild. Die Frage: »Was will der Kunde?« wird stets gestellt, und mit dem neuen bzw. aktualisierten Prozess muss sie mindestens so gut beantwortet werden können wie zuvor. Prozesse im Kundenservice haben keinen Selbstzweck. Sie sollen dazu dienen, die Ziele des Kunden besser zu erreichen. Daher müssen die Mitarbeiter auch die Möglichkeit haben, den Prozess zu verlassen, um das Kundenziel auf einem alternativen Weg zu erreichen. Ein Beispiel, was passiert, wenn ein Mensch zwischen die Strukturen und Prozesse (der Bürokratie) gerät, ist anschaulich im Hauptmann von Köpenick beschrieben. Voigt, der zwischen den Prozessen der Bürokratie »gefangen« ist, sagt in seiner Verzweiflung: »[...] erst der Mensch, Friedrich, und dann die Menschenordnung! [...]« (Zuckmayer, 1930, S. 132).

Mitarbeiter müssen also selbst entscheiden können, wann eine Lösung des Problems innerhalb des Prozesses nicht möglich ist und ob ein für beide Seiten besseres Ergebnis außerhalb des Prozesses erreicht werden kann.

> In einem **Sushi-Restaurant** bestellt einer der Autoren häufig ein Gericht, dass es offensichtlich noch nicht in das Kassensystem geschafft hat. Bei einer Bestellung wird dann die pragmatische (steuerlich und abrechnungstechnisch) saubere Lösung gewählt, ein halb so teures anderes Gericht doppelt einzugeben. Die Alternative im bestehenden Prozess wäre, das Gericht entweder nicht zu erfassen oder nicht zu verkaufen, beides wäre aus unterschiedlichen Gründen keine so gute Lösung. Hier wird also grundsätzlich kundenorientiert gearbeitet. Die Frage, warum das Gericht nicht in das Kassensystem aufgenommen wird, konnte bisher allerdings nicht geklärt werden. Nicht alle Mitarbeiter sind über den Trick informiert, sodass häufig beim Inhaber des Restaurants nachgefragt werden muss, was die Bestellung verzögert. Hier liegt ein Fall vor, in dem eine einfache Änderung am bestehenden Kassensystem dafür sorgen würde, dass der Prozess zukünftig reibungslos und effizienter abläuft, was wiederum auch im Kundeninteresse wäre.

8.2.2 Nutzen von Prozessen aus Kundensicht

Der grundsätzliche Nutzen von Prozessen aus Kundensicht ist klar: Sie führen dazu, dass dem Kunden eine (Dienst-)leistung immer wieder nach vergleichbaren Standards effizient angeboten werden kann. Prozesse können so für geringere Schwankungen in der Qualität von Produkten und Dienstleistungen sorgen. Hier stellt sich zunächst die Frage: Wollen Kunden überhaupt einheitliche Dienstleistungsergebnisse?

Verschiedene Theorien der Wirtschafts- bzw. Sozialpsychologie (Wiswede, 2007, S. 98 ff.) legen Folgendes nahe:

- Kunden wollen das Ergebnis, für das sie bezahlt haben, evtl. ein bisschen mehr, auf gar keinen Fall weniger. Hier zählt das absolute Ergebnis im Vergleich zum eigenen Einsatz.
- Kunden wollen so viel, wie andere Kunden in der gleichen Situation (gleicher Einsatz, gleicher Rang etc.) auch bekommen. Sie werden sich kaum beschweren, wenn sie ein bisschen mehr bekommen, auf keinen Fall darf es weniger sein. Hier zählt das relative Ergebnis im Vergleich zum Ergebnis der anderen beobachteten Kunden.

Ein Prozess, der allen Kunden das gleiche Ergebnis liefert, sollte also auf Akzeptanz stoßen.

Prozesse machen die Dienstleistungserstellung zudem für den Kunden nachvollziehbar, da sie, wenn sie definiert sind, auch kommuniziert werden können. Selbst bei Unkenntnis der Prozesse können Kunden feststellen, dass sie sogar im Kontakt mit verschiedenen Mitarbeitern des Unternehmens gleiche Ergebnisse erhalten. Prozesse können die Wahrnehmung von Sicherheit und Fairness erhöhen und sich positiv auf das Vertrauen auswirken. Die Wahrnehmung gleicher und nachvollziehbarer Behandlung anderer Kunden in der gleichen Situation verstärkt die Wahrnehmung prozeduraler Gerechtigkeit. Wahrgenommene Fairness und Sicherheit sowie das Vertrauen in das Unternehmen insgesamt wirken sich positiv auf die Kundenbindung aus. Kunden schätzen einheitliche Dienstleistungsergebnisse grundsätzlich, da damit ihr Bedürfnis nach prozeduraler und distributiver Gerechtigkeit erfüllt wird.

Prozesse weisen durch ihre Definition von konkreten Aufgaben und deren Reihenfolge eine gewisse Starrheit auf. Dies kann an verschiedenen Stellen zu Konflikten führen (Michel, Bowen & Johnston, 2009, S. 260 f.). Kundenorientierte Unternehmen werden solche Konflikte zwischen Mensch (Kunden, Mitarbeiter, Lieferanten), Prozess und Technologie zugunsten der Menschen auflösen.

Das starre Festhalten an vorgegebenen Prozessen (»draußen nur Kännchen«), führt häufig zu Ergebnissen, die nicht dem momentanen Kundenwunsch entsprechen. Tritt ein solcher Konflikt auf, muss das Unternehmen entscheiden: Honorierung des individuellen Wunsches zu Lasten anderer Kunden (die ggf. länger warten oder höhere Preise bezahlen müssen) oder Absage an den einen Kunden zu Lasten seiner Zufriedenheit. Dieser Konflikt muss immer wieder im Einzelfall gelöst werden, denn Kunden- und Mitarbeiterbedürfnisse sind zumindest mittel- bis langfristig wichtiger als die akribische Einhaltung der Prozesse, zumal Menschen ohnehin Mittel und Wege finden, die ihren Bedürfnissen besser entsprechen.

Die Prozesse sind so zu entwickeln, dass sie mit den Bedürfnissen der Kunden und Mitarbeiter mindestens kompatibel sind. Im Idealzustand tragen die Prozesse zu einer gesteigerten Kunden- und Mitarbeiterzufriedenheit bei. Folgende triviale Erkenntnis kann helfen, Prozesse besser zu gestalten:

> Kunden sind in erster Linie Menschen!

Kunden haben neben den offensichtlichen Bedürfnissen, die in Zusammenhang mit dem Produkt bzw. der Dienstleistung stehen, noch weitere Bedürfnisse, die in den Prozessen nicht vernachlässigt werden dürfen.

Was wollen Kunden?
- Sie wollen als Menschen gesehen werden, ihr Sicherheits- und Gerechtigkeitsbedürfnis sowie ihr Streben nach Erhalt des Selbstwerts dürfen durch die Prozesse nicht behindert werden. Interessant ist, dass es hierbei nicht nur um ihre eigenen Bedürfnisse geht, sondern auch um die relevanter dritter Personen.
- Sie haben konkrete Anliegen (»Ich will in meinem Wohnzimmer mit dem Festnetz telefonieren können«), die schnell und unbürokratisch gelöst werden sollen.
- Sie möchten mit einem bzw. möglichst wenigen und kompetenten Ansprechpartnern Kontakt haben, die von ihnen als Repräsentant des Unternehmens gesehen werden (»Ich rufe jetzt bei der Telekom an!«).
- Sie möchten den Interaktionskanal und den Zeitpunkt selbst wählen.
- Sie möchten selbst zwischen einem Automaten (oder Self-Service) und einem Menschen wählen können.
- Sie möchten über den Fortschritt ihres Anliegens informiert werden.

Was wollen Kunden nicht?
- Lösungen, die nicht zu ihren Problemen passen, aber im Rahmen des Prozesses erstellt werden.
- Prozesse, die sie nicht verstehen oder die nicht ihrem präferierten Vorgehen (Skript) entsprechen.
- Segmentierte Prozesse mit vielen Ansprechpartnern nach dem Motto: »Für die Fertigstellung Ihres Antrags müssen Sie zunächst Müller in der XYZ-Abteilung anrufen, dann wenden Sie sich bitte wieder an mich.«
- Sie wollen nicht über den Fortschritt des Prozesses auf Unternehmensseite informiert werden, sondern über den Stand ihres Anliegens: also nicht: »Ihr Antrag ist noch in der Genehmigungsrunde, danach muss noch die so-und-so-Abteilung den Antrag in unser bestandsführendes System eintragen«, sondern: »Die Bearbeitung Ihres Antrags wird noch 2 Tage dauern, danach erhalten Sie von uns eine Antwort«.
- Verantwortlichkeitsgeschiebe zwischen Abteilungen oder Kooperationspartnern: »Für die letzten Meter ist die Telekom zuständig«, »Für die Fertigstellung Ihres Anschlusses müssen Sie sich an den Netzbetreiber wenden«, »Das macht bei uns der *technische Kundenservice*«.
- Medienbrüche, die folgendes konstruiertes Beispiel verdeutlichen soll: Auskunft am Telefon: »Vielen Dank für Ihren Besuch in der Filiale, Sie werden in den nächsten Tagen einen Brief mit unserem Fax-Formular erhalten, wir bestätigen dann per E-Mail den Eingang.«

8.2.3 Nutzen von Prozessen aus Mitarbeitersicht

Auch Mitarbeiter können von kundenorientierten Prozessen profitieren. Gut gemachte Prozesse geben Mitarbeitern die Möglichkeit, sich ganz auf den Kunden einzustellen, da sie sich um den Prozessablauf nicht mehr intensiv kümmern müssen. Das funktioniert natürlich nur, wenn der Prozess Raum lässt für ein Lächeln, eine kleine Zwischenfrage oder ein gemeinsames Lachen.

Prozesse bieten außerdem die Möglichkeit, neue Mitarbeiter schnell einzuarbeiten und generell den Mitarbeitereinsatz flexibel zu planen. Innerhalb der Prozesse können Teilleistungen arbeitsteilig organisiert werden (zum Beispiel Neuvertrag und Schadensmanagement im Servicecenter). So kann die Komplexität der Aufgaben den Mitarbeitern gemäß ihres Leistungsvermögens zugeordnet werden.

Wir erleben, dass viele Unternehmen eine sehr heterogene Mitarbeiterstruktur mit stark unterschiedlich ausgeprägten Erfahrungen haben. Es gibt ältere Mitarbeiter, die ihren Tätigkeitsbereich blind beherrschen. Diese sind auf definierte Prozesse nicht fixiert. Manchmal lehnen sie sie sogar ab. Die breite Masse der Mitarbeiter ist auf Prozesse mehr oder weniger angewiesen. Böse formuliert kann man sagen, dass Prozesse die Korsettstangen der Schwachen sind. Je mehr starke Mitarbeiter man hat, umso mehr kann man auf starre Prozessvorgaben verzichten. Auf der anderen Seite helfen kundenorientierte Prozesse aber auch, die Leistung der breiten Masse von Mitarbeitern zu verbessern. Dafür sind sie gut und so sollten sie auch verstanden werden.

Unternehmen bemühen sich, die Einhaltung von Prozessen durch Mitarbeiter zu überwachen. Wird das Prozesskorsett für Mitarbeiter zu eng, werden die Mitarbeiter vom Prozess abweichen oder abstumpfen.

8.2.4 Prozesse, Dynamik und Individualisierung

Starre Prozesse und Dynamik (Umwelt, Anforderungen, Erwartungen) vertragen sich nicht. Einen starren Prozess in einer dynamischen Umwelt zu installieren, gleicht dem Versuch, einen Pudding an die Wand zu nageln. Er wird scheitern. Bei der praktischen Umsetzung eines definierten (theoretischen) Prozesses zeigt sich, dass der sich ergebende reale Prozess einen regelbasierten und einen dynamischen Anteil aufweist (Wohland & Wiemeyer, 2012, S. 164 ff.). D.h., einen Teil, der gut mit den vorher definierten Regeln übereinstimmt, und einen, der »vorher nicht beschreibbare Überraschungen« enthält. Der Versuch, auch die Überraschungen als Regeln zu formulieren, führt den Gedanken der Effizienz bald ad absurdum und lässt die Mitarbeiter ratlos vor dicken Verfahrensanweisungen zurück. Die weitere Prozessoptimierung führt dann zu neuen Regeln usw. (Wohland & Wiemeyer, 2012, S. 164 ff.). Weder dem Kunden, noch dem Mitarbeiter ist damit gedient. Folgendes wird passieren, wenn aufgrund dynamischer Anteile der Prozess und das, was der Kunde wünscht, nicht mehr vollständig übereinstimmen:

1. Der Mitarbeiter trifft eine Entscheidung innerhalb des Prozesses, obwohl dieser nicht passgenau auf das Problem des Kunden anwendbar ist. Daher wird der Kunde auch nicht mit der Lösung zufrieden sein. Ebenso ist der kundenorientierte Mitarbeiter unzufrieden, denn er merkt, dass der Kunde eigentlich etwas anderes wollte. Meldet sich

der Kunde erneut oder beschwert sich sogar, wird wie unter 2. oder 3. beschrieben verfahren.
2. Der Mitarbeiter trifft selbst keine Entscheidung, da der Prozess den aktuellen Fall nicht vollständig beschreibt. Er reicht die Entscheidung an die nächsthöhere Instanz, die breitere Entscheidungsspielräume hat. Dort wird dann entweder entschieden, wie in 1. beschrieben oder wie in 3. Der kundenorientierte Mitarbeiter, der den ersten Kundenkontakt hatte, bleibt in jedem Fall mit dem Gefühl zurück, selber nichts für den Kunden ausgerichtet zu haben. Der Kunde »lernt«, dass die Mitarbeiter im direkten Kundenkontakt ihm nicht helfen können und er sich besser gleich an die nächste Instanz wendet, wenn er ein Problem wahrnimmt. Durch diesen Mechanismus wird der Prozess auch für Fälle geschwächt, die gut damit zu lösen wären. Das grundsätzlich möglicherweise sinnvolle First- und Second-Level-Konzept in der Kundenbetreuung wird ausgehebelt.
3. Der Mitarbeiter im Kundenkontakt trifft selbst eine Entscheidung und setzt sich über die Regeln hinweg – er verlässt den Prozess – und findet eine für den Kunden voll zufriedenstellende Lösung. Der Kunde ist zufrieden, der kundenorientierte Mitarbeiter ist es nur bedingt. Er hat zwar dem Kunden geholfen, selbst aber den geltenden Prozess verlassen. In einem kundenorientierten Unternehmen sollte die Führungskraft im Nachgang für die Wiederherstellung eines guten Gefühls beim Mitarbeiter sorgen. Die Führungskraft sollte das kundenorientierte Verhalten explizit loben und der Prozess sollte kritisch hinterfragt werden. Möglicherweise deutet der Fall auf zu enge Entscheidungsspielräume hin, die erweitert werden sollten. In Zukunft kann der Mitarbeiter dann selbst entscheiden, wann er innerhalb und wann außerhalb des Prozesses handeln muss.

Aus dem Vorgenannten ergibt sich, dass kundenorientierte Unternehmen Prozesse nutzen, diesen aber gleichzeitig kritisch gegenüber stehen. Sie analysieren ihre Abläufe und machen sich die dynamischen Anteile bewusst. An Stellen in der Kundenbeziehung (und intern), die eine hohe Dynamik aufweisen, setzen sie auf das Können ihrer spezialisierten Mitarbeiter (Wohland & Wiemeyer, 2012, S. 164 ff.) und vertrauen nicht blind auf die starren Prozesse.

An anderer Stelle wurde bereits darauf hingewiesen, welche wichtige Rolle im Unternehmen kundenorientierte Werte spielen, die von allen geteilt werden (Kapitel 1). Dort, wo eine Prozess- oder Arbeitsanleitung Lücken aufweist, kann sich der Mitarbeiter auf die grundsätzlichen Regelungen berufen und aus ihnen eine gute Entscheidung ableiten.

Prozesse sind starr, Menschen und die Umwelt sorgen aber für Dynamik. Damit ist klar, dass Prozesse nicht in jedem Fall zum besten Ergebnis für den Kunden führen können. Es gilt also, die dynamischen Anteile der Aufgabenstellung bzw. Anforderung zu identifizieren und aus den Prozessen herauszuhalten.

Woran merkt ein Unternehmen, dass es versucht, dynamische Aufgaben in statischen Prozessen zu bearbeiten? Am besten merkt man es daran, dass es ständig Nachbesserungsbedarf an den Prozessen gibt und die Prozesshandbücher immer dicker werden, weil allerlei Ausnahmen dort aufgenommen werden müssen (Wohland & Wiemeyer, 2012, S. 86, 166).

Die Tatsache, dass sich nicht alles über Prozesse abbilden lässt, ist im gesunden Menschenverstand vorhanden. Wo also innerhalb des Prozesses nicht mehr kundenorientiert gearbeitet werden kann, sollte der Kunde auf einen Menschen treffen, der über Befugnisse verfügt, über den Prozess hinauszugehen und abweichende Entscheidungen zu treffen.

Um individuellen Service überhaupt ermöglichen zu können, müssen die Mitarbeiter im Kundenkontakt Entscheidungsspielräume haben (Heskett, Jones, Loveman, Sasser & Schlesinger, 1994, S. 172). Das ist auch im Rahmen von Prozessen möglich und kein Freifahrtschein dafür, die Kontrolle vollständig aus der Hand zu geben. Einem Mitarbeiter kann im Rahmen eines Prozesses ein Entscheidungsspielraum von 1000 EUR eingeräumt werden. Dieses Geld soll er vollständig im Rahmen der vereinbarten Leitlinien ausgeben, ohne eine negative Sanktion befürchten zu müssen. Das heißt allerdings nicht, dass keine genaue Analyse der Mittelverwendung erfolgen sollte. Nur so kann die Wirksamkeit der Maßnahme kontrolliert werden.

Bei einer starken Individualisierung von Serviceergebnissen ist darauf zu achten, dass Gerechtigkeitsaspekte nicht vernachlässigt werden. Kunden könnten befürchten, dass es stark auf den »richtigen« Angestellten ankommt, um einen guten Service bzw. eine angemessene Kompensation für schlechten Service zu erhalten (Michel, Bowen & Johnston, 2009, S. 263). Das könnte sich negativ auf das Kundenvertrauen auswirken.

8.2.5 Fehler im Prozess und Wiederherstellung der Kundenzufriedenheit

Insbesondere dann, wenn innerhalb eines Prozesses etwas schief gelaufen ist, wird es Zeit, den Prozess zu verlassen und individuelle Lösungen anzubieten.

Es ist zwar sinnvoll, darauf hinzuarbeiten, keine Fehler mehr zu machen, gleichzeitig sollte man sich aber darüber im Klaren sein, dass Fehler dennoch passieren werden und die Mitarbeiter entsprechend darauf vorbereiten. Ansonsten kann der Umgang mit Kundenhinweisen auf (vermeintliche) Fehler und Beschwerden leiden und ein konstruktiver Umgang ausbleiben. Die Tatsache, dass ein Kunde einen Fehler meldet, Fehler aber in der Null-Fehler-Kultur nicht vorkommen dürfen, kann bei den Mitarbeitern zu Dissonanz führen. Mitarbeiter »wehren« sich dann gegen die Information und der konstruktive Umgang und die Verbesserung des Prozesses bleiben aus (Michel, Bowen & Johnston, 2009, S. 263).

Mit einem Fehler muss sich das Unternehmen auch dann auseinandersetzen, wenn er objektiv nur in der Wahrnehmung des Kunden existiert. Da sowohl Dienstleister als auch Kunden an der Erstellung der meisten Dienstleistungen beteiligt sind, können Fehler also auch dann entstehen, wenn auf Seiten des Dienstleisters objektiv alles korrekt lief. Eine Unterscheidung in berechtigte und unberechtigte Beschwerden, die hierauf aufbaut, verschärft das Problem weiter. Mitarbeiter könnten versucht sein, den Kunden spüren zu lassen, dass der Fehler auf Kundenseite gemacht wurde und es sich aus Sicht des Unternehmens um eine unberechtigte Beschwerde handelt. Auch hieraus kann sich eine abwehrende Haltung entwickeln, obwohl das Problem in Zukunft durch eine Anpassung des Prozesses, bessere Kommunikation oder aktive Gestaltung der beiderseitigen Erwartungen verhindert werden könnte.

Exkurs: Prozesse und Gerechtigkeit

Verschiedene Gerechtigkeitsprinzipien lassen sich unterscheiden (Lotz, Gollwitzer, Streicher & Schlösser, 2013, S. 18 ff.). In Bezug auf Prozesse sind insbesondere die prozedurale Gerechtigkeit – der Prozess selbst – sowie die distributive Gerechtigkeit – die Ergebnisse, die sich daraus ergeben – relevant:

- **prozedurale Gerechtigkeit:** Hierbei geht es um das Verfahren, das zu einem Ergebnis führt. Dieses sollte gerecht und transparent sein. Allgemein akzeptiert ist z. B., dass die Person, die am längsten gewartet hat, als nächstes bedient wird.
- **distributive Gerechtigkeit:** Hierbei geht es um die Ergebnisse von Aufteilungsentscheidungen. Diese können entweder absolut gleich verteilt sein (Equality) oder gemäß dem individuellen Input der einzelnen Parteien (Equity) oder nach den Bedürfnissen der Empfänger (Need). Meist wird das Equity-Prinzip angewendet, wobei jeder ein Ergebnis auf Basis seines persönlichen Einsatzes erhalten soll (z. B. des gezahlten Preises). Interessant ist, dass Kunden ungleiche absolute Ergebnisse durchaus akzeptieren, wenn andere z. B. einen höheren Preis bezahlt haben oder schon länger Mitglied sind (Treue-Rabatt oder weitere Vorteile für Stammkunden).

Menschen reagieren mit starken negativen Emotionen auf wahrgenommene Ungerechtigkeit (Gresser, 2007, S. 25). D. h., eine Verletzung der Gerechtigkeitsprinzipien kann zu einer Ablehnung der Ergebnisse, des Prozesses insgesamt sowie zu einer negativen Bewertung der handelnden Personen bzw. des gesamten Unternehmens führen. Diese negativen Emotionen müssen zunächst abgebaut werden, damit der Kunde wieder offen ist für eine inhaltliche Lösung des Problems (Michel, Bowen & Johnston, 2009, S. 255 f.).

Erhält ein Kunde durch einen bestimmten Prozess also nicht das, was ihm seiner Ansicht nach zusteht, oder werden andere, ihm ähnliche Personen innerhalb des Prozesses bevorzugt, kann dies schnell zu Problemen führen, die eine Fortführung der Kundenbeziehung ernsthaft gefährden. Überall dort, wo sich ein Kunde innerhalb des Prozesses ungerecht behandelt fühlt, kann es besser sein, den Prozess sofort zu verlassen. Wenn es sich nicht um ein Kommunikationsproblem handelt, das zur Wahrnehmung der Ungerechtigkeit führte, hilft eine Wiederholung einzelner Schritte oder des Gesamtprozesses wenig, da das wieder zum gleichen Ergebnis führen wird. An dieser Stelle ist es wichtig zu erwähnen, dass Kunden nicht nur negativ darauf reagieren, wenn sie selbst schlecht behandelt werden, sondern auch darauf, wenn Dritte ungerecht behandelt werden (Gresser, 2007). Wären Menschen nicht an der gerechten Behandlung Dritter interessiert, ließe sich unter anderem der Erfolg von Fair-Trade-Produkten nicht schlüssig erklären. Hierbei ist es noch nicht einmal nötig, dass sie diese ungerechte Behandlung selbst beobachten. Die Vermutung, dass andere im Rahmen der Erstellung eines Produktes oder einer Dienstleistung ungerecht behandelt wurden, reicht völlig aus, um negative Emotionen entstehen zu lassen. Aufgrund negativer Emotionen können Kunden verschiedene Handlungen ausführen, die dem Unternehmen schaden (schlecht über das Unternehmen sprechen, nicht wiederkommen und nicht wieder kaufen, sabotieren usw.). Kundenorientierte Unternehmen sollten also auch aus diesem Grund für positive Emotionen bei ihren Kunden sorgen und sich darüber bewusst sein, dass weitere Personen die Handlungen des Unternehmens aufmerksam beobachten.

8.2.6 Interessieren sich die Kunden für Prozesse?

Stellen Sie sich vor, Sie hatten gerade einen Autounfall – nur Blechschaden – und nun wollen Sie den Schaden der Versicherung melden. Wollen Sie wirklich alles wissen, was in diesem Zusammenhang im Versicherungskonzern abläuft, oder genügt es Ihnen, wenn man Sie über *Ihre* nächsten Schritte informiert, was *Sie* nun tun müssen und was auf *Sie* zukommt?

Manche Unternehmen sind offensichtlich der Ansicht, dass Kunden sich für ihre Prozesse interessieren. Davon ist unserer Erfahrung nach eher nicht auszugehen. Kunden wünschen eine klare Information darüber, was der Status quo ihres Anliegens in Bezug auf dessen Lösung ist, was sie als nächstes tun müssen und wann sie mit welchem Ergebnis rechnen können. Das sollte nicht mit einem Interesse für die Prozesse des Unternehmens verwechselt werden.

Menschen nutzen für komplexere Abläufe sogenannte Skripte, das sind allgemeine Wissensstrukturen, »die sich auf zeitlich gestaffelte Abläufe von Handlungen in bestimmten Situationen [...] beziehen« (Fischer & Wiswede, 2009). Sie betreffen nicht nur den Umgang mit Produkten, sondern z. B. auch die Interaktion zwischen Kunde und Unternehmen (Trommsdorff & Teichert, 2011, S. 85). Ein ganz typisches Skript ist das Restaurant-Skript: Restaurant betreten, Tisch wählen, Begrüßung, Getränke wählen, Speisen wählen, essen, zahlen, gehen.

Eine Unterscheidung zwischen B2B- und B2C-Kunden ist unserer Ansicht nach hier allerdings sinnvoll (Töpfer, 2008). Firmenkunden denken ebenfalls in Prozessen, können daher eher eine qualifizierte Einschätzung vornehmen und sind evtl. daran interessiert, die Prozesse miteinander zu verknüpfen. Es kann für beide Seiten interessant sein, dass die jeweiligen Prozesse und deren Schnittstellen aufeinander abgestimmt werden, weil hierdurch effizienter gearbeitet werden kann. Ggf. ist es für den Kunden auch interessant, bestimmte Daten aus dem Prozess des Dienstleisters zu erhalten oder sogar in den Erstellungsprozess tiefer integriert zu werden. Daher ist bei B2B-Kunden ein höheres Interesse an den Prozessen zu erwarten. Töpfer (Töpfer, 2008, S. 204) weist zudem darauf hin, dass sich B2C- und B2B-Kunden in Bezug auf Nutzen und Wert von Dienstleistungen insoweit unterscheiden, als für B2B-Kunden hauptsächlich ökonomische Faktoren interessant sind, während bei B2C-Kunden in stärkerem Maß auch auf emotionale Faktoren geachtet werden muss.

Bei B2C-Kunden ist also davon auszugehen, dass sich die Kunden eher weniger für die Prozesse der Dienstleistungserstellung interessieren, so lange alles glatt läuft. Unter folgenden Voraussetzungen ist ein geringeres Interesse des B2C-Kunden an den Prozessen anzunehmen:

- Der Kunde kennt die Dienstleistung und den Dienstleister.
- Der Kunde vertraut dem Dienstleister.
- Die Erstellung der Dienstleistung erfolgt im Einklang mit dem Skript des Kunden.
- Grundsätzliche Bedürfnissen des Kunden (Selbstwert, Sicherheit, Gerechtigkeit) werden berücksichtigt.
- Es liegt kein besonders hohes Interesse oder Involvement vor.

Gesteigertes Involvement kann dann vorliegen, wenn es sich um eine für den Kunden sehr wichtige Dienstleistung handelt (z. B. eine bevorstehende Operation) oder er sich explizit für den Prozess der Erstellung interessiert.

Dienstleister können positiv auf die Kundenzufriedenheit einwirken, indem sie bei neuen Dienstleistungen bzw. bei einer Veränderung von Prozessen den Kunden aktiv passende Skripte vorgeben und diese ggf. sogar schulen.

> An verschiedenen **Flughäfen** laufen Videofilme, die das Vorgehen an der Sicherheitskontrolle erklären. Dort werden die einzelnen Schritte visuell dargestellt. Auf diese Weise können Skript und Prozess in Einklang gebracht werden. Häufig ist an Flughäfen nur eine Warteschlange und die Wartenden werden dann auf verschiedene Kontrollpunkte verteilt. Da diese Form der Warteschlange in Deutschland noch eher unüblich ist – im Gegensatz zu den USA – muss das Verhalten der Menschen durch eindeutige

> Umfeldgestaltung in Form von Abgrenzungen gesteuert werden. Auch dies kann als Versuch gewertet werden, ein Verhalten zu etablieren, das dem bisher eingesetzten Warte-Skript – jeder sucht sich eine Sicherheitsschleuse aus, die alle eigene Warteschlangen haben – widerspricht.

8.3 Verbesserung der Prozesse

Die stark an Prozessen ausgerichtete Serviceerstellung darf nicht dazu führen, dass das Unternehmen erstarrt. Mit der Einführung der Prozesse muss also auch die kontinuierliche Weiterentwicklung etabliert werden. Einen grundsätzlichen Widerspruch zwischen Prozess und Innovation sehen wir nicht, es kommt auf die individuelle Ausgestaltung an. Im Gegenteil: Handlungsanweisungen und Prozessbeschreibungen sollten dynamisch, spätestens zu fixierten Zeitpunkten, überprüft und ggf. angepasst werden.

8.3.1 Maßnahmen zur Prozessoptimierung

Das Ziel jeder Optimierungsmaßnahme sollte eine stärkere Ausrichtung am Kunden sein. Im Falle von B2B-Kunden bedeutet das, dass sich das Unternehmen an den Prozessen im Kundenunternehmen ausrichtet, ggf. sogar eine stärkere Form der Integration wählt (z. B. Dialog über die Leistungserstellung, Bereitstellung von Daten) (Töpfer, 2008, S. 205). Im Falle von B2C-Kunden heißt das, sich auf die vorhandenen Skripte zu beziehen, wenn Unternehmensprozesse verändert werden, oder den Kunden in geeigneter Weise neue Skripte anzubieten.

Eine Optimierung des Prozessdesigns kann durch verschiedene Maßnahmen erreicht werden (Schmelzer & Sesselmann, 2008, S. 154 ff):
- Entfall von Aktivitäten, z. B. der Wegfall der wiederholten Abfrage von Kundennummern und weiteren Informationen und Bereitstellung über zentrale Informationssysteme beim telefonischen Kundenservice von Mobilfunkanbietern.
- Beschleunigung von Aktivitäten, z. B. bei der Rückgabe eines Mietwagens durch EDV-unterstützte Abläufe und Funkübertragung von Informationen.
- Zusammenlegung von Aktivitäten, z. B. im First-Level-Support einer Versicherung, sodass eine hohe Erstlösungsquote erreicht wird.
- Automatisierung von Aktivitäten, z. B. Bargeldabhebungen am Automaten anstatt am Schalter.
- Verlagerung von Aktivitäten auf frühere oder spätere Prozessschritte oder an den Kunden, z. B. Versand und Empfang von Paketen über die DHL-Packstationen.
- Veränderung der Aktivitätenreihenfolge, z. B. anstatt den Kunden zuerst eindeutig zu identifizieren, wird bei einigen Shopping-Kanälen zunächst die Bestellung eingetragen, damit das Produkt für den Kunden »reserviert« wird, der gerade in der Leitung ist.
- Parallelisierung von Aktivitäten, z. B. während ein Kunde am Telefon ist und bereits inhaltlich an seinem Problem gearbeitet wird, werden seine Daten im System aktualisiert bzw. vervollständigt.

- Vereinheitlichung der Verantwortung, z. B. ist bei vielen Unternehmen derjenige Mitarbeiter für die Lösung einer Beschwerde gegenüber dem Kunden zuständig, der die Beschwerde auch angenommen hat (Complaint Ownership) (Stauss & Seidel, 2007, S. 142 f. & 200 f.). Dieser Mitarbeiter übernimmt dann auch als einziger die Kommunikation mit dem Kunden, damit dieser nicht mit mehreren Ansprechpartnern zu tun hat (»one face to the customer«).
- Arbeit in interdisziplinaren Teams, z. B. arbeiten bei der ALSCO Berufskleidungs-Service GmbH im Kundenservice Innendienst, Außendienst und Fahrer sowohl räumlich als auch funktionell in einem Team, um die Anliegen der Kunden zu lösen.
- Leistungsmessung. Auf die Wichtigkeit der interaktionsnahen Messung von einzelnen Aktivitäten und ganzen Prozessketten wird im Kapitel 10 »Systematische Qualitätsmessung« eingegangen. Es gilt, dass eine Steuerung nur stattfinden kann, wenn bekannt ist, wo man steht, wo man hin will und wie man dorthin gelangt. Dafür müssen Messpunkte und Kennzahlen für die Veränderung erhoben werden.

8.3.2 Kontinuierlicher Verbesserungsprozess

So, wie Kundenorientierung eine grundlegende Einstellung ist, kann die daraus abgeleitete Prozessoptimierung kein singuläres Ereignis sein. Die stetige Veränderung der Kundenbedürfnisse muss bei einem kundenorientierten Unternehmen zwangsläufig zu einem kontinuierlichen Verbesserungsprozess (kurz: KVP) sowohl für die Kern- als auch für die Unterstützungs- und Steuerungsprozesse führen. Ansonsten ist mit einer schleichenden Abweichung der Prozessergebnisse von den Kundenbedürfnissen zu rechnen. Konsequent ist es, wenn die Prozessentwicklung als Meta-Prozess in Form eines KVP festgeschrieben wird.

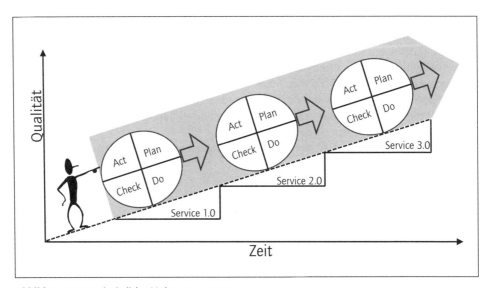

Abbildung 44: Kontinuierlicher Verbesserungsprozess

Wichtig ist, dass die Verbesserungszyklen geschlossen sind und regelmäßig durchlaufen werden (z. B. Problem definieren, messen, analysieren, verbessern, kontrollieren) (Schmelzer & Sesselmann, 2008, S. 376 ff. & 393 f.). Die neuen Lösungen führen dann zu einer Veränderung am Prozess und ggf. zu einer Anhebung der Standards. Alle Mitarbeiter sind für die Prozesse verantwortlich, nicht nur die Mitarbeiter einer Abteilung, wie auch immer diese Abteilung heißt, z. B. Qualitätsmanagement, Prozesse, Process & Quality. Ein kontinuierlicher Verbesserungsprozess ist keine Aufgabe eines Teams, sondern des Unternehmens insgesamt und Teil der gelebten Kultur der Kundenorientierung und des ständigen Lernens. Alle stellen Informationen bereit und arbeiten im Rahmen ihrer Möglichkeiten mit.

8.4 Praxisbeispiele

8.4.1 Geschlossene Managementkreisläufe

Ein Versicherungsunternehmen, mit dem wir zusammen arbeiten, hat über alle Prozesse einen Meta-Prozess gelegt, der die kontinuierliche Verbesserung im Unternehmen beschreibt. Dort sind im Rahmen von jährlichen Zyklen feste Schritte zur Qualitätsverbesserung festgelegt. Der Messung und Analyse folgt die Ableitung von Maßnahmen und deren Umsetzung. Im Anschluss wird der Umsetzungsgrad gemessen und alles in einem Bericht festgehalten. Unter Vorstandsbeteiligung wird so sichergestellt, dass frühere Maßnahmen weiter verfolgt werden, bis der gewünschte Erfolg eingetreten ist. Sämtliche früheren Maßnahmen werden jährlich wieder auf den Prüfstand gestellt und bezüglich ihrer Umsetzung bewertet.

8.4.2 Speed-Button

In einigen Unternehmen konnten wir beobachten, dass einzelne Geschäftsvorfälle aus dem »normalen« Prozess genommen und beschleunigt bearbeitet wurden. Hierfür sind Kapazitätsreserven nötig, damit der »normale« Prozess nicht darunter leidet. Vorteil dieser bevorzugten Behandlung ist, dass dort verstärkt auf das Kundenbedürfnis nach Geschwindigkeit reagiert werden kann, wo es besonders wichtig ist. Fälle, in denen dies für Kunden besonders interessant sein könnte, sind u. a.:
- Der beschleunigte Abschluss bestimmter Versicherungsverträge noch vor dem Urlaub.
- Bereitstellung von Telefon, Internet, Strom oder Wasser nach Umzug in eine neue Wohnung oder Haus.
- Beschleunigtes Verfahren beim Beantragen eines Passes (ja, auch Behörden sind Dienstleister und agieren zunehmend kundenorientiert).
- Express-Zustellung bei Paketdiensten.

Diese Leistungen können zur Kundenbindung eingesetzt und ggf. kostenlos für die Kunden bzw. bestimmte Kunden angeboten werden. Genauso ist aber auch vorstellbar, dass die höhere Zahlungsbereitschaft der Kunden für diese besondere Behandlung auch abgeschöpft wird (vgl. z. B. Amazon Prime, das zunächst als kostenpflichtiges Servicepaket mit beschleunigtem Versand gestartet ist).

8.4.3 Vorstands-Alarm

Ein weiteres Instrument, das wir in der Praxis beobachten konnten, ist ein direkter Kontaktkanal zum Vorstand, der speziell für Probleme im Prozessablauf eingerichtet wurde. Sobald ein Mitarbeiter ein Problem in einem Kundenprozess feststellt, soll er einen Vorstandsalarm auslösen. Diese Fälle sind durch die direkte Anbindung an den Vorstand mit der nötigen Macht zur Veränderung ausgestattet. Von der Managementaufmerksamkeit ist dieser Weg vergleichbar mit der Reißleine, mit der Mitarbeiter in der japanischen Autoindustrie das Fließband bei Qualitätsmängeln oder -fehlern anhalten können.

8.4.4 Feedback-Schleife

Einige Unternehmen messen nicht nur kontaktpunktbezogen, sondern bilden die Customer Journey nach, messen die Zufriedenheit entlang der Kundenreise durch das Unternehmen und beziehen diese Daten auch auf die Prozesse. Auf diese Weise können auch prozessbezogene Kennzahlen erhoben werden, die Aufschluss über die Prozessqualität aus Kundensicht geben. Diese Kennzahlen können internen Kennzahlen (z. B. Erreichbarkeit oder Wartezeit aus der Telefonanlage, Liegezeiten von Anfragen im Ticket-System) gegenübergestellt werden und so zu einer Anpassung von Service-Level-Agreements genutzt werden.

8.5 Fazit: Prozesse für konstant hohe Servicequalität

Konstant hohe Servicequalität ist ohne Prozesse und Automatisierung kaum zu erreichen. Wichtig ist, dass Unternehmen die dynamischen Anteile ihrer Leistungserstellung von den (temporär) statischen trennen können. Bei den statischen Anteilen ist der Grad der Automatisierung zu maximieren, um auf diese Weise Ressourcen für die anspruchsvollen und komplexen dynamischen Anteile frei zu bekommen. Je nach Dienstleistung sind vollautomatisierte Prozesse und eine daraus folgende hohe Effizienz eine Ursache für Kundenzufriedenheit, ggf. sogar Begeisterung. Eine gute Passung und das flexible Eingehen auf dynamische und individuelle Bedürfnisse der Kunden ist mit Sicherheit eine große Quelle für Kundenbegeisterung. Schlechte Leistungen bei statischen und repetitiven Aufgaben sind Verschwendung und verärgern Kunden. Überall dort, wo Kunden keinen Wert auf persönlichen Kontakt legen und automatisierbare Aufgaben vorliegen, sollten Unternehmen Maschinen einsetzen, denn sie liefern vorhersehbare und konstante Ergebnisse zu günstigen Kosten. Überall dort, wo Kunden Wert auf persönlichen Kontakt legen, sollten Unternehmen gut ausgebildete und kundenfreundliche Mitarbeiter einsetzen. Sind diese Aufgaben standardisierbar, können den Mitarbeitern Prozesse vorgegeben werden. Dynamische Anteile müssen aber stets außerhalb der Prozesse abgewickelt werden, da sonst die Prozesse ihre Kraft und ihre Eleganz verlieren (Wohland & Wiemeyer, 2012, S. 86).

8.6 Checkliste »Akribische Arbeit an den Prozessen«

- Die kundenorientierte Gesamtstrategie bildet den Rahmen für die Prozesse im Unternehmen.
- Die dynamischen Anteile des Geschäfts sind bekannt.
- Die dynamischen Anteile sind von den statischen Anteilen getrennt und nur für die statischen Anteile wurden Prozesse definiert.
- Das (Top-)Management achtet auf kundenorientierte Prozesse und deren Einhaltung.
- Die Ergebnisse der (Teil-)Prozesse können schlüssig aus der Strategie abgeleitet werden.
- Die Prozesse werden vom Kunden her gedacht.
- Die Prozesse sind über Teilbereiche und Abteilungen hinweg definiert und werden so aus Kundensicht ohne Brüche durchlaufen.
- Kunden sind bei der Weiterentwicklung der Kundenprozesse beteiligt.
- Mitarbeiter mit Kundenkontakt sind an der Weiterentwicklung der Kundenprozesse beteiligt.
- Die Kundenbewertungen relevanter Merkmale werden an den Kundenkontaktpunkten entlang der Prozesse regelmäßig erhoben.
- Dem Kunden wird der Bearbeitungstand seines Anliegens mitgeteilt.
- Die Prozesse entsprechen den bekannten Verhaltensskripten der Kunden und die Kunden werden hinreichend über die Abläufe und die von ihnen erwarteten nächsten Tätigkeiten Informiert.
- Mitarbeiter können zum Wohle des Kunden auch Entscheidungen außerhalb der Prozesse treffen.
- Das Unternehmen nutzt übersichtliche Prozessbeschreibungen und verständliche übergeordnete globale Handlungsanweisungen.

9 Technische Systeme als Rückgrat

Moderne technische Systeme sind aus Kundenbeziehungen nicht mehr wegzudenken. Im Gegenteil, selbst da, wo eine Mensch-zu-Mensch-Beziehung im Vordergrund steht, ist es sehr wahrscheinlich, dass diese im Hintergrund von einem technischen System unterstützt wird. Kundenorientierung kommt ohne Technik nicht mehr aus, allerdings muss darauf geachtet werden, dass die technischen Systeme kundenorientiert eingesetzt werden.

Unter technischen Systemen verstehen wir z. B. Maschinen, Automaten bzw. Soft- und Hardware, die Prozesse unterstützen, oder vollständig eigenständig Prozesse, Teilprozesse oder einzelne Aufgaben ausführen (Automatisierung). Beispiele für solche technischen Systeme sind: Geldautomaten, Getränkeautomaten, Fahrkartenautomaten, Telefonanlagen mit IVR, CRM-Systeme, Ticket-Systeme in Unternehmen.

Prozesse sind also die notwendige Bedingung für die Automatisierung und die Nutzung technischer Systeme, da hier Input, Output sowie die Be- bzw. Verarbeitungslogik definiert sein müssen. Prozesse können von Menschen oder von technischen Systemen ausgeführt werden. Wie im Kapitel Prozesse beschrieben, wird, beginnend bei einem definierten Ausgangszustand, durch Ausführung des Prozesses ein bestimmter Endzustand erreicht. Dieser Endzustand unterscheidet sich bei korrekter Ausführung des Prozesses nicht, egal, ob ein Mensch oder eine Maschine den Prozess ausgeführt hat. Diese Tatsache sollte jedoch nicht darüber hinwegtäuschen, dass in der Wahrnehmung durch einen Kunden erhebliche Unterschiede auftreten können, je nachdem ob er einen Menschen erlebt hat oder ob er vorrangig mit einer Maschine konfrontiert war.

Für den Einsatz technischer Systeme spricht, dass sie verlässlich und stabil zu immer gleichen Endergebnissen kommen. Vielerorts ist der Einsatz technischer Systeme außerdem deutlich günstiger als der Einsatz von Mitarbeitern. Nachteilig ist, dass die flexible Reaktionsfähigkeit eines Menschen durch Maschinen auf absehbare Zeit nicht erreicht werden kann. Bei definierten Prozessen kann auf die technische Unterstützung zugegriffen werden, frei werdende Ressourcen können dann bindungssteigernd im persönlichen Kundenservice eingesetzt werden. So werden die Vorteile der Technik und die der Menschen im Kundenservice miteinander verbunden.

Der automatische Apotheker

Ein Beispiel hierfür sind die Kommissionierungsautomaten, die immer häufiger in Apotheken eingesetzt werden. Die Vorteile für den Apotheker liegen auf der Hand (Weisgerber, 2004):
- Einsparungen durch geringere Mitarbeiterzahl, geringere Kapitalbindung aufgrund niedrigerer Lagerstände, Zeitersparnis bei Lieferung neuer Medikamente, Platzersparnis bei höherer Lagerkapazität
- Sicherheit durch automatischen Check der eingelieferten Medikamente auf Basis von bekannten Informationen wie Größe und Gewicht von Packungen
- Transparenz über Lager durch Anschluss des Kommissionierungsautomaten an das Lagerhaltungssystem

Die spannendere Frage in diesem Zusammenhang ist die nach dem Nutzen für den Kunden. Dieser soll darin liegen, dass der Apotheker nun beim Kunden bleibt, ihm die ganze Zeit zuhören kann und dass die Beratung nicht unterbrochen wird. Dies ist dann ein Beispiel für die Nutzung von frei werdenden Ressourcen für die Kundenberatung und -bindung.

> Die Nutzung von Systemen rund um Apotheken hat hier allerdings nicht aufgehört. Mittlerweile gibt es Automaten, die ähnlich aussehen wie Geldautomaten, nur eben für Medikamente (CareFusion Germany 326 GmbH, 2015). Hier können auch nach Schließung der Apotheke noch Medikamente erworben werden, der Apotheker kann sich per Videokonferenz zuschalten und so eine Beratung durchführen. Die deutsche Rechtsprechung hat in der Vergangenheit häufig gegen eine Ausgabe von (rezeptpflichtigen) Medikamenten an Automaten geurteilt, u. a. weil die Echtheit des am Automaten eingescannten Rezepts nicht zuverlässig überprüft werden könne. Die Ablehnungsgründe sind hier weniger beim Verbraucherschutz oder bei fehlender Kundenfreundlichkeit zu suchen als vielmehr bei Dokumentations- und Prüfpflichten der Apotheker (openJur e. V.). Ob die Apothekenkunden bereit sind, ganz auf den Apotheker zu verzichten oder ihnen eine Zuschaltung per Video ausreicht, kann noch nicht abschließend bewertet werden. Es ist jedoch davon auszugehen, dass je individueller und schwerwiegender der Beratungsbedarf ist, eher eine 1:1-Interaktion mit einem Apotheker aus Fleisch und Blut gesucht wird.

9.1 Einsatzorte technischer Systeme: sichtbar oder unsichtbar für den Kunden

Betrachtet man den Einsatzort technischer Systeme aus Kundenperspektive, nimmt ihre direkte Wirkung mit steigender Entfernung zum Kunden bzw. ihrer Sichtbarkeit ab. Wir bedienen uns bei der Einteilung der Einsatzorte der Systematik aus dem Service-Blue-Printing. Bei dieser Art der grafischen Darstellung komplexer (Dienstleistungs-)Prozesse werden u. a. die Interaktionslinie und die Sichtbarkeitslinie unterschieden (Fließ, 2001, S. 45; Shostack, 1984, S. 135). Als Interaktionslinie werden die Punkte bezeichnet, an denen eine Interaktion zwischen dem Kunden und dem Unternehmen stattfindet. Aktivitäten seitens des Unternehmens, die für den Kunden vor der Sichtbarkeitslinie liegen, sind für ihn sichtbar, die dahinter nicht. Da davon auszugehen ist, dass der Einsatz technischer Systeme neben dem direkten Einfluss (Erstellung der gewünschten Leistung) auch einen indirekten Einfluss (unterschiedliche Wahrnehmung von Menschen und Maschinen) auf den Kunden hat, ist es relevant, ob der Kunde das technische System wahrnimmt. Ist der Einsatz unsichtbar und der Kunde darüber nicht informiert, hängt die Bewertung vor allem vom Ergebnis ab. Wird das technische System für den Kunden sichtbar, spielen neben dem reinen Endergebnis (Antrag bearbeitet) auch andere Aspekte eine gewichtige Rolle (z. B. »Wurden meine speziellen Umstände bei der Ablehnung ausreichend gewürdigt?« oder »Wenn mein Antrag von einer Maschine bearbeitet wurde, hat ggf. ein Mensch hier seine Arbeitsstelle verloren?«). Dort, wo keine individuellen Ansprüche des Kunden an das Ergebnis des Prozesses gerichtet werden, spricht aus Kundensicht nichts gegen eine Automatisierung.

9.1.1 Technische Systeme an der Interaktionslinie

Verschiedene technische Systeme werden direkt in der Kundeninteraktion eingesetzt, häufig ersetzen sie dann die Interaktion mit einem Mitarbeiter des Unternehmens vollständig.

Hier gibt es u. a. folgende Möglichkeiten:
- Informations- und Kommunikationssysteme:
  - IVR (Interactive Voice Response: Sprachdialogsysteme, mit deren Hilfe z. B. über das Telefon mit einem technischen System eines Unternehmens kommuniziert werden kann),
    ... die das Anliegen des Kunden vorqualifizieren, um bei hohem Andrang die weitere Bearbeitung zu beschleunigen
    ... die nach einem Telefonat automatisch eine Kundenbefragung durchführen
    ... die Bestellungen von Kunden aufnehmen
  - (Interaktive) Wissens- und Informationssysteme, die online oder telefonisch gezielt Wissen zur Verfügung stellen und in gewissem Umfang auf Fragen der Kunden reagieren können
  - Online-Self-Services, die es dem Nutzer erlauben, Vertrags- oder Stammdaten selbstständig zu verändern
  - Korrespondenz-Management-Systeme, die (teil-)selbstständig auf E-Mails oder Briefe von Kunden antworten
- Technische Systeme zur Beratung
  - Virtueller Berater (Avatar), der Anliegen bearbeiten kann und wenn nötig an einen Mitarbeiter mit entsprechenden Qualifikationen weiterleitet
  - Roboter, die zur Beratung eingesetzt werden
- Technische Systeme im Verkauf (Sales)
  - Fahrkartenautomat
  - Getränkeautomat
  - Pfandautomaten zur Rückgabe von Getränkebehältern
  - Selbst-Scan-Kassen, die vom Kunden bedient werden
- Technische Systeme zur Betreuung (After-Sales)
  - Online-Self-Services, die durch Registrierung eine Garantieverlängerung ermöglichen
  - Login-Bereiche, wo Kunden spezielle Funktionen abrufen können, wie z. B. interaktives Material zu Büchern

Flugreise 2015

Die Grafik zeigt, wo Reisende heute schon überall auf technische Systeme treffen können. Genauer gesagt ist eine Flugreise heute schon möglich, ohne viel Kontakt zu Mitarbeitern der beteiligten Unternehmen zu haben. Selbst der Check-in und die Schlüsselausgabe in manchen Hotels erfolgt bereits ohne Anwesenheit von Mitarbeitern.

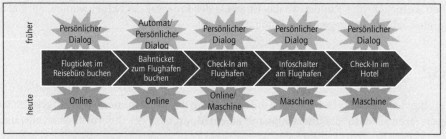

Abbildung 45: Einsatz technischer Systeme: Flugreise früher und heute

Verschiedentlich sieht man, dass trotz des Einsatzes technischer Systeme Mitarbeiter vor Ort sind. Dies kann dann sinnvoll sein, wenn das technische System neu ist und die Kunden den Umgang damit erst noch lernen müssen. Sie kennen z. B. den Ablauf an einer von einem Mitarbeiter betriebenen Kasse, wissen aber nicht, was sie in welcher Reihenfolge an einer Selbst-Scan-Kasse tun müssen. Diese neuen Skripte müssen zunächst gelernt werden, bevor sie selbstständig angewendet werden können. Dazu kommt ggf. noch die soziale Kontrolle, die dazu führen soll, dass die Kunden nichts »vergessen«, wenn sie die Ware selbst scannen. Die (psychologischen) Effekte der Kontrolle durch einen Menschen lassen sich nur teilweise durch die Beobachtung mit einem technischen System nachbilden. Ein anderer Grund, warum neben dem technischen System weiterhin Mitarbeiter zum Einsatz kommen, kann darin bestehen, dass die technischen Systeme nicht richtig funktionieren, zu komplex sind oder dass sie in ihrer derzeitigen Form vom Kunden nicht akzeptiert werden. Hier ist das Unternehmen gefragt, technische Geräte und dahinterliegende Prozesse so zu überarbeiten, dass Kunden die Geräte Nutzen bringend einsetzen können. An anderer Stelle wurde bereits darauf hingewiesen, dass sich die dynamischen Anteile von Aufgaben nicht sinnvoll in Prozesse überführen lassen. Die Automatisierung eines schlecht durchdachten Prozesses wird nicht zu einem exzellenten Serviceerlebnis für die Kunden führen und vermutlich auch nicht dazu beitragen, Kosten zu sparen. Um die Kundenorientierung dennoch halbwegs gewährleisten zu können, müssen fähige Mitarbeiter automatisierte Prozesse flankieren und ggf. Kunden bei der Bedienung von Maschinen unterstützen.

9.1.2 Technische Systeme hinter der Interaktionslinie, aber sichtbar für den Kunden

Technische Systeme können auch rein auf Seiten des Anbieters zur Unterstützung einer Dienstleistung eingesetzt werden. Meist sind diese Systeme zwar sichtbar für den Kunden, die Interaktion findet aber mit einem Mitarbeiter statt, der dann das System bedient.
Beispiele sind hier:
- ein Kassensystem, das vom Mitarbeiter bedient wird
- ein Ticket-System, in das der Mitarbeiter Kundenanliegen einträgt
- die Kundenmaske eines CRM-Systems, wo gemeinsam Eintragungen überprüft werden

Einige dieser technischen Systeme können zur Unterstützung kundenorientierter Serviceleistungen beitragen. Sie tun dies aber nicht durch ihre bloße Anwesenheit, sondern durch die Einbettung in ein kundenorientiertes Gesamtkonzept und in der Anwendung durch kundenorientierte Mitarbeiter. Ein CRM-System z. B. ist zunächst einmal eine Software bzw. eine Datenbank. In der Datenbank werden (Kunden-)Informationen (»Herr Müller hat sich am 01.07 über unseren Service beschwert«, »Herr Müller besitzt ein Haus«, »Herr Müller hat am 1.3.1965 Geburtstag«) gespeichert. In der Nutzung durch geschulte, kompetente und kundenorientierte Mitarbeiter wird aus diesen Informationen Wissen. Aus diesem Wissen heraus können sinnvolle Handlungen abgeleitet werden, wie z. B. die Durchführung eines Anrufs zum Geburtstag oder ähnliches. Ein CRM-System kann seine Wirkung nur entfalten, wenn es in ein Unternehmen eingebettet ist, das aktiv an der Beziehung zu seinen Kunden arbeiten will. Wir stellen manchmal fest, dass ein CRM-System für manche Unternehmen zur Grundausstattung gehört (genau wie »Marktforschung«), die angeschafft wird, ohne dass die Einstellung im Unternehmen dazu passt oder dass eine Idee besteht, was damit erreicht werden soll. Überall dort, wo CRM auf die Soft- und Hardware reduziert wird, werden CRM-Projekte nicht den gewünschten Erfolg bringen. Aus unserer Sicht ist CRM in erster Linie ein Kultur- und Einstellungsthema, damit in zweiter Linie ein Personalthema und erst in dritter Linie ein IT-Thema. Im Idealfall folgt also der Prozess der Strategie, die auf den Kunden ausgerichtet ist, und die Maschine bildet den Prozess ab. Häufig wird genau umgekehrt verfahren, indem ein fertiges CRM-System gekauft wird. Dann wird das System rudimentär an die Gegebenheiten im Unternehmen angepasst und wo es nicht passt, da werden die Prozesse an das technische System angepasst. Irgendwo unterwegs geht dann die Kundenorientierung verloren.

Der zweite Fall, der hier kurz beleuchtet werden soll ist das »Ticket-System«. Hierunter werden technische Systeme zur Nachverfolgung der Erledigung von Aufgaben verstanden. Hat ein Mitarbeiter ein Soft- oder Hardwareproblem, schreibt er ein Ticket für die IT-Abteilung, die sich um das Problem kümmert und danach das Ticket schließt. Ein solches System kann sowohl sichtbar für den Kunden als auch unsichtbar – als reines Unterstützungssystem für den Mitarbeiter – genutzt werden. Für das Unternehmen ergeben sich viele Vorteile aus der Nutzung von Ticket-Systemen zur Unterstützung von Service-Prozessen. Die Prozessschritte können einzeln kontrolliert und gesteuert werden, Liegezeiten und Durchlaufzeiten können gemessen und transparent gemacht werden. In der Praxis zeigt sich allerdings häufig, dass bei der Einrichtung eher auf die Bedürfnisse der Unterstützungsprozesse geachtet wird als auf die Bedürfnisse derer, die nahe am Kunden dessen Anliegen bearbeiten. Dies kann sich in umständlichen und überladenen Eingabemasken oder einer Vielzahl an abgefragten Informationen oder in der unübersichtlichen Art der Darstellung von Antworten auf die Serviceanliegen äußern. Manchmal können sowohl Mitarbeiter als auch Kunden Tickets anlegen, bzw. sie werden automatisch angelegt, sobald ein Kunde über eine Kontaktmaske Kontakt mit dem Unternehmen aufgenommen hat. Grundsätzlich sollte die Regel gelten, dass derjenige, der das Anliegen oder die Beschwerde vorbringt, auch der einzige ist, der ein Anliegen oder eine Beschwerde für endgültig bearbeitet erklären kann. Zwei Punkte sind besonders wichtig: 1. Ein Ticket-System löst keine Anliegen, sondern das tun die Mitarbeiter, 2. Ein Anliegen ist dann erledigt, wenn es aus Kundensicht erledigt ist, sollte dieser Zeitpunkt nicht mit dem Schließen des Tickets zusammen fallen, muss am Ticket-System gearbeitet werden. Wir haben verschiedene Unternehmen gesehen, wo das Auseinanderfallen entweder ignoriert wurde oder wo dem Kunden erklärt wurde, dass definitionsgemäß das Anliegen mit dem Schließen des Tickets erledigt sei. Die Kunden sahen das anders.

9.1.3 Technische Systeme hinter der Sichtbarkeitslinie

Bei den technischen Systemen, die hinter der Sichtbarkeitslinie eingesetzt werden, ist davon auszugehen, dass sie vom Kunden in erster Linie anhand der Ergebnisse beurteilt werden. Häufig weiß der Kunde hier gar nicht, dass er Kontakt mit einer Maschine hatte.

An dieser Stelle ist auch die klassische Dunkelverarbeitung angesiedelt. Dies sind Prozesse, die hinter der Sichtbarkeitslinie vollständig automatisch durchgeführt werden.

Hierzu gehören viele Vorgänge im Versicherungs- und Finanzdienstleistungsbereich. Der Kunde erhält dann z. B. ein automatisch erstelltes Schreiben, auf dem vermerkt ist, dass es auch ohne Unterschrift gültig ist. Ein Kunde wird nichts dagegen haben, solange sein Anliegen durch den Automaten erledigt wurde.

> Eine E-Mail an den technischen Service eines großen **Discount-Händlers** wurde mir mit einer Standardantwort beantwortet. In der automatisch erstellten E-Mail waren 10 häufig gestellte Fragen beantwortet, die alle nicht meiner Frage entsprachen. Im Anschluss schickte ich eine zweite E-Mail mit der ursprünglichen Frage und der Frage, was die erste E-Mail sollte. Darauf erhielt ich eine inhaltliche Antwort von einem Mitarbeiter. Dennoch war ich etwas irritiert.

Wenn ein Unternehmen ein automatisches E-Mail-Programm einsetzt, sollte es darauf achten, dass es passgenau arbeitet. Einige Systeme haben mittlerweile beachtliche Erkennungsraten. Bei allen Zweifelsfällen sollte umgehend ein Mensch die Bearbeitung übernehmen.

9.1.4 Technische Systeme in der Interaktion C2C

Eine besondere Subgruppe bilden die technischen Systeme/Self-Services, die zwar von Unternehmen bereitgestellt, aber ausschließlich in der Interaktion von Kunden untereinander genutzt werden. Dies sind z. B. Foren im Internet, in denen sich Kunden untereinander austauschen können. Bei manchen Unternehmen wird sogar so weit gegangen, dass Kunden andere Kunden beraten. Auf diese Weise kann das Unternehmen Ressourcen einsparen. Außerdem kann so ggf. eine bessere Passung zwischen dem Problem und der Antwort bzw. Beratung erreicht werden, da die Kunden möglicherweise »die gleiche Sprache sprechen« und der beratende Kunde das Problem für sich schon einmal gelöst hat. Unternehmen müssen hier jedoch aufpassen, dass die Konversation rechtlich unbedenklich bleibt und bei Falschberatung, Beleidigungen, etc. eingreifen.

9.2 Strategische Gedanken zu technischen Systemen

Die Frage, ob an der Schnittstelle zum Kunden technische Systeme eingesetzt werden sollten, ist eine strategische Frage. Wir sehen in technischen Systemen eine sinnvolle und notwendige Ergänzung zum individuellen Service durch Menschen. Ziel sollte eine starke Automatisierung von unterstützenden Prozessen bei gleichzeitiger maximaler Emotionalisierung und Individualität im direkten Kundenkontakt sein. D. h. je näher ein technisches System an der Interaktionslinie liegt, desto genauer müssen die Bedürfnisse der Kunden berücksichtigt werden. Ein Unternehmen, das Kundenorientierung zu seiner DNA zählt, muss den Kontakt zu seinen Kunden suchen und nicht vollständig abgeben. Das schließt vollständiges Outsourcing genauso aus, wie die vollständige Automatisierung. Nur in der Interaktion mit den eigenen Kunden und Mitarbeitern kann ein Unternehmen wahrnehmen, was die Kunden und Mitarbeiter bewegt und in welche Richtung sich die Dienstleistungen und Produkte entwickeln sollten (Gloger & Margetich, 2014, S. 4). Auch die Akzeptanz technischer Systeme bei den Mitarbeitern ist zu berücksichtigen.

9.2.1 Effektivität und Effizienz

Technische Systeme unterstützen, wenn sie richtig eingesetzt werden, sowohl die Effektivität (»die richtigen Dinge tun«) als auch die Effizienz (»die Dinge richtig tun«). Durch die Bereitstellung von Produkten und Dienstleistungen über technische Systeme kann die Effektivität positiv beeinflusst werden:
- mehr Kontaktkanäle
- ausgeweitete Öffnungszeiten
- Bereitstellung vor Ort
- Bereitstellung zur Wunschzeit des Kunden

Auch die Effizienz kann bei richtigem Einsatz technischer Systeme zunehmen, indem bestehende Prozesse durch Automatisierung günstiger durchgeführt werden können oder indem aufgrund gleichbleibender Qualität weniger Fehler passieren.

Häufig werden die Ziele aber verfehlt, weil entweder die angebotenen technischen Lösungen nicht den Erwartungen von Kunden oder Mitarbeitern entsprechen oder weil die Ausführung mangelhaft ist. Schlechte technische Systeme können dann schnell zu höheren Kosten, größerem Aufwand und zur Verärgerung von Kunden und Mitarbeitern führen. Technische Probleme können im Extremfall der Grund für den Abbruch der Kundenbeziehung sein (Hsieh, 2005, S. 79).

9.2.2 Einsatz technischer Systeme in Abhängigkeit von Nutzen und Lernen

Hier ist die Frage zu stellen, welche Kundenkontakte sich überhaupt für eine Automatisierung eignen. Manche Kontakte sind aus Sicht des Kunden sehr wichtig und eilig bzw. wertvoll für den Kunden, da er sich aus dem Kontakt ggf. mehr verspricht als die reine Erledigung eines Anliegens. Bei anderen Kontakten steht für den Kunden die Erledigung eines Routineanliegens im Vordergrund. Interessante Hinweise darauf, welche Kundenanliegen automatisch bearbeitet werden können, liefert die Value-Irritant-Matrix (Price & Jaffe, 2008, S. 59 f. eigene Übersetzung, Hervorhebung nicht im Original, s. Abbildung 46).

Hier werden Kundenkontakte aus Sicht der Kunden und des Unternehmens jeweils in wertvolle oder störende Kontakte unterteilt:
- *Wertvoll für den Kunden* sind Kontakte, aus denen er Informationen oder Unterstützung ziehen kann oder die dazu führen, dass er Geld spart. Die Liste der wertvollen Kontakte lässt sich erweitern auf alle Kontakte, die dem Kunden einen echten Nutzen stiften bzw. ein Bedürfnis befriedigen. Aus unserer Sicht zählen hier also auch solche Kontakte dazu, die den Selbstwert des Kunden erhöhen oder andere psychologische Bedürfnisse (z. B. Nähe, Sicherheit) befriedigen können. So kann es für einsame Menschen durchaus wertvoll sein, sich am Telefon mit einem Call-Center-Agent zu unterhalten.

	Wertvoll Lernen, Kundenbindung erhöhen, Kosten senken, Erträge steigern	Vereinfachen, zugrunde liegende Prozesse verbessern	Ausbauen und zur Kundenbindung nutzen, hier Ressourcen nutzen, die aus den anderen drei Feldern frei werden
Für das Unternehmen	Störend Keine positiven Effekte für das Unternehmen	Beseitigen durch Ursache-Wirkungs-Analysen und Entwicklung passender Services	**Automatisieren** Online- bzw. IVR-Self-Services schaffen oder durch proaktive Ansprache vermeiden
		Störend Kunde würde gerne auf die Interaktion verzichten	Wertvoll Unterstützung, interessante Informationen, Geld sparen, Selbstwert erhöhen
		Für den Kunden	

Abbildung 46: Kundenkontakte und die Value-Irritant-Matrix

Wir kennen Menschen, die sich mit solchen Interaktionen auf langen Autofahrten die Zeit vertreiben. Auch die gute alte Wursttheke, die vielerorts durch Kühltruhen ersetzt wurde, hat eine soziale Funktion. Dort kann man sich austauschen, die Fleschereifachverkäufer um Tipps bitten und Fragen zu den Produkten stellen.

- *Störend für den Kunden* sind im Gegensatz dazu alle Kontakte, die der Kunde gerne vermeiden möchte, zu denen er aber für einen reibungslosen Ablauf der Dienstleistung oder einen ordnungsgemäßen Gebrauch des Produktes gezwungen wird, wie z.B. die Online-Registrierung von Software im Internet, das Melden des Kilometerstandes an die KFZ-Versicherung, die Meldung des Zählerstandes an Strom- oder Wasserunternehmen. Hier verzichten die meisten Kunden gerne darauf, lange in einer Warteschleife zu hängen, um dann einem Mitarbeiter am anderen Ende der Leitung lange Zahlenkolonnen durchzusagen.
- *Wertvoll aus Sicht des Unternehmens* sind solche Kontakte, die dazu beitragen, die Kundenbindung zu erhöhen oder aus denen das Unternehmen etwas lernen kann. Hierdurch können Kosten gesenkt und Erträge gesteigert werden. Dies können z.B. Hinweise auf komplizierte Prozesse sein oder Wünsche des Kunden, die über das bisherige Angebot des Unternehmens hinausgehen und die auch für andere Kunden interessant sein könnten.
- *Störend aus Sicht des Unternehmens* sind die Kontakte, die keine positiven Effekte mit sich bringen, das Unternehmen also nur Geld und andere Ressourcen kosten, ohne dass wertvolle Informationen in das Unternehmen gelangen, die Kundenbindung gesteigert wird oder weiterer Umsatz generiert werden kann. Viele Fragen, die anfangen mit »wo finde ich...« oder »wie funktioniert...« oder »wann bekomme ich...« sind aus Sicht des Unternehmens nicht wertvoll. Durch proaktive Kommunikation oder geeignete Hinweise innerhalb von Self-Services könnten diese Kontakte vermieden werden.

In erster Linie werden hier diejenigen Prozesse zur Automatisierung empfohlen, die für den Kunden wertvoll und für das Unternehmen i. S. der Value-Irritant-Matrix störend sind. Hierunter fallen viele der Serviceleistungen, die auch heute schon in Kundenportalen oder offen im Internet angeboten werden:

- Abfragen von Kontodaten, Vertragsinformationen, Verbräuchen etc.
- Anforderung von Bestätigungen, Rechnungskopien
- Einsehen von Prozessständen, wie z. B.: Wo ist mein Paket?
- Abfrage von Wartezeiten, Verfügbarkeiten, Öffnungszeiten etc.
- Anmeldungen für Veranstaltungen oder Check-in
- FAQ-Seiten mit häufig gestellten Fragen (»Wie funktioniert...«, »Wo finde ich...«)

Es muss allerdings beachtet werden, dass nicht für alle Menschen die gleichen Kontakte wertvoll oder störend sind. Während es für einen Berufstätigen gar nicht schnell genug gehen kann und der persönliche Kontakt im Hintergrund steht, ist es für einen Rentner vielleicht Teil der Tagesbeschäftigung, sich an der einen oder anderen Stelle länger mit dem Servicepersonal zu unterhalten. Es macht ihm nicht nur nichts aus, dass es länger dauert, es macht ihm sogar Freude. Die sehr unterschiedlichen Präferenzen verschiedener Menschen werden z. B. daran deutlich, dass es neben zahlreichen Fast-Food-Restaurants auch die Slow-Food-Bewegung gibt, der die industrielle Massenfertigung von Essen und die möglichst schnelle Befriedigung des Nahrungsbedürfnisses fremd sind.

Es muss auch beachtet werden, dass viele Kundenanliegen so individuell sind, dass sie sich für eine Bearbeitung im Rahmen eines Prozesses nicht eignen und daher auch für eine Automatisierung nicht in Frage kommen. Neben der Einteilung der Value-Irritant-Matrix ist also die Frage zu stellen, ob ein Anliegen grundsätzlich für eine Automatisierung geeignet ist.

Schwach frequentierte Login-Bereiche mit Self-Services

Datenschutz ist aus rechtlicher sowie aus Kundensicht ein wichtiges Thema. Dennoch sollten sich Unternehmen genau überlegen, welche Services sie ausschließlich nach erfolgter Identifikation anbieten wollen und welche sich evtl. auch in den offenen Bereich verschieben lassen. Bei Energieversorgern ist es üblich, dass wenn der Zählerstand durch den Kunden nicht an das Unternehmen übermittelt wird, eine Rechnung mit einem geschätzten Zählerstand an den Kunden gesendet wird. Erhebt dieser Einspruch, wird die Rechnung mit dem dann übermittelten Zählerstand korrigiert. Die Zählerstandsabfrage wird bei vielen Energieversorgern im geschlossenen Bereich (login) durchgeführt. Wenn nach Versand der Rechnung an den Kunden ohnehin eine Korrektur stattfinden kann, könnte man die Abfrage des Zählerstandes auch gleich in den offenen Bereich verschieben, denn die negativen Folgen einer Falscheingabe – z. B. durch einen schlechtgesinnten Dritten – wären die gleichen, wie bei fehlendem Zählerstand – eine neue Rechnung mit dem korrekten Zählerstand müsste versendet werden. Das gilt unseres Erachtens auch für den Kilometerstand in der KFZ-Versicherung. Der Versuch, einen schlecht laufenden Login-Bereich durch die Verlagerung von Self-Services in den geschlossenen Bereich aufzuwerten, wird von den Kunden sicher nicht honoriert. Viele Kunden vergessen ihre Passwörter für Login-Bereiche, die sie nicht häufig besuchen (z. B. bei Versicherern, Energieversorgern). Die Wiederherstellung des Passwortes etc. ist dann ein Zusatzaufwand und ein Kontakt mit dem Unternehmen, auf den der Kunde sicher gerne verzichtet hätte.

9.2.3 Automatisierung versus Individualisierung

Bei automatischer Verarbeitung bzw. dem Einsatz technischer Systeme ist Individualisierung nur im Sinne von Mass Customization möglich. Einzelne Kunden erhalten durch Automaten durchaus auf sie zugeschnittene Lösungen (z. B. eine Fahrkarte für eine Fahrt in der 2. Klasse der Deutschen Bahn von Köln nach Freiburg am Freitag um 15:00 Uhr). Diese Leistungen erhält aber jeder andere genauso, der die gleichen Angaben am Automaten macht. Es handelt sich um ein homogenes Gut bzw. eine homogene Dienstleistung. Einige Produkte und Dienstleistungen eignen sich aus diesem Grund eher für einen automatischen Verkauf und andere weniger. Die Dienstleistungen eines Arztes oder Architekten oder Friseurs werden wohl noch eine Weile von Menschen angeboten werden, da hier keine homogenen Güter oder Dienstleistungen gehandelt werden, die im Vorfeld vollständig beschrieben werden können. Gerade bei Dienstleistungen, die für ihr Gelingen besonders stark auf eine aktive Teilnahme des Kunden und eine geeignete Reaktion des Dienstleisters angewiesen sind, werden die Herausforderungen für eine Automatisierung noch lange hoch sein. Eine Beicht-Maschine wird ihren Zweck nicht erfüllen können, genauso, wie medizinische Diagnoseseiten im Internet von vielen skeptisch gesehen werden (ServiceRating GmbH, 2015).

> Ein **Friseur** ist mit der Herausforderung konfrontiert, dass manche Kunden ausschließlich zum Haareschneiden zu ihm kommen. Andere möchten sich ausgiebig unterhalten und dabei die Haare geschnitten bekommen. Wieder andere wollen in Ruhe die Zeitschriften lesen, die sie zuhause nicht abonnieren würden. Eine Maschine wäre sicherlich in der Lage, einen akkuraten Haarschnitt durchzuführen, aber sie würde sich nicht so in den Kunden hineinversetzen können, um alle seine Bedürfnisse zu befriedigen und sich z. B. nach dem kranken Hund oder dem Enkel erkundigen oder vollständig still sein, wenn der Kunde das wünscht. Das gleiche gilt für einen **Wirt**. Es ist sicherlich so, dass insbesondere Bier und Softdrinks zuhause gleich gut und deutlich billiger getrunken werden können. Die Unterhaltung mit dem Wirt ist aber nicht zu ersetzen. Verschiedene Bars, wo sich die Kunden ihr Bier am Tisch mit einer Wertkarte selbst zapfen konnten, haben sich unseres Wissens nicht durchgesetzt, der Grund könnte im mangelnden persönlichen Service zu suchen sein.

Alles, was als Prozess vollständig beschrieben werden kann, kann grundsätzlich auch automatisiert werden. Prozess bedeutet ja, dass feststehende Aufgaben durch eine definierte Logik miteinander verknüpft sind, aus festgelegten Inputs also bestimmte Outputs erstellt werden. Was ist aber mit den Fällen, die keiner definierten Logik folgen? Diese Fälle sind besonders spannend, denn hier können fähige Mitarbeiter echten Kundenservice vollbringen. Diese Fälle weisen eine höhere Komplexität auf, da sie individuelle oder dynamische Bedürfnisse betreffen. Hier liegt für Unternehmen die Chance zu zeigen, wie gut sie wirklich sind.

9.2.4 Kundenzufriedenheit und Loyalität durch Automatisierung

Können Kunden durch technische Systeme begeistert werden? Führt der Einsatz von Technik zu Loyalität oder steht er ihr entgegen? Kunden haben gewisse grundsätzliche Erwartungen an Unternehmen bei der Erledigung ihrer Anliegen. Dies sind u. a.: Schnelligkeit, Mobilität, Flexibilität und Individualität (Simmet, 2013). Überall dort, wo technische Systeme zur Erfüllung dieser Erwartungen beitragen, ist eine Steigerung der Kundenzufriedenheit möglich und die Grundlage für Loyalität geschaffen. Technische Systeme werden insbesondere dazu beitragen, wenn sie einfach und verfügbar sind und die Unabhängigkeit der Nutzer unterstützen (ServiceRating, 2015).

9.2.5 Vorbehalte von Kunden gegenüber technischen Systemen im Kundenservice

Der Einsatz von Maschinen – insbesondere dann, wenn sie für den Kunden sichtbar sind – hat neben den gewünschten Effekten auch ggf. nicht erwünschte Effekte auf die Kundenbeziehung (z.B. negative Attributionen, Gerechtigkeitsurteile, Wahrnehmung mangelnder Individualität). Dies dürfte umso stärker der Fall sein, wenn der Kunde meint, dass nur das Unternehmen vom Einsatz des technischen Systems profitiert, er aber nicht, z.B. wenn er den Eindruck hat, dass es an der Selbst-Scan-Kasse genauso lange dauert wie an der Kasse mit einem Mitarbeiter. Wenn aus seiner Sicht auch sonst keine Vorteile (z.B. Preisnachlass) damit verbunden sind, wird er dieses System nicht nutzen und ggf. sogar eine geringere Meinung vom Anbieter ausbilden.

Eine von ServiceRating durchgeführte deutschlandrepräsentative Online-Befragung von N=1030 Personen ergab, dass viele technische Systeme im Service zwar bekannt sind, manche von ihnen aber nur von einem Teil der »Kenner« genutzt werden (ServiceRating, 2015). Auf die Frage, warum sie einen bestimmten Service nicht nutzten, gaben viele als wichtigsten Grund den fehlenden Personenkontakt an. Dies war z.B. der Fall für Selbst-Scan-Kassen, virtuelle Berater (Avatare), Paketstationen, Check-in-Automaten am Flughafen und Online-Flugbuchungen. Ein weiterer wichtiger Grund, der häufig genannt wurde, war mangelnde Freude an Automaten.

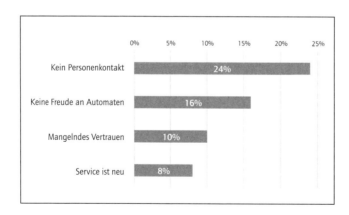

Abbildung 47: Gründe für die Nicht-Nutzung von Selbst-Scan-Kassen (Eigenstudie ServiceRating, 2015)

Ebenfalls zeigte sich, dass für die Dienstleistungen, die das Wort »Beratung« im Namen haben, von den Befragten eher angegeben wurde, dass diese schlechter durch Maschinen durchgeführt werden können. Diese Befunde lassen sich gut mit der oben genannten Value-Irritant-Matrix erklären.

> Die Rückgabe einer Pfandflasche ist für den Kunden weder ein besonderes Erlebnis, noch mit tief greifenden Erkenntnissen verbunden. Auch aus Sicht des Unternehmens gibt es an dieser Stelle wenig zu erfahren und auch die Kundenbindung lässt sich wohl kaum steigern. Im Gegensatz dazu ist für eine gute seelsorgerische oder medizinische Beratung eine vertrauensvolle (Kunden-)Beziehung eine Voraussetzung. Vertrauen und Empathie sind sehr wichtig und daher eine Automatisierung (heute) ausgeschlossen.

Hier muss berücksichtigt werden, dass es sich bei den weniger geeigneten auch um komplexe Services handelte. Dennoch lässt sich festhalten, dass zum heutigen Stand eine Beratung aus Sicht der Kunden eher durch einen Menschen als durch eine Maschine durchzuführen ist (Finanzberatung, Kaufberatung für Kleidung/Bücher/Elektronik, seelsorgerische Beratung, medizinische Beratung). Der Grund dürfte darin liegen, dass Menschen nicht darauf vertrauen, dass eine Maschine ihre individuelle Situation ausreichend berücksichtigen kann.

> Wenn es während eines Fluges brenzlig wird, schaltet der Pilot den Autopiloten aus und greift selbst zum Steuerknüppel, und auch im Finanzbereich gab es schon vollständig von Computern kontrollierte Finanzanlagen, die dann aber mangels Nachfrage und trotz guter Performance wieder eingestampft wurden.

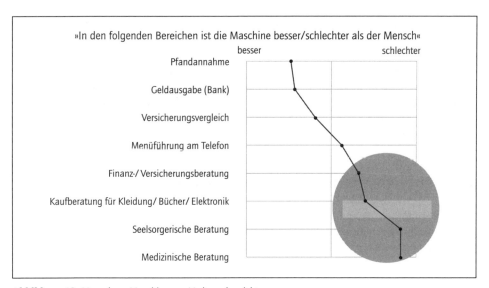

Abbildung 48: Mensch vs. Maschine aus Verbrauchersicht

Für den Einsatz technischer Systeme eignen sich aus Sicht der Befragten eher Themen, die risikofrei, einfach, billig sind. Darüber hinaus sollten sie wenig persönlich und nicht mit Leben und Gesundheit verbunden sein (Eigenstudie ServiceRating, 2015). Wenig verwunderlich vermeiden Menschen Technologie, wenn sie sich bei deren Nutzung unwohl fühlen. Ob Menschen mit der Nutzung von technischen Services zufrieden sind, hängt von ihrer Bereitschaft zur Nutzung technischer Systeme ab (Technology Readiness) (Lin & Hsieh, 2007, S. 1607; Parasuraman & Colby, 2015; Parasuraman, 2000).

9.3 Voraussetzungen für kundenorientierte technische Systeme

9.3.1 Geeignete Prozesse für die Automatisierung auswählen

Zunächst muss geprüft werden, ob sich eine Dienstleistung bzw. der dahinter liegende Prozess überhaupt für eine Automatisierung eignet. Geeignet sind Prozesse, die geringe dynamische Anteile aufweisen, sich also häufig in gleicher Art wiederholen. Außerdem sind nur solche Prozesse automatisierbar, bei denen keine ausschließlich menschlichen Fähigkeiten (Empathie, Verstehen, Intuition, Fantasie, menschliche Wärme) die Qualität des Ergebnisses beeinflussen. Ein »gutes Gespräch« wird man noch lange Zeit nur mit einem Menschen führen können, daher wird es eine automatische Psychotherapie oder eine »Beicht-App« so bald nicht geben.

Damit ein technisches System Nutzen stiftend eingesetzt werden kann, müssen folgende Punkte beachtet werden:

Das technische System bzw. der automatische Service...

- passt zur Gesamtstrategie (Hsieh, 2005, S. 81),
- wird im Unternehmen breit unterstützt,
- passt zu Lebensstil und Eigenschaften der Zielkundengruppe,
- entspricht dem Skript bzw. dem gelernten Prozess aus Kundensicht (Giebelhausen, Robinson, Sirianni & Brady, 2014, S. 115) oder lässt sich leicht erlernen,
- berücksichtigt die persönlichen Merkmale der Kundengruppe (Technikaffinität, Alter, Ausbildung, Geschlecht etc.).

9.3.2 Akzeptanz technischer Systeme und Services

Führt ein Unternehmen einen automatisierten Prozess, Self-Service oder ein unterstützendes technisches System in der Kundeninteraktion ein, empfiehlt es sich, diese Einführung breit zu kommunizieren und zu erklären. Der technische Service sollte vorgeführt werden und es sollten Interaktionsmöglichkeiten mit dem Service-Personal geschaffen werden (Hsieh, 2005, S. 79 f.).

> In dieser Hinsicht hat die **Deutsche Bahn AG** vieles richtig gemacht, als sie verstärkt auf die Möglichkeiten der Ticketautomaten hingewiesen hat. Über einen längeren Zeitraum waren an vielen Bahnhöfen Servicemitarbeiter neben den Ticketautomaten platziert, um Kunden bei der Bedienung zu helfen.

Als wichtige Faktoren für die Akzeptanz von technischen Self-Services auf der Kundenseite wurden die Rollenklarheit, die (extrinsische) Motivation und die wahrgenommene

Fähigkeit, den Service bedienen zu können, untersucht (Meuter, Bitner, Ostrom & Brown, 2005). Einen guten Überblick über verschiedene weitere Einflussfaktoren auf das Ausprobieren und die Nutzung von technischen Self-Services bieten Meuter et al. (Meuter, Bitner, Ostrom & Brown, 2005, S. 65 f.). Außerdem muss darauf geachtet werden, dass der Einsatz des technischen Systems nicht das bestehende Skript stört oder den Kunden dazu zwingt z. B. gegen Konversationsnormen zu verstoßen (Giebelhausen, Robinson, Sirianni & Brady, 2014). Das kann dann der Fall sein, wenn der Mitarbeiter mit dem Kunden ständig Augenkontakt hält und auch weiter mit ihm spricht, während der Kunde seine Geheimzahl für die Bezahlung mit der EC-Karte in den Kartenleser eintippt. Die Eingabe der Geheimnummer hält ihn dann davon ab, den Augenkontakt und das Gespräch zu erwidern, was der Kunde ggf. als unangenehm empfindet. Der Mitarbeiter sollte das berücksichtigen und sich entsprechend verhalten. Auch in Beratungssituationen können entsprechende Hinweise, wie z. B. »das können wir uns jetzt gemeinsam auf dem Monitor ansehen«, helfen die Situation so zu steuern, dass kein unangenehmes Gefühl entsteht.

9.3.3 Maßnahmen für das Management

Das Unternehmen sollte:
- Die Bedürfnisse in Bezug auf das technische System erfragen und erforschen (Hsieh, 2005, S. 80 f.).
- Vor der Einführung auf ein geeignetes (Service) Design achten. Verschiedene (qualitative) Verfahren zur Testung vor während und nach der Einführung sollten eine Selbstverständlichkeit sein (Stickdorn & Schneider, 2012).
- Technische Systeme möglichst einfach halten (Simon & Usunier, 2007, S. 170).
- Das technische System ausführlich erläutern, vorführen und grafisch darstellen (Simon & Usunier, 2007, S. 170). Neue Verhaltensweisen, die vom Kunden erwartet werden (Skripte/Prozesse), sollten ausführlich beschrieben und ggf. mit dem Kunden eingeübt werden. Wenn der Kunde nicht weiß, was er tun muss, wird er ein technisches System nicht nutzen. Der Anbieter muss für Rollenklarheit sorgen (Meuter, Bitner, Ostrom & Brown, 2005, S. 64) und über die Erläuterungen und Vorführungen die Fähigkeiten bzw. Selbstwirksamkeit der Kunden erhöhen (Fischer & Wiswede, 2009, S. 72 f.).

> Bei der Einführung neuer Körperscanner an der Sicherheitsschleuse am **Flughafen** führen die Mitarbeiter die Kunden über Hinweise: »Stellen Sie sich bitte in die Schleuse und halten Sie die Hände 3 Sek. lang über ihren Kopf mit den Handflächen nach vorne...«

- Das technische System bewerben und bekannt machen (Hsieh, 2005, S. 81).
- Den Kunden die Möglichkeit geben, das technische System risikofrei auszuprobieren. Auf diese Weise kann die wahrgenommene Selbstwirksamkeit (Fischer & Wiswede, 2009, S. 72 f.) erhöht werden bzw. der Glaube daran, eine Tätigkeit auch ausführen zu können (Fähigkeit) (Meuter, Bitner, Ostrom & Brown, 2005, S. 64). Im Internet kann z. B. ein besonderer Bereich für Erstnutzer angeboten werden (Meuter, Bitner, Ostrom & Brown, 2005, S. 78).

- Den Kunden die Wahl zwischen einem technischen System und einem anderen Kanal lassen. Kunden trotz der möglichen Widerstände in ein technisches System zu drängen, wird sich negativ auf die Effektivität (Kunde weicht vollständig aus bzw. kündigt) und Effizienz (Kunde benötigt weitere Unterstützung über andere Kanäle) auswirken. Außerdem wird die Kundenzufriedenheit leiden (Hsieh, 2005, S. 82).
- Anreize für die Nutzung schaffen, also die Motivation erhöhen. Der größte Anreiz für den Kunden werden Spaß bei der Nutzung (intrinsisch) sowie Vorteile (spart Geld, Zeit, Nerven) sein (extrinsisch) (Meuter, Bitner, Ostrom & Brown, 2005, S. 78). Diese Vorteile müssen dem Kunden erläutert werden (Hsieh, 2005, S. 81).
- Den Kunden darüber informieren, wo er sich gerade im Rahmen des Prozesses befindet und ihm Rückmeldung über bereits vollzogene und weitere Schritte geben (Simon & Usunier, 2007, S. 170).

> Bei **Reisebuchungen im Internet** ist es z. B. mittlerweile selbstverständlich, dass der Gesamtprozess dargestellt und die einzelnen Schritte erläutert werden (z. B. bei der Deutschen Bahn: »Suche« – »Auswahl« – »Ticket & Optionen« – »Zahlung« – »Prüfen & Buchen« – »Bestätigung«). Auf den einzelnen Seiten finden sich erklärende Hilfsangebote in Form von Fragen (Deutsche Bahn AG, 2015).

- Das Risiko für Fehlfunktionen minimieren, indem z. B. Füllstände von Automaten oder die Abnutzung von Verschleißteilen automatisch überwacht wird (z. B. das Papier in Kontoauszugsdruckern oder der Geldvorrat in Geldautomaten).
- Mitarbeiter bereitstellen, die im Falle einer Fehlfunktion schnell eingreifen können. Gerade bei neuen Services ist dies unbedingt nötig, denn wenn nicht schnell geholfen und vor Ort gelöst und entschädigt wird, war die Erstnutzung häufig auch die letzte, und auf diese Weise kann selbst ein eigentlich gutes technisches System scheitern (Hsieh, 2005, S. 81).
- Die Möglichkeit zum Austausch mit anderen Kunden bieten, z. B. ein C2C-Forum, wo Kunden von anderen Kunden lernen können (Meuter, Bitner, Ostrom & Brown, 2005, S. 78).
- Die kontinuierliche Verbesserung des technischen Systems als Ziel haben (Hsieh, 2005, S. 81).

9.4 Künstliche Intelligenz und die Zukunft der technischen Systeme

Verschiedene technische Systeme verfügen schon heute über das, was man als künstliche Intelligenz bezeichnet. Diese Maschinen können – heute noch auf einfache Art und Weise – mit Menschen interagieren. Es ist jedoch zu erwarten, dass sich diese Möglichkeiten in der Zukunft deutlich erweitern werden.

> Zur Olympiade 2020 in Japan sollen in der japanischen **Tokyo-Mitsubishi-Bank** Roboter eingesetzt werden, die mit dem Kunden sprechen können, und das in 19 verschiedenen Sprachen. Der Roboter soll dann Anliegen entweder selbst lösen oder an einen Kundenberater vermitteln können. Er soll sogar in

> der Lage sein, die Stimmung der Interaktionspartner zu erkennen, indem eine Software die Bilder seiner Kamera entsprechend auswertet (Kempkens, 2015).
> Bereits seit einigen Jahren existiert Software, mit deren Hilfe Essays bzw. Studienarbeiten automatisch bewertet werden können. Die Software »lernt« aus einer gewissen Anzahl von Bewertungen, die ein Mensch vornimmt, das Bewertungsschema und wendet es dann auf die restlichen Arbeiten an. Die Software erzielt nach einer vergleichsweise kurzen Einarbeitungszeit bereits sehr ähnliche Ergebnisse, wie die Prüfer aus Fleisch und Blut (Markoff, 2013).
> Neue technische Systeme »unterstützen« beim Schreiben von E-Mails. Aufgrund von Informationen über den Empfänger, die aus seiner Online-Präsenz bezogen werden, errechnen sie den Kommunikationsstil und geben Hinweise, wie eine E-Mail am besten verfasst werden sollte. Sie schlagen konkrete Wörter oder Formulierungen vor, die den Effekt beim Empfänger verstärken sollen.

Diese Entwicklungen lassen darauf schließen, dass sich im Bereich der technischen Systeme und Services noch einiges tun wird. Unserer Ansicht nach werden aber persönlicher Service und technische Systeme auch zukünftig Hand in Hand gehen, denn viele Prozesse lassen sich nicht sinnvoll automatisieren, oder Kunden legen Wert auf persönlichen Service. Hier wird es – genau wie bei der Aufschrift »Handarbeit« auf Produkten – auch bei Services zukünftig Bedarf nach nicht automatisierter Abwicklung geben. Unter der Voraussetzung, dass eine hinreichend persönliche Beziehung besteht, ist es einem Kunden nämlich nicht egal, ob der Filialleiter der Bank die Weihnachtskarte persönlich unterschrieben hat oder ob es sich lediglich um einen Aufdruck handelt.

9.5 Checkliste »Technische Systeme als Rückgrat«

- Das Unternehmen bietet technische Systeme, die zur Gesamtstrategie passen.
- Das Unternehmen achtet darauf, dass die technischen Systeme zum Beratungs- und Betreuungskonzept passen.
- Das Unternehmen achtet darauf, dass die technischen Systeme zu den Abläufen und Kundenskripten passen.
- Das Unternehmen denkt bei der Entwicklung technischer Systeme vom Kunden her und richtet die Systeme bei der Implementierung am Kunden aus.
- Das Unternehmen untersucht mögliche negative und positive Nebeneffekte der technischen Systeme regelmäßig.
- Das Unternehmen bietet alternative Angebote zu technischen Systemen in der Kundeninteraktion.
- Das Unternehmen bietet Möglichkeiten, den automatisierten Prozess zu verlassen.
- Das Unternehmen erläutert den Kunden technische Systeme hinsichtlich ihres Nutzens.
- Das Unternehmen erklärt den Kunden die Nutzung der technischen Systeme ausreichend und verständlich.
- Mitarbeiter stehen bereit, falls technische Systeme im Kundenservice ausfallen oder der Kunde persönlich bedient werden möchte.
- Das Unternehmen untersucht die Wirkung der eingesetzten technischen Systeme auf die Kunden regelmäßig.

- Die Self-Services und technischen Systeme erfüllen messbar die Kundenbedürfnisse.
- Das Unternehmen nutzt Ressourcen, die durch den Einsatz technischer Systeme frei werden, mindestens zum Teil für kundenbindende Maßnahmen.
- Das Unternehmen entwickelt die technischen Systeme und dahinterliegenden Prozesse kontinuierlich und systematisch weiter.

10 Systematische Qualitätsmessung

10.1 Grundlagen

10.1.1 Ziele der Messung

Kundenorientierte Unternehmen verfolgen mit systematischer Qualitätsmessung das Ziel, ihre Services und Produkte sowie ihre Kundenbeziehung insgesamt zu optimieren. Sie erfragen und erfassen kontinuierlich auf allen Ebenen und an allen Kontaktpunkten, wie die eigene Leistung von Kunden und Mitarbeitern wahrgenommen und bewertet wird. Kundenorientierte Unternehmen messen ihre Qualität sowohl bei ihren Kunden als auch innerhalb des Unternehmens (Management, Mitarbeiter) (Meffert & Bruhn, 2012, S. 195), machen dort allerdings nicht Halt. Kundenorientierte Qualitätsmessung in unserem Sinne heißt:

1. zu fragen und zuzuhören, wenn Kunden ihre positive und negative Meinung über Services, Produkte, Prozesse und das Unternehmen im Allgemeinen äußern und darauf zu reagieren.
2. auf die positiven und negativen Äußerungen der Mitarbeiter, des Managements und der Geschäftspartner zu hören und sie zu beherzigen.
3. sich für die Meinung derer zu interessieren, die nicht oder nicht mehr Kunde sind sowie für die Wahrnehmung des Unternehmens durch die »breite Öffentlichkeit«.
4. im Unternehmen Fehler zu analysieren und die Ursachen zu erforschen, um u. a. Verschwendung und Doppelarbeit zu vermeiden.
5. Prozesskennzahlen zu analysieren, um die Effektivität und Effizienz der Kundenprozesse zu erhöhen.

Mit systematischer Qualitätsmessung meinen wir die Erhebung objektiver und subjektiver Daten zum Unternehmen bei allen für das Unternehmen relevanten Personen. Neben vielen Informationen, die von alleine und gratis ins Unternehmen gelangen (Kundenrückmeldungen und Beschwerden, Fehlerrückmeldungen von technischen Systemen), muss auch kontinuierlich und zielgerichtet vom Unternehmen selbst unter Aufwendung von Ressourcen gefragt und gemessen werden. Es wird also bei einer systematischen Qualitätsmessung die vollständige Kette der Einflussfaktoren und ihrer Wirkungen auf die Kundenwahrnehmung betrachtet.

> Kundenorientierte Unternehmen messen alle Einflussfaktoren und Wirkungen ihres Handelns bei allen beeinflussenden und betroffenen Akteuren.

Die operativen Ziele müssen so konkret sein, dass man ihnen messbare Kennzahlen zuordnen kann. Für jedes Ziel muss die Frage gestellt werden: Woran erkenne ich, dass ich meinem Ziel ein Stück näher gekommen bin? Lässt sich diese Frage nicht beantworten, ist das Ziel vermutlich noch nicht konkret genug formuliert.

Die den Zielen zugeordneten Kennzahlen sollen dann gemessen werden (quantitative Betrachtungsweise). Dort, wo Ziele noch nicht vollständig klar sind und Kundenbedürfnisse noch nicht vollständig verstanden wurden, können qualitative Verfahren die

Bedürfnisse und Wirkungszusammenhänge beleuchten und die Ableitung von Untersuchungshypothesen unterstützen (Diekmann, 2008, S. 531).

Um eine Verbesserung in Bezug auf die Ziele zu erreichen, müssen die gewonnenen Daten analysiert und die Erkenntnisse im Unternehmen verbreitet werden. Messung, Analyse, Bericht und Ableitung von Maßnahmen sind Vorgänge, die miteinander gleichberechtigt gedacht und durchgeführt werden müssen. Nur gemeinsam und ausgewogen unterstützen sie das Ziel einer Optimierung der Qualität. Um diese Ziele zu erreichen, wird Expertise in der Durchführung der Marktforschung benötigt. Mit der falschen Methode, den falschen Fragen an die falschen Kunden, einer fehlerhaften Auswertung und schlechten Berichtlegung wird sich die Qualität im Unternehmen ggf. noch verschlechtern. Maßnahmen auf der Basis solcher Marktforschung können nur zufällig richtig sein.

Eine systematische Qualitätsmessung ist auf die Ziele des Unternehmens ausgerichtet: Welche Daten brauche ich zu welchem Zweck und was will ich mit den Daten genau anfangen? Häufig scheint es uns aber so zu sein, dass das Ziel aus den Augen verloren wurde oder nie bestand. Die Messung wird dann durchgeführt, »weil man eben als ordentliches Unternehmen eine Kundenzufriedenheitsbefragung macht«.

10.1.2 Kundenorientierte Qualitätsmessung bedeutet vollständige Qualitätsmessung in geschlossenen Kreisläufen

Kundenorientierte Unternehmen nutzen alle ihnen zur Verfügung stehenden Quellen, um ihre eigene Leistung zu messen. Hierzu zählen:
- Quellen im Unternehmen, wie z. B. interne Qualitätsmessungen, Fehleranalysen, Benchmarking und das betriebliche Vorschlagswesen (Bruhn, 2013, S. 106 ff.),
- Quellen außerhalb des Unternehmens, wie z. B. Kundenzufriedenheitsbefragungen, Mystery-Tests, Expertenbeobachtungen und Beschwerdeanalysen (Bruhn, 2013, S. 58 ff.).

Es geht explizit nicht nur um die Feststellung von Fakten (objektive Daten), sondern auch um subjektive Urteile, Einstellungen, Gedanken und Gefühle der Kunden. Besondere Aufmerksamkeit muss hier den Bereichen gelten, in denen sich Kunden nicht von sich aus äußern.

Darüber hinaus geht es um eine Vielzahl von leistungsbezogenen Kennzahlen, die auf Unternehmensseite gemessen werden können. Diese objektiven Daten können die subjektiven Äußerungen der Kunden ergänzen und bei der Interpretation unterstützen.

Nicht alle Messungen sind jedoch auch wirksam. Meffert & Bruhn (Meffert & Bruhn, 2012, S. 196) nennen folgende Kriterien zur Beurteilung von Verfahren zur Messung von Kundendaten:
- **Relevanz:** Weisen die gemessenen Kriterien einen Zusammenhang mit der Kundenbindung oder Zufriedenheit auf?
- **Vollständigkeit:** Werden alle aus Kundensicht relevanten Qualitätsdimensionen gemessen?
- **Aktualität:** Sind die Kundenurteile aktuell?
- **Eindeutigkeit:** Lassen die Messergebnisse eindeutige Rückschlüsse auf die Qualitätsbeurteilungen durch die Kunden zu?

- **Steuerbarkeit:** Kann die Qualität auf Basis der Ergebnisse gesteuert werden?
- **Kosten:** Sind die Erkenntnisse/Erträge aus der Messung höher als die Kosten?

Um die Qualität verbessern zu können, muss bekannt sein, welche Maßnahmen die gewünschte Veränderung vom derzeitigen Standpunkt hin zum Zielpunkt bewirken. Diese Maßnahmen müssen dann durchgeführt werden. Ob die Maßnahmen wirken, kann nur durch Kontrollen festgestellt werden.

Gelegentlich lässt sich nämlich Folgendes beobachten:
- Ein Problem wird erkannt (»Papierkörbe neben den Kontoauszugsdruckern quellen über«).
- Es wird darüber gesprochen, gerne auch in großer Runde, aber es wird nicht genau definiert.
- Es werden unspezifische Maßnahmen abgeleitet (»Jemand sollte sich darum kümmern, dass die Papierkörbe neben den Kontoauszugsdruckern regelmäßig geleert werden!«), die ohne jegliche Bindung an die Entscheidung beschlossen und von allen begrüßt werden.
- Da keiner konkret verantwortlich ist, werden die Maßnahmen nicht umgesetzt, und selbst wenn, fühlt sich für deren Kontrolle niemand zuständig.
- Ein vollständiger Kreislauf kommt nicht zustande, die Motivation lässt nach und das Problem besteht weiter.

Für eine dauerhafte Verbesserung bzw. einen kontinuierlichen Verbesserungsprozess haben sich verschiedene Kreislauf-Modelle bewährt, wie z. B. der DMAIC-Kreislauf (siehe Abbildung 49) aus der Six-Sigma-Lehre (Schmelzer & Sesselmann, 2008, S. 392 ff.):
- Problem definieren (**D**efine)
- Messen (**M**easure)
- Problem analysieren (**A**nalyze)
- Maßnahmen zur Verbesserung ableiten und umsetzen (**I**mprove)
- Wirksamkeit kontrollieren (**C**ontrol)

Der Kreislauf kann für alle Arten von Qualitätsverbesserungen auch außerhalb von Prozessoptimierungen genutzt werden.

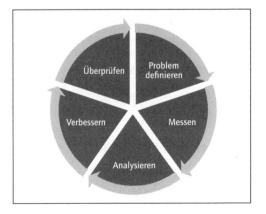

Abbildung 49: Der DMAIC-Kreislauf zur Qualitätsverbesserung

Mit Maßnahmen werden Ziele verfolgt, sie sind in der Regel nicht kostenfrei. Ob ein Ziel erreicht wurde, ob eine Maßnahme Erfolg hatte, lässt sich nur durch Messung feststellen.

Ein Merkmal dieser Kreisläufe ist, dass sie nicht enden, bevor ein Problem restlos beseitigt wurde. Die Kontroll-Messung der früheren Periode ist der Startpunkt für die nächste Problemdefinition: Wo müssen wir uns weiter verbessern? Auf diese Weise ist auch gewährleistet, dass die beschlossenen Maßnahmen weiter verfolgt werden.

10.2 Durchführung der Messung

10.2.1 Bei wem messen?

Wenn es um die Meinung, Einstellung und Erwartungen von echten Kunden geht, sollte man auch echte Kunden fragen. Nur sie haben eine Kundenbeziehung zum Unternehmen und deshalb können auch nur sie Angaben zur Wirkung der Unternehmensmaßnahmen machen (u. a. Zufriedenheit, Bindung). Das gleiche gilt, wenn man erfahren möchte, warum eine Person nicht oder nicht mehr Kunde des Unternehmens ist. Auch hier führt kein Weg daran vorbei, diese Personen zu befragen. Insbesondere die Befragung von ehemaligen Kunden (z. B. nach der Kündigung der Geschäftsbeziehung) liefert wichtige Hinweise zur Optimierung der eigenen Serviceleistungen. Spannend ist auch die Frage, warum eine Person bisher noch nicht Kunde geworden ist. Zumindest von Zeit zu Zeit sollte der Blick über den Tellerrand der eigenen Kunden hinaus gewagt werden, denn Folgendes ist klar: Kunde ist, wer Dienstleistungen oder Produkte des Unternehmens bezieht. Diese Personen sind entweder zufrieden oder sehen derzeit keine andere Alternative. Alle Personen, die wirklich unzufrieden sind und die Alternative gefunden haben, sind schon weg oder wurden nie Kunde. Interessant ist es, zu erfahren, warum.

Auch die Mitarbeiter sollten regelmäßig befragt werden. Sie haben intern und extern ständig Kundenkontakt, und ihre Einschätzungen über die eigenen Serviceleistungen können zu einem Selbstbild-Fremdbild-Vergleich herangezogen werden.

Lieferanten, Verbände und weitere Stakeholder des Unternehmens haben meist mit vielen Unternehmen zu tun und können daher auch interessante Informationen zum Unternehmen beisteuern. Besonders Unternehmen, die über eine Zwischenstufe (z. B. Handel, Makler, Einbaupartner) verkaufen, können über diese Marktmittler wertvolle Erkenntnisse gewinnen.

Da die Qualität des Endproduktes – unabhängig davon, ob es sich dabei um eine Dienstleistung oder ein Produkt handelt – von der Qualität der vorgelagerten Produkte oder Dienstleistungen abhängt, ist auch das Verhältnis zu den Lieferanten in einem ganzheitlich kundenorientierten Ansatz wichtig.

10.2.2 Was messen? Merkmale, Ereignisse und Probleme

Unternehmen können messen, wie sie auf ihre Kunden wirken. Sie wirken durch Service- und Beratungsleistungen, Produkte, Preise, Vertrieb, Marke, Kommunikation und

Außendarstellung. Diese Faktoren können durch das Unternehmen beeinflusst werden und sollten daher gemessen und beobachtet werden. Ihre Messung und Steuerung steht im Fokus dieses Buches. Dazu kommen noch verschiedene externe Faktoren (z. B. Umfeld, Markt), die das Unternehmen nicht direkt steuern kann, die aber dennoch beobachtet werden sollten, um in angemessener Weise darauf zu reagieren (z. B. die Kommunikation über das Unternehmen in den Social Media).

Für die Messung der Unternehmensleistungen kommen verschiedene Verfahren und Quellen in Frage. Sie führen entweder zu subjektiven oder zu objektiven Daten (Bruhn, 2013, S. 58; Meffert & Bruhn, 2012, S. 196 ff.; Beutin, 2006, S. 124 f.). Während objektive Verfahren zu intersubjektiv nachprüfbaren Ergebnissen führen, unterliegen die Ergebnisse subjektiver Verfahren gleich in zweifacher Hinsicht subjektiven Einflüssen (Bruhn, 2013, S. 58). Sowohl die Wahrnehmung einer Eigenschaft kann von Person zu Person variieren als auch deren Bewertung u. a. in Abhängigkeit von individuellen Bedürfnissen, der Stimmung und subjektiven Vergleichen (Gilovich, Griffith & Kahneman, 2002).
Für die Erfassung von kundenrelevanten Daten gilt:

> Objektive Daten (Fakten) können sowohl von Kunden als auch ohne deren Zutun gesammelt werden, subjektive Kundendaten (Einstellungen, Bewertungen, Zuschreibungen, Meinungen) können nur in Verbindung mit dem Kunden erhoben werden.

Objektive Daten sind wichtig und interessant, sollten aber immer in Verbindung mit den subjektiven Bewertungen der Kunden beurteilt werden.

Objektive Verfahren führen (bei richtiger Anwendung) zu Daten, die unabhängig vom Beobachter und der Erhebungsmethode gleich sind. D. h., verschiedene Beobachter oder technische Systeme kommen in Bezug auf ein bestimmtes Beobachtungsobjekt zum selben Ergebnis. Die objektive Wartezeit eines bestimmten Kunden, z. B. 5 Minuten und 30 Sekunden, kann direkt aus einem technischen System gemessen oder vom Beobachter »handgestoppt« werden. Das Ergebnis muss bei objektiven Verfahren dasselbe sein. Ist das nicht der Fall, liegt entweder ein Messfehler vor oder es handelt sich nicht um ein objektives Verfahren.

Expertenbefragungen oder Testkäufe (»Mystery Shopping«) liefern objektive Daten, indem geschulte Testkäufer anhand objektiver Kriterien prüfen, ob ein definiertes Beratungsverfahren eingesetzt wird oder nicht. Da per Definition bei den objektiven Verfahren weder die subjektive Wahrnehmung noch die individuellen Bedürfnisse des Beobachters eine Rolle spielen dürfen, eignen sich zur Abfrage des Vorhandenseins bestimmter Merkmale häufig dichotome Variablen (Berater trägt Namensschild – trägt kein Namensschild; Mülleimer leer – voll; Informationsmaterialien aktuell – nicht aktuell). Eine weitere Quelle für objektive Daten sind technische Systeme (z. B. Anzahl der angenommen Anrufe pro Tag, durchschnittliche Anzahl der Anrufe in der Warteschleife, Gesprächsdauer, Wartezeit).

Die Abfrage von objektiven Daten kann grundsätzlich auch bei Kunden erfolgen. Hierbei muss man sich allerdings klar machen, dass Kunden ggf. Details übersehen, auf die sie nicht fokussieren bzw. nicht geschult wurden (ggf. trug der Berater ein Namensschild, es ist dem Kunden aber nicht aufgefallen, weil er auf andere Dinge geachtet hat). Bei der Abfrage von Fakten über Checklisten, die von Experten ausgefüllt werden, ist daher eher damit zu rechnen, dass die Daten objektiv sind. Objektive Daten können vom Unternehmen selbst und häufig unabhängig vom Kunden erhoben werden, und die benötigte Anzahl von Beobachtungen kann in Bezug auf ein Untersuchungsobjekt sehr gering gehalten werden.

> Die Anzahl der wartenden Kunden in einer **Schalterhalle** zu einem bestimmten Zeitpunkt kann von einem »Experten« gemessen werden. Da diese objektiv beobachtet werden kann, muss kein Durchschnitt von z. B. 10 Beobachtern zum gleichen Zeitpunkt genommen werden. Wenn sie sich nicht verzählt haben, kommen ohnehin alle zum selben Ergebnis (»Heute, um 12:30 Uhr, haben an der Kasse 3 Personen gewartet«). Natürlich kann es sinnvoll sein, die Anzahl der Wartenden zu verschiedenen Zeitpunkten zu messen, aber auch das kann dann wieder anhand jeweils einer Messung durch einen Experten erfolgen.

Subjektive Verfahren sind alle Verfahren, die eine Messung von Einstellungen, Bewertungen oder Meinungen von Individuen zum Ziel haben. Entweder der Kunde äußert sie von sich aus oder das Unternehmen fragt danach. Gleiches gilt auch für alle anderen Gruppen, mit denen das Unternehmen zu tun hat (Mitarbeiter, Management, Geschäftspartner etc.). Zu den subjektiven Verfahren zählen z. B. Kundenbefragungen, Customer-Journey-Verfahren oder Fokus-Gruppen mit Kunden. Bei den subjektiven Verfahren geht es darum, zu erfahren, wie einzelne (auch objektive) Merkmale von Dienstleistungen oder Produkten von unterschiedlichen Personen wahrgenommen werden. Kennzeichen subjektiver Daten ist, dass die Urteile der einzelnen Befragten bezüglich eines (objektiv gleichen) Merkmals nicht gleich sein müssen.

> Es kann also gut sein, dass vier Personen, die von der gleichen Suppe essen, deren Geschmack völlig unterschiedlich einschätzen. Manchmal sind sich die Esser noch nicht einmal darüber einig, ob die Suppe zu heiß oder zu kalt ist, obwohl ein Thermometer für alle Teller die gleiche Temperatur anzeigt.

Gerade aus diesem Grund ist die Erhebung von subjektiven Kundendaten so wichtig. Bestünde ein immer gleicher und bekannter Zusammenhang zwischen objektiven und subjektiven Daten, könnte auf die Messung subjektiver Daten verzichtet werden, Kundenzufriedenheitsbefragungen wären überflüssig. Dem ist nicht so!

Von einem Unternehmen wurde uns zurückgemeldet, dass etwas mit der Zufriedenheitsbefragung nicht stimmen könne. »Wir sind 7 Tage in der Woche 24 Stunden telefonisch erreichbar [objektive Daten aus der Telefonanlage] und der Anteil der Antworten in den höchsten beiden Kategorien der 5-stufigen Skala liegt nur bei 94 % [subjektives Zufriedenheitsurteil der Kunden]«. Das Missverständnis rührt her von der Interpretation der subjektiven Daten auf Basis der objektiven Daten. Weder die objektive, noch die subjektive Messung müssen falsch sein. Die Annahme, dass eine ununterbrochene Erreichbarkeit (objektiv) auch zu (subjektiver) Kundenbegeisterung führen muss, ist anscheinend nicht richtig. Das reine Abnehmen des Hörers – also die Erreichbarkeit – ist für sich gesehen für die befragten Kunden anscheinend kein Begeisterungsmerkmal und die scheinbare Diskrepanz zwischen den beiden Messungen ist ggf. sogar ein Hinweis darauf, dass durch eine gezielte Reduktion der Erreichbarkeit Ressourcen für aus Kundensicht wichtigere andere Unternehmensleistungen frei gemacht werden könnten. Abgesehen davon kann es sehr gut sein, dass das Kundenurteil zur Erreichbarkeit von anderen Faktoren (z. B. der endgültigen Lösung des Anliegens) beeinflusst wird.

Im weiteren Verlauf dieses Kapitels wird verstärkt auf die subjektiven Verfahren eingegangen. Die verschiedenen Ansätze zur subjektiven Messung der Qualität lassen sich in merkmalsorientiert, ereignisorientiert und problemorientiert unterteilen (Bruhn, 2013, S. 68 ff.; Meffert & Bruhn, 2012, S. 198 ff.; Beutin, 2006, S. 125 f.).

Mit *merkmalsorientierten Ansätzen* werden die Einflussfaktoren auf die Gesamtqualität und deren Wichtigkeit gemessen. Insbesondere sind dies Bewertungen einzelner Leistungsmerkmale (z. B. Bewertung der Freundlichkeit, Hilfsbereitschaft, Lösungsorientierung von Mitarbeitern), die dann in Bezug zur Gesamtbewertung eines Unternehmens gesetzt werden (Meffert & Bruhn, 2012, S. 198 ff.; Bruhn, 2013, S. 68 ff.).

Bei *ereignisorientierten Methoden* ist ein konkretes und als besonders qualitätsrelevantes Ereignis aus dem Kundenprozess im Fokus der Messung. Hier steht zudem der Kontakt des Kunden mit dem Unternehmen im Vordergrund (Kontaktpunktanalyse) (Beutin, 2006, S. 125; Meffert & Bruhn, 2012, S. 206; Bruhn, 2013, S. 88 ff.).

Bei der *problemorientierten Messung* geht es um die Messung der Kundensicht auf die »qualitätsrelevanten Problemfelder im Rahmen der Leistungserstellung« (Meffert & Bruhn, 2012, S. 199).

> **Exkurs: Qualitative und quantitative Verfahren**
>
> Quantitative Verfahren machen die statistische Prüfung konkreter vorher festgelegter Hypothesen (z. B. Zusammenhänge, Wirkungen, Unterschiede) möglich. Sie zielen auf eine Verallgemeinerung von Aussagen von Teilstichproben auf weitere Teile der gesamten Kunden oder von Segmenten ab. Meist werden die Ergebnisse in Form von statistischen Kennzahlen berichtet. Qualitative Verfahren dienen dazu, Kunden besser zu verstehen und insbesondere ihre Motive, Bedürfnisse und Verfahren zur Bewertung zu ergründen. Hierdurch können Zusammenhänge, Wirkungen und Unterschiede erklärt und Hypothesen abgeleitet werden. Qualitative Verfahren können unter bestimmten Bedingungen auch zur Prüfung von Forschungshypothesen herangezogen werden (Diekmann, 2008, S. 531 ff.).
> Dort, wo noch keine gut begründeten Hypothesen bezüglich der abhängigen und unabhängigen Variablen der Kundenzufriedenheit und -bindung bestehen, kann über qualitative Verfahren zunächst ein tieferes Verständnis hergestellt und es können entsprechende Hypothesen generiert werden. Diese können dann ggf. in einer quantitativen Befragung überprüft werden. Wir würden z. B. nicht empfehlen, das gesamte Filial-Konzept auf Basis der Ergebnisse einer Fokusgruppe mit fünf Kunden vollständig umzukrempeln. Hier lohnt es sich, die qualitativ gewonnen Hypothesen mithilfe einer quantitativen Befragung zu prüfen, um so festzustellen, wie viele Kunden bestimmte Themen betreffen und wie wichtig diese sind. Häufig nehmen wir wahr, dass quantitative Verfahren überschätzt werden, qualitative Verfahren hingegen unterschätzt. Z. B. kann ein gut durchgeführtes Customer-Journey-Verfahren mit einer geringen Fallzahl schon zu einer Masse an sinnvollen Maßnahmen führen. Der Vorteil vieler qualitativer Verfahren liegt darin, dass sie offener an eine Fragestellung herangehen und so viel darüber gelernt werden kann, was und vor allem wie Kunden denken und fühlen (Diekmann, 2008, S. 531 ff.).
> Hierdurch können Zusammenhänge aufgedeckt werden, die sonst zwischen den Zeilen einer quantitativen Befragung unbemerkt bleiben. Wie auch bei der Unterscheidung nach subjektiven und objektiven Daten gilt, dass die Maßnahmen aus dem Verständnis und der Interpretation der Daten entstehen sollten.

10.2.3 Wo messen?

Vor der ersten Messung sollten eine Bestandsaufnahme der Kundenkontaktpunkte und eine Bewertung erfolgen, inwieweit die Kundeninteraktion dort jeweils kritisch für die Qualitätswahrnehmung insgesamt ist. Eine gute Form, um Klarheit über die Prozesse und

Kontaktpunkte zu erhalten, ist das Service-Blue-Printing (Shostack, 1984) oder verschiedene Weiterentwicklungen (Fließ & Kleinaltenkamp, 2004, S. 396 ff.) wie die Service Map, in der auch verzeichnet ist, welche Prozesse an den Kontaktpunkten anliegen (Stauss & Seidel, 2006, S. 181 f.). Wir stellen häufig fest, dass bei den Unternehmen gar kein wirkliches Bewusstsein vorhanden ist, wo sie überall Kundenkontakt haben.

> Eine mittelständische **Bank** fand beispielsweise heraus, dass Kunden an 128 unterschiedlichen Punkten mit ihr in Kontakt kommen können.

Ereignisorientiert zu messen heißt, dass Zeitpunkt, Ort und beteiligte Personen als Variablen mit erhoben wurden. Sie können dann in der Analyse berücksichtigt werden. Eine Messung, die der Steuerung der Qualität dienen soll, sollte zeitlich und örtlich nah an den Kundenkontaktpunkten erfolgen. Nur so kann das Kundenurteil und seine möglichen Veränderungen über die Zeit mit konkreten Maßnahmen und den dahinter liegenden Prozessen in direkten Bezug gesetzt werden. Bei dieser Art von Messung können sowohl die Interaktion zwischen Mitarbeitern und Kunden als auch die Kontakte zwischen Kunden und technischen Systemen des Unternehmens sowie die sonstige Auseinandersetzung des Kunden mit dem Unternehmen (Werbung, PR etc.) und anderen Kunden berücksichtigt werden.

Aus unserer Sicht ist es zudem eine Selbstverständlichkeit, dass Probleme (Beschwerden, Hinweise auf Fehler etc.) kontinuierlich erfasst und ausgewertet werden (problemorientierte Messverfahren) (Meffert & Bruhn, 2012, S. 208 ff.). Das bedeutet, dass Kunden sowie Mitarbeiter zu ihrer Meinung in Bezug auf diese Probleme bei Produkten oder der Dienstleistungserstellung befragt werden (z. B. nach einer Beschwerde). Auch diese Informationen dienen der operativen Steuerung.

10.2.4 Wie messen?

Grundsätzlich stehen verschiedene Befragungswege zur Verfügung (z. B. persönlich, telefonisch, schriftlich/online), die alle ihre Vor- und Nachteile haben (Diekmann, 2008). Die Wahl des »richtigen« Befragungsweges hängt davon ab, wie die besten Daten – objektiv, reliabel, valide – in Bezug auf das Befragungsobjekt erhoben werden können (Diekmann, 2008, S. 249 ff.). Idealerweise sollte die Befragung auf dem Weg erfolgen, über den die zu befragenden Kunden auch Kontakt zum Unternehmen haben und über den eine repräsentative Kundengruppe erreicht werden kann. Handelt es sich z. B. um eine Direktbank, Direktversicherung oder einen Online-Händler, empfiehlt sich eine Online-Befragung. In anderen Fällen kann eine telefonische Befragung oder eine schriftliche Befragung der beste Weg sein. Wenn methodisch und technisch möglich, empfehlen wir eine Online-Befragung aufgrund der im Vergleich zur Telefonbefragung geringeren Kosten.

Oftmals werden technische Lösungen, die eine Kundenrückmeldung direkt am Kundenkontaktpunkt erheben, abgelehnt, weil sie als nicht manipulationssicher gesehen werden bzw. nicht alle Kunden gleichermaßen teilnehmen. Das mag zwar vereinzelt vorkommen, wir sind aber überzeugt, dass sich hier technische Möglichkeiten finden lassen, die eine solche Manipulation erschweren. Das größere Problem ist aus unserer Sicht eher, Kunden bei niedrigem Involvement dazu zu bewegen, eine Bewertung abzugeben (z. B. die Bewertung der Toiletten auf dem Münchener Flughafen mithilfe von Tablets).

Um die Rücklaufquote zu erhöhen, sollte ohne Medienbruch gearbeitet werden, die Befragung also auf dem gleichen Kanal stattfinden, wie die Kontaktaufnahme zum Befragten. Verschiedene Unternehmen berichten allerdings gute Rücklaufquoten trotz eines Medienbruches. So gibt es Unternehmen, die Briefe verschicken mit der Bitte, ihre Bewertung online abzugeben. Teilweise führt ein QR-Code auf dem Brief direkt zur Befragung.

Grundsätzlich gilt aber:

> Die Rücklaufquote wird immer umso höher sein, je einfacher die Befragten ihre Meinung abgeben können.

Mystery-Untersuchungen können wichtige Hinweise auf die Einhaltung konkreter Service- und Beratungsstandards geben und bei der Kontrolle vieler weiterer Fakten helfen.

Experten können ihre Sicht auf die Leistungen des Unternehmens äußern; wie bei den Test-Käufern können sie jedoch keine Beurteilung aus Kundensicht ersetzen. Ein Experte kann zwar das Fehlen eines Namensschildes bemerken, er kann aber nicht die Wirkung des Fehlens auf einen Kunden in einer echten Kundeninteraktion einschätzen.

Wenn über die Kunden und ihre Zusammensetzung wenig bekannt ist, empfiehlt es sich mit einem breiteren Ansatz zu starten. Außerdem eignen sich zur Hypothesengenerierung qualitative Verfahren mit denen explorativ gearbeitet wird (Diekmann, 2008, S. 531). Zunächst muss ein grundsätzliches Verständnis hergestellt werden, wer die Dienstleistungen oder Produkte nutzt (und wer nicht) und wie die grundsätzliche Einstellung zu den Leistungen ist. Vor allem müssen Hypothesen erarbeitet werden, welche Leistungen die Kundenbindung positiv beeinflussen. Diese Kundenkenntnisse sind die Voraussetzung für weitere spezifischere Befragungen für einzelne Produkte, Prozesse, Segmente und Kontaktpunkte.

10.2.5 Wann und wie oft messen?

Aus Sicht des Analysten sollte idealerweise nach jeder Interaktion mit dem Unternehmen die Kundenmeinung erhoben werden. Die Kunden werden das anders sehen und eine seltenere Befragung vorziehen, was bei guter Auswahl über eine hinreichend große Stichprobe auch gut möglich ist.

> Eine deutsche **Fluggesellschaft** fragt ihre Kunden nach jedem Flug nach ihrer Meinung. Fliegen Sie oft? Haben Sie diese Befragungen nach dem 20. Mal noch mit voller Aufmerksamkeit ausgefüllt?

Grundsätzlich gilt: Je häufiger gemessen wird, umso genauer lassen sich Auswertungen für kleinere Zeiträume vornehmen. Aus statistischen und aus Praktikabilitätsgründen ist für die Auswertung eine Mindestanzahl von Befragungen je Betrachtungszeitraum von ca. 30 als Untergrenze sinnvoll. Es sei an dieser Stelle darauf hingewiesen, dass mit dieser

Stichprobengröße für die meisten statistischen Verfahren nur starke Effekte nachgewiesen werden können (Bortz, 1999; Cohen, 1988).

Zu kleine Stichproben sind aber in der Praxis häufig kein Problem mehr: Autovermieter wie Sixt messen nach jeder Anmietung und haben auf Stationsebene so viele Daten, dass eine Zahl von mehreren hundert Rückmeldungen schnell erreicht wird. Moderne Systeme wie z. B. Befragungsterminals am Point of Sale generieren pro Tag häufig 30 – 100 Rückmeldungen an stark frequentierten Kontaktpunkten, sodass hier sogar Tagesverlaufskurven analysiert werden können. Hieraus ergibt sich eher wieder das umgekehrte Problem, wenn zu stark auf statistische Signifikanz und nicht auf die Effektgröße geachtet wird: Selbst kleinste Effekte werden statistisch signifikant in großen Stichproben nachgewiesen. Die Dringlichkeit einer Maßnahme sollte sich eher aus der Stärke des Effektes und dem Zusammenhang mit der Kundenbindung ergeben, als aus der statistischen Signifikanz. Um den besten Weg zu finden dorthin zu gelangen, wo man hin möchte, muss man zunächst wissen, wo man sich gerade befindet. Das gilt für eine Wanderung genauso wie für den Trainingsplan eines Sportlers und eben auch für die Kundenorientierung.

10.3 Analyse, Ergebnisse und Bericht

10.3.1 Analyse der Daten

Die Analyse der Daten muss in ihrer Tiefe den gewünschten Erkenntnissen angemessen sein. Auch hier steht im Vordergrund: Was will ich? Je zeitnäher und ereignisbezogener die Messung ist, desto kompakter und zeitnäher wird sinnvollerweise das Reporting sein.

Der Ausweis von Durchschnittswerten auf die zweite Nachkommastelle erweckt das Gefühl der Genauigkeit. Dies ist eine Scheingenauigkeit, die für die Ableitung oder die Beurteilung von Maßnahmen kontraproduktiv ist. Meist wird dann noch mit statistischer Signifikanz argumentiert, was auch nicht weiterhilft. Bei genügend großen Stichproben sind selbst kleinste Veränderungen »statistisch signifikant«. Andersherum sind manchmal nur kleine Stichproben überhaupt erreichbar (z. B. weil der Rücklauf auf Ebene von Teileinheiten nicht groß genug war). Dann können dennoch Tendenzaussagen abgeleitet werden, die mangels statistischer Signifikanz nicht vollständig verworfen werden sollten.

Wir beobachten, dass erhobene Daten nicht tief genug und nicht zielgerichtet ausgewertet werden. Häufig werden lediglich die Häufigkeiten der Urteile in den einzelnen Kategorien ausgezählt. Manches Unternehmen gibt sich sogar mit dem Ausweis von Durchschnittswerten zufrieden. Auf dieser Basis kann nicht wirkungsvoll gesteuert werden, da Veränderungen in der Verteilung der Antworten unter Umständen keine Veränderung des Durchschnitts bewirken (gleichmäßige Verschiebung hin zu den Rändern oder zur Mitte). Oder es wird ohne jede Hypothese oder Theorie alles mit allem korreliert und tabelliert und dann versucht, das, was statistisch signifikant ist, zu interpretieren. Auf Basis solcher Analysen ist das Unternehmen häufig nicht in der Lage zu beantworten, was zu einer Veränderung im Kundenurteil geführt hat.

Ein Unternehmen sollte sich Fragen stellen, wie: »Welche Folgen hat die Erweiterung unseres Telefon-Teams von 10 auf 15 Mitarbeiter?« und hieraus Hypothesen ableiten, z. B.:

- Mehr Mitarbeiter führen zu einer höheren Erreichbarkeit (subjektiv und objektiv messbar).
- Eine hohe Erreichbarkeit wird von den Kunden besser bewertet als eine niedrige.
- Eine hohe Erreichbarkeit führt zu einer höheren Zufriedenheit mit dem Telefonat insgesamt.

Diese Hypothesen lassen sich testen und die Stärke der Effekte ist dann das Maß für die Wirksamkeit der Maßnahme (Schnell, Hill & Esser, 2011, S. 443).

Sind die Daten sauber in einer großen Datenbank abgelegt und bestimmten Kanälen oder Kontaktpunkten, bestimmten Zeitpunkten und Prozessen zugeordnet, können verschiedene Analysen, je nach Interessenschwerpunkt durchgeführt werden (siehe Abbildung 50).

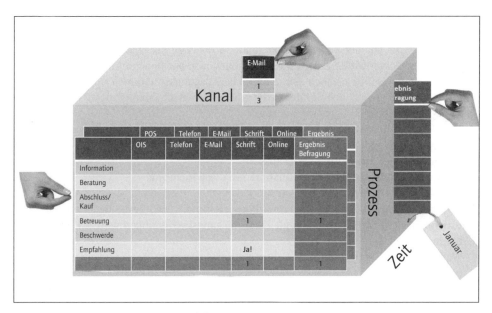

Abbildung 50: Auswertung der Daten nach Prozessen, Kanälen und der Zeit

Exkurs: Statistische Signifikanz, Repräsentativität und Validität

Die Frage nach der statistischen Signifikanz ist für die Steuerung von Qualität von geringerer Bedeutung als gemeinhin angenommen wird.

> Statistische Signifikanz bedeutet *nicht*, dass ein gemessener Effekt...:
> - wichtig ist,
> - groß ist,
> - bewiesen ist (Schnell, Hill & Esser, 2011, S. 442 f.).

Wichtiger ist es aus unserer Sicht, dass das Unternehmen sich um die Maßnahmen kümmert, die effektiv sind, deren Wirkung also eine gewisse Effektgröße aufweisen und die für Kunden wichtig sind. Grundvoraussetzung, um das feststellen zu können, ist, dass die Messinstrumente reliabel und valide sind. Reliabel bedeutet, dass wiederholte Messungen unter gleichen Bedingungen auch zu gleichen

Ergebnissen führen. Validität gibt an, inwieweit ein Messinstrument das misst, was es messen soll (Diekmann, 2008, S. 250 ff.; Schnell, Hill & Esser, 2011, S. 143 ff.).

10.3.2 Vergleiche, Benchmarking

»Benchmarking« ist in aller Munde, gibt es doch die Sicherheit, das (vermeintlich) Richtige zu tun und »gut dazustehen«. Leider verstellt Benchmarking in der eigenen Branche aber häufig den Blick auf das Wesentliche:

> Wenn alle das Gleiche tun, wird niemand einzigartig und unverwechselbar sein.

Es sollte darum gehen, die Erwartungen der Zielkunden zu erfüllen und ein einzigartiges Profil zu entwickeln. Benchmarks mit Wettbewerbern sind nicht dafür geeignet, um führend in einer Branche zu bleiben. Sie können auf dem Weg dorthin nützlich sein, aber spätestens, wenn man selbst die Benchmark ist, fällt dieses Instrument weg. Wenn dennoch Benchmarks aus der eigenen Branche zu Vergleichen herangezogen werden sollen, muss darauf geachtet werden, dass die Unternehmen in der Benchmark ähnliche Kundenerwartungen zu erfüllen haben sowie ähnliche Ausgangssituationen und Ziele aufweisen. In jedem Fall stellen sich auf dem Weg zur Spitze verschiedene Fragen, die nicht mit Benchmarking alleine zu beantworten sind:
- In welchen Punkten soll sich unsere Dienstleistung bzw. unser Produkt von den anderen unterscheiden?
- Wie erreiche ich diese Differenzierung?
- Wie messe ich den Erfolg der Maßnahmen in diese Richtung?

Viel wirksamer als ein externes Benchmarking ist oftmals das interne Benchmarking:
- Warum erreicht die Filiale A bei gleichen Ausgangsbedingungen deutlich bessere Zufriedenheitswerte?
- Warum hat der Produktbereich C bessere Servicelevel in der Kundenbetreuung als andere?
- Wieso hat sich die Zufriedenheit mit einem Prozess so und nicht anders entwickelt?

Interne räumliche, zeitliche oder organisatorische Vergleiche sind hilfreich, um das eigene Fortschreiten in Bezug auf die eigenen Ziele feststellen zu können.

Vergleiche mit anderen Unternehmen können helfen, neue Lösungsansätze zu identifizieren. Wir halten Benchmarks dort für spannend, wo aus anderen Branchen gelernt wird, völlig neue Herangehensweisen zur Befriedigung von Kundenanforderungen zu entdecken.

> Im Rahmen einer Kundenveranstaltung boten wir unseren Kunden aus verschiedenen Branchen eine Führung durch das **Fairmont Hotel Vier Jahreszeiten** in Hamburg an. Das Fairmont Hotel Vier Jahreszeiten ist Mitglied von The Leading Hotels of the World und bietet die Annehmlichkeiten und Services eines Luxushotels auf exzellentem Niveau. Die Erläuterungen durch das Hotel-Management waren für die Besucher sehr interessant. Insbesondere die Art der Begrüßung und Kundenbehandlung unterschied sich stark von dem, was sie kannten. Verschiedene Ansätze und insbesondere die ausge-

> prägte Kundenorientierung, die sich im Hotel zeigte, bot aus Sicht der anwesenden Führungskräfte (hauptsächlich von Krankenversicherern und Finanzdienstleistern) Ansatzpunkte zur Optimierung ihrer Serviceleistungen.

10.3.3 Daten bereitstellen und Messergebnisse berichten

Die sachlich richtige, vollständige und ansprechende Aufbereitung der Analyseergebnisse ist genauso wichtig wie die saubere Messung und korrekte Analyse. Überfrachtete und in Teilen unverständliche Berichte sind ein häufiges Problem, das interne (und externe) Marktforscher häufig selbst produzieren. Wir raten von schwach gegliederten Gesamtberichten aus mehreren hundert Charts ab. Die Zahl der Vorstände, die sich einen vollständigen Marktforschungsbericht mit 200 Charts durchlesen, ist überschaubar. Das Interesse von Mitarbeitern aller Hierarchieebenen, sich durch 200 überfrachtete Charts zu kämpfen und sich die 10 relevanten Rosinen herauszupicken, ist meist auch schwach ausgeprägt. Hier muss vor und während der Berichtlegung sinnvoll selektiert, aggregiert und interpretiert werden. Statt großer Gesamtberichte sind kleine und in kürzeren Zeitabständen erstellte Teilbereichsberichte meist besser. Wichtige und große Effekte lassen sich in einfachen Grafiken und aggregierten Tabellen darstellen. Eine Fokussierung auf Nachkommastellen ist ohnehin nicht zielführend. Dort, wo aggregierte Ergebnisse auf Schwierigkeiten hinweisen oder dort, wo die Kundenrelevanz besonders hoch ist, muss dann tiefer gebohrt werden, aber nicht unbedingt im ersten Bericht.

Liegen die Ergebnisse ausgewertet und in aussagekräftiger Form vor, müssen sie den Personen zugänglich gemacht werden, die eine Veränderung bewirken können.

> Die Daten müssen an die Stellen berichtet werden, wo die Qualität entsteht.

Analyseergebnisse sollten also in verständlicher Form an die Einheiten zurückgemeldet werden, wo die Ursprungsdaten erhoben wurden und wo entsprechende Maßnahmen umgesetzt werden sollen. Unterschiedliche Empfänger im Unternehmen haben unterschiedliche Informationsbedürfnisse, daher sollten sie auch unterschiedliche Berichte erhalten. Daten, die keiner braucht oder versteht, müssen nicht berichtet werden und sollten gar nicht erst erhoben werden.

> Analyseergebnisse, die nicht aussagekräftig sind oder nicht zielgenau an die richtigen Stellen weitergeleitet werden, sind nutzlos!

10.4 Herausforderungen und neue Perspektiven bei der Messung der Qualität

Die Erhebung der Kundenmeinung und Abfrage der wahrgenommenen Qualität ist für viele Unternehmen eine Herausforderung.

Wir beobachten, dass Unternehmen...
- gar nicht messen, weil sie glauben, ihre Kunden und deren Interessen zu kennen. Von Qualitätsverantwortlichen großer global agierender Unternehmen hörten wir folgende Antworten auf die Frage, warum sie keine regelmäßigen Qualitätsmessungen bei den Kunden durchführen: »Ich kenne meine Kunden und deren Bedürfnisse auch so«, »Wenn Sie lange genug im Geschäft sind, haben Sie dafür ein Gespür«, »In meinem persönlichen Umfeld sind verschiedene Kunden, denen stelle ich die richtigen Fragen und die antworten ehrlich«.
- zu wenig messen, z. B. in Abständen von mehreren Jahren oder mit zu wenigen oder den falschen Kunden
- an den falschen Stellen messen, z. B. mit zu großer Entfernung zum Kundenkontaktpunkt oder an irrelevanten Kundenkontaktpunkten
- zu den falschen Zeitpunkten messen, nämlich nicht in engem zeitlichem Bezug zum Kundenkontakt und zu den jeweiligen unternehmerischen Maßnahmen
- zu viel messen, in dem sie Kunden zu häufig mit langen Fragebögen überfordern und diese damit frustrieren, während sie mit den unnötigen Datenmassen häufig nichts anfangen können
- mit ungeeigneten Instrumenten messen, d. h. sie stellen teilweise die falschen Fragen oder geben ungeeignete Antwortkategorien vor (z. B. zu geringe Differenzierung in den Antwortkategorien oder Vermengung mehrerer Aspekte in einer Frage)
- sich selbst in die Tasche lügen, indem sie die Kunden während oder vor der Befragung beeinflussen oder indem sie wohlgesonnene Kunden auswählen und kritische Kunden bei der Befragung außen vor lassen

> In einer Filiale einer deutschen **Großbank** konnten wir Folgendes beobachten: Wenn man einen Kontoauszug aus dem Kontoauszugsdrucker anforderte, erschien eine kurze Umfrage auf dem Monitor zur Zufriedenheit bzw. Weiterempfehlung. Über dem Kontoauszugsdrucker hing ein Aushang, der darauf hinwies, dass man bei Zufriedenheit bitte die höchste Kategorie anklicken solle. Eine solche Beeinflussung kann die Ergebnisse der Befragung verzerren. Möglicherweise führt der Vergleichsdruck zwischen den Filialen dazu, dass solche Mittel eingesetzt werden.

Außerdem zeigt sich häufig, dass Schwierigkeiten bei der Auswertung dazu führen, dass nicht das volle Potenzial aus den Kundenbefragungen geschöpft wird. Eine intensive Re-Analyse vorhandener Marktforschung und vor allem eine verbundene Betrachtung verschiedener Messungen fördern häufig weitere interessante Ergebnisse zutage.

Doch selbst wenn die Daten sauber erhoben und ausgewertet werden, stellen wir in manchen Unternehmen Schwierigkeiten bei der Interpretation der Daten fest. Insbesondere zwei Fragen, die immer wieder auftauchen, erachten wir für die Ableitung von Maßnahmen und damit für die Verbesserung der eigenen Qualität als nicht zielführend:
- Sind die Ergebnisse statistisch signifikant?
- Wie stehen wir im Vergleich zu unseren Wettbewerbern da?

Unternehmen sollten eher fragen...
- Welche Daten benötigen wir, um die Qualität steuern und entwickeln zu können?
- Sind die gemessenen Effekte groß und wichtig?

- Warum hat sich bei korrekter Messung kein Effekt der Maßnahme gezeigt?
- Erfüllen wir die Erwartungen der Personen, die wir erreichen wollen – also unserer Zielkunden?
- Wie können wir die Zufriedenheitsbefragung verbessern (auch wenn dadurch die Zeitreihe »gekappt« wird)?

10.4.1 Kosten der Messung

Viele Unternehmen schrecken vor den Kosten einer systematischen Kundenzufriedenheitsmessung zurück, teilweise wird »nach Kassenlage« erhoben. Die Kosten einer Qualitätsmessung sind direkt sichtbar und zurechenbar, der Nutzen von datenbasierten Entscheidungen tritt erst später ein und kann meist nicht direkt zugerechnet werden.

Die Kosten der systematischen Datenerhebung und -analyse lassen sich aktiv steuern. Zunächst ist zu beachten, dass es verschiedene Möglichkeiten gibt, Kundenmeinungen zu geringen Kosten zu erheben:
- Objektive Daten nutzen, die automatisch in verschiedenen Systemen anfallen (z. B. Daten aus der Telefonanlage).
- Kunden äußern sich von sich aus in der Interaktion ständig zu Services und Produkten. Diese Kundenäußerungen sollten kontinuierlich erfasst und ausgewertet werden.
- Auswertung von Social-Media-Daten und Informationen über die Nutzung der Unternehmenshomepage.
- Durch die starke Verbreitung von E-Mail- und Internetnutzung spricht aus heutiger Sicht kaum noch etwas gegen eine Online-Kundenbefragung. Die Zweifel früherer Jahre (z. B. selektive Erreichbarkeit einzelner Kundensegmente) sind für die meisten Kundensegmente und Branchen ausgeräumt. Da bei diesem Befragungsweg kaum variable Kosten der Befragung entstehen, ist sie häufig eine gute, schnelle und günstige Alternative zur traditionellen Telefonbefragung.

10.4.2 Rechtliche Grundlagen der Messung

Viele Unternehmen sind verunsichert in Bezug auf die Rechtmäßigkeit der Durchführung von Marktforschungsstudien. In der Praxis stellt man immer wieder fest, dass das letzte Wort zur Durchführung einer Kundenzufriedenheitsbefragung in der Rechtsabteilung des jeweiligen Unternehmens gesprochen wird. In jedem Fall ist dort zunächst zu klären, welche Kunden für welche Zwecke auf welchem Weg angesprochen werden können.

Die direkte Befragung von Kunden ist nicht einfacher geworden. Grundsätzlich fördert der Gesetzgeber die Marktforschung und erlaubt auch die direkte Ansprache von Kunden zu diesem Zweck. Es gibt aber Gerichtsentscheidungen, die feststellen, dass Kundenbefragungen der Festigung bestehender und Anbahnung neuer Kundenbeziehungen dienen. Damit sind diese Kundenbefragungen rechtlich nicht mehr Marktforschung, sondern Werbung. Das bedeutet, dass die direkte Ansprache von Kunden für diese Befragungen nur zulässig ist, wenn diese ihr Einverständnis (»Opt In«) für »Werbung« gegeben haben. Diese Einschränkung gilt auf jeden Fall für die telefonische Befragung von privaten Kunden. Je nach Einschätzung der Rechtsabteilungen kann auch der E-Mail-Kontakt für Befragungen als problematisch angesehen werden. Auch bei der Ansprache von Business-Kunden werden die Bedingungen teils restriktiv ausgelegt.

Unsere Meinung ist: Unternehmen können es sich nicht leisten, sich von Kundenrückmeldungen abzuschneiden! Nach wie vor sind telefonische und Mailbefragungen von Kunden gängige Verfahren vieler Unternehmen. Nach allen Erfahrungen werden diese von Kunden auch geschätzt. Leider ist bisher keine endgültige Klärung durch den Gesetzgeber erfolgt. Es kann also vorkommen, dass betroffene Kunden auf Unterlassung klagen oder sich Verbraucherverbände dieses Anliegens annehmen. Die Entscheidung, hier ggf. rechtliche Risiken einzugehen, muss jedes Unternehmen selbst treffen, besser ist es jedoch, das Einverständnis der Kunden einzuholen.

10.4.3 Prozesse und Maßnahmen kontrollieren, nicht die Mitarbeiter

In den meisten Unternehmen mangelt es nicht an Maßnahmen oder Projekten. Neue Ideen sind schnell geäußert und dann wird »die nächste Sau durchs Dorf getrieben«. Mit den besten Vorsätzen werden dann Dinge getan, bei denen man davon ausgeht, dass sie sich positiv auf die Kundenzufriedenheit auswirken sollten. Wenn kein klares Bild der Kundenerwartungen vorliegt, weil vorher nicht gemessen wurde und hinterher häufig auch nicht, wird man die Wirkung nie feststellen können. Das kann bei allen Beteiligten zu Frustration führen (Kunden, Management, Mitarbeiter). Damit mittelfristig eine höhere Qualität der Dienstleistungen und Produkte und eine höhere Kundenzufriedenheit erreicht werden kann, muss zwischen wirksamen und unwirksamen Maßnahmen unterschieden werden. Neben dem Grad der Zielerreichung müssen auch die Ziele selbst regelmäßig überprüft werden, denn die Kundenerwartungen insbesondere an Dienstleister sind sehr dynamisch.

Die Kontrolle von Maßnahmen und installierten Prozessen darf hierbei nicht mit einer Kontrolle der einzelnen Mitarbeiter verwechselt werden. In der Regel ist es sinnvoll, die Messung auf Teileinheiten zu beschränken. Dieses ist häufig auch eine Forderung der Personalgremien (z. B. Betriebsrat). An anderer Stelle haben wir die Wichtigkeit von Vertrauen hervorgehoben, hier ist ein Punkt, an dem ein Unternehmen es verdienen kann.

| Vertrauen ist gut, Mitarbeiter-Kontrolle ist schlechter!

Das heißt nicht, dass nicht einzelnen Mitarbeitern Rückmeldungen über ihre Leistungen aus Kundensicht gegeben werden sollen. Dies wird von den meisten Mitarbeitern gewünscht, allerdings ohne dass es ein direkter Vorgesetzter erfährt. Ergebnisse können den einzelnen Mitarbeitern vom Marktforschungsinstitut in einem verschlossenen Umschlag direkt übergeben werden. Der Vorgesetzte erhält nur aggregierte Werte. Der Mitarbeiter kann aber entscheiden, seine Werte im Gespräch mit dem Vorgesetzten offenzulegen und zu besprechen.

10.4.4 Top-down- oder Bottom-up-Messung

Viele Unternehmen pflegen noch die Kundenzufriedenheitsmessung alter Prägung. Alle zwei Jahre geht der Marktforscher zum Marketingleiter und sagt: »Wir müssten mal wieder die Zufriedenheit messen«. Bei dieser Messung wird die Kundenzufriedenheit insgesamt gemessen und dann werden Teilzufriedenheiten für Prozesse ermittelt. Der Marketingleiter gibt das Budget frei und der Marktforscher sucht eine Agentur. Diese präsentiert nach vier Monaten ihren Bericht mit der Leitaussage, dass die Zufriedenheit sich von 1,93 auf 1,84 auf der 5er-Skala im Mittelwert verbessert hat (statistisch signifikant!). Mit den Ergebnissen geht der Marktforscher im Haus herum, auf der verzweifelten Suche nach Interesse. Jede angesprochene Abteilung winkt mehr oder weniger resigniert ab, denn die Ergebnisse ...:
- können häufig nicht nachvollzogen werden, da sie sich keinen Maßnahmen zuordnen lassen,
- können keiner Stelle in der Organisation oder innerhalb eines Prozesses zugerechnet werden, daher übernimmt keiner Verantwortung,
- sind im Zeitablauf von zwei Jahren zu alt,
- sind zur Steuerung nicht zu gebrauchen, da Zeit-, Maßnahmen- und Prozessbezug fehlen.

Wir empfehlen merkmalsorientierte Ansätze mit ereignis- und problemorientierten Ansätzen in ein Gesamtsystem zu integrieren. Wichtig ist, nicht in die »Touchpoint-Falle« zu tappen und die Gesamtkundenerfahrung (Customer Experience) aus den Augen zu verlieren. Es geht darum, dass der Kunde eine exzellente Gesamterfahrung mit Ihrem Unternehmen macht, und nicht darum, dass ein einzelnes Gespräch oder eine E-Mail als exzellent wahrgenommen wird. Alle ein bis zwei Jahre sollte eine umfangreiche merkmalsorientierte Studie durchgeführt werden, um die Gesamtzusammenhänge und -Erfahrungen sowie die grundsätzlichen Einstellungen und Werte der Kunden zu überprüfen (top-down). Sie geben Hinweise auf nötige strategische Änderungen. Unterjährig sollten an allen Kontaktpunkten ereignisorientierte Befragungen durchgeführt werden. Sie sind die Grundlage für die operative Steuerung (bottom-up). Der gezielte Einsatz qualitativer Instrumente wie z. B. Fokusgruppen, fokussierte Interviews und Beobachtungen kann helfen, die dynamischen Erwartungen der Kunden näher zu beleuchten und auf diese Weise neue Hypothesen zur Prüfung in den quantitativen Befragungen zu erstellen. Außerdem lassen sich mit qualitativen Verfahren die Wege des Kunden durch das Unternehmen (customer journey) nachzeichnen. Bezüglich der Anzahl an Fragen lässt sich sagen, dass eine kurze ereignisorientierte Befragung in der Praxis schon mit ein bis zwei Fragen auskommen kann, z. B. mit einer Frage zur Gesamtzufriedenheit mit dem heutigen Besuch einer Geschäftsstelle oder einer Frage zur Weiterempfehlung (Net-Promoter-Score-Frage (Reichheld, 2011, S. 4ff.)) und einer offenen Nachfrage. Eine umfangreiche merkmalsorientierte und mehrdimensionale Kundenzufriedenheitsbefragung wird eher 40–100 Fragen aufweisen (Beutin, 2006, S. 129).

10.4.5 Kundenfeedbackmanagement

Grundsätzlich sollte jede Form von Kundenäußerung ausgewertet und für Verbesserungen genutzt werden (Price & Jaffe, 2008, S. 17 f.). In den meisten Unternehmen werden Beschwerden anhand festgelegter Prozesse bearbeitet. Unserer Ansicht nach sollte der Fokus auf alle Formen der Kundenrückmeldung erweitert werden. Wir sprechen in Abgrenzung zum Beschwerdemanagement dann vom Kundenfeedbackmanagement. Ein gut aufgestelltes Kundenfeedbackmanagement arbeitet, wie auch das Beschwerdemanagement, sowohl zentral als auch dezentral, erfasst aber neben Beschwerden auch Lob sowie scheinbar neutrale Äußerungen.

Kundenorientierung in Bezug auf Beschwerden bedeutet, dass die Priorität auf die Wiederherstellung der Kundenzufriedenheit gelegt wird und der Kunde für seine Unzufriedenheit eine Wiedergutmachung erhält. Dezentral werden alle Beschwerden idealerweise im Erstkontakt vom Mitarbeiter direkt in der Kundeninteraktion gelöst (direkter Beschwerdemanagementprozess). Die detaillierte Erfassung der Beschwerde und ihrer Ursache erfolgt im zweiten Schritt und ist Teil des indirekten Beschwerdemanagementprozesses (Stauss & Seidel, 2007, S. 82 ff.). Das setzt entsprechende Kompetenzen für kulante Lösungen voraus. Zentral werden alle Kundenrückmeldungen gesammelt, klassifiziert und analysiert. Hier müssen dann Maßnahmen zur Verbesserung abgeleitet werden, die darauf abzielen, die Beschwerdeursachen abzustellen.

Lob kann gezielt genutzt werden, um Best-Practice-Beispiele zu identifizieren und unternehmensweit auszurollen. Vermeintlich neutrale Äußerungen und Fragen (»Wo finde ich Ihre Telefonnummer auf der Homepage?«) sollten ebenfalls analysiert werden, denn auch hierin liegt Optimierungspotenzial. Kontaktgründe sollten hinsichtlich Inhalt und Emotionalität untersucht werden. Besonderes Augenmerk muss auf das Kategoriensystem im Kundenfeedbackmanagement gelegt werden.

> Bei einem Projekt zur Reorganisation des Feedbackmanagements bei einem **Energiedienstleister** fanden wir heraus, dass eingehende Anrufe zwar kategorisiert wurden, zwei Drittel aller Anrufe aber auf die Kategorie »Kundenservice allgemein« entfielen. Mit diesen Informationen konnte nicht gesteuert werden. Das Unternehmen entwickelte ein neues Kategoriensystem entlang der Customer Journey. Jetzt kann zum Beispiel erkannt werden, ob in der kritischen Phase nach Rechnungsversand mehr Meldungen als sonst zur Verständlichkeit der Rechnung eingehen. So ist es möglich, viel zielgerichteter mit den Ergebnissen zu arbeiten und umgesetzte Maßnahmen zu kontrollieren.

Kategoriensystem für Kundenrückmeldungen

Die Kategorien zur Erfassung von Kundenäußerungen sollten disjunkt, erschöpfend und präzise sein (Diekmann, 2008, S. 589). D. h. alle möglichen Äußerungen sollten sich genau einer Kategorie zuordnen lassen, wobei eine Einteilung in Über- und Unterkategorien die Zuordnung erleichtert. Sinnvolle Grundkategorien können z. B. Phasen des Kundenlebenszyklus sein. Wichtig ist, dass die Unterkategorien die Ursachen der Kundeninteraktion beschreiben (z. B. »Rechnung« – »Beschwerde zur Rechnung« – »falscher/zu hoher Rechnungsbetrag« oder [...] »Beschwerde zur Rechnung« – »falsche Adresse«). Die Erstellung eines geeigneten Kategoriensystems ist keine simple und vor allem schnell erledigte Aufgabe! Wenn hier unsauber gearbeitet wird, sind die gewonnenen Daten als Basis für die Ableitung von Maßnahmen nur eingeschränkt geeignet. Auch bei der Zuordnung ist Akribie nötig, denn wenn zu viele Kundenäußerungen in globale Kategorien (»Kundenberatung allgemein«) eingruppiert werden, können ebenfalls

keine sinnvollen Maßnahmen abgeleitet werden. Das kann vor allem dann passieren, wenn Mitarbeiter unter hohem Zeitdruck viele Äußerungen einordnen müssen (z. B. im stark frequentierten Call-Center mit strengen Vorgaben zur Gesprächsdauer).
Auch auf Social-Media-Plattformen geben Kunden Meinungen und Einschätzungen zu Unternehmen sowie deren Services und Produkten ab. Häufig sind diese Äußerungen gar nicht direkt an das Unternehmen gerichtet, können aber von diesem beobachtet werden. Diese Urteile sind freiwillig und ohne Aufforderung durch das Unternehmen entstanden. Interessant ist, dass diese Daten in der Entstehung kostenfrei sind, lediglich für die Weiterverarbeitung fallen Kosten an. Keine Neuigkeit ist, dass die sozialen Netzwerke große Kräfte freisetzen können. Die Wirkung eines großen Shit-Storms (viele negative Meldungen in sozialen Netzwerken zu einem Unternehmen in kurzer Zeit) kann mühelos die positiven Auswirkungen einer Multi-Millionen-Euro-Imagekampagne zerstören, was z. B. Nestlé zu spüren bekam (Beutelsbacher, 2011). Daher empfehlen wir, alle für das Unternehmen wichtigen sozialen Netzwerke mindestens zu beobachten. Es gehört heute zur Informationsbasis eines Unternehmens zu wissen, auf welchen sozialen Medien über das Unternehmen regelmäßig gesprochen wird. Aus der Beobachtung der Interaktion können dann weitere Maßnahmen im Rahmen der Kommunikationsstrategie abgeleitet werden (aktive Präsenz, Moderation eigener Seiten auf Facebook oder anderer Kanäle z. B. YouTube, Nutzung von Facebook als Beratungskanal etc.).

10.4.6 Der Net-Promoter-Score

In vieler Munde im Zusammenhang mit der Entwicklung von Servicequalität ist der sogenannte Net-Promoter-Score (NPS) (Reichheld, 2011, S. 4 ff.). Kern des Ansatzes ist die Erhebung der Weiterempfehlungswahrscheinlichkeit auf einer Skala von 0–10 und die besondere Berechnung eines Netto-Weiterempfehlungswertes (Net-Promoter-Score), indem die Anteile derjenigen, die Antworten von 0 bis 6 gegeben haben (Detractors) von der Summe derer abgezogen werden, die mit 9 oder 10 geantwortet haben (Promoters). Die Anteile derer, die mit 7 oder 8 geantwortet haben, bleiben bei der Berechnung unberücksichtigt. Der NPS kann folglich Werte zwischen +100 und –100 annehmen. Gute Unternehmen erreichen Werte zwischen plus 20 und plus 50. Bei einem negativen NPS sollte sich ein Unternehmen Gedanken machen.
Der NPS hat viel Anklang gefunden, namhafte Unternehmen setzen ihn ein. Ein interessanter Aspekt ist, dass viele Unternehmen ihren NPS offenlegen. Es lassen sich daher für viele Branchen bereits Vergleichswerte anderer Unternehmen finden.
Mithilfe des NPS-Ansatzes wurde in verschiedenen Unternehmen erreicht, dass Kunden und ihre Anliegen in den Mittelpunkt gestellt und die Weiterempfehlung – als Indikator der Kundenbindung – zu einer Steuerungsvariable gemacht wurde. Der NPS kann auch für Teileinheiten oder Teilprozesse gemessen und zurückgemeldet werden. Diese Rückmeldung sollte bei den Verantwortlichen die Frage auslösen: Was muss ich tun, um besser zu werden? Welche meiner Maßnahmen führen zu einer höheren Kundenbindung? Die Antworten auf diese Fragen können für jede Teileinheit oder jeden Prozess anders ausfallen. Aufschluss geben hier die offenen Antworten. Zur Beantwortung des »Warum?« können bei Bedarf weitere Analyse durchgeführt werden. Da Weiterempfehlung positiv mit der Kundenzufriedenheit zusammenhängt (Homburg, 2015, S. 47), lässt der NPS Rückschlüsse auf die Kundenzufriedenheit und Bereichszufriedenheiten zu.
Der NPS ist breit, aber nicht universell einsetzbar. Es handelt sich hierbei letztlich um eine Messung der Kundenbindung mit einer (Weiterempfehlungs-)Frage sowie die Nachfrage nach den Gründen. Daher sind auch andere Fragen, die zur Operationalisierung

der Bindung genutzt werden, geeignet, wenn sich die Frage nach der Weiterempfehlung in einem bestimmten Bereich oder einer Branche zur Erhebung der Bindung nicht eignet (Price & Jaffe, 2008, S. 50).

10.5 Best Practice: Geschlossene Kreisläufe bei Messung, Analyse, Bericht und Handlung

Bei einem großen Versicherer, für den wir gearbeitet haben, sind sämtliche Mess- und Analyse-Instrumente in einen kontinuierlichen Verbesserungsprozess eingebettet. Sie werden von einer zentralen Einheit gesteuert, die Schnittstellen zu allen anderen Unternehmensbereichen aufweist. Hier laufen alle Erkenntnisse zum Kunden zusammen und werden von dort aus in einem regelmäßigen und systematischen Bericht an alle relevanten Stellen verteilt (von den operativen Einheiten bis hin zum Vorstand). Es werden sowohl ein Gesamtbericht als auch individuelle Teilberichte erstellt. Der Vorstand ist an verschiedenen Stellen in das System eingebunden, wodurch die Wichtigkeit des gesamten Prozesses betont und die nötige Durchsetzungskraft für Maßnahmen aus dem Verfahren heraus gewährleistet wird. Gemessen wird an allen relevanten Kundenkontaktpunkten (ereignisorientiert). Die Daten werden dann von »unten nach oben« aggregiert, und es wird »von oben nach unten« mithilfe des Net-Promoter-Scores (NPS) und vertiefenden Detailfragen (Reichheld, 2011, S. 4) erhoben. Auf diese Weise entsteht ein aufeinander aufbauendes Kennzahlen-System, an dessen Spitze die Frage nach der Weiterempfehlung als Operationalisierung der Kundenbindung für das Gesamtunternehmen steht. Auf Basis der Kennzahlen (und der Vertiefungsfragen) in Verbindung mit der ereignisorientierten Abfrage wird der Service gesteuert. Der Bericht für die Folgejahre enthält auch immer den Stand der Bearbeitung der Maßnahmen der vergangenen Jahre, sodass keine Maßnahmen verloren gehen und deren Fortschritt immer gemessen wird.

10.6 Checkliste »Systematische Qualitätsmessung«

- Das Unternehmen hat ein ganzheitliches Verständnis der Servicequalität entwickelt.
- Das Unternehmen hat auf der Basis des ganzheitlichen Verständnisses der Servicequalität ein System zu ihrer Messung, Analyse und Kommunikation entwickelt (Messpunkte, Frequenz, Inhalte, Berichtswesen).
- Das Unternehmen hat eindeutige Ziele für die Messung festgelegt und mit entsprechenden Kennzahlen gekoppelt.
- Das Unternehmen hat geschlossene Kreisläufe (Null-Messung, Maßnahme, Kontroll-Messung) etabliert.
- Das Unternehmen hat eine verantwortliche Person/Abteilung für die Qualitätsmessung benannt.
- Alle Kundenerkenntnisse werden bei der verantwortlichen Stelle gesammelt und weitergegeben.

- Das Unternehmen kennt die (wesentlichen) Kundenkontaktpunkte.
- Im Unternehmen besteht Klarheit über die an den Kontaktpunkten anliegenden Prozesse.
- Das Unternehmen misst an allen relevanten Kontaktpunkten.
- Das Unternehmen befragt die richtigen Personen.
- Das Unternehmen nutzt alle zur Verfügung stehenden Datenquellen.
- Das Unternehmen wertet subjektive und objektive Daten zusammen aus.
- Das Unternehmen hat vor der Auswertung Hypothesen zu den Maßnahmen entwickelt, die in der Datenerhebung berücksichtigt werden.
- Das Unternehmen nutzt die Daten gezielt, um den Effekt der Maßnahmen zu messen.
- Das Unternehmen analysiert die Daten hinreichend tief.
- Im Unternehmen werden die Daten an die relevanten Stellen berichtet.
- Die Berichte werden gelesen und besprochen.
- Das Unternehmen leitet aus den Ergebnissen Maßnahmen ab.
- Die Maßnahmen werden kontrolliert und ggf. korrigiert.

11 Offen und ehrlich kommunizieren

Kundenorientierte Kommunikation soll offen sein. Hierunter verstehen wir, dass transparent alle wichtigen Informationen geteilt werden, das Unternehmen sich in Grenzen auch selbst offenbart, vorurteilsfrei auf seine Kommunikationspartner zugeht und vor allem zuhört. Damit eng verbunden ist, dass die Kommunikation ehrlich und wahrhaftig sein muss, damit sie eine langfristige Kundenbeziehung möglich machen kann. Kommunikationspartner müssen sich auf das verlassen können, was vom Unternehmen oder den Mitarbeitern gesagt wird. Kundenorientierte Unternehmen sagen, was sie tun und tun, was sie sagen. Es sollen durch niemanden im Unternehmen Versprechen gemacht werden, die nicht gehalten werden können. Außerdem gilt, dass ein Versprechen, das eine Stelle im Unternehmen dem Kunden gemacht hat, auch für andere Stellen grundsätzlich bindend ist. Auf diese Weise kann Kommunikation dazu beitragen, Vertrauen zu schaffen. Kundenorientierte Kommunikation sollte auf Augenhöhe stattfinden und das sollte gleichermaßen für Kunden, Mitarbeiter und Geschäftspartner und die Öffentlichkeit gelten. Außerdem hilft es, sich klarzumachen, dass Kommunikation mehr ist als der Austausch von Daten und Informationen.

11.1 Die Grundlagen der Kommunikation

Kommunikation bezeichnet in einer engeren Definition den »Austausch von Informationen« (Fischer & Wiswede, 2009, S. 349) zwischen zwei oder mehreren Personen bzw. Unternehmen. Einer der bekanntesten Kommunikationsforscher, Paul Watzlawick, benutzt die Ausdrücke »Verhalten« und »Kommunikation« in einer sehr weiten Definition synonym und schließt so auch nonverbale Kommunikation wie z. B. Körpersprache mit ein (Watzlawick, Beavin & Jackson, 1996, S. 23). Das Unternehmen ist im Austausch mit seinen Stakeholdern auf Kommunikation angewiesen. Dabei gilt der Grundsatz von Paul Watzlawick (Watzlawick, Beavin & Jackson, 1996, S. 53):

> Man kann nicht nicht kommunizieren.

Auch ein Unternehmen, das nichts sagt, sendet also eine (nonverbale) Nachricht, aus der die Öffentlichkeit auf seine Haltungen und Werte und auf sein Verhältnis zur Umwelt schließt. Einer der größten Fehler, den Unternehmen machen, ist es, nicht aktiv zu kommunizieren. Dann bleibt das Unternehmen für den Kunden eine Blackbox, in die er keine Einblicke hat. Dies schafft Unsicherheit und eine Grundlage für Unzufriedenheit.

Der Grundvorgang der zwischenmenschlichen Kommunikation lässt sich wie folgt beschreiben: Der Sender sendet beobachtbare Reize aus (Worte, Gesten etc.). Der Empfänger dekodiert diese Reize und verarbeitet die Informationen. Meist folgt dann wiederum eine beobachtbare Reaktion des Empfängers (Kroeber-Riel & Weinberg, 1996, S. 490). Ob und wie eine Information aufgenommen wird und ob es zu einer Einstellungsänderung oder einem konkreten Verhalten des Empfängers kommt, ist von der Art der Informationsverarbeitung durch den Empfänger abhängig. Diese wiederum hängt von vielen Faktoren ab (z. B. Beeinflussbarkeit, affektiver Zustand, Involvement) (Fischer & Wiswede, 2009, S. 362 ff.).

In vielen Fällen gelingt es nicht, ein gemeinsames Verständnis herzustellen. Grund dafür ist, dass die Inhalte einer Kommunikation beim Menschen den Filter des Gehirns durchlaufen. Jede Information ist gleichzeitig mit einer Vielzahl von Erinnerungen, Erfahrungen, Gefühlen und Werten verbunden und wird mit diesen Anteilen auch weitergegeben. Wenn zwei Menschen das Gleiche hören, bedeutet das nicht, dass sie auch dieselbe Botschaft empfangen.

Auch die Sender kommunikativer Botschaften, in unserem Fall die Unternehmen, kommunizieren nicht notwendigerweise direkt und ehrlich. Manche Informationen dürfen Unternehmen nicht weitergeben (z. B. aus rechtlichen Gründen). Andere Informationen wollen sie nicht weitergeben, weil unangenehme Botschaften enthalten sind (z. B. Umweltrisiken, schlechte Zahlen, fehlgeschlagene Akquisitionen). Viele Informationen werden über Kanäle kommuniziert, die das Unternehmen nicht direkt kontrolliert, z. B. durch die Mitarbeiter, Lieferanten, Besucher.

Kundenorientierte Unternehmen müssen daran interessiert sein, dass sie auf allen Ebenen vom Kunden geschätzt und empfohlen werden. Kunden oder die Öffentlichkeit anzulügen, verbietet sich. Selbst wenn lediglich widersprüchliche Informationen verbreitet werden, schadet es dem Ruf und zerstört die Glaubwürdigkeit.

11.2 Wer kommuniziert

11.2.1 Sender und Empfänger im Unternehmen

Die Adressaten der Kommunikation aus Unternehmenssicht sind alle Stakeholder des Unternehmens. Stakeholder sind alle »Mitwirkenden und Betroffenen« der Aktivitäten des Unternehmens (Kotler, Keller & Bliemel, 2007, S. 1174). Für jede Zielgruppe sollte das Unternehmen wissen, wie es die Gruppe erreichen kann und planen, welche Botschaften in welchen Abständen gesendet werden sollen. Als wichtigste Zielgruppen der Kommunikation lassen sich Kunden und potenzielle Kunden identifizieren. Weitere Zielgruppe sind natürlich die Mitarbeiter, die direkt oder über die Außenkommunikation erreicht werden. Daneben lassen sich Anteilseigner, Geschäftspartner und Lieferanten als Zielgruppe identifizieren. Im Weiteren ist dann die breite Öffentlichkeit relevant.

Kommunikation verläuft in der Regel bidirektional, das heißt die Rollen des Senders und des Empfängers sind nicht fest, sondern wechseln im Laufe eines Gesprächs. Wenn der eine spricht, hört der andere zu und umgekehrt. Ganz wichtig ist, dass Unternehmen nicht nur Sender von Nachrichten sind, sondern auch möglichst viele Empfangskanäle bereitstellen. Die Kommunikationsfähigkeit von Unternehmen bemisst sich auch daran, dass...:
- Rückmeldungen über viele Kanäle aufgenommen werden,
- Rückmeldungen strukturiert und Themengebieten zugeordnet werden,
- Rückmeldungen an die richtigen Stellen im Unternehmen gelangen,
- auf die Impulse reagiert wird und idealerweise ein Austausch mit dem Sender in Gang kommt.

Unternehmen, die ihre Kommunikation kundenorientiert planen, sollten zu jedem Sendekanal auch einen Kanal für Rückmeldungen planen und implementieren.

Es gibt jedoch Kommunikationsmaßnahmen des Unternehmens als Sender, die bewusst unidirektional sind, wie zum Beispiel die offiziellen Pressemitteilungen oder der werbliche Auftritt mit allen dazugehörigen Werbemitteln. Dieser Aspekt der Kommunikation betrifft das, was das Unternehmen mitteilen möchte. In der Regel werden hierüber schriftliche Mitteilungen oder gesprochene Worte aus dem Kreis des Managements veröffentlicht. Hier bestimmt allein das Unternehmen die Inhalte, Orte und Kanäle der Kommunikation. Die offiziellen Verlautbarungen sind aber nur ein kleiner Teil der Kommunikation. Es sind die Botschaften, die in der direkten Kommunikation zwischen Mitarbeitern des Unternehmens, z. B. im Vertrieb und im Kundenservice, und den Kunden ausgetauscht werden, die die Wahrnehmung des kundenorientierten Unternehmens viel nachhaltiger prägen. Das Unternehmen kommuniziert dabei einstufig, d. h. direkt zum Mitarbeiter oder direkt zum Kunden oder mehrstufig, z. B. über die Mitarbeiter zum Kunden. Direkte Kommunikation erfolgt zu immer größeren Teilen vermittelt über Social-Media-Plattformen, z. B. über Facebook oder in Blogs. Blogs haben offiziellen oder teiloffiziellen Charakter. So berichtet TUI Cruises in Videoblogs von den Bauphasen und von Bord seiner neuen Schiffe (TUI Cruises Gmbh, 2015) oder die Daimler AG berichtet aus dem Arbeitsleben ihrer Mitarbeiter (Daimler AG, 2015). Einige Unternehmen haben um ihre Blogs auch Foren und Gruppen aufgebaut, um sich mit Kunden und Interessenten auszutauschen. Manche Blogs haben offiziellen Charakter, andere sind mehr aus der Mitarbeitersicht geschrieben und haben nur semioffiziellen Charakter. Bei dieser Art der Kommunikation kann das Unternehmen nicht mehr alleine bestimmen, wo und worüber kommuniziert wird. Verschiedene Unternehmen mussten erst auf die harte Tour lernen, dass sie keine Macht über die sozialen Medien haben und ihre Marketing- und PR-Budgets häufig nicht ausreichen, um sich den massiven Kommunikationskräften (»Shitstorm«) entgegen zu stellen (Beutelsbacher, 2011).

11.2.2 Mit Kunden in Kontakt treten

Da man ohnehin nicht *nicht* Kommunizieren kann, kommuniziert das Unternehmen ständig mit den Kunden. In manchen Unternehmen scheint das noch nicht klar zu sein, dort findet diese Kommunikation dann häufig indirekt und gelegentlich widersprüchlich statt. ServiceRating-Studien zeigen, dass der direkte Kundenkontakt des Topmanagements Einfluss auf die Kundenbindung und den Geschäftserfolg hat (ServiceRating, 2014). Das ist auch wenig verwunderlich, denn offener und ehrlicher Kundenkontakt durch das Management hat eine doppelte Wirkung:
1. Kunden fühlen sich ernst genommen und nehmen das Unternehmen als nahbar war, wenn auch Kontakt zum Management möglich ist und
2. die Mitarbeiter sehen positive Vorbilder und erkennen die Wichtigkeit der Kundenkommunikation am lebenden Beispiel.

Die Regel lautet also: Alle kommunizieren mit den Kunden, selbstverständlich auch das Topmanagement.

Schlüssel zur Kundenbindung ist, das richtige Maß an Kontakt zum Kunden zu halten. Das Kontaktbedürfnis der Kunden ist unterschiedlich. Auch hier ist es wichtig, die individuellen Bedürfnisse zu berücksichtigen und werthaltige Kontakte zu schaffen. Das heißt, in der Kommunikation Themen zu finden, die den Gesprächspartner interessieren. Noch viel wichtiger ist es aber, rechtzeitig zu erkennen, wann kommuniziert werden muss.

> Ein **Telekommunikationsanbieter** überprüft kontinuierlich das Gesprächsverhalten seiner Kunden hinsichtlich Auffälligkeiten. Ergibt sich ein untypisches Muster (z.B. lange Auslandsgespräche), erfolgt ein direkter Kontakt aus dem Servicecenter und per SMS, um beim Kunden zu erfragen, ob alles seine Richtigkeit hat.

Kundenorientierte Unternehmen wissen, wo der Kunde wann mit ihnen sprechen möchte und sind da. Ist die Zielgruppe stark auf Social-Media-Plattformen vertreten, werden Social-Media-Angebote gemacht, ansonsten kann man sich hier (noch) zurückhalten.

Auch für die Kommunikation gilt die Maßgabe, dort zu sein, wo der Kunde ist, d.h. die Kanäle zu nutzen, über die die Zielgruppe auch erreicht werden kann. Die heutige Kommunikation ist schneller und mobiler, da sich auch das Umfeld beschleunigt hat und zum Beispiel über Twitter der Informationsaustausch unter den Stakeholdern sehr viel schneller ist als das Unternehmen über seine offiziellen Kanäle vielleicht Stellung nehmen kann. Das Unternehmen sollte daher auch auf den Online-Kanälen präsent sein, und sei es nur mit dem Ziel, mäßigend einzuwirken und Zeit für die Erarbeitung einer koordinierten Reaktion zu gewinnen.

Kundenorientierte Unternehmen überprüfen die Wirkung der Kommunikation regelmäßig mit zwei Fragestellungen:
- Verstehen wir?
- Werden wir verstanden?

Dies kann durch Befragungen geschehen, besser geeignet sind aber qualitative Verfahren, mit denen man »in die Köpfe der Zielgruppen hineinsehen« kann. Unternehmen, die eigene Kunden-Panels oder Kundenbeiräte oder ähnliches unterhalten, können diese Rückmeldungen institutionalisieren, weil sie regelmäßig mit ihren Zielgruppen im Austausch sind.

11.2.3 Mit Mitarbeitern kommunizieren

Die Mitarbeiter sind ein weiteres Sprachrohr des Unternehmens, da sie ständig und auf vielfältige Weise in Kontakt mit der Außenwelt stehen. Kommunikation mit den Mitarbeitern hat daher drei Aufgaben:
- Information des Mitarbeiters über wichtige Entwicklungen,
- Einbindung des Mitarbeiters und Bewahrung seiner Motivation,
- Kommunikation klarer und konsistenter Botschaften an die Außenwelt über die Mitarbeiter.

Die Botschaften, die an die Mitarbeiter gesendet werden, sollten zur offiziellen (direkten) Kommunikation des Unternehmens passen. Vor allem ist zu beachten, dass Mitarbeiter nicht nur Empfänger von kommunikativen Botschaften sind, sie geben diese auch weiter und kommunizieren ihrerseits in eigenem und im Namen des Unternehmens. Da die Mitarbeiter nicht die Unwahrheit sagen sollen, ist es wichtig, offen und ehrlich zu kommunizieren. Wenn das Unternehmen über die formellen Kanäle die Wahrheit verbreitet, ist es nämlich sehr wahrscheinlich, dass Mitarbeiter das Gleiche tun und formelle und informelle Kommunikation zusammenpassen. So bietet das Unternehmen das Bild von Ehrlichkeit und Offenheit, das zur positiven Wahrnehmung des Unternehmens beiträgt und seine Kundenorientierung dokumentiert.

Ganz entscheidend für die Kommunikation zum Mitarbeiter ist die Offenheit. Es ist in vielen Unternehmen üblich, dass Umsatzziele kommuniziert werden. Woraus diese Umsatzziele abgeleitet sind und wie sie im Detail erreicht werden sollen, wird schon seltener mitgeteilt. Schwieriger wird es auch bei Gewinnzielen, besonders in inhabergeführten Unternehmen. Schwingt doch dabei immer die Assoziation beim Mitarbeiter mit: »die machen so viel Gewinn auf unsere Kosten«. Nach unseren Erfahrungen ist es aber keinesfalls so, dass Mitarbeiter ihren Unternehmen die Gewinne nicht gönnen würden. Im Gegenteil: Gewinne können eine starke Motivationswirkung haben, wenn man die Mitarbeiter angemessen daran beteiligt. Dazu ist es aber wichtig, dass man auch über Gewinne spricht. Auch über Strategien und Schwierigkeiten bei der Umsetzung sollte man Mitarbeiter informieren. Solche Signale von Offenheit und Vertrauen wirken nachhaltig.

Auch die Kommunikation mit dem Mitarbeiter muss grundsätzlich bidirektional angelegt sein:
- Auf welchen Wegen können Botschaften der Mitarbeiter das Topmanagement erreichen?
- Gibt es direkte Wege, die Hierarchie zu überspringen?
- Wie können Whistleblower auf Missstände aufmerksam machen?
- Nach welchen Verfahren wird Mitarbeiter-Feedback gesammelt und wie geht man damit um?

> In einem bekannten **Telekommunikationsunternehmen** veranstaltet der Vorstandsvorsitzende jeden Monat ein Mitarbeiterfrühstück. Über eine Mailadresse können sich Mitarbeiter bewerben, wenn mehr als zehn Anmeldungen eingehen, entscheidet das Los. Es können alle Mitarbeiter und Führungskräfte bis zur Abteilungsleitung teilnehmen. Im Rahmen des Frühstücks ist ein offener Austausch über alle Fragen möglich, wobei der Vorstand zu Beginn interessante Fragen einsammelt und/oder ihm wichtige Themen zur Diskussion stellt.

In der Kommunikation mit Mitarbeitern ist großer Wert darauf zu legen, dass die Hierarchie nicht die Kommunikation behindert und Information frei auch von unten nach oben fließen kann. Häufig erreichen wichtige Botschaften nicht die Managementebene, weil sie in der Hierarchie »stecken bleiben«. Es ist jedenfalls nicht damit getan, alle sechs Monate eine Mitarbeiterversammlung abzuhalten und alle drei Jahre eine Mitarbeiterzufriedenheitsbefragung durchzuführen.

11.3 Wie wird kommuniziert

11.3.1 Vier Seiten einer Nachricht

Kommunikation auf Augenhöhe bedeutet vor allem auch zuzuhören und zu erkennen, was die vier Seiten der Botschaft sind. Folgendes Beispiel soll das verdeutlichen:

> Der Kunde schreibt eine E-Mail an info@IhrUnternehmen.de:
> »Guten Tag, gerade habe ich Ihre Rechnung in voller Höhe von 125,66 EUR überwiesen, obwohl mir nicht ganz klar ist, wie sich der Betrag zusammensetzt. In Ihrem Call-Center konnte ich leider niemanden erreichen. Mit freundlichen Grüßen, ...«

Was würden Sie unternehmen? Wenig kundenorientierte Unternehmen würden nichts unternehmen, denn der Kunde hat gezahlt, sich nicht beschwert und keine konkrete Frage gestellt.

Sieht man die Nachricht genauer an, werden verschiedene Aspekte deutlich. Zur Analyse der Nachricht bietet sich das Modell von Schultz von Thun an, der vier Ebenen einer Nachricht unterscheidet (Schulz von Thun, 1998, S. 26 ff.):

1. **Sachebene**: Das, worüber gesprochen wird.
2. **Selbstoffenbarungsebene** (Selbstenthüllung und Selbstdarstellung): Was der Sender über sich selbst sagt.
3. **Beziehungsebene**: Wie der Sender zum Empfänger steht bzw. was der Sender vom Empfänger hält.
4. **Appellebene**: Wozu der Sender den Empfänger veranlassen möchte.

Folgende weitere Informationen lassen sich auf den verschiedenen Ebenen aus dem Beispiel oben herauslesen:
1. Sachinformation:
   - Der Kunde hat überwiesen.
   - Im Call-Center war niemand zu erreichen.
2. Der Kunde offenbart, dass er...
   - die Rechnung erhalten hat.
   - sich mit der Rechnung beschäftigt und sie gelesen hat.
   - über die Rechnung nachgedacht hat, ggf. sogar nachgerechnet hat.
   - die Rechnung (trotzdem) nicht verstanden hat. Entweder kann er sie nicht nachvollziehen oder will sie in dieser Höhe nicht bezahlen.
   - grundsätzlich mit dem Unternehmen per E-Mail korrespondiert, in manchen Fällen aber das Telefon bevorzugt.
3. Beziehungsebene: Der Kunde...
   - sieht eine klassische Kunde-Dienstleister-Beziehung und erwartet, dass das Unternehmen ihm Rede und Antwort steht (und zwar telefonisch/persönlich).
   - sieht die Beziehung so, dass er dem Unternehmen Hinweise auf Schwierigkeiten bei der Erreichbarkeit gibt.
   - hält die Erreichbarkeit für nicht ausreichend.

4. Appellebene: Der Kunde möchte, dass...
   - jemand ans Telefon geht, wenn er anruft
   - das Unternehmen verständliche Rechnungen versendet
   - das Unternehmen ihm die Zusammensetzung der letzten Rechnung erklärt

Ein Mitarbeiter, der wenig empathisch ist und einen starken Fokus auf die Sachebene legt, wird hier keinen Handlungsbedarf herauslesen. Ein kundenorientierter Mitarbeiter, der alle vier Ebenen versteht, wird Folgendes tun:
- Er ruft unmittelbar den Kunden an und entschuldigt sich, dass niemand im Call-Center erreichbar war. Keinesfalls schreibt er eine E-Mail zurück, der Kunde hat seine Kanal-Präferenz für die Erläuterung der Rechnung deutlich mitgeteilt.
- Er erkundigt sich, wo genau das (Verständnis-)Problem liegt. Hierbei ist es wichtig zu bedenken, dass der Kunde preisgegeben hat, dass er die Rechnung nicht verstanden hat. Das ist ihm vermutlich nicht leicht gefallen, da sich dieses Eingeständnis nicht gut anfühlt. Die Frage: »Was haben Sie denn nicht verstanden?« ist also ungünstig, weil sie das Gefühl noch verstärkt. Mit allgemeinen Fragen wie: »Wie kann ich Ihnen weiterhelfen?« oder »Sollen wir Ihre Rechnung einmal gemeinsam durchgehen?« kann man diese Klippe umschiffen.
- Er versucht die Rechnungsbestandteile erneut zu erläutern, entweder ist es ein echtes Verständnisproblem oder das Gespräch endet mit einem Tarif-Wechsel, da ein anderer Tarif für den Kunden besser passt.
- Er geht nach dem Anruf alle nötigen Schritte durch (Mitarbeiter informieren, Informationen in technische Systeme eintragen, neue Rechnung anfordern), um das Kundenanliegen schnell zu lösen.
- Er schreibt dem Kunden eine kurze Zusammenfassung per E-Mail, wenn der Kunde das wünscht.
- Er legt ein Ticket an, dass die Rechnung nicht verstanden wurde und warum, um ggf. mittelfristig Veränderungen an der Rechnung herbeizuführen, wenn das Kundenanliegen häufiger auftritt. Dies ist ein Fall, in dem eine quantitative Messung der Häufigkeit unabdingbar ist, um die (ökonomische) Relevanz der Verständnisschwierigkeiten mit der Rechnung abschätzen zu können. Ob dieses Ticket nun als Beschwerde behandelt wird oder nicht, hängt davon ab, ob es im Unternehmen nur ein Beschwerdewesen oder ein vollumfängliches System zur Behandlung von Kundenrückmeldungen gibt.
- Er legt ein weiteres Ticket an, dass die Erreichbarkeit im Call-Center von einem Kunden moniert wurde. Auch dieses Ticket ist zwingend erforderlich, um die Ressourcenplanung im Call-Center zu unterstützen.

Aus dem vorangegangenen Beispiel wird deutlich, dass aus einer recht simplen Nachricht bei genauem Zuhören und Dekodieren deutlich mehr hervorgeht als die reine Sachinformation. Häufig wird der Versuch unternommen, sich in der Kommunikation auf die Sachebene zu beschränken. Das wird scheitern. Selbst in der eher sachbetonten B2B-Kommunikation zwischen dem Einkauf des einen Unternehmens und dem Vertrieb des anderen Unternehmens sind immer alle vier Seiten der Nachricht aktiv und müssen berücksichtigt werden. Kommunikationsprobleme entstehen meist dort, wo auf der Sachebene munter weiter verhandelt wird, während auf der Beziehungsebene kein akzeptiertes Beziehungskonzept zugrunde liegt (partnerschaftlich, Diener-Herr, Dienstleister-Kunde). Sieht ein Dienstleister sich zum Beispiel eher als Berater, werden die aus seiner Sicht »zugebellten Befehle« des Auftraggebers ihn eher befremden. Sieht sich der Mitarbeiter eines Unternehmens nicht als Dienstleister (=Dienender), werden sich in der Kommunikation mit fordernden Kunden immer wieder Probleme ergeben. Es kann dann zu einem Abbruch der Beziehung kommen, ohne dass auf der Sachebene etwas schief gegangen ist. Stellen Sie sich ein Restaurant vor, wo das Essen exzellent ist. Die Bedienung kommt einem beim Bedienen aber sehr nah und ist auch ansonsten in der Ansprache eher distanzlos (sie duzt die Gäste, fordert auf, gewisse Dinge doch bitte selbst zu tun). Ein solches Restaurant wird man nur wieder besuchen, wenn man keinen Wert auf eine klassische Kunde-Dienstleister-Beziehung legt, ansonsten würde man sich über die ständigen Sub-Botschaften auf der Beziehungsebene ärgern.

Diesen Ärger kann man übrigens häufig in Kundenbeziehungen wahrnehmen. Wann immer auf der Sachebene alles in Ordnung ist, es aber trotzdem Ärger gibt, liegt es vermutlich an einer der anderen Ebenen der Kommunikation. Grundsätzlich gilt: Störungen in der Kommunikation müssen vorrangig gelöst werden, denn die Kommunikation ist das Mittel zur Lösung der Sachprobleme (Schulz von Thun, 1998, S. 131 ff.). Ist sie gestört, wird eine Lösung der Sachprobleme unwahrscheinlich.

> Ein Arbeitskollege hatte großen Ärger mit einem **Telekommunikationsanbieter**, denn nach dem Wechsel dorthin funktionierte mehrere Monate seine Internet- und Telefonverbindung nicht richtig. Nach mehreren Stunden in der Warteschleife, erfolglosen Gesprächen mit Mitarbeitern und teils unbeantworteten Beschwerden (inkl. Vorstandsbeschwerden), kam endlich ein konstruktives Gespräch mit einem kundigen Mitarbeiter zustande, der helfen wollte. Alles verlief gut, bis zu dem Zeitpunkt, an dem der Mitarbeiter sagte, dass unser Arbeitskollege seinen Anschluss eigentlich schon seit Wochen hätte vollumfänglich nutzen können, hätte er nur den Code richtig eingegeben. Die Nachricht führte zu starker Wut bei unserem Kollegen. Der Mitarbeiter hatte es geschafft, das Sachproblem aus der Welt zu schaffen und gleichzeitig ein massives weiteres Problem aufzubauen, das mit der Sache nichts mehr zu tun hat. Man signalisierte unserem Kollegen, dass man ihn für unfähig hält, auch in vielen Versuchen, eine Zahlenfolge richtig einzugeben. Sie können sich sicher vorstellen, wie sich das auf die Weiterempfehlungsbereitschaft unseres Kollegen auswirkte und wie der Effekt gewesen wäre, hätte sich der Mitarbeiter diesen Kommentar gespart und stattdessen gesagt: »Bitte entschuldigen Sie die Unannehmlichkeiten. Ich bin sehr froh, dass ich Ihnen helfen konnte und wünsche Ihnen viel Spaß mit Ihrem Internetanschluss. Kann ich sonst noch etwas für Sie tun?«

11.3.2 Technische Systeme unterstützen die Kommunikation

Echte Kommunikation findet zwischen Menschen statt. Der Versand einer – wenn auch passgenauen – Werbe- oder Informationsbroschüre trägt nur wenig zur Bildung oder Stabilisierung einer echten Kundenbeziehung bei, da er auch dem Charakter von Kommunikation als (wechselseitigem) Austausch kaum gerecht werden kann. Eine rein automatisch erstellte, unterschriebene, kuvertierte, frankierte und versendete Geburtstagskarte wird nicht nennenswert zur Kundenloyalität beitragen. Möglicherweise ist sogar das Gegenteil der Fall, wenn der Kunde erkennt, dass kein Mensch an ihn gedacht hat. Es wurde lediglich ein zeitgesteuerter Prozess auf der Basis seiner Kundendaten gestartet, und er erhält, bezahlt von seinen Gebühren, eine von 1000 Massengeburtstagskarten an diesem Tag.

Dennoch kann man nicht übersehen, dass technische Systeme heute schon in vielfacher Weise in die Kommunikation eingebunden sind: Rechnungen werden automatisiert erstellt, Computer reagieren auf Eingaben auf Internetseiten und stellen Informationen zur Verfügung, E-Mails werden automatisiert beantwortet. »Kollege« Computer agiert dabei keinesfalls nur als Sender: Service-Center schalten Voice-Response-Systeme vorweg, Online-Shops nehmen Bestellungen an, Online-Avatare tauschen Informationen mit dem Kunden aus. Es ist heute sogar vielfach so, dass die Inhalte von Mails oder Briefen automatisiert ausgelesen werden. Eine Software »entscheidet« dann, ob eine manuelle Bearbeitung notwendig ist oder ob die Anfrage automatisch beantwortet wird. Technische Systeme können nicht aus sich heraus kundenorientiert agieren. Sie realisieren nur die Vorstellungen ihrer Entwickler. Entscheidend ist es daher, bei jedem Entwicklungsschritt den Kunden einzubeziehen und die Nutzerfreundlichkeit (Usability) zu testen.

Wie schon an anderer Stelle bei den Prozessen und den technischen Systemen beschrieben, stellen technische Systeme in der Kommunikation eine Unterstützung an den Punkten dar, wo der Kunde keine individuelle Betreuung wünscht (z. B. Versand einer Rechnungskopie, Auskunft zu seinen Daten). Es kann sinnvoll sein, dem Kunden Informationen automatisch zu übermitteln (z. B. Kontostände, Warnhinweise). Dann ist aber in jedem Fall zu klären, über welchen Rückkanal Informationen vom Kunden in das Unternehmen hereingegeben werden können.

> Was nützt es dem Kunden, der im Ausland eine Warn-SMS über aufgelaufene Telefonkosten bekommt, wenn nicht gleichzeitig die Nummer der auch aus dem Ausland erreichbaren Hotline mit übertragen wird?

CRM-Systeme können Mitarbeiter unterstützen, indem dort festgehalten wird, über was gesprochen wurde und um Vorschläge zu generieren, über was zukünftig gesprochen werden sollte. CRM-Systeme können aber lediglich Vorschläge für Gesprächsanlässe generieren, die weiteren Gesprächsinhalte ergeben sich dann aus der Interaktion. Ob sich daraus eine beidseitig als gewinnbringend empfundene Kommunikation entwickelt, können nur der Kunde und der Mitarbeiter beantworten.

11.4 Kundenorientierte Kommunikation im Unternehmen

11.4.1 Ein kommunikatives Umfeld schaffen

Vieles zum Thema Kommunikation mit den Mitarbeitern ist schon in den Kapiteln »Konsequent führen« und »Mitarbeitern vertrauen und Leadership« gesagt worden. Auch bei der Kommunikation gilt, dass die Art und Weise, wie Vorgesetzte und Kollegen miteinander sprechen, einen Einfluss auf die Kommunikation mit den Kunden hat. Respektloser Umgang in der Kommunikation wird nicht an der Sichtbarkeitslinie zum Kunden hin enden, daher werden die Kunden Aus- und Auffälligkeiten in der internen Kommunikation mitbekommen. Die interne Servicequalität – und dazu gehört auch die Qualität der internen Kommunikation – hat Einfluss auf die Ergebnisse für den Kunden (Heskett, Jones, Loveman, Sasser & Schlesinger, 1994, S. 167 ff.). Es liegt zudem nahe, dass Kunden von der Art und Weise, wie Vorgesetzte und Mitarbeiter miteinander umgehen, darauf schließen, wie man bei passender Gelegenheit mit ihnen umgehen wird. Das Vertrauen in das Unternehmen schwindet, wenn Vorgesetzte und Mitarbeiter respektlos miteinander umgehen. Umgekehrt kann durch einen respektvollen und freundlichen internen Umgang auch Vertrauen aufgebaut werden. Verschiedentlich wurde schon erwähnt, dass sich eine gute Stimmung der Angestellten eines Unternehmens auch auf die Kunden überträgt. Gute Laune wird verbal und nonverbal kommuniziert, schlechte auch, ob die Beteiligten das wollen oder nicht. Echte Kundenorientierung bedeutet Kommunikation auf Augenhöhe. Vielen Unternehmen und deren Mitarbeitern möchten wir an dieser Stelle daher den Hinweis geben:

> Das Gegenüber ernst nehmen – genau zuhören – weniger sagen – mehr fragen.

Kundenorientierte Kommunikation fußt in echtem Interesse für den Kunden. Dieses Interesse zu transportieren funktioniert am besten über Fragen und aktives Zuhören.

11.4.2 Kommunikationshindernisse abbauen

Allzu starke Hierarchie im Unternehmen kann die Kommunikation erschweren oder sogar behindern. Dort, wo Angst herrscht oder starke Normen die Kommunikation behindern, können Informationen nicht frei fließen. Das wird auch der Kunde irgendwann merken.

Für verschiedene Bereiche wurden diese Kommunikationsschwierigkeiten untersucht, z. B. für OP-Teams (Walton, 2006, S. 229 f.). Es können gravierende Folgen für den Kunden entstehen, wenn in Teams die Informationen nicht frei fließen:

> Was mangelnde Kommunikation »anrichten« kann, wird deutlich, wenn eine OP-Schwester sich nicht zu sagen traut, dass sie glaubt, der Chef-Arzt habe gerade ein OP-Tuch oder Operationsbesteck im Bauch des Patienten vergessen.

Im Bereich Patientensicherheit hat sich das Bewusstsein für die Wichtigkeit von Kommunikation verbessert, aber die Arzt-Patienten-Kommunikation stellt häufig noch ein Problem dar (Aktionsbündnis Patientensicherheit e. V., 2008).

11.4.3 Die richtigen Kanäle wählen

Unternehmen kommunizieren heute über viele verschiedene Kanäle (Multichannel-Ansatz). In der Praxis nutzen Kunden heute zwar durchaus verschiedene Kanäle, wenn es darum geht, mit dem Kundenservice eines Unternehmens in Kontakt zu treten, 80 % von ihnen bevorzugen jedoch nach wie vor das Telefon, den persönlichen Kontakt in einer

Filiale oder die E-Mail (Haufe Online Redaktion, 2015). An die Unternehmen wird die Zielvorgabe herangetragen, dass die Kunden zwischen den Kanälen springen können, d. h. dass zum Beispiel eine telefonische Nachfrage im Service-Center nach einem Gespräch mit einem Vertriebsmitarbeiter unmittelbar und auf gleicher Informationsbasis aller Beteiligten beantwortet werden kann. Anders herum wird propagiert, dass Unternehmen immer in dem Medium antworten sollten, in dem der Kunde angefragt hat. Diese Überzeugungen sind nach unserer Ansicht nicht richtig.

Natürlich wird heute von Unternehmen erwartet, dass sie auf vielen Kanälen erreichbar sind. Jedoch hängt es stark von den eigenen Kunden ab, ob man sämtliche Kanäle anbieten muss. Kundenorientierte Unternehmen kennen die Präferenzen ihrer Kunden und wissen, ob sie es sich leisten können, nicht auf Facebook vertreten zu sein.

Grundsätzlich stellt sich bei jedem Kommunikationskanal die Frage nach seiner Eignung für bestimmte Kommunikationsinhalte und Services. So sind zum Beispiel Social-Media-Plattformen kaum geeignet, komplexere Kundenprobleme zu lösen – schließlich sollen private Daten nicht offengelegt werden. Das Unternehmen kann höchstens versuchen, bei einer Social-Media-Anfrage den Kunden in einen privaten Raum überzuleiten.

E-Mail ist beliebt, aber kein geeigneter Kanal, dem Kunden bei komplexen Serviceanfragen zu helfen. Zwar sind E-Mails im Inbound nach dem Telefon der zweitwichtigste Eingangskanal. In der Erledigung von Kundenanliegen sind E-Mails aber nicht in der Spitzengruppe. Die Praxis zeigt, dass die Bearbeitung einfach zu lange dauert. Dazu fehlt die kurzfristige Interaktivität. Jede Rückfrage löst einen weiteren E-Mail-Austausch aus, mit dem damit verbundenen Zeitverlust. Spätestens wenn drei Mails hin- und hergegangen sind, ohne dass das Kundenproblem gelöst werden konnte, wird der Kunde genervt sein. Dieses Problem kann nur gelöst werden, wenn das Unternehmen den Kanal wechselt und den Kunden z. B. anruft.

Beantwortung der Kundenanliegen innerhalb eines Arbeitstages	
Kanal	Tagesfertig
Telefon	98%
Online-Self-Service	93%
Twitter	90%
Mobile App	88%
Facebook	85%
SMS, MMS	83%
Web call-back	75%
Fax	73%
Web-Forum	67%
E-Mail	63%
Brief	40%

Abbildung 51: Dauer der Beantwortung von Kundenanliegen nach Kanälen (Egle, Hafner & Elsten, 2013)

Nach Erfahrung der Autoren sollten Unternehmen Kanalwechsel und Medienbruch aktiv nutzen, um den Kundenkontakt zu verbessern. Es kann viel schneller zu einer Problemlösung führen, wenn Mitarbeiter im Service-Center nach einer Anfrage per E-Mail zum Hörer greifen und mit dem Kunden sprechen. So können Rückfragen schnell geklärt und das Kundenproblem unmittelbar gelöst werden. Noch immer beobachten wir in manchen Unternehmen eine strikte »Kein Medienbruch«-Doktrin. »Wenn uns der Kunde schreibt, schreiben wir zurück«. Hiervon halten wir nicht viel. Grundsätzlich sollte das Unternehmen die Kanalpräferenz des Kunden berücksichtigen, aber aus der Tatsache, dass der Kunde dem Unternehmen schreibt, geht nicht zwingend hervor, dass er nicht telefonieren will. Manche Dinge lassen sich mit einem Telefonat schnell klären, da es sich um ein synchrones, bidirektionales Medium handelt. Schreiben ist asynchron. Ich schreibe und warte fünf Tage auf die Antwort. Gefällt mir die Antwort nicht, schreibe ich erneut usw. Hier lohnt es sich, einen Kanal zu wählen, in dem beide Gesprächspartner sich gegenseitig schnell Rückmeldung geben können.

In anderen Fällen ist es vielleicht notwendig, von telefonisch auf schriftlich zu wechseln, sei es, dass ein Dokument rechtssicher übermittelt werden muss oder weil schriftliche Informationen wie eine bebilderte Anleitung zu einer Problemlösung an den Kunden übertragen werden sollen.

Multi-Kanal sollte auch nicht heißen, dass das Unternehmen immer und überall auf allen Kanälen erreichbar ist. Anfragen über Facebook am Wochenende müssen nur dann sofort beantwortet werden, wenn sie dringend sind. Bestimmte Kanäle bedient ein Unternehmen vielleicht nicht oder nur zu bestimmten Zeiten. Für manche Unternehmen ist es völlig legitim, die Hotline um 20.00 Uhr auf einen Anrufbeantworter umzuleiten, weil sowieso niemand mehr anruft. Es sei hier auch auf den Abschnitt 11.4.5 zum Erwartungsmanagement verwiesen.

Den richtigen Kanal zu wählen, heißt auch, den Kanal wenn nötig zu wechseln.

11.4.4 Die Sprache des Kunden sprechen

Das Ziel sollte sein: Sprechen, um verstanden zu werden. Sich vorher zu überlegen, was man sagen möchte und wie das auf den Kunden wirkt, schadet nicht. Nicht jedes Wort muss allerdings auf die Goldwaage, wenn die Grundeinstellung ist, verstanden zu werden.

Kurze deutsche Sätze sind immer noch Trumpf bei Kunden in Deutschland. Man kann kritisch fragen, ob die Mehrheit der Deutschen wirklich Englisch sprechen und verstehen kann. Wenn die Metzgerei um die Ecke denkt, dass sie durch das Verwursten von Englisch und Deutsch in einen seltsamen Werbe-Spruch die Kunden besser erreicht, täuscht sie sich meist. Auch viele große Unternehmen haben ihre teils grotesk missverstandenen englischen Werbesprüche mittlerweile wieder durch deutsche ersetzt (Schneider 2008, S. 61 ff.).

Gleiches gilt für Fachausdrücke. Diese sollten überall dort ersetzt werden, wo der Sinn auch in normaler deutscher Sprache transportiert werden kann. Mindestens sollten sie auf Deutsch erklärt werden.

> In einer Filiale eines großen **Telekommunikationsanbieters** konnte ich folgenden Dialog zwischen dem ca. 30-jährigen Verkäufer und einem ca. 65-jährigen Kunden anhören:
> **Verkäufer:** Nehmen Sie den Blue XXL, mit MMS-, SMS-, Telefon- und Internet-All-Net-Flat als SIM-Only-Tarif.

> **Kunde:** Aha, ja.
> **Verkäufer:** Da haben Sie dann für 6 Monate auch direkt die LTE-Option mit drin für High-Speed-Internet. Nach den 6 Monaten kostet die Option dann 9,95. Drin lassen oder rausnehmen?
> **Kunde:** Ähm drin lassen?!
> Ob der Kunde in diesem Fall voll verstanden hat, was der Mitarbeiter ihm gerade verkauft hat, ist fraglich.

Gerade im Versicherungs- und Finanzdienstleistungsbereich besteht häufig das Spannungsverhältnis zwischen juristischer Eindeutigkeit und rechtlicher Sicherheit auf der einen Seite und der Verständlichkeit der Kommunikation für Nicht-Juristen auf der anderen Seite. Aus einem Missverständnis können sich in der Folge schwerwiegende Probleme ergeben, wenn z. B. das Risiko einer Geldanlage nicht so kommuniziert wurde, dass der Kunde es versteht oder wenn Unklarheit über die Leistungen bzw. die abgedeckten Schäden einer Versicherung besteht.

Folgende Regeln sollten kundenorientierte Unternehmen beherzigen:

> Sprechen, um verstanden zu werden.
> Die Sprache ist das Medium, sie sollte nicht als Versteck genutzt werden.
> Fachsprache ist gut für Fachleute, »normale« Sprache für »normale« Menschen.

11.4.5 Erwartungsmanagement

Immer da, wo ein Appell mit der Nachricht transportiert wird, entsteht auch eine Erwartung.

> Wenn ein Kunde also ein dringendes EDV-Problem meldet, erwartet er eine Lösung und ggf. eine kurze Rückmeldung. Wenn der Techniker nun im Gespräch sagt: »Ich kümmere mich sofort darum«, kann es gut sein, dass der Kunde nach 20 Minuten unruhig wird und erneut anruft. Bis dieser erneute Anruf über das Call-Center beim entsprechenden Techniker gelandet ist, sind viele Minuten (und Euro) verschwendet. Sagt der Techniker: »Ich kümmere mich sofort darum, die Lösung wird aber ca. 60 Minuten dauern, weil hierzu erst ein Update auf dem Server gemacht werden muss. Ich melde mich bei Ihnen, wenn es Probleme gibt. Natürlich melde ich mich auch kurz, wenn das Problem behoben ist«, wird der Kunde mindestens die 60 Minuten warten ggf. sogar etwas länger. Meldet sich der Kundenservice bereits nach 45 Minuten mit einer Lösung, wird der Kunde mehr als zufrieden sein.

Was ist passiert? Der Techniker hat auf den Appell das dringende Problem zu lösen inhaltlich reagiert. Er signalisiert obendrein durch die Ankündigung des sofortigen Kümmerns, dass er die Dringlichkeit des Kunden verstanden hat und darauf reagiert. Durch die Ankündigung, dass es 60 Minuten dauern kann, gibt er dem Kunden einen Hinweis, ab wann es sich wieder lohnt, sich zu melden. Der Kunde ist informiert über das, was der Mitarbeiter tut, fühlt sich ernst genommen und weiß, dass man sich um sein Problem kümmert. Verschiedene Erwartungen des Kunden wurden durch den Mitarbeiter dergestalt verändert, dass eine zufriedenstellende Lösung möglich wird. Auf diese Weise lässt sich z. B. auch bei längeren Wartezeiten Unzufriedenheit reduzieren, wenn man frühzeitig auf die große Anzahl von Kunden in der Schlange verweist und nachfragt, ob der Kunde zu einem späteren Zeitpunkt wiederkommen oder in der Zwischenzeit weitere Erledigungen machen kann.

Unternehmen, die offen und ehrlich kommunizieren, sagen auch, was sie nicht tun werden. Dies offen zu kommunizieren, kann wie im Beispiel des Technikers gezeigt, sogar dazu dienen, die Kundenzufriedenheit zu steigern. Gleichzeitig können Kosten gesenkt werden, wenn Gespräche in Zeiten verlegt werden können, in denen das Anrufaufkommen geringer ist. Natürlich darf ein aktives Erwartungsmanagement nicht Dinge vernachlässigen, die für einen Kunden eine hohe Bedeutung haben. Häufig wird es dem Kunden darum gehen, die Sicherheit zu haben, dass man sich kümmert. Diese Sicherheit kann man durch klare Aussagen erzeugen. Wann die Lösung dann exakt erfolgt, ist in einem bestimmten Rahmen manchmal gar nicht so wichtig. Über Erwartungsmanagement kann man die Erwartungen des Kunden in gewisser Weise steuern. Wenn man eine Erwartung allerdings erzeugt hat, muss man sie auch erfüllen.

> Viele **Serviceanbieter** bemühen sich, E-Mails schnellstmöglich zu beantworten. Sie brauchen dazu zwischen 1 Stunde und 24 Stunden. Für die Kunden ist »schnellstmöglich« aber ein völlig abstrakter Begriff. Unruhige Kunden werden nach 30 Minuten nervös, für andere sind 48h ein völlig akzeptabler Rahmen. Viel besser ist es, durch eine kurze automatisierte Antwortmail zu bestätigen, dass man sich innerhalb von 24 Stunden zurückmelden wird. Wenn dann nach 20 Stunden die Antwort da ist, sind die meisten Kunden damit völlig zufrieden.

Kundenorientierte Unternehmen verknüpfen ihre Servicestrategien mit Erwartungsmanagement, indem sie ihren Kunden klar sagen: »Dies können Sie erwarten, das nicht«. Natürlich erfordert das Mut, denn es bedeutet, an einigen Punkten »Nein« zum Kunden zu sagen. Unserer Erfahrung nach können Kunden damit aber meist gut umgehen, denn dann wissen sie, woran sie sind. Voraussetzung ist aber, dass sich die Kunden auf die Aussagen des Unternehmens verlassen können.

Es ist möglich, das Management von Kundenerwartungen mit Service-Garantien zu verknüpfen: »Wir kommen innerhalb von 24 Stunden oder unser Service ist umsonst.« Dies schafft Sicherheit und zahlt auf das Serviceprofil eines Anbieters ein.

11.5 Regeln kundenorientierter Unternehmenskommunikation

11.5.1 Ehrlich sein

Wenn es im Bereich der Kommunikation eine Wahrheit gibt, so ist es diese, dass die Wahrheit ans Licht kommt. Zu diesem Zeitpunkt, wenn das passiert, ist es ganz schlimm, wenn dann schon eine Lüge kommuniziert wurde. Daher ist es besser, zunächst nichts zu sagen. Auch wenn Zeit oftmals ein kritischer Faktor ist, sollten sich Unternehmen die Zeit nehmen, achtsam zu kommunizieren: Welche Botschaften werden gegeben? Wer sind die Empfänger? Und welche Wirkungen werden die Botschaften vielleicht auslösen? Dies gilt insbesondere für die Krisenkommunikation. Es wird jeder Außenstehende Verständnis dafür haben, wenn ein Unternehmen zunächst keine Aussagen macht, sondern ankündigt, erst einmal die Fakten zu sammeln. Wenn etwas kommuniziert wird, sollte es der Wahrheit entsprechen.

Kundenorientierte Unternehmen bauen über ehrliche Kommunikation Vertrauen auf. Kunden und andere Stakeholder, die gelernt haben, dass das Unternehmen in der Vergangenheit offen und ehrlich kommuniziert hat, werden bereit sein, auf offizielle Aussagen des Unternehmens zu warten und diesen Aussagen dann zu vertrauen.

11.5.2 Fehler und Schwierigkeiten offen ansprechen

Sowohl im eigenen Unternehmen als auch gegenüber Kunden, Partnern und der Öffentlichkeit müssen unbequeme Wahrheiten offen und ehrlich angesprochen werden. Nichts schadet dem Ansehen auf Dauer mehr als der Eindruck, ein Unternehmen habe alle hinters Licht geführt. Kunden wissen, dass Fehler passieren. Kunden werden daher der Botschaft »es ist kein Fehler passiert« weniger Glauben schenken, als wenn man zugibt, dass es ein Problem gibt und wo das Problem liegt. Dies schafft Vertrauen und baut Glaubwürdigkeit auf. Wichtig ist es, Probleme zu lösen, dann werden auch Fehler verziehen.

11.5.3 Über Zwischenschritte informieren, Transparenz schaffen

Haben Sie sich auch schon einmal gewundert, warum Sie bei einer Online-Bestellung von dem Versandunternehmen so viele Zwischenmeldungen bekamen? Die Unternehmen haben gelernt, dass Transparenz Sicherheit schafft.

Kundenorientierte Unternehmen öffnen sich zum Kunden und lassen den Blick »hinter die Kulissen« zu. Das bedeutet nicht nur, den Kunden mit vielen Zwischenschritten über den Status seines Anliegens zu informieren. Es bedeutet auch, dem Kunden zu erklären, wie die Prozesse im Unternehmen grundsätzlich ablaufen. Es ist zum Beispiel sehr hilfreich, dem Kunden zu erklären, wie Preise zustande kommen. Er versteht dadurch, wo Preisbarrieren liegen und ist geneigt, ehrliche Preise zu akzeptieren.

Informationen sind keine Holschuld des Kunden, sie sollten aktiv kommuniziert werden. Oftmals halten Unternehmen die Prozessschritte sowieso nach, es ist also technisch kein Problem, automatisiert eine E-Mail oder SMS zu versenden und dem Kunden zu übermitteln. Sicherheit ist hier ein Aspekt (»Wo ist mein Versicherungsdokument?«) und emotionale Botschaften (»Ihr neues Auto hat heute die Lackiererei verlassen.«) können Freude auslösen.

11.5.4 Versprechen halten

Aus Sicht der Kunden ist ein Versprechen eines Mitarbeiters auch gleichzeitig ein Versprechen des Unternehmens. Was der Vertrieb verspricht, muss vom Kundenservice bzw. vom Betrieb gehalten werden. Was ein Mitarbeiter des Unternehmens verspricht, muss von allen gehalten werden. Daher sollten sich das Unternehmen und seine Mitarbeiter darüber im Klaren sein, was sie leisten können und was nicht. Versprechen sollten nur das einschließen, was auch gehalten werden kann. Das bedeutet im Umkehrschluss auch, dass an den Stellen, wo die Leistung schwankt oder Unklarheit darüber besteht, keine Versprechen ausgegeben werden sollten. Ein einfaches Beispiel konnte in einigen deutschen Supermärkten eine Zeit lang beobachtet werden:

> Von der Decke hingen Würfel mit einem Knopf. Auf den Würfeln war zu lesen, dass man bei zu langen Schlangen an den Kassen nur auf den Knopf drücken müsste und dann würde unverzüglich eine weitere Kasse geöffnet. Nach eigener Erfahrung wurden die Knöpfe dann gedrückt, wenn hoher Andrang war. Dann waren meist aber schon mehrere Kassen geöffnet, sodass zwei Dinge zu beobachten waren: 1. Die Kassierer von den bereits geöffneten Kassen reagierten genervt und erklärten, dass ja schon vier Kassen offen seien. 2. Es wurde keine neue Kasse unverzüglich geöffnet, weil vermutlich kurzfristig gar kein weiteres Personal zur Verfügung stand. Die Würfel wurden nach kurzer Zeit wieder entfernt.

11.5.5 »Nein« sagen

Heißt Kundenorientierung, dass alle Kundenwünsche vollständig erfüllt werden müssen, immer? Nein, nicht alle können alles bekommen, daher müssen manchen Kundenwünschen auch Absagen erteilt werden. Einige wenige Anbieter (z. B. Luxushotels oder Kaufhäuser) haben sich auf die Fahne geschrieben, alle Kundenwünsche zu erfüllen, hier aber geht es um die Mehrheit der Unternehmen. Kundenorientierte Unternehmen sollten eine klare Vorstellung von dem haben, was sie zu leisten in der Lage sind, und beim Rest sagen: »Nicht alles ist möglich, nicht jeder Wunsch kann erfüllt werden!« Im Zweifel kann dem Kunden erklärt werden, warum es nicht möglich ist, den Wunsch zu erfüllen. Wenn ein Mitarbeiter »nein« gesagt hat, sollte das Unternehmen unter allen Umständen hinter ihm stehen. Es gibt nichts Schlimmeres für die Glaubwürdigkeit, als wenn dann bei einer Vorstandsbeschwerde dem Kundenwunsch doch entsprochen wird.

Nein sagen bedeutet notfalls auch, sich von Kunden zu trennen, die Geschäftsbeziehung zu beenden. Kunden, auf die ein kundenorientiertes Unternehmen gerne verzichtet, sind solche, die dauerhaft unrealistische und ungerechtfertigte Ansprüche stellen sowie diejenigen, die Mitarbeiter des Unternehmens schlecht bzw. respektlos behandeln (Hsieh, 2010, S. 147). Auch Versicherer kennen Kunden, von denen sie sich gerne trennen. Nämlich diejenigen, die unehrlich sind und versuchen, durch Betrug Leistungen zu erschleichen. Diese Kunden binden Kapazitäten, die dann für andere Kunden fehlen und stören das Betriebsklima, was sich wiederum negativ auf das Unternehmen auswirkt. Kommunikation auf Augenhöhe und Respekt sind gegenseitige Tugenden, sie sollten also auch für den Umgang des Kunden mit dem Unternehmen gelten.

11.6 Checkliste »Offen und ehrlich kommunizieren«

- Das Unternehmen betreibt eine ehrliche und transparente Kommunikation.
- Für jeden Kommunikationskanal ist auch ein Rückkanal festgelegt.
- Die Stakeholder des Unternehmens sind identifiziert und für jeden Kreis die Kanäle festgelegt, über die diese Kreise erreicht werden sollen.

- Die Kommunikation zum Kunden und Partner ist konsistent mit der Kommunikation zum Mitarbeiter.
- Mitarbeiter werden offen über die Geschäftsentwicklung und auch über Schwierigkeiten informiert.
- Mitarbeiter dürfen offen über das Unternehmen und seine Belange sprechen.
- Das Unternehmen kommuniziert über alle relevanten Kanäle.
- Das Unternehmen hat auch festgelegt, welche Kanäle zu welchen Zeiten es ggf. nicht bedient.
- Kundenkommunikation kann über verschiedene Kanäle stattfinden, aus denen Kunden frei wählen können.
- Mitarbeiter dürfen in der Kundenkommunikation den Kanal wechseln, auch wenn es dadurch zu einem Medienbruch kommt.
- Mitarbeiter verfügen über einen direkten, Hierarchie überspringenden Kommunikationskanal zum Topmanagement.
- Kommunikation über technische Systeme wird regelmäßig auf Usability und Kundenorientierung geprüft.
- Das Unternehmen spricht die »Sprache des Kunden«.
- Das Unternehmen steht zu Fehlern.
- Nach Fehlern bekommen Kunden und Stakeholder eine Rückmeldung.
- Das Unternehmen kommuniziert auch über soziale Medien und/oder Blogs.
- Mitarbeiter sind in Fragetechniken geschult.
- Mitarbeiter haben gelernt, »Nein« zum Kunden zu sagen, wenn Unerfüllbares verlangt wird.
- Das Unternehmen betreibt aktives Erwartungsmanagement.
- Das Unternehmen geht offen mit Fehlern und Schwierigkeiten um.
- Das Unternehmen hat durch ehrliche Kommunikation in den Zielgruppen ein Vertrauenskonto aufgebaut.
- Das Unternehmen hält seine Versprechen.
- Aussagen von Mitarbeitern zum Kunden sind für das ganze Unternehmen verbindlich.
- Das Unternehmen kommuniziert bei Kundenprozessen bei definierten Meilensteinen aktiv die Erreichung von Zwischenschritten.

12 Erfolg suchen und Risiken eingehen

Exzellenter Kundenservice entsteht nur in der Interaktion zwischen Unternehmen und Kunde und auch Produkte werden in einem intensiven Austausch verbessert oder überhaupt erst erfunden. Voraussetzung ist echte Kommunikation. Sie ist die Grundlage für eine stabile Beziehung und die Basis für den Erfolg. Genau genommen ist die stabile Beziehung bzw. Bindung des Kunden das angestrebte Ziel, denn darüber erreicht das Unternehmen auch wirtschaftlichen Erfolg (Heskett, Jones, Loveman, Sasser & Schlesinger, 1994, S. 165). Damit ist auch gemeint, dass Unternehmen versuchen sollten, die individuellen und sich wandelnden Bedürfnisse jedes Kunden bestmöglich zu befriedigen. Das setzt ein hohes Maß an Flexibilität und Wandlungsfähigkeit voraus. Oftmals geht es gar nicht um neue und innovative Wege, sondern einfach um andere Wege, die so im Prozess-Handbuch nicht vorgesehen sind. Es geht auch nicht immer um Geld, zusätzliche Leistungen oder innovative Produkte, sondern um eine erfolgreiche Beziehung. In jedem Fall geht es aber darum, Neues auszuprobieren und Veränderungen positiv gegenüberzustehen.

12.1 Umfeld und Haltung

12.1.1 Hohe Ziele setzen und gemeinsame Vision anstreben

Oftmals scheitert die Umsetzung ambitionierter Vorhaben auch daran, dass die Vorhaben gar nicht wirklich ambitioniert sind. Für Sebastian Thrun, deutscher Informatiker und Robotik-Spezialist sowie ehemaliger Professor für Künstliche Intelligenz an der Stanford University, ist klar: »Künftig überleben nur die Unternehmen, die ständig in Bewegung sind und nie aufhören, zu experimentieren. Wer dagegen an alten Geschäftsmodellen festhält, stirbt schnell.« (Schulz, 2015).

Das gemeinsame Ziel sollte in einer Vision festgehalten werden. Die Kraft einer gemeinsamen Vision mit konkreten Zielen kann stark genug sein, Mitarbeiter auf den Weg mitzunehmen, sodass sie alle Anstrengungen darauf richten. Wie stark ist im Vergleich das Ziel, eine abstrakte Kennzahl wie z. B. den Net Promoter Score von +5 auf +10 zu verbessern?

Nur die Unternehmen, die sich wirklich radikale und deutliche Veränderungen vornehmen, werden auch sichtbare Entwicklungsschritte machen. Die verantwortliche Führung im kundenorientierten Unternehmen sollte bewusst ambitionierte Ziele vorgeben, um einerseits Mitarbeiter mitzunehmen und andererseits Impulse auszulösen, bestehende Wege zu verlassen.

12.1.2 Ein Umfeld schaffen, das Innovation zulässt

Um Neues auszuprobieren, müssen bestimmte Voraussetzungen geschaffen werden. In manchen Umgebungen entstehen Mut und Kreativität leichter als in anderen. Angst vor Fehlern kann Mitarbeiter lähmen. Ständig die gleichen Fehler zu machen, kann Mitarbeiter frustrieren. Kreatives Chaos kann ein Unternehmen auf Dauer ökonomisch ruinieren.

Wohland und Wiemeyer nennen als gutes Umfeld für Innovationen das »widerständige Nest« (Wohland & Wiemeyer, 2012, S. 75 ff.). Sie verstehen darunter eine Umgebung, die auf der einen Seite Lernanreize bietet, da Rückmeldungen über Erfolg und Misserfolg (Widerstände) von den (Nicht-)Kunden, Konkurrenten und aus dem Unternehmen an die Mitarbeiter weitergegeben werden. Auf der anderen Seite soll eine solche Umgebung den Mitarbeitern die nötige emotionale Sicherheit geben, mit Niederlagen und den kritischen Rückmeldungen umzugehen (Nest). Sie soll zum Weitermachen provozieren (Wohland & Wiemeyer, 2012, S. 114).

Eine andere wichtige Voraussetzung ist, dass alle Beteiligten sich so miteinander austauschen, dass Erwartungen, Bedürfnisse, Wünsche und Probleme klar sind und lösungsorientiert damit umgegangen werden kann. Gloger und Margetich (2014, S. 7) weisen für die Arbeit in Entwicklungsteams darauf hin, dass Individuen und deren Interaktion einen höheren Stellenwert haben müssen als Prozesse und Instrumente. Diese Idee lässt sich unseres Erachtens auf das Gesamtunternehmen übertragen, wo alle Mitarbeiter dann im Rahmen übergeordneter kundenorientierter Leitlinien eigenverantwortlich ihr Bestes geben können. So entstehen neue kundenorientierte Lösungen.

Häufig stellen wir in Unternehmen fest, dass das Umfeld nicht auf das Eingehen von Risiken ausgelegt ist. Insbesondere enge Kontrollmechanismen (Zeiterfassung und Projektcontrolling) und Anreizsysteme sowie die soziale Kontrolle lassen kaum Spielraum, etwas auszuprobieren, Fehlschläge werden unmittelbar demjenigen angelastet, der etwas ausprobiert, sodass das Experimentieren irgendwann unterbleibt.

12.1.3 Erfolge suchen, anstatt Misserfolge zu vermeiden

Exzellenter Kundenservice und hochinnovative Produkte sind mit der Furcht vor Misserfolg nicht vereinbar. Wer einzigartig sein will, muss Neues ausprobieren. Das birgt immer die Gefahr des Scheiterns in sich. Viele Unternehmen, die wir kennen, versuchen dennoch, auf ausgetrampelten Pfaden zu neuen und wunderschönen Orten zu kommen. Irgendwann stellen sie fest, dass andere schon da waren, ihre Spuren hinterlassen und die Kunden mitgenommen haben. Bei allen, die das nicht möchten, ist ein Wandel der Grundeinstellung nötig:

> Erfolge zu suchen führt längerfristig eher zum kundenorientierten Ziel als der dauernde Versuch, Misserfolge zu vermeiden!

Die Begriffe »Erfolgssucher« und »Misserfolgsmeider« stammen aus den Theorien der Leistungsmotivation (Fischer & Wiswede, 2009, S. 120 ff.). Hier nutzen wir sie, um zwei gegensätzliche Typen zu beschreiben, ohne sämtliche Annahmen und Folgerungen der Theorien der Leistungsmotivation übertragen zu wollen. Dort wird allerdings auf die Anwendbarkeit der Theorien in arbeitspsychologischen Zusammenhängen hingewiesen und auch darauf, dass bei unternehmerischem und innovativem Verhalten die sogenannten Erfolgssucher dominieren (Zimbardo & Gerrig, 2003, S. 722 verweisen diesbezüglich auf Wiswede).

Schauen wir uns zunächst beide Typen etwas näher an. Holzschnittartig lassen sie sich wie folgt beschreiben: Erfolgssucher sind positiv denkende Menschen, die an den Erfolg einer Unternehmung glauben und sich deswegen nicht scheuen, einfach loszulegen. Sie orientieren sich eher an den positiven Aussichten eines Vorhabens als an seinen Risiken. Sie sind eher risikofreudig, spontan, kreativ. Sie werden mittlere Risiken eingehen, weil damit eine gute Erfolgsaussicht verknüpft ist, die dann den eigenen Fähigkeiten und dem eigenen Einsatz zugeschrieben werden kann. Im Gegensatz dazu sind Misserfolgsvermeider eher als zögerlich und detailorientiert zu charakterisieren. Sie suchen sich eher Vorhaben heraus, bei denen nichts schief gehen kann. Daher neigen sie dazu, sich Aufgaben mit geringem Risiko zu suchen, wo der Erfolg relativ sicher ist. Sie versuchen zu vermeiden, dass ihnen ein möglicher Misserfolg zugeschrieben wird.

Auf dem Weg zum Erfolg werden Dinge schief gehen. Ein Erfolgssucher weiß das, ist darauf vorbereitet und sieht das als wichtige Erfahrung an. Seine Eigenschaft, Erfolg seinen eigenen Fähigkeiten (internal, stabil) und seinen Anstrengungen (internal, variabel) zuzuschreiben, hilft ihm dabei (Fischer & Wiswede, 2009, S. 268 ff.).

Auch Lieferanten und die Gesellschaft insgesamt profitieren davon, wenn Unternehmen nach Erfolg suchen. Damit ist nicht gemeint, dass eine Organisation insgesamt nur aus Erfolgssuchern bestehen kann. Auch Menschen, die mahnend die Hand heben und fragen, ob man denn auch alles bedacht hat, haben ihren Platz in der Organisation. Nur wenn die Misserfolgsmeidung zum vorherrschenden Prinzip wird, dann unterbleiben Veränderungen auch an Stellen, an denen sie wichtig sind. Das ist zum Nachteil der Kunden und mittel- bis langfristig auch zum Nachteil des Unternehmens.

Analog zur Gegenüberstellung Erfolgssucher vs. Misserfolgsvermeider ist es besser, Stärken zu stärken, anstatt Schwächen abzubauen. Oftmals ist es viel aufwendiger, Schwächen zu beseitigen, und auch im besten Fall wird man durch Abbau von Schwächen nur durchschnittlich gut. Viel günstiger ist es, sich auf die eigenen Stärken zu besinnen und diese zu echten Bastionen auszubauen, die vom Wettbewerb nicht einnehmbar sind.

12.1.4 Gestalten, nicht verwalten

Eng mit der Idee der Erfolgssuche verknüpft ist die Haltung, sich selbst als Gestalter und nicht als Opfer von Umwelteinflüssen zu sehen. Bereits an anderer Stelle wurde auf die motivationale Kraft einer kundenorientierten Vision hingewiesen, aus der Teilziele und Strategien zu deren Erreichung abgeleitet werden. Kundenorientierte Unternehmen warten nicht ab, bis andere handeln und reagieren dann, sondern sie gestalten selbst. Sie suchen nach Handlungsmöglichkeiten und versuchen Chancen zu nutzen. Auf Risiken reagieren sie mit ihren eigenen Stärken. Eine Opferhaltung ist ihnen fremd. Einmal Erreichtes versuchen sie nicht nur zu verwalten, sondern kontinuierlich weiterzuentwickeln.

Die Überlegenheit einer gestalterischen Haltung zeigt sich oftmals bei länger andauernden Kundenbeziehungen im Dienstleistungsbereich. Am Anfang einer Kundenbeziehung ist es für einen Dienstleister leicht, als innovativ und gestaltend wahrgenommen zu werden. Dabei wird er seinen Kunden beraten und führen. Im Lauf der Zeit wird der Kunde auch mit anderen Dienstleistern sprechen, von denen einige versuchen werden, die Bindung an den ursprünglichen Dienstleister zu lockern, indem sie neue innovative

Dinge versprechen. Hier wird der bisherige Anbieter schnell zum Verteidiger des Status quo, schließlich hat er selber die bestehende bis dato überlegene Lösung vorgeschlagen. Der Kunde andererseits ist geneigt, den Versprechungen der neuen Dienstleister zu folgen, schließlich ist »das Gras immer grüner auf der anderen Seite des Zauns«. Häufig folgt dann eine Ausschreibung und die Geschäftsbeziehung wechselt zum neuen Dienstleister. Selbst wenn dessen Lösung sich dann als gar nicht überlegen erweist, wird selten zugegeben, dass der Wechsel überflüssig war.

Es ist also sinnvoll, in einer Kundenbeziehung als Gestalter aufzutreten und selber bestehende Strukturen infrage zu stellen, bevor es jemand anderes tut. Dies gilt immer und überall: Stillstand darf als Rückschritt verstanden werden.

12.1.5 Vertrauen

Vertrauen ist die Grundlage stabiler Beziehungen. Vertrauen bedeutet, eine Entscheidung zu treffen, die für mich zu einem Verlust führen kann. Luhmann (2000, S. 27) beschreibt Vertrauen »als Problem der riskanten Vorleistung«. In der Beziehung zwischen Kunde und Unternehmen entsteht Vertrauen also dort, wo die Komplexität nicht über ausgefeilte und juristisch wasserdichte Verträge reduziert wird, sondern über Vertrauen. Wo also ein Anbieter ein Produkt zur Ansicht mit nach Hause gibt, das der Kunde bei Nichtgefallen zurückgeben kann. Hier riskiert das Unternehmen einen Verlust, wenn das Produkt Gebrauchsspuren aufweist und danach nur noch schwer oder günstiger zu verkaufen ist.

> Stellen Sie sich vor, Sie haben Ihren Geldbeutel vergessen und merken das erst an der Supermarktkasse. Sie haben einen mittleren Einkauf getätigt, den Sie unbedingt direkt im Anschluss in ein Abendessen für Freunde verarbeiten möchten. Sie sagen dem Kassierer, dass Sie kein Geld dabei haben, gleich morgen aber bezahlen kommen. Der Kassierer hat nun zwei Möglichkeiten:
> - Er gibt Ihnen die Waren mit und vertraut darauf, dass Sie morgen zum Bezahlen zurückkommen.
> - Er behält die Waren da und gibt sie erst frei, wenn Sie mit dem Geld wiederkommen.
>
> In der ersten Variante vertraut der Kassierer und riskiert einen Verlust. Eine vertrauensvolle Beziehung kann sich entwickeln. Der Kassierer macht durch sein Verhalten ein Angebot »einer gemeinsamen Zukunft« (Luhmann, 2000, S. 24). In der zweiten Variante geht der Kassierer auf Nummer sicher – mit bestenfalls neutralen Auswirkungen auf die Kundenbeziehung. Im ersten Fall kann es gut sein, dass Sie begeistert Ihren Freunden und Bekannten davon erzählen und das Geschäft anpreisen. Im zweiten Fall berichten Sie vermutlich gar nicht oder erzählen, dass es schön gewesen wäre, der Kassierer hätte sich verhalten wie in Variante eins.

Ein Problem des Vertrauens ist, dass im Falle des enttäuschten Vertrauens der Verlust größer ist als der unmittelbare Gewinn durch das Vertrauen (Luhmann, 2000, S. 28 f.). Im Beispiel des Kassierers verliert das Unternehmen den Wert der Waren beim Vertrauensbruch. Im Falle des erfolgreichen Vertrauens erhält das Unternehmen unmittelbar genau so viel, als wenn der Kassierer sich für die Variante zwei entschieden und nicht vertraut hätte. Der langfristige Effekt auf die Stabilität der Kunde-Dienstleister-Beziehung kann nicht genau quantifiziert werden und fällt durch das Raster betriebswirtschaftlichen Controllings. Hier muss darauf vertraut werden, dass es dennoch langfristig der bessere und auch lukrativere Weg ist.

Ein Problem bleibt: Wem sollte man vertrauen und wem nicht? Diese Frage lässt sich nur insofern global beantworten als Menschen dazu neigen, zu vorsichtig zu sein. Sie vertrauen also gemessen an dem, was tatsächlich schief geht, zu wenig. Die positiven (ökonomischen) Auswirkungen von mehr Vertrauen lassen sich empirisch zeigen (Fetchenhauer, Dunning, Schlösser, Gresser & Haferkamp, 2008, S. 261).

Will ein Unternehmen am Vertrauen der Mitarbeiter und Kunden arbeiten, müssen die Führungskräfte damit anfangen, ihren Mitarbeitern zu vertrauen. Vertrauen zu fordern ist wirkungslos. Muss der Kassierer neben den psychologischen Folgen des missbrauchten Vertrauens auch noch mit weiteren Sanktionen seitens des Unternehmens rechnen (z.B. Ersatz des Warenwertes, Abmahnung oder sogar Kündigung), wird er dieses Risiko nicht (mehr) eingehen.

Wir wollen hier nicht »blindes Vertrauen« propagieren. Auch hier gilt wieder, dass kompetente, erfahrene und selbstbewusste Mitarbeiter die richtige Entscheidung treffen können. Es ist wichtig, dass die Mitarbeiter den Kunden kennen und einschätzen können. Hier ist nicht das statistisch-abstrakte »Pseudo«-Kennen im Sinn einer Kundensegmentierung (z.B. ist dem Segment »Bewahrer«, »Abenteurer« zugeordnet) gemeint, sondern das individuelle Kennen oder die Einschätzung der Person mit »gesundem Menschenverstand«. Dies setzt Erfahrung und Entscheidungskompetenz voraus, damit ein Mitarbeiter einschätzen kann, wie sich Kunden in gewissen Entscheidungssituationen verhalten. Treffen Mitarbeiter zu häufig Vertrauensentscheidungen, die zu negativen Auswirkungen führen, ist das ein Hinweis und Auftrag an die Führungskraft, die Fähigkeit zur Einschätzung und die Kompetenz, Entscheidungen zu treffen, weiter zu entwickeln.

12.1.6 Lernen, Unsicherheit auszuhalten und Furcht nehmen

Bleiben wir beim Beispiel des vergessenen Geldbeutels: Der Kunde ist weg und der Kassierer weiß nicht, ob er mit dem Geld zurückkommt. Wie geht es dem Kassierer in der Zwischenzeit? Wie nervös wird er mit jeder weiteren halben Stunde werden? Hier zeigt sich die Kultur des Unternehmens. Ist sich der Kassierer sicher, dass ihn das Unternehmen in seiner Entscheidung unterstützen wird, auch wenn es schief geht? Wenn ja, so wird es ihm vermutlich nicht schwer fallen, die Unsicherheit auszuhalten. Im anderen Fall beginnt er nach einer Weile, sich zu überlegen, was ihm wohl passieren wird. Man wird ihm diese Unsicherheit ansehen, vielleicht, weil er zu anderen Kunden immer einsilbiger wird und nicht mehr lächelt. Je nachdem, wie im Unternehmen miteinander umgegangen wird, kann bei dem Mitarbeiter die Überlegung entstehen, wie er den Vorfall vertuschen oder den Kassenfehlbetrag sogar jemand anderem anlasten kann. All dies beschädigt das Arbeitsklima und die Beziehung zu anderen Kunden.

Wenn es eine Kulturfrage ist, wie mit Fehlentscheidungen umgegangen wird, dann kann dies nicht direkt angesprochen und verändert werden. Vielmehr gilt es, langfristig an Kulturveränderungen zu arbeiten. Positive Verstärkung ist hier ein probates Mittel. Wenn der Kassierer »beichtet«, dass der Kunde das Geld nicht gebracht hat, dann sollte man ihn trotzdem dafür loben, dass er eine kundenorientierte Entscheidung getroffen hat und nicht das fehlende Geld vom Lohn abziehen. Führungskräfte sollten darin geschult sein, dass sie konstruktiv mit Fehlern umgehen und Mitarbeiter ermutigen, vernünftige Risiken einzugehen.

12.2 Neue Dinge ausprobieren

12.2.1 Ideenaustausch fördern

Kundenorientierte Unternehmen suchen in allen Bereichen den Austausch mit Kunden, Mitarbeitern, Experten, Kooperationspartnern und der interessierten Öffentlichkeit. Besonders wichtig ist der Austausch dort, wo neue Ideen entwickelt, erprobt und eingeführt werden sollen. Um den Ideenaustausch zu ermöglichen, müssen Kontaktanlässe und -Plattformen geschaffen werden. Für Dienstleistungen sollte dies selbstverständlich sein, da die Beteiligung des Kunden an der Erstellung ein charakteristisches Merkmal der Dienstleistung ist. Auch für Produkte gilt, dass diese besser die Bedürfnisse der Kunden befriedigen, wenn die Kunden an der Entwicklung beteiligt werden (Gloger & Margetich, 2014, S. 9).

Verschiedene Unternehmen haben bereits Kundenbeiräte ins Leben gerufen. Hier treffen sich zu festen Terminen ausgewählte Kunden mit Unternehmensvertretern und diskutieren Themen, die entweder von Kunden- oder Unternehmensseite eingebracht werden. Neben den Informationen, die Unternehmen aus diesen Treffen erhalten, sind sie eine gute Möglichkeit, Kundenorientierung zu demonstrieren. Häufig sind diese Gremien prominent mit Mitgliedern der Geschäftsleitung besetzt, da kundenorientierte Topmanager sich die Gelegenheit zum direkten Kundenkontakt nicht entgehen lassen. Kundenbeiräte dürfen nicht mit Fokusgruppen oder anderen qualitativen Verfahren zur Einschätzung der Qualität verwechselt werden. Dennoch kann ihre Reaktion auf geplante Services oder Produkte bereits wichtige Hinweise geben. Darüber hinaus kann aus einem solchen Gremium eine Vielzahl von Ideen und Verbesserungshinweisen entstehen.

Auch Social-Media-Plattformen können dafür genutzt werden, Ideen zu sammeln und Diskussionen zu führen. Im Vergleich zu anderen Medien sind die Diskussionen hier deutlich freier und können weniger stark gesteuert werden, was Vor- und Nachteile mit sich bringt. Auch ist es in den sozialen Netzen so, dass die Diskussion meist öffentlich geführt wird.

Über Intranet-Lösungen können Mitarbeiterideen gesammelt und diskutiert werden. Hier lassen sich dann auch transparente Lösungen implementieren, die neben der Veröffentlichung einer Idee auch gleich den Stand der Bewertung durch das Unternehmen verdeutlichen.

Ähnliche Systeme können für Dienstleister oder Partner installiert werden, auch deren Hinweise sind wichtig und können die Erstellung von Dienstleistungen oder Produkten kundenfreundlicher, einfacher und billiger machen.

Ein Beispiel, bei dem alle Stakeholder-Gruppen an der Ideengenerierung teilnehmen können, ist der Dell Idea Storm:

> **Der Dell Idea Storm (http://www.ideastorm.com/)**
>
> Der Dell Idea Storm ist eine Plattform, die verschiedene der vorgenannten Aspekte verbindet. Auf dieser Plattform können sich interessierte Menschen einbringen und ihre Ideen online stellen. Andere Nutzer können diese Ideen kommentieren und bewerten. Auf diese Weise kann auch eine Rangfolge der Ideen aus Nutzersicht erstellt werden. Von Unternehmensseite werden vielversprechende Ideen aufgegriffen und ggf. umgesetzt. Hierüber werden die Nutzer dann wieder informiert. Neben dem offenen Forum für alle Arten von Ideen werden auch geschlossene Bereiche (Storm Sessions) angeboten, wo gezielt nach Ideen für vorab definierte Fragestellungen gesucht wird. Für Ideen, Kommentare und Bewertungen erhalten die Nutzer Punkte, sodass auch eine Rangfolge besonders aktiver Nutzer gebildet werden kann. Die Nutzer sind offensichtlich stark intrinsisch motiviert und das Unternehmen kommt durch seinen offenen Umgang mit den Ideengebern relativ kostengünstig an Verbesserungsvorschläge. Die rein symbolischen Punkte machen deutlich, dass in der Interaktion mit Unternehmen häufig andere Motive eine Rolle spielen als finanzielle. Anscheinend sind gut gebundene Kunden auch gewillt, dem Unternehmen zu helfen und bringen dafür auch noch ihre kostbare Freizeit auf (Dell Inc., 2015).

Letztlich lassen sich viele Ideen natürlich über die Mitarbeiter generieren. Viele Produktionsunternehmen haben ein funktionierendes Vorschlagswesen etabliert und sparen dadurch jedes Jahr große Geldsummen, weil sie kontinuierlich die Produktionsprozesse verbessern.

12.2.2 Angemessene Planung

Neue Dinge unterscheiden sich von alten Dingen dadurch, dass man sie noch nicht kennt. Man weiß also wenig oder nichts und muss auf Überraschungen gefasst sein. Einiges kann dennoch geplant und abgeschätzt werden, aber nicht alle Wirkungen einer Maßnahme lassen sich vorhersagen. Unter Planung soll hier ganz allgemein die geistige Vorwegnahme zukünftiger Ereignisse verstanden werden. Insbesondere, wenn das Umfeld sehr dynamisch ist, macht es keinen Sinn, sich mit den hintersten Ausläufern von theoretischen Wahrscheinlichkeitsverteilungen zu beschäftigen. Es gilt, das Umfeld in der Interaktion mit der neuen Maßnahme zu beobachten und Ereignisse, die mit hoher Wahrscheinlichkeit eintreffen können, geistig vorwegzunehmen. Auch hier hilft wieder ein hierarchisches Zielsystem, wobei die operativen Ziele flexibel auf sich ändernde Gegebenheiten angepasst werden.

Eine flexible Herangehensweise, die aus stabilen Metazielen (Vision) operative Ziele ableitet und so zu einer anpassungsfähigen Planung führt, ist Scrum. Dieses Rahmenwerk ist für die Lösung komplexer Aufgabenstellungen und deren Planung gedacht: »Ein Rahmenwerk, innerhalb dessen Menschen komplexe adaptive Aufgabenstellungen angehen können, und durch das sie in die Lage versetzt werden, produktiv und kreativ Produkte mit dem höchstmöglichen Wert auszuliefern.« (Schwaber & Sutherland, 2013, S. 3).

Scrum basiert auf den Prinzipien empirischer Prozesssteuerung, die auf drei Säulen steht (Schwaber & Sutherland, 2013, S. 3 f.):
- »**Transparenz:** Die wesentlichen Aspekte des Prozesses müssen für diejenigen sichtbar sein, die für das Ergebnis verantwortlich sind. Transparenz erfordert, dass diese Aspekte nach einem gemeinsamen Standard definiert werden, damit die Betrachter ein gemeinsames Verständnis des Gesehenen teilen. [...]

- **Überprüfung:** [...] Anwender müssen [...] den Fortschritt ständig in Bezug auf die Erreichung des [...] Ziels überprüfen, um unerwünschte Abweichungen zu erkennen. Ihre Untersuchungen sollten nicht so häufig erfolgen, dass sie die Arbeit behindern. Den größten Nutzen bringen Überprüfungen, wenn sie gewissenhaft durch fähige Prüfer dort vorgenommen werden, wo die Arbeit verrichtet wird. [...]
- **Anpassung:** Wenn ein Überprüfer feststellt, dass Aspekte des Prozesses von den akzeptablen Grenzwerten abweichen und dass das resultierende Produkt so nicht akzeptabel sein wird, müssen der Prozess oder das zu bearbeitende Material angepasst werden. Die Anpassung muss [dann] so schnell wie möglich vorgenommen werden, um weitere Abweichungen zu minimieren.«

Die Zusammenhänge neuer Services und Kommunikationsmaßnahmen mit dem Umfeld und den handelnden Personen sind häufig zu komplex, um sie vollständig simulieren oder planen zu können. Nach reiflicher Überlegung und Planung eines Produktes oder einer Dienstleistung muss dann die Umsetzung folgen unter Berücksichtigung der zu erwartenden Kundenreaktionen. Wenn das Produkt oder der Service ganz oder teilweise in den (Test-)Markt eingeführt wurde, sollte eine enge Beobachtung der tatsächlichen Kundenreaktionen die weiteren Schritte begleiten.

12.2.3 Schrittweise Einführung

Wird ein neuer Prozess eingeführt, kann häufig mit einem Teilprozess begonnen werden und dann – nach Erfolg – werden weitere Teilprozesse in einem mehrstufigen Verfahren eingeführt. Bei Service- oder Produkteinführungen kann meistens ebenso schrittweise gestartet werden. Beispielsweise können Services zunächst bestimmten Kundengruppen (Treue-Karten-Inhaber, Aktionskunden) angeboten werden. Eine regionale Einführung in Teilmärkten oder einzelnen Geschäftsstellen ist ebenso möglich und sinnvoll, um die Reaktionen in einem überschaubaren Szenario testen zu können. Auf diese Weise können Risiken begrenzt werden und es kann selbst nach der (Teil-)Einführung noch auf die Reaktionen der Kunden, Mitarbeiter und weiterer Einflussgruppen reagiert werden.

12.2.4 Erklären, Dranbleiben, Anfangswiderstände überwinden

Bei neuen Produkten oder Dienstleistungen ist häufig ein gewisser Widerstand zu beobachten. Dies gilt insbesondere dann, wenn es sich um eine wirkliche Innovation handelt. Die Kunden kennen sich dann mit dem Gebrauch nicht aus und müssen an die Hand genommen werden. Menschen nutzen bei sich wiederholenden Vorgängen sogenannte Skripte. Das sind allgemeine Wissensstrukturen, »die sich auf zeitlich gestaffelte Abläufe von Handlungen in bestimmten Situationen beziehen« (Fischer & Wiswede, 2009, S. 190). Insbesondere bei neuen Dienstleistungen ist es wichtig, das neue Skript bei den Kunden zu schulen.

> An vielen deutschen **Flughäfen** wurden um das Jahr 2015 neue Scanner für die Personenkontrollen eingeführt. Im Gegensatz zu den alten Geräten, wo die Kontrolle durch langsames Hindurchschreiten erfolgte, muss man bei den neuen Geräten folgende Schritte durchführen:
> - in das Gerät eintreten,
> - Drehung um 90 Grad,
> - Füße schulterbreit aufstellen,
> - Arme über den Kopf heben mit Handflächen nach vorne,
> - stillhalten, bis das Gerät den Scan durchgeführt hat.
>
> Dieses Skript wurde den Kunden über Grafiken und teilweise über erklärende Filme direkt vor der Kontrolle erläutert. Der Versuch, das alte Skript (langsames Durchschreiten des Gerätes) anzuwenden, wird durch die Sicherheitskräfte wirkungsvoll unterbunden. Damit das nicht zu einer unangenehmen Situation für den Fluggast führt, ist einfühlsames Personal nötig. Bei den vielen Flügen, die die Autoren durchgeführt haben, wurde aber in keinem Fall ein ernstes Problem mit den neuen Geräten erlebt. Die Kunden haben aufgrund der guten Erläuterung das neue Skript angenommen.

Wenn »ungeschulte« Kunden in der neuen Situation versuchen, das alte Skript anzuwenden, wird das zwangsläufig zu Problemen führen. Diese Probleme werden dann in den meisten Fällen dem Anbieter angelastet (»Was ist denn das für ein Laden hier?« oder »neumodischer Unfug!«), weil eine andere Art der Attribution (»Ich verstehe das hier nicht.«) negativ für den Selbstwert sein kann (Fischer & Wiswede, 2009, S. 414 ff.). Unternehmen sollten sich diese Attributionsprozesse bewusst machen.

> **Exkurs Attribution**
>
> Auch in der Interaktion zwischen Unternehmen und Kunden finden ständig Attributionen (Zuschreibungen) statt, die teilweise nicht hilfreich sind. Wenn Mitarbeiter in Unternehmen z. B. schlecht über die Kunden sprechen (»Jetzt hat der Depp schon wieder angerufen! Will der mich nerven?«), sind häufig ungünstige Attributionen die Ursache. In diesem Fall wird der Kunde als dumm wahrgenommen und ihm ggf. eine negative Absicht unterstellt. Meist ist es hilfreich, Verhalten von Personen eher der Situation und nicht der Person zuzuschreiben. Das bedeutet, den fundamentalen Attributionsfehler zu vermeiden (Fischer & Wiswede, 2009, S. 275). Manchmal handelt es sich auch um einfache Missverständnisse, die dann der Kommunikation zwischen zwei Personen in einer bestimmten Situation zuzuschreiben sind. Die Tatsache, dass jemand etwas nicht verstanden hat, muss weder daran liegen, dass diese Person dumm ist, noch daran, dass ein Mitarbeiter es nicht ausreichend erläutert hat. Es kann z. B. sein, dass es in der Umgebung zu laut, die Schrift auf der Internetseite zu klein, der Kunde in Eile oder die Telefonverbindung schlecht ist.

12.2.5 Genaue Beobachtung der Wirkung

Für die Analyse der Wirkung eines Produktes, eines Services oder einer Maßnahme ist eine Nullmessung vor der Einführung und dann eine oder mehrere Messungen in sinnvollem Abstand zur Einführung nötig. Hierbei sollte sich das Unternehmen nicht nur auf klassische Marktforschung (Kundenbefragungen, Mystery-Tests etc.) verlassen, sondern insbesondere alle Mitarbeiter anhalten, auf die Kundenreaktionen zu achten und diese adäquat weiterzuleiten. Mitarbeiter müssen geschult werden, genau zuzuhören und sämtliche Anregungen, Lob und Kritik der Kunden aufzunehmen. Das (Top-)Management eines kundenorientierten Unternehmens wird sich rund um die Einführung häufiger an den Kundenkontaktpunkten zeigen, um so Eindrücke aus erster Hand zu erhalten.

Es nützt nichts, wenn die Mitarbeiter jedem Kunden die Funktionsweise eines neuen Services immer und immer wieder erklären müssen und die Entwicklungsabteilung nicht erfährt, dass ihre Gebrauchsanweisung von den Kunden offensichtlich nicht verstanden oder ignoriert wird. Auch hier ist sowohl der primäre Prozess am Kunden (Kundenfeedback aufnehmen und darauf direkt reagieren) als auch der sekundäre Prozess (Feedback weiterleiten, lernen und ggf. Prozesse/technische Systeme oder Produkte verändern) entscheidend für den Erfolg.

12.2.6 Agil sein und schnell reagieren

Gerade in der ersten Phase ist es wichtig, beweglich zu bleiben, um möglichst schnell auf die Rückmeldung der Kunden und der Wettbewerber reagieren zu können. Gute Entscheider zeichnen sich nicht dadurch aus, dass sie immer richtig entscheiden. Das schafft niemand. Sie zeichnen sich durch ein hohes Bewusstsein für die Folgen ihrer Entscheidungen und für ihre Umgebung aus. Dadurch sind sie in der Lage schnell einzuschätzen, ob die Entscheidung zu den gewünschten Ergebnissen führt oder nicht. Wenn nicht, wird auf Basis der neuen Informationen erneut entschieden, Beschlossenes zurückgenommen oder revidiert. Da der Erfolg gesucht wird, ist es keine Schande, zwischenzeitliche Rückschläge offen zuzugeben.

Hier wird auch wieder deutlich, welche Rolle ein hierarchisches Zielsystem spielt. Auf der operationalen Ebene kann es sein, dass Pläne häufig angepasst werden müssen. Diese Notwendigkeit sinkt, je näher man auf der Zielhierarchie dem kundenorientierten Leitbild kommt. Keine Veränderung hieße, am Plan festzuhalten, auch wenn sich die Ziele verändert haben, das kann nicht sinnvoll sein (Gloger & Margetich, 2014, S. 9 f.)

12.3 Fehlerkultur stärken

> »I have not failed. I've just found 10.000 ways that won't work.«

Dieses Zitat wird Thomas Edison zugeschrieben, dem Erfinder der Glühbirne, einem der erfolgreichsten Erfinder der Geschichte überhaupt. Es verdeutlicht, wie eine positive Fehlerkultur langfristig zum Erfolg führen kann. Je früher ein Fehler auftritt und beseitigt werden kann, umso geringer ist meist auch der Schaden. Viele Fehler bedeuten auch, viel zu lernen, wenn damit konstruktiv umgegangen wird (Gloger & Margetich, 2014, S. 70 ff.). Wird dieses Wissen über die Wege, die nicht funktionieren, ehrlich und transparent im Unternehmen geteilt, sind alle schlauer und die Wege zum Erfolg stärker eingegrenzt.

Hiermit ist nicht gemeint, dass alles erlaubt ist, alle Fehler also sanktionsfrei und fröhlich hingenommen werden sollen, sondern dass ein positiv kritischer Umgang mit Fehlern angestrebt wird. Damit das Unternehmen insgesamt weiter kommt, ist die Frage »Wer hat den Fehler gemacht?« unwichtig (damit muss sich bei einer starken Häufung die Personalabteilung beschäftigen). Wichtiger sind die Fragen »Warum ist ein ungewünschtes Ergebnis eingetreten?« und »Was müssen wir tun, damit wir das gewünschte Ergebnis erreichen?«.

Auch beim Scheitern kann man auf bestimmte Dinge achten, um smart zu scheitern. Fehler sollten als Teil des Innovationsprozesses gesehen werden. Es geht darum, Ideen zu testen und schnelles Feedback zu generieren, um aus den Fehlern lernen zu können. Es muss darauf geachtet werden, die Kosten des Scheiterns so gering zu halten, dass nicht das gesamte Projekt gefährdet wird (Ricaud, 2012).

12.3.1 Arten von Fehlern

Unter einem Fehler soll hier die Abweichung von betrieblichen Zielen oder der Verstoß gegen institutionalisierte Erwartungen verstanden werden (Kriegesmann, Kley & Schwering, 2004, S. 5). Hierunter fällt ein abweichendes Ergebnis genauso wie das Abweichen von einem Prozess bzw. Verfahren oder einer Anweisung. Verschiedene Dimensionen können zur Analyse von Fehlern herangezogen werden, z. B., ob der Fehler absichtlich oder unabsichtlich entstanden ist und im Fall von Absicht, ob es sich um eine konstruktive Absicht oder destruktive Absicht handelt. Entstand der Fehler ungewollt, ist zu klären, ob er durch eine (ungeeignete) Handlung oder das Unterlassen einer (geeigneten) Handlung entstanden ist. Außerdem ist es für den konstruktiven Umgang mit Fehlern wichtig, zu klären, ob sich Umweltvariablen geändert haben. Hier ist grundsätzlich interessant, ob man sich in einem Umfeld hoher oder niedriger Dynamik bewegt. Aufschlussreich ist auch

Fehler-Typ	Ursachen der Zielverfehlung	Konsequenz ■ Sanktion □ Toleranz
Sabotage	Absichtliche Schädigung des Unternehmens oder des Kunden (z.B. Betrug, Sachbeschädigung, negative Äußerungen gegenüber dem Kunden)	●
Heimliches Scheitern	Absichtliches Verschleiern eines Fehlers	●
Flop, Patzer	Nachlässigkeit, Fahrlässigkeit, Flüchtigkeit, Übermut (z.B. Abweichung vom festgelegten Prozess)	 ◕
Unterlassen	Nicht-Handeln als Fehler, aufgrund von Überforderung/mangelnder Orientierung	 ◕
Folge-Fehler	Wiederholte Fehler aufgrund mangelnder Lernfähigkeit oder -bereitschaft	 ◕
Überforderung	Kompetenz und Aufgaben/Anforderungen passen nicht zusammen	 ◐
System-Fehler	Umweltdynamik/veränderte Randbedingung (z.B., weil Prozesse nicht mehr zur Umgebung passen)	 ○
Kreative Fehler	»Erfolgreiches Scheitern« bei beherrschbaren Risiken & kalkuliertem Wagnis: Durch Pech, Zufall oder Restrisiko	 ○

Abbildung 52: Fehlertypen und Konsequenzen

die Frage, ob ein Fehler zum ersten oder zum wiederholten Male auftritt. Auf Basis dieser Merkmale lassen sich verschiedene Typen von Fehlern unterscheiden. Diesen Fehlertypen lassen sich dann in der Folge unterschiedliche Reaktionen (Toleranz/Sanktion) zuordnen (Kriegesmann, Kley & Schwering, 2004, S. 5, eigene Darstellung, unterstrichene Teile nicht im Original – siehe Abb. 52).

12.3.2 Einstellung zu Fehlern

Ein Sprichwort sagt: »Wo gearbeitet wird, werden auch Fehler gemacht!«.

Das bedeutet, dass, egal wie sehr man sich anstrengt, Fehler immer wieder auftauchen werden.

Keine Fehler zu machen würde bedeuten, die Arbeit am Kunden einzustellen, und das will niemand. Die Frage ist also nicht, ob Fehler gemacht werden, sondern wie damit umgegangen werden soll.

Leistungsfähige Unternehmen erwarten nicht nur, dass Fehler gemacht werden, sie trainieren auch ihre Mitarbeiter darin, Fehler zu erkennen und zu beheben. Sie isolieren dabei die Fehler nicht, sondern suchen nach den systematischen Ursachen und setzen mit ihren Veränderungen dort an (Reason, 2000, S. 770).

Es geht hier um die Einstellung, die im Unternehmen insgesamt zu Fehlern vorherrscht. Es gilt, dass die Einstellung zu Fehlern sich in Gefühlen, Gedanken und Verhalten äußern kann. Es lassen sich verschiedene Einstellungen anhand von Aussagen unterscheiden, die mehr oder weniger gut zu einem kundenorientierten Unternehmen passen:
- Fehler passieren, da kann man nichts machen!
- Fehler passieren, daraus können wir etwas lernen!
- Fehler dürfen auf keinen Fall passieren, wir arbeiten mit 0-Fehler-Toleranz!
- Es muss herausgefunden werden, wer den Fehler begangen hat!
- Wer einen Fehler macht, muss bestraft werden!
- Die Abteilung mit den wenigsten Fehlern, ist die beste Abteilung und muss belohnt werden!
- Kunden dürfen nicht merken, dass wir einen Fehler gemacht haben!

Eine kundenorientierte Einstellung schließt die Möglichkeit von Fehlern ein. Wichtig ist, dass die Werte der Fehlerkultur von allen Mitarbeitern geteilt und durch entsprechendes Verhalten und die Kommunikation der Führung gestärkt werden. Haben einzelne Mitarbeiter die Einstellung, dass es eine Schande ist, Fehler zu begehen, werden sie durch Kritik in ihrem Selbstwert gekränkt (Schulz von Thun, 1998, S. 69 f.). Eine konstruktive Lösung für den Kunden ist dann mindestens so schwer zu erreichen, wie ein Lerneffekt. Noch schlimmer: Diese Mitarbeiter werden sich bei Beschwerden abwehrend verhalten und dem Kunden das Gefühl geben, dass er den Fehler gemacht hat, was sich direkt negativ auf die Kundenzufriedenheit auswirkt.

> »Immer versucht. Immer gescheitert. Einerlei. Wieder versuchen.
> Wieder scheitern. Besser scheitern.«
> (Samuel Beckett)

Gibt man in Internetsuchmaschinen den Suchbegriff »Fehler des Monats« ein, erhält man über eine halbe Million Suchergebnisse. Es fällt auf, dass sich an vorderster Stelle insbesondere Kliniken und Arztpraxen offensichtlich um eine neue Fehlerkultur bemühen. Hinweise über Fehler, die in der Medizin dramatische Folgen haben können, helfen den eigenen und fremden Mitarbeitern, besser zu arbeiten.

12.3.3 Fehler beheben

Kundenorientierte Unternehmen erkennen Fehler, nehmen diese aktiv wahr und reagieren an zwei Stellen:
1. **Gegenüber dem Kunden:** Dies bedeutet zunächst, Rückmeldungen offen aufzunehmen und diese Offenheit auch zu zeigen. Wer hat schon mal einen Mitarbeiter erlebt, der dankbar war, auf einen Fehler hingewiesen zu werden? Negative Wirkungen werden schnell und vollständig behoben. Dies schließt die Kommunikation und ggf. Kompensation des Kunden für mögliche Schäden oder Unannehmlichkeiten ein. Die Regel muss lauten: Nach der Wiedergutmachung steht der Kunde mindestens gleich gut da wie vorher, wobei hier materielle und psychische Wiedergutmachung gemeint ist.
2. **Im Unternehmen:** Negative Wirkungen werden erkannt und ein Lernvorgang wird in Gang gesetzt. Für die Mitarbeiter, Prozesse, eingesetzten technischen Systeme und die Kommunikation wird überprüft, ob eine Veränderung zur zukünftigen Vermeidung der als negativ wahrgenommen Wirkungen führen kann.

Oftmals erlebt man, dass Unternehmen im Rahmen ihres Beschwerdemanagements zu früh am zweiten Punkt arbeiten, teilweise nämlich, bevor der Kunde wieder zufrieden ist. Dabei ist es der erste Aspekt, der über die Kundenzufriedenheit entscheidet. Der erste Prozess sollte nach Möglichkeit unmittelbar in Gang gesetzt werden, bestenfalls schon während der direkten Interaktion mit dem Kunden. Der Kunde sollte auch über die weiteren Schritte informiert werden, denn gerade, wenn etwas schief gelaufen ist, schätzen Kunden eine transparente und direkte Kommunikation. Hierbei ist darauf zu achten, dass sämtliche Bedürfnisse des Kunden angemessen berücksichtigt werden. Häufig wird hier (fälschlich) angenommen, das Hauptaugenmerk des Kunden läge auf der materiellen Wiedergutmachung bzw. in der zur Diskussion stehenden Sache (Michel, Bowen & Johnston, 2009, S. 262). Konzentriert man sich zu sehr auf die Sachebene, kann es trotz einer sachlich scheinbar korrekten Lösung zu schweren Störungen der (Kunden-)Beziehung kommen (Schulz von Thun, 1998, S. 64). Neben dem gesunden Menschenverstand legen auch verschiedene sozialpsychologische Theorien nahe, dass nicht alle Fehler durch eine Geldzahlung aus der Welt geschaffen werden können (Fischer & Wiswede, 2009, S. 482 ff.). Entsteht durch einen Fehler neben einem materiellen Verlust auch eine Beeinträchtigung des Selbstwertes auf Kundenseite oder eine Verletzung von Gerechtigkeitsprinzipien, sollte die Wiederherstellung des Selbstwertes und der Gerechtigkeit Priorität haben (Schneider & Bowen, 1999, S. 37). Dies kann häufig durch eine prompte und ernstgemeinte Entschuldigung und die Anerkennung der misslichen Situation des Kunden durch den Mitarbeiter vor Ort erfolgreich erledigt werden.

12.3.4 Lernen (aus Fehlern)

Wie entsteht kontinuierliches Lernen im Unternehmen? Kundenorientierte Unternehmen lernen aus der Gegenwart für die Zukunft. Sie tun dies, indem sie sich die richtigen Fragen stellen und diese mit ihren Mitarbeitern beantworten. Dies setzt Aufmerksamkeit für die Umgebung und Interesse voraus.

Kundenorientierte Mitarbeiter und Führungskräfte fragen im Falle eines Fehlers...
... den Kunden:
- Was ist das Problem?
- Wie können wir das Problem für Sie vollständig lösen?
- Was müssen wir tun, um Ihre Zufriedenheit und Ihr Vertrauen wieder herzustellen?

... ihre Mitarbeiter:
- Was sind die Ursachen?
- Wie ist es zu dem Fehler gekommen?
- Was müssen wir (zukünftig) tun, um den Fehler zu vermeiden (Mitarbeiter, Prozesse, technische Systeme, Kommunikation)?

In kundenorientierten Unternehmen wird nicht gefragt:
- Wer hat den Fehler begangen?
- Wie muss der Mitarbeiter bestraft werden?

Die letzten beiden Fragen dürfen nur gestellt werden, wenn davon auszugehen ist, dass der Fehler seine Ursache in einer defizitären Persönlichkeit des Mitarbeiters hat bzw. absichtlich begangen wurde. Hier muss einem Phänomen entgegengewirkt werden, das die Sozialpsychologie als fundamentalen Attributionsfehler kennt. Menschen neigen dazu, für die Erklärung auffälliger Ereignisse eher Informationen über die Person (Charakteristika, zugeschriebene Absichten) zu verwenden als Informationen über die Situation (Fischer & Wiswede, 2009, S. 260f.). Eine stärkere Beachtung situativer Variablen und die Interaktion zwischen Person und Situation – also das Gesamtsystem – ist auch in Bezug auf die Vermeidung zukünftiger Fehler konstruktiver (Reason, 2000, S. 768ff.).

Interessant ist in diesem Zusammenhang auch der Umgang mit aus Sicht des Unternehmens unberechtigten Beschwerden. Weniger kundenorientierte Mitarbeiter freuen sich, denn sie haben ja keinen Fehler gemacht. Dabei verkennen sie völlig, dass ein Kunde trotzdem unzufrieden ist. Diese Unzufriedenheit muss beseitigt werden. Dazu gehört es, auch vermeintlich unberechtigte Beschwerden offen und verständnisvoll aufzunehmen und zu versuchen, die Kundenzufriedenheit wieder herzustellen. Unbedingt sollte aber Transparenz hergestellt werden, damit ein Kunde versteht, wie ein bestimmter Vorfall zustande kam und wie sich der Sachverhalt aus Sicht des Unternehmens darstellt.

12.3.5 Fehlertoleranz bei Kunden

Kunden verzeihen Fehler. Insbesondere in Verbindung mit einer offenen Kommunikation und dem glaubhaften Bemühen, negative Folgen und Unannehmlichkeiten zu beseitigen, hält eine Geschäftsbeziehung den einen oder anderen Fehler aus. Wichtiger sind hier häufig die Einstellung und das Bemühen, d.h. dass eine Lösungsorientierung im Sinne des

Kunden deutlich wird. Gerade bei Dienstleistungen in längerfristigen Kundenbeziehungen kann eine gemeinsame Fehlerkultur und das Verständnis gemeinsam an Verbesserungen zu arbeiten, die Fehlertoleranz positiv beeinflussen.

Das Vertrauen in eine gute Kundenbeziehung hat jedoch Grenzen. Sie werden insbesondere dort ausgetestet, wo ...
- der Kunde für den Fehler nicht vollständig kompensiert wird (materiell und psychisch),
- in Verbindung mit Fehlern unehrlich kommuniziert wird,
- der Kunde den Willen zur Verbesserung oder zum Lernen nicht wahrnimmt,
- Fehler mehrfach passieren,
- das Unternehmen das Vorliegen eines Fehlers verneint,
- die Schuld für den Fehler einseitig beim Kunden sieht.

Im Fall von Fehlern bei Dienstleistungen lassen sich häufig die negativen Folgen nicht so einfach rückgängig machen (z. B., wenn ein Flug zu einer Hochzeit wegen eines Defekts ausfällt). Hier ist es umso wichtiger, dass der Dienstleister in engem Kontakt mit den Kunden bleibt und durch geeignete Maßnahmen das Kundenvertrauen wieder herstellt.

12.3.6 Konsequenzen und Sanktionen

Aus der Übersicht »Fehlertypen und Konsequenzen« ist zu erkennen, dass ein Fehler, der in bester Absicht zur Verbesserung oder bei der Innovation entstand, für den Mitarbeiter sanktionsfrei bleiben sollte. Wie bereits beschrieben kann es sogar sinnvoll sein, den Fehler als positives Beispiel zu kommunizieren.

Sanktionsfrei bedeutet aber nicht folgenlos! Die Folge eines Fehlers sollte immer die inhaltliche Auseinandersetzung sein und der Versuch, daraus zu lernen. Etwas hat nicht wie erwartet funktioniert, was muss getan werden, damit es funktioniert? Die weiteren Konsequenzen aus einem Fehler können ganz unterschiedlich sein und sollten in den meisten Fällen nichts mit einer Bestrafung des Mitarbeiters zu tun haben oder mit seiner Herabsetzung durch Tadel vor versammelter Mannschaft oder im 4-Augen-Gespräch. Fehler allerdings, die mit destruktiven Absichten begangen werden, sind immer zu sanktionieren. Hier ist auch die weitere Zusammenarbeit mit dem Mitarbeiter grundsätzlich infrage zu stellen. Destruktives oder illegales Verhalten gegenüber den Kunden, Partnern, Mitarbeitern oder der Gesellschaft kann unabhängig von den konkreten Folgen nicht toleriert werden. Selbst dann nicht, wenn es sich (kurzfristig) positiv auf den Unternehmenserfolg auswirkt. Wenn andere das negative Verhalten und die ausbleibende Sanktion beobachten, kann es zu einer Erosion der (kundenorientierten) Normen im Unternehmen führen.

Im Herbst 2015 wurde offensichtlich, dass **Volkswagen** seit 1998 durch eine spezielle Software Prüfstände austrickste, um zu verdecken, dass der Motor Schadstoffnormen in der Praxis nicht einhalten konnte. Die entsprechende Software war vielen Ingenieuren im Unternehmen bekannt und muss von der Entscheidungsebene mindestens gebilligt worden sein. Die Führungskultur von Volkswagen war nicht stark genug, zu verhindern, dass dieser Fehler geschah. Die Folgen werden die Finanzen und den Ruf von VW sehr wahrscheinlich auf Jahre beschädigen.

Gleiches gilt für das Verheimlichen von Fehlern, wobei hiermit auch ein deutliches Signal an die Unternehmensführung und die direkten Vorgesetzten gesendet wird. Es kann zunächst bei einer Verwarnung bleiben, bildlich gesprochen wird dem Mitarbeiter die gelbe Karte gezeigt. Durch Verheimlichen werden Lerneffekte ausgeschlossen, es bleibt nur der Fehler. Die Verheimlichung von Fehlern deutet auf eine schwache Fehler-Lern-Kultur hin. Führungskräfte können dem durch Ermutigung entgegenwirken und dadurch, dass sie einerseits selbst eigene Fehler zugeben und bei Fehlern von Mitarbeitern den konstruktiven Anteil hervorheben. Flops, Patzer, Fehler durch Unterlassen und Folgefehler sind kaum zu tolerieren und hier sollten auch entsprechende Sanktionen erfolgen. Vielen der zuletzt genannten Fehlern kann mit Schulungen begegnet werden. Dort, wo Fehler aufgrund von mangelnder Passung zwischen Aufgaben und Fähigkeiten des Mitarbeiters begangen werden, ist dieser nur insofern verantwortlich zu machen, als er auf diese Schwierigkeiten hätte hinweisen sollen. Auch hier ist nach dem Auftreten des Fehlers – idealerweise eigentlich schon vorher – die Führungskraft gefordert, um eine Überforderungssituation von vornherein auszuschließen. Grundsätzlich gibt es verschiedene Arten von Fehlern, die völlig sanktionsfrei sein müssen, damit Innovation und Motivation sowie die Bereitschaft, Neues auszuprobieren, nicht abgewürgt werden. Dies sind Fehler, die sich aus der Dynamik der Umwelt ergeben, und Fehler, die entstehen, wenn nach reiflicher Abwägung der moderaten Risiken Neues ausprobiert wurde.

12.4 Checkliste »Erfolg suchen und Risiken eingehen«

- Das Unternehmen hat den Mut, auch hohe Ziele vorzugeben und anzustreben.
- Das Unternehmen bietet ein Umfeld, in dem Gedanken und Ideen frei geäußert werden können.
- Das Unternehmen sucht den Erfolg und verstärkt Stärken, anstatt sich auf Risiken und Schwächen zu konzentrieren.
- Das Unternehmen bietet Ressourcen (zeitlich, finanziell, räumlich, personell), damit Ideen diskutiert und weiterentwickelt werden können.
- Das Unternehmen schafft Testumgebungen, in denen neue Dinge ausprobiert werden können.
- Das Unternehmen stellt bestehende Prozesse und Strukturen infrage.
- Auch in Kundenbeziehungen werden im Rahmen eines festen Prozesses routinemäßig Verfahren und Abläufe infrage gestellt.
- Das Unternehmen plant flexibel und nicht überzogen detailliert.
- Das Unternehmen beteiligt den Kunden am Innovationsprozess.
- Im Zweifel vertraut das Unternehmen dem Kunden.
- Bei Fehlern steht Lernen und Verbesserung im Vordergrund.
- Das Unternehmen schützt und stärkt Mitarbeiter, die Fehler gemacht haben.
- Führungskräfte sind darin geschult, Mitarbeiter zu stärken.
- Bei Fehlern sucht das Unternehmen Lösungen, nicht Schuldige.
- Das Unternehmen kritisiert Mitarbeiter und Führungskräfte, die nicht zu Fehlern stehen.

- Bei Kundenbeschwerden ist die Wiederherstellung der Kundenzufriedenheit das Wichtigste.
- Das Unternehmen lernt systematisch aus Kundenfeedback.

Teil B: Handlungsanleitung für den Weg zum kundenorientierten Unternehmen

1 Change-Management

1.1 Wann handeln?

Sie haben erkannt, dass die Kundenorientierung in Ihrem Unternehmen gestärkt werden muss? Gut so. Damit befinden Sie sich an einem Punkt, der durchaus auch anderen Managern in vergleichbaren Funktionen bewusst ist. Dennoch schaffen viele Unternehmen die Transformation in eine kundenorientierte Organisation nicht. Manche versuchen es nicht einmal oder bleiben in Einzelprojekten stecken. Der Grund dafür ist sogar nachvollziehbar: Wer die Kundenorientierung im Unternehmen verändern will, muss an die Unternehmenskultur heran. Da die Kundenorientierung auf Werten und Einstellungen fußt, müssen auch Werte und Einstellungen Gegenstand der Veränderung sein. Unter der Nebenbedingung, dass man diese nicht direkt beeinflussen kann, daher also indirekt eingreifen muss.

Wie viel einfacher ist es doch, Umsetzungsprojekte an den Serviceschnittstellen durchzuführen. Das hat den Vorteil, dass man auch Erfolge schneller sieht. Allerdings sind sie natürlich nicht so weitreichend. Ein Change-Prozess zur Stärkung der Kundenorientierung greift im Unternehmen breit ein und verändert die Prinzipien, nach denen die Mitarbeiter handeln. Wenn diese bekannt sind, kann auf Einzelregelungen und Teilprojekte ggf. sogar verzichtet werden. Der Hebel, über Veränderungen Erfolge zu erzielen, ist also wesentlich größer.

Voraussetzung für einen Change-Prozess in Richtung »Stärkung der Kundenorientierung« ist immer, dass es eine oder mehrere verantwortliche Personen gibt, die erkannt haben, dass gehandelt werden muss. Oftmals gehen Veränderungsprozesse von charismatischen Personen an der Spitze aus, die sich auch als Leader an die vorderste Front der Veränderungen stellen. Seltener gelingt es einem Manager aus der zweiten Reihe, die Notwendigkeit zu kommunizieren und die Unterstützung des Topmanagements zu gewinnen. Ohne diese Unterstützung geht es nicht.

Die Frage »wann handeln« wird natürlich auch beeinflusst von der Situation des Unternehmens. Agiert das Unternehmen am Markt aus einer Position der Stärke, die es über mehr Kundenorientierung ausbauen will? Ist das Unternehmen bereits auf dem Rückzug, weil andere Unternehmen kundenorientierter handeln? Oder gibt es andere Marktentwicklungen (z. B. Produkte oder Preise), die das Unternehmen mit mehr Kundenorientierung zu kompensieren hofft? Diese Fragen müssen beantwortet werden. Es ist einleuchtend, dass aus einer Position der Stärke heraus Veränderungen leichter umsetzbar sind, zumal diese auch Zeit benötigen, bis sie wirksam werden. Andererseits ist eine Veränderung vor dem Hintergrund von Schmerz natürlich leichter im Unternehmen durchsetzbar.

Wenn eine Veränderung in Richtung Kundenorientierung erfolgen soll, dann muss diese geordnet ablaufen. Ganz wichtig ist die Unterscheidung: Change-Management ist nicht der Change-Prozess.

Dabei ist die Hauptaufgabe von Change-Management, gezielt und aktiv, strategisch klug und wirkungsvoll in die Anpassungsprozesse einzugreifen. In gelungenen Change-Prozessen werden die Einzelschritte strategisch geplant, gesteuert, kontrolliert und stabilisiert. Change-Management bezeichnet somit die Umsetzung einer strategischen Ausrichtung unter Anwendung verschiedener Methoden, Konzepte und Instrumente (Zelesniack & Grolman, 2015). Es kommt darauf an, einen Prozess zu initiieren, zu steuern und abzuschließen, der die Organisation in Richtung von mehr Kundenorientierung verändert.

Ganz wichtig ist es dabei, einen breiten Konsens über die Ziele zu schaffen. »Besonders erfolgreich werden Projekte dann, wenn auf Basis einer breit zugänglichen Umfeld/Status-Analyse die drei bis fünf wichtigsten Zielsetzungen identifiziert und kommuniziert werden, durchaus mit sich wiederholendem Gebetsmühlencharakter« (Claßen, 2008, S. 112).

1.2 Schritte im Change-Management

Die Fähigkeit zu Anpassungen an Veränderungen des Marktes ist überlebenswichtig für jedes moderne Unternehmen. Da die Geschwindigkeit von Marktveränderungen laufend zunimmt, ist auch die Anpassungsfähigkeit mehr und mehr gefragt. Diese Veränderungen zu gestalten, ist Aufgabe des Managements. Laufen die Veränderungen ungesteuert ab, gehen sie entweder in die falsche Richtung oder verlaufen chaotisch oder – was noch schlimmer ist – sie unterbleiben. Die Literatur hat eine Fülle von Ansätzen für die Gestaltung von Veränderungsprozessen entwickelt. Die einzelnen Ansätze sind dabei durchaus ähnlich.

Für die Herangehensweise orientieren wir uns an dem Ansatz von Kotter (Kotter, 1996). Er beschreibt einen Prozess in acht Phasen:
1. Die Dringlichkeit etablieren (Establishing a sense of urgency)
2. Koalitionen bilden (Creating the guiding coalition)
3. Visionen entwickeln (Developing a vision and strategy)
4. Die Vision gelungen kommunizieren (Communicating the change vision)
5. Handeln im Sinne der neuen Vision und Ziele ermöglichen (Empowering employees for broad-bases action)
6. Kurzfristige Erfolge ins Auge fassen – Ergebnisse sichern (Generating short-term wins)
7. Erreichte Verbesserungen systematisch weiter ausbauen (Consolidating gains and producing more change)
8. Neues verankern (Anchoring new approaches in the culture)

1.2.1 Die Dringlichkeit etablieren

Am Anfang des Prozesses kann man davon ausgehen, dass die Notwendigkeit der Veränderung im Unternehmen nur wenigen bewusst ist. Umso wichtiger ist es, dieses Bewusstsein im Unternehmen auf eine breite Grundlage zu stellen. Dazu gehört: Tatsachen müssen auf den Tisch. Tatsachen, die den Bedarf untermauern können, sollten idealerweise auf in Zahlen begründbare Fakten fußen. So wurde zum Beispiel ein Direkt-Versicherungsunternehmen von den Aufwendungen für die telefonische Kundenbetreuung aufgefressen. Für jedes Problem, welches in immer neuen Prozessen gelöst wurde, entstanden drei Ausnahmen, die den erreichten Effizienzgewinn zunichte machten. Die Lösung wurde schließlich in einem radikalen Kulturwandel gefunden. Die Bereitschaft, dies zu tun, entstand nur, weil es offensichtlich auf bestehenden Wegen nicht mehr weiter ging. Dies konnte an Hand von eskalierenden Kosten für den Überlauf in der Telefonhotline, rückläufigen Performance Indikatoren sowie einer sinkenden Mitarbeiterzufriedenheit zweifelsfrei aufgezeigt werden.

Vor allem das Management muss von der Dringlichkeit der Veränderung überzeugt werden. Als Faustregel gilt: **75 % der Entscheider müssen dahinter stehen.**

Wichtig ist dabei, frühzeitig herauszufinden: Welches sind die Interessengruppen? Wer steht vielleicht dagegen? Wem nützt die Veränderung? Es ist durchaus notwendig, die Entscheider aufzurütteln. Stellen Sie sich darauf ein, dass viele »Ja, aber«-Einwände (»Uns geht es doch nicht schlechter als Anderen, wir müssen erst dieses andere Problem lösen, ...«) den Prozess möglicherweise stören oder verlangsamen. Ohne einen Entscheider von der Topmanagement-Ebene, der notfalls auch mit harten Maßnahmen das Projekt treibt, geht es nicht.

Für die Begründung der Dringlichkeit sind klare Ziele wichtig. Es gilt transparent zu machen und plausibel zu begründen:
- Ausgangslage – was ist das Problem?
- Welches sind die Ziele?
- Welches sind die Erfolgskriterien? Woran merke ich, dass die Ziele erfüllt sind?
- Organisation – wer tut was? Aufgabenverteilung?
- Planung der Projektphasen – Wann passiert was?
- Wie wird der Fortschritt kontrolliert?

1.2.2 Koalitionen bilden

Einer oder wenige können einen Change-Prozess nicht schaffen. Es muss daher eine Koalition gefunden werden, die erfahren, stark und willig genug ist, das Unternehmen als Ganzes zu bewegen. Eine solche Koalition zu bilden und in Form eines Steuerungsteams für einen Change-Prozess verantwortlich zu machen, ist eine der wichtigsten Aufgaben für die Gestaltung des Change-Prozesses.

Das ideale Steuerungsteam hat vier wesentliche Kapazitäten an Bord:
1. **Macht:** Es müssen so viele Schlüsselfunktionen eingebunden sein, dass die Verbleibenden nicht ohne Weiteres den Fortschritt hemmen können.
2. **Wissen und Erfahrung:** Die Bandbreite notwendigen funktionalen und organisatorischen Wissens ist abgedeckt, sodass alle wesentlichen Bereiche sachkundig bearbeitet werden können und keine wichtigen Aspekte übersehen werden.
3. **Glaubwürdigkeit:** Die Personen im Steuerungsteam sind innerhalb der Organisation angesehen, sodass ihre Entscheidungen und Ankündigungen ernst genommen werden.
4. **Leadership:** Die Gruppe beinhaltet ausreichend viele Leute, die vorangehen, sich Entscheidungen zutrauen und andere Personen auf dem Weg mitnehmen können.

Neben diesen Grundvoraussetzungen sind noch eine Reihe von Nebenbedingungen zu beachten. So ist es zum Beispiel klug, nicht nur Stabsabteilungen einzubeziehen, sondern auch Linienmanager mit »Standing« (Glaubwürdigkeit, Fachkompetenz, Führungsqualitäten) einzubeziehen. Aspekte der »Diversity« (Männer/Frauen, Altersstruktur) spielen ebenfalls eine Rolle. Nicht zuletzt ist auch das Einbeziehen der Personalvertretung, z. B.

des Betriebsrats, empfehlenswert. Teamfähigkeit und wechselseitiges Vertrauen sind ebenfalls wichtige Eigenschaften bei den einbezogenen Personen.

Aus diesen Kriterien ergibt sich, dass das Steuerungsteam handverlesen sein sollte. Es ist auch ratsam, neben dem Steuerungsteam eine Eskalationsebene einzubauen, an die das Steuerungsteam regelmäßig berichtet und welche in der Lage ist, auftretende Hemmnisse ggf. einzuebnen.

Change-Prozesse zum Thema Kundenorientierung erfordern natürlich immer die Mitwirkung der Service-Leiter und des Marketings. Auch das Qualitätsmanagement muss eingebunden sein. Sinnvoll ist aber auch die Mitwirkung zentraler Linienfunktionen. Schließlich ist deren Arbeit maßgeblich für das Bearbeitungsvolumen im Service – eine unklare oder falsche Rechnung kann beispielsweise tausende Servicevorfälle auslösen. Je nach Organisation sollte der Chief Customer Officer, der Chief Marketing Officer oder auch der CEO zumindest auf der Eskalationsebene verantwortlich eingebunden sein.

Damit das Steuerungsteam zusammenwächst, sind gemeinsame Aktivitäten sinnvoll, die auch über das rein inhaltliche hinaus gehen. Organisatorisch ist noch zu bedenken, dass die zusätzlichen Aufgaben im Change-Team ggf. durch eine Entlastung bei anderen Aufgaben kompensiert werden müssen, damit die einbezogenen Personen sich mit Kraft den Aufgaben für die Organisationsveränderung widmen können.

1.2.3 Visionen entwickeln

Eine Vision entwirft ein Bild der Zukunft und vermittelt den Menschen, warum es sich lohnt, dieses Bild anzustreben. »Visionen sind keine Ziele. Visionen sind per se relativ unspezifisch, weisen aber trotzdem den Beteiligten eine Richtung. Oft scheitert die Arbeit an Visionen daran, dass über sie nachgedacht wird. Dieses Nachdenken führt dazu, dass jeder Einzelne seine Vision (oder etwas, was er dafür hält, meist sind es eher Ziele) benennt« (Schulze, 2008).

Eine gute Vision hat drei Funktionen (Kotter, 1996, S. 68):
- durch das Festlegen der Richtung, in die sich die Organisation bewegen soll, wirkt sie als Kompass für vielfältige und kleinteilige Einzelentscheidungen, die im Prozess zu treffen sind,
- sie motiviert Menschen, sich in die richtige Richtung zu bewegen, auch wenn das schmerzhaft und aufwendig sein kann,
- sie koordiniert die Anstrengungen unterschiedlicher Menschen und hält damit den Change-Prozess schnell und effizient.

Erfolgreiche Visionen sind vorstellbar, begehrenswert, möglich, fokussiert, flexibel und kommunizierbar. Sie sind außerdem so einfach, dass sie sich unmittelbar jedem mitteilen und von den angesprochenen Personen schnell verinnerlicht werden können. Prüfkriterium ist der Aufzugtest: Ist es einem Mitglied des Steuerungsteams möglich, im Rahmen einer zwanzigsekündigen Aufzugfahrt einem bisher unbeteiligten Kollegen mitzuteilen, was das Unternehmen anstrebt und wird dieser die Botschaft verstehen?

Visionen müssen sorgfältig auf bestehende Kräfte und ungeschriebene Gesetze eingehen, damit sie nicht zum Lippenbekenntnis werden. Vor allem müssen sie den Kopf und das Herz ansprechen. Alle effektiven Visionen beziehen sich auf Werte und Einstellungen, nicht nur auf Zahlen und Fakten.

Über die Wege, eine Vision zu entwickeln, gibt es viel Literatur, daher soll dies an dieser Stelle nicht vertieft werden. Es empfiehlt sich, sehr interaktiv vorzugehen, sodass möglichst viele Personen von vornherein mitgenommen werden. Die Einbeziehung von externen Moderatoren, die zum Beispiel einen Entwicklungsworkshop gestalten, ist sinnvoll.

1.2.4 Die Vision gelungen kommunizieren

Die Kraft einer Vision kann sich natürlich nur entfalten, wenn sie auch einer großen Gruppe von Menschen bekannt ist und von diesen geteilt wird. Kommunikationsschwierigkeiten führen dazu, dass Botschaften entweder gar nicht oder falsch verstanden werden. Der Effekt ist in beiden Fällen gleich: Der Prozess entwickelt sich nicht weiter.

Die erfolgreiche Kommunikation einer Vision bedient sich folgender Mittel:
- **Einfache Botschaften:** Der Inhalt der Vision wird ohne Fachbegriffe und ausschweifende Erklärungen kommuniziert. Natürlich ist es schwieriger, Dinge kurz auf den Punkt zu bringen, daher ist die Klarheit der Vision wichtig, um sie einfach kommunizieren zu können.
- **Emotionalisierte Botschaften:** Die erfolgreiche Vision berührt Verstand und Herz. Die Kommunikation wird unterstützt von Metaphern, Analogien und Beispielen.
- **Visualisierung:** Auch mit bildhafter Sprache können Bilder im Kopf entstehen. Gemalte Bilder können auf noch viel stärkere Weise wirken. Es kann sinnvoll sein, Profis heranzuziehen, die z. B. Workshopergebnisse bildhaft umsetzen und so Bilder schaffen, die die Ergebnisse für Dritte greifbar machen.
- **Wiederholungen:** Je öfter etwas gehört wird, desto mehr wird es verinnerlicht. Die Vision sollte überall präsent sein und über die Zeit immer wieder »gespielt« werden.
- **Verstärkung durch Beispiele:** Der Erfolg der Vision erfordert natürlich das Vorleben durch Management und Steuerungsteam. In dem Maße, wie die Vision bei den Mitarbeitern ankommt, ist es klug, visionskonformes Verhalten »in das Schaufenster zu stellen« und so zu verstärken.
- **Viele verschiedene Kanäle bedienen:** Wenn dieselbe Botschaft die Menschen auf unterschiedlichen Ebenen erreicht, verstärkt dies die Botschaft. Jedes Medium sollte dabei gemäß seiner Stärken genutzt werden. Neben der Makroebene (CEO-Ansprache, Mitarbeiterzeitschrift) sollte auch die Mikroebene (Beispiel geben durch Gruppenleiter im Teammeeting) genutzt werden.
- **Zwei-Wege-Kommunikation:** Etablierung von Rückkanälen und Schaffung eines echten Dialogs. Aktuell ist, worüber gesprochen wird. Natürlich muss man entscheiden, ob man den Kern der Vision für Diskussionen öffnen will. Auf jeden Fall sollte der Weg zur Vision, entstehende Schwierigkeiten und erfolgreiche Verfahren, Gegenstand eines offenen Dialogs sein. Dazu sollte das Unternehmen geeignete Foren einrichten.

Wir empfehlen, alle Kommunikationswege zu einer Kampagne zu verknüpfen und so eine integrierte Kommunikation zu schaffen. Am Anfang sollte ein Startschuss stehen, der zum Beispiel eine Auftaktveranstaltung beinhaltet und breit kommuniziert wird. Je länger der

Prozess andauert, umso mehr muss die Kommunikation die Basis erreichen. Erreichte Meilensteine auf dem Weg können immer wieder in Kommunikationsimpulse umgesetzt werden.

1.2.5 Handeln im Sinne der neuen Vision und Ziele ermöglichen

Handeln zu ermöglichen erfordert im Wesentlichen zwei unterschiedliche Prozesse: Erstens ist im Sinne eines »Enabling« dafür zu sorgen, dass die Mitarbeiter neue Dinge können. Sie brauchen dazu:
- **Fähigkeiten:** Haben die Mitarbeiter die Qualifikation, neue Dinge umsetzen zu können? Wo müssen Mitarbeiter zusätzlich qualifiziert werden? Wie kann dies am besten geschehen?
- **Kompetenzen:** Mitarbeiter müssen neue Dinge tun dürfen. Dies schließt auch das Vertrauen ein, dass sie Dinge richtig tun werden und die Bereitschaft, Fehler im Umsetzungsprozess hinzunehmen.
- **Ressourcen:** Verfügen Mitarbeiter über die Mittel, neue Ziele zu erreichen? Dies können Ressourcen in Form von Geld sein, wenn es z. B. darum geht, Kundenunzufriedenheit mit einer Kompensation zu heilen. Es kann aber auch die notwendige Zeit sein, um z. B. am Telefon ein Kundenanliegen abschließend zu behandeln. Auch die Prozesse, z. B. Verbuchen, Abwickeln, müssen so strukturiert sein, dass Mitarbeiter neue Dinge umsetzen können. Im Detail steckt hier die Mühe.

Zweitens ist es aber auch notwendig, Systeme und Strukturen zu beseitigen, die die Vision konterkarieren (siehe »mögliche Barrieren«). Das Überwinden von Widerständen ist der schwierigste Teil jedes Change-Prozesses. Je tiefer tradierte Strukturen und Prozesse im Unternehmen verankert sind, umso schwieriger ist es, diese zu überwinden. Entsprechend notwendiger ist die Unterstützung des Topmanagements. Die Fähigkeit, auch bei Gegenwind den Prozess auf Kurs zu halten und ggf. eigene Anstrengungen nochmals zu verstärken, kann über den Gesamterfolg entscheiden.

> Die Tücken der Umsetzung von »Enabling« zeigt ein Beispiel, welches ich selbst bei einer führenden **Autovermietung** erleben durfte: Es kommt immer wieder vor, dass gemietete Autos nicht vollgetankt sind. Wenn der Vormieter nur 50 km fährt und nicht nachtankt, hat die Autovermietung nicht die Möglichkeit, dies zu merken. Ich merkte es, da ein Kleinwagen keine 12 Liter auf 100 km verbrauchen sollte. Meine diesbezügliche Reklamation am Mietwagenschalter wurde hervorragend kundenorientiert gelöst. Ich wurde gefragt, wie hoch mein Schaden vermutlich ist. Ohne weitere Umstände und gegen eine formlose Quittung wollte mir die Schaltermitarbeiterin die 8.– EUR auszahlen. Allerdings gab es in der Station keine Kasse, aus der das Geld hätte kommen können. Unter äußersten Mühen gelang es, aus verschiedenen Quellen 6.– EUR zusammenzukratzen, was ich natürlich akzeptierte, es ging mehr um das Prinzip als um 2.– EUR. Wie die Mitarbeiterin die Ausgabe hinterher verbucht hat, möchte ich gar nicht wissen. Die Lehre daraus: Ohne die entsprechenden Prozesse wird die Umsetzung von Kundenorientierung oft erschwert.

Am wichtigsten ist es, Mitarbeitern auch zu sagen, dass sie neue Schritte tun dürfen. Hier kann man parallel arbeiten, wenn man die neuen Prozesse gleich durch Betroffene neu gestalten lässt – z. B. in Workshops. So werden Mitarbeiter sinnvoll eingebunden (Welche Schritte tragen zu sichtbarem Kundennutzen bei?), Bewusstsein geschaffen und gleichzeitig entsteht die Motivation, die neuen Schritte auch umsetzen zu wollen.

1.2.6 Kurzfristige Erfolge ins Auge fassen – Ergebnisse sichern

Große Veränderungen brauchen Zeit. Zeit, in der sich noch keine messbaren Erfolge einstellen. Möglicherweise entwickeln sich bestimmte Parameter sogar rückwärts, Prozesse geraten in Unordnung, die Belastung der Mitarbeiter nimmt zu oder Mitarbeiterfluktuation entsteht. Gerade wenn eine neue Vision in einem Unternehmen nicht von allen geteilt wird, ist das die Zeit, in der Kritiker sich hörbar machen. In diesen Phasen ist Durchhaltevermögen notwendig.

In jedem Prozess gibt es aber auch kurzfristige Erfolge, die sich mit vergleichsweise wenig Aufwand einfahren lassen. Sogar wenn Unternehmen auf dem Weg zu einem kundenorientierten Unternehmen schon recht weit sind, lassen sich immer neue Teilaspekte ausmachen, die schnell Verbesserungen bringen.

Es ist sinnvoll, beim Durchlaufen des Veränderungsprozesses solche schnellen Erfolge zu identifizieren. Idealerweise können sie sogar bereits im Vorfeld geplant werden. Spätestens wenn die Maßnahmenpläne für das Gesamtprojekt übereinander liegen, können folgende Fragen beantwortet werden:
- Welche Teilprojekte werden schnell abgeschlossen werden?
- Wo werden Erfolge schnell sichtbar?

Kurzfristige Erfolge zeichnen sich durch drei Eigenschaften aus:
1. Eine größere Gruppe von Leuten kann die Erfolge sehen und nachprüfen.
2. Die Veränderung ist eindeutig dem Change-Prozess zuzuschreiben.
3. Die Veränderung vereinfacht merkbar den Arbeitsablauf von Menschen im Unternehmen oder die Beziehung der Kunden zum Unternehmen.

Kurzfristige Erfolge wirken belohnend auf die Mitarbeiter im Projekt und halten Kritiker im Zaum. Sie sichern außerdem die nachhaltige Unterstützung des Topmanagements und steigern das Ansehen des Projektvorhabens im Unternehmen. Bei allen Beteiligten entsteht das Bild: »Es lohnt sich.«

> Im Falle eines Projektes bei einem **Energieanbieter** wurde als eine schnell wirksame Maßnahme die Erhöhung des Kompensationsspielraums für Kundenreklamationen von 50.– EUR auf 250.– EUR beschlossen. Bereits nach zwei Monaten zeigten sich drei Trends:
> - steigende Kundenzufriedenheit im Beschwerdemanagement
> - steigende Mitarbeiterzufriedenheit
> - insgesamt sinkende Ausgaben für Kundenreklamationen (die Mitarbeiter gingen mit den Budgets sehr sorgsam um)
>
> Allein die kundenorientierte Vereinfachung im Prozess konnte also bereits die Kunden- und Mitarbeiterzufriedenheit steigern, ohne dass die Aufwendungen anstiegen. Die entsprechenden Kennzahlen wurden im Unternehmen breit kommuniziert und halfen, die Unterstützung für das Projekt auszubauen und Kritik zu entkräften.

Das Herausstellen von Teilerfolgen ist also eindeutig im Interesse der Projektverantwortlichen. Es sollte daher gezielt erfolgen und das gesamte Kommunikationsinstrumentarium umfassen. Nach oben sollten die Erfolge in den routinemäßigen Reports gebührend herausgestellt werden. In der Breite können Mitarbeiterveranstaltungen, Schwarze Bretter oder auch die Mitarbeiterzeitung genutzt werden. Aber auch innerhalb der Teams sollten Teilprojekterfolge gebührend gefeiert werden. Ggf. ist es sinnvoll, neue Rituale (z. B. Teammeetings, Morning Huddle...) einzuführen.

Neben der kommunikativen Würdigung dieser Teilerfolge sollten natürlich auch Maßnahmen ergriffen werden, diese zu sichern. Schnelle Roll-outs von Teilprojektmaßnahmen, Einbindung in Handbücher und Prozessbeschreibungen, aber auch die Verstärkung bei den Mitarbeitern als erwünschtes Verhalten seien hier beispielhaft genannt.

1.2.7 Erreichte Verbesserungen systematisch weiter ausbauen

Wenn ein Veränderungsprojekt seine ersten Phasen hinter sich hat und erste Erfolge eingefahren werden konnten, dann drohen dem Projekt Gefahren:
- die Einschätzung, dass der Rest von Selbst kommt
- die Erschöpfung bei involvierten Mitarbeitern
- die Möglichkeit, dass Ziele über die Zeit aus dem Fokus geraten
- die Abwanderung von Mitarbeitern an Schlüsselstellen
- die Mühsal, nach den ersten schnellen Erfolgen weitere Ergebnisse zu erzielen

All diese Gefahren können dazu führen, dass das Antriebsmoment in einem Projekt verlorengeht. Dies führt dann entweder dazu, dass keine weiteren Erfolge erzielt werden oder im schlimmeren Fall droht der Rückfall in alte Strukturen.

Je weiter ein Projekt voranschreitet, desto wahrscheinlicher ist es auch, dass andere Bereiche berührt werden. Notwendige Umstrukturierungen in den Prozessen haben oft veränderte Anforderungen in der IT zur Folge. Allein ein simples Change-Request bei der IT kann Mannjahre an Arbeit auslösen. Diese gebundene Kapazität verlangsamt vielleicht andere Projekte, die für das Unternehmen auch wichtig sind. Auch Umstellungen in Prozessen können weitreichende Auswirkungen haben, da Prozesse typischerweise mit anderen Prozessen verknüpft sind.

> Das oben bereits erwähnte **Energieunternehmen** hatte sich unter anderem vorgenommen, seine Klassifikation der Kundenrückmeldungen (Beschwerden und positives Feedback) neu zu ordnen. Damit wollte man besser in der Lage sein, Kunden zu verstehen und auf Basis der Klassifikation Maßnahmen einzuleiten. Die Themen, für die viel Kommunikationsaufwand mit dem Kunden erforderlich war, sollten besonders ins Auge gefasst werden, um sie kundenorientierter, einfacher und günstiger zu gestalten. Im Zuge des Projekts stellte sich heraus, dass allein die Erarbeitung einer neuen Klassifikation vier Monate beanspruchen würde. Dabei galt es, die Ergebnisse eines anderen Projekts, welches die IT angestoßen hatte, mit aufzunehmen. Die Beschaffung eines Instruments zur Aufzeichnung und die Schulung der Mitarbeiter würden weitere sechs Monate in Anspruch nehmen.

Es kann also durchaus sein, dass die Veränderung in einem Teilbereich Veränderung in anderen Prozessen zur Folge hat. Oftmals kann dies zu Verzögerungen im Projekt führen. Typische Auflösungen für solche Projektstockungen können sein:
- mehr Veränderung, nicht weniger. Ggf. sind die Veränderungen auch in dem anderen Bereich möglich und führen dort auch zu mehr Kundenorientierung
- mehr Unterstützung, durch zusätzliche Ressourcen oder personelle Kapazitäten
- mehr Leadership und Entscheidungen vom übergeordneten Management
- mehr Anstrengung durch Projektmitarbeiter oder beigeordnete Personen
- weniger Abhängigkeiten, ggf. können Verknüpfungen zwischen Teilprozessen aufgelöst werden

Generell gilt es, in der Umsetzung nicht locker zu lassen. Bereits bei der Projektdefinition sollte man sich darüber im Klaren sein und Maßnahmen zum Erhalt des Moments vorsehen. Neben Events können dies z. B. Fortschrittsgrafiken an sichtbarer Stelle sein. Im Prozess gilt es, immer wieder den Zusammenhang zwischen Erfolgen und neuer Struktur zu verdeutlichen, auf Erfolge hinzuweisen und in Personalentwicklung, inkl. Führungskräfte, zu investieren, um das Leistungsniveau hoch zu halten.

1.2.8 Neues verankern

Der Soziologe Kurt Lewin hat sich intensiv mit der Planung und Durchführung von Änderungsprozessen beschäftigt (Vahs, 2015). Er geht davon aus, dass nach jeder Phase Veränderung eine Phase der Stabilisierung eintreten muss. Ziel dieser Phase ist es, die erreichten Veränderungen langfristig zu stabilisieren. Um das zu erreichen, muss das Unternehmen den neuen Ist-Zustand überwachen und gegebenenfalls weitere Änderungen vornehmen.

Da die Kundenorientierung im Unternehmen in Werten und Einstellungen fußt, gilt es, die erarbeiteten neuen Wege nun in der Kultur des Unternehmens zu verankern. In der Kultur angelegt kann die Kundenorientierung als Kompass wirken und Mitarbeiterentscheidungen generell beeinflussen, ohne dass es der Regelungen im Einzelfall bedarf. Da die Kultur aber nicht direkt Gegenstand von Veränderungen sein kann, muss man Hebel finden, über die die Kulturveränderung gelingt. Symbole, Artefakte und Geschichten sind wesentliche Hilfsmittel. Auch eine Visualisierung kann dies unterstützen.

> Eine **Bank** wollte die Kulturveränderung nachhaltig machen. In verschiedenen Workshops wurden die kundenorientierten Werte des Unternehmens erarbeitet. In jedem Workshop wurde mit Unterstützung von professionellen Grafikern ein Bild erarbeitet, welches die Bank im Umgang mit diesem Wert zeigte. Diese Bilder wurden danach verbreitet. So entstand in der Hauszeitschrift eine Serie, in der die Bilder abgebildet und beschrieben wurden. Jeder Filialleiter konnte die Bilder als hochwertigen Druck bestellen und bei sich an die Wand hängen. Auch im Internet wurden die Bilder immer wieder hochgeholt. Im Kern waren es die Mitarbeiter selber, die die Bilder anforderten und sich immer wieder darauf bezogen. Es zeigte sich, dass die Kraft dieser Bilder ganz wesentlich dazu beitrug, die neuen Werte zu verinnerlichen.

Kotter (Kotter, 1996, S. 155) nennt einige Verfahren und Praktiken, wie die Verankerung von neuen Prozeduren in der Kultur eines Unternehmens gelingen kann:
- Immer wieder darüber sprechen, vor allem wenn Erfolge auf die neuen Prozeduren zurückzuführen sind
- Alte Gewohnheiten bewusst ablegen, indem man auch darüber spricht, wie man früher gehandelt hat und warum man das heute nicht mehr tut
- Mitarbeiter, die den Kulturwandel nicht mittragen, ganz gezielt entweder versetzen, umgehen oder in den Ruhestand schicken
- Bei Neueinstellungen explizit darauf achten, dass neue Mitarbeiter die neuen Werte und Einstellungen verkörpern
- Bei Beförderungen und Nachfolgeregelungen nur die Kräfte stärken, die die neuen Wege verinnerlicht haben
- Zielsysteme der Mitarbeiter auf die neuen Werte und Einstellungen ausrichten

Die Veränderung der Kultur kann nur der Abschluss eines Veränderungsprozesses sein und niemals am Anfang stehen. Auch wenn man auf die Kultur nur indirekte Einflussmöglichkeiten hat, so ist es doch sinnvoll, auch die Kulturveränderung als Gestaltungsprozess zu sehen, die das Management nicht einfach geschehen lässt, sondern gezielt steuert.

1.3 Notwendige Fähigkeiten

Am Anfang jedes Veränderungsprojekts steht die Frage: Was brauche ich? Sie ist ganz einfach zu beantworten mit:
- Zeit
- Mitarbeiter
- Geld

Bei allen drei Antworten fühlen sich Manager auf sicherem Terrain. Die entsprechenden Ressourcen bereitzustellen, mag ein kompliziertes Vorhaben sein, ist aber letztlich eine bekannte Aufgabe für die Manager. Aber selbst Projekte mit genügend Zeit, Mitarbeitern und Geld scheitern.

Auf organisationaler Ebene braucht es bestimmte Fähigkeiten, die im Unternehmen angelegt sein müssen (Doppler & Lauterburg, 1998):
- Energie wecken und Vertrauen schaffen
- Denken in Prozessen statt in Strukturen
- das Unternehmen auf sein Umfeld ausrichten
- Vernetzung durch Kommunikation
- von außen nach innen organisieren
- Lernen sicherstellen

Jeder Veränderungsprozess unterliegt vielfältigen Kräften, die entweder vom Projekt beeinflusst werden und/oder das Projekt beeinflussen. Einige sind fördernde Kräfte, andere sind den Widerstandskräften zuzurechnen. Alle diese Kräfte beeinflussen die Gesamtleistung einer Unternehmung oder Teileinheit:

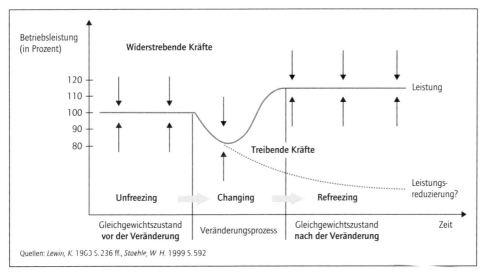

Abbildung 53: Kräfte der Organisationveränderung (Vahs 2015)

Erfolgreiche Veränderungsprojekte sind daher mit genug fördernden Kräften ausgestattet, um auftretende Widerstände zu überwinden.

Viele Veränderungsprojekte haben an einer Unschärfe bezüglich der Notwendigkeit von Beginn an schwer zu leiden. Das Warum steht in den Sternen und die Sinnfrage des Projektes bleibt hinter dem »besser als vorher« des Unternehmens- oder Beraterjargons verborgen. Für echte Insider mag eine derart unscharfe Begründung ausreichen, für einen Großteil der Betroffenen und Beteiligten ist eine klare und offene Sprache erforderlich (Claßen, 2008, S. 112). Essentiell für ein erfolgreiches Projekt ist die Definition eines klaren Ziels. Definieren Sie dieses wie folgt:
- Was streben wir an?
- Warum ist das wichtig?
- Was werden wir konkret tun, um das Ziel zu erreichen?
- Welche Zwischenstände werden wir wann erreicht haben?

Abgeleitet von dem großen Ziel kann jede Einheit Teilziele bekommen, die auf das große Ziel einzahlen. Die Führungskräfte der Teileinheiten bekommen die Aufgabe, ihre Subziele in ihren Einheiten zu verbreiten. So ist die Sinnfrage bis zum letzten Mitarbeiter beantwortet und jeder versteht, warum er was tut.

Letztlich braucht es auch auf der persönlichen (menschlichen) Ebene bestimmte Fähigkeiten, einen Change-Prozess erfolgreich zu gestalten. Wichtigste Fähigkeit überhaupt, um Veränderungsprozesse erfolgreich zu gestalten, ist Leadership. Veränderung braucht Anführer. Menschen, die das Richtige tun und zu denen die Mitarbeiter aufsehen bzw. an denen sie sich orientieren. Da Leadership in diesem Buch hinreichend beschrieben wurde, hier nur einige Anmerkungen zur Rolle der Leader in einem Veränderungsprojekt.

Kennen Sie den englischen Spruch »when the going gets tough, the tough get going«? Sorgen Sie dafür, dass Ihre Anführer, die Sie sorgsam ausgesucht haben, entsprechend handeln. Gerade wenn es schwierig wird, müssen Ihre Leader den Karren ziehen, so lange, bis er wieder auf festem Grund steht. Leader sollten:

Sich selbst führen:
- Integrität vorleben: Versprechen einhalten, nicht schlecht über andere reden, unangenehmes nicht auf Mitarbeiter abwälzen, Grenzüberschreitungen offen ansprechen
- Eigene Stärken kennen und einsetzen
- Emotionen einblenden und angemessen ausdrücken. Gefühle der Mitarbeiter wahrnehmen und ansprechen, einbinden in den Veränderungsprozess
- Kennen, was mich antreibt (»Glaubenssatz«), z. B. »ich muss sachlich sein«, »ich werde nur geliebt, wenn ich Leistung erbringe«...
- Welche Tätigkeiten, Momente, Rituale lassen mich Glück empfinden? Zufriedenheit ausstrahlen ist wichtig
- Zeitmanagement: sich auf das Wesentliche konzentrieren und den Überblick bewahren. Agieren statt reagieren.

Networking auf gleicher Ebene betreiben:
- Win-Win-Situationen anstreben
- Angriffe parieren
- Interne Netzwerke aktiv aufbauen und nutzen: fachliches Netzwerk und Vertrauensnetzwerk

Influencing »nach oben« nutzen:
- Konstruktive Einstellung zum Vorgesetzten, um Arbeitsbeziehung zu optimieren
- Sich positiv verankern – in der Sprache des Managements (was bringt es, wie schnell, mit welcher Sicherheit...), als Problemlöser auftreten, Leichtigkeit vermitteln, gutes Zeitmanagement haben
- Das eigene Arbeitsziel kennen, immer Auftragsklärung betreiben, keine übereilten Pauschalzusagen erteilen.

1.4 Mögliche Barrieren

Jeder Veränderungsprozess greift in bestehende Strukturen ein. Jede bestehende Struktur hat ihre Bewahrer, die sich in dieser Struktur eingegraben haben und nicht wollen, dass sich etwas ändert. Die Beharrungskräfte können die gewünschte Veränderung verzögern, ggf. auch verhindern:

Wie Strukturen die Vision untergraben

Die Vision

- Fokus auf den Kunden
- Mehr Verantwortung auf Mitarbeiter unterer Führungsebenen verlagern
- Produktivität steigern und Kostenvorteile im Wettbewerb erlangen
- Schneller werden

Die Struktur

- Die Organisation fragmentiert Ressourcen und Verantwortung für Produkte und Dienstleistungen
- Auf den Ebenen des Mittelmanagements werden Entscheidungskompetenzen nicht abgegeben und Mitarbeiterentscheidungen unterminiert
- Im Hauptquartier schaffen Stabsabteilungen konstant neue kostenträchtige Prozesse und Projekte
- Unabhängige Silos kommunizieren nicht miteinander und verlangsamen so die Abläufe

Abbildung 54: Wie Strukturen die Vision untergraben (Kotter, 1996, S. 105)

Aber auch auf der Ebene der Gesamtorganisation kann es Kräfte geben, die die gewünschte Veränderung untergraben. Hier wirkt die organisationale Energie (Bruch, 2015). Organisationale Energie ist die Kraft, mit der Unternehmen zielgerichtet Dinge bewegen. Danach lassen sich Unternehmensaktivitäten einteilen nach Qualität: »Das Richtige tun«. Eine hohe Qualität erkennt man daran, dass Potenziale und Aktivitäten der Mitarbeiter auf die Unternehmensziele ausgerichtet sind. Zweites Kriterium ist die Intensität: »Die Dinge mit der richtigen Kraft tun«. Die Intensität beinhaltet Aktivierung: Emotionale Spannung, Wachsamkeit, etc.

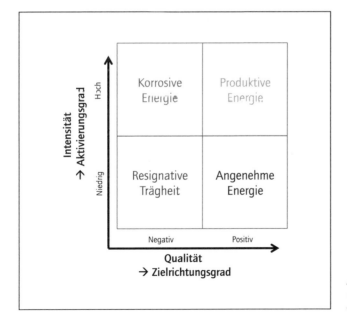

Abbildung 55: Energiezustände im Unternehmen (in Anlehnung an: Bruch/Ghoshal, 2015, S. 45)

Trägt man beide Größen auf einer Matrix ab, so lassen sich vier Energiezustände definieren. Wenn die Intensität gering ist, ist die Qualität weniger wichtig. Das Unternehmen lebt in resignativer Trägheit. Veränderungen finden nicht statt. Aber auch bei »richtiger« Qualität werden ohne Intensität keine Veränderungen umgesetzt. Nur dass sich das im Unternehmen angenehmer anfühlt. Ein hoher Aktivierungsgrad ist notwendig, damit Veränderungen passieren. Wenn dabei die Richtung nicht stimmt, spricht man von korrosiver Energie. Der Wunschzustand ist die produktive Energie: Die richtigen Dinge werden mit hoher Energie getan.

Natürlich ergeben sich auch Barrieren aus dem Projekt heraus. Häufig genug, weil man etwas übersehen hat. So scheitert zum Beispiel ein Projekt daran, dass die Komponente Personalarbeit nicht mit hinreichender Kraft bearbeitet wird. Beförderungen und Belohnungssysteme müssen angepasst werden, damit die richtigen Leute in das Unternehmen kommen, gewünschte Persönlichkeitsprofile auch mit Verantwortung ausgestattet werden und diese Leute für ihre Arbeit auch belohnt werden. Wenn dies unterbleibt, werden die Personalsysteme als beharrende Kräfte wirken, weil Auswahl und Beförderung immer noch nach »alten« Werten erfolgen.

Gerade bei komplexen Projekten ist es wahrscheinlich, dass man nicht an alles gedacht hat oder dass im Projekt Barrieren auftauchen, von denen man vorher nichts ahnen konnte. Der Weggang von Mitarbeitern an Schlüsselstellen, die mangelnde Umsetzbarkeit in der IT, fehlende Budgets oder Ressourcen sind beliebte Beispiele für solche Barrieren. Diese dann zu überwinden, ist Aufgabe des starken Teams, das extra dafür geschaffen wurde, das Projekt zum Erfolg zu führen. Hier einige Hinweise für das Vorgehen zum Umgang mit Hindernissen:

- Welches ist das für den Veränderungsprozess am größten empfundene Problem? Konzentration darauf.
- Aufdeckung der ungeschriebenen Gesetze, die damit in Verbindung stehen.
- Strukturen anpassen: Welches sind die nicht richtig abgestimmten Aspekte im Unternehmen/Bereich/Abteilung?
- Entscheidung über Abstimmungsmaßnahmen, Einleitung von Veränderungen.
- Vorschau: Wie wird sich diese Veränderung auf die heimlichen Spielregeln auswirken?
- Überprüfung der bisherigen Erfolge. Ausrollen von Erfolgsrezepten. Warnen vor Risiken.

1.5 Das Projekt vermarkten und Informationen austauschen

»Zentraler Erfolgsfaktor für einen Veränderungsprozess ist die Projektkommunikation. Im marktschreierischen Gehabe vieler Akteure in einem Unternehmen gelingt es nur schwer, Aufmerksamkeit für seine Themen und Erfolge zu erhaschen. Resultate stellen sich allerdings meist erst recht spät ein, ein professionelles Projektmarketing ist deshalb, zumindest bei größeren Veränderungsthemen, bereits mit dem Startschuss aufzusetzen« (Claßen, 2008, S. 119). Es ist notwendig, systematisch und auf vielen Ebenen über das Projekt zu kommunizieren. »Nur wenn der Projektleiter mit seinem Team, mit Auftraggebern und Stakeholdern ausreichend spricht, werden die Informationen ausgetauscht, die für den erfolgreichen Ablauf im Projekt notwendig sind. Vor allem, wenn das Projekt in die Organisation eingreift und die Mitarbeit und den Wandel voraussetzt, müssen die Projektverantwortlichen richtig kommunizieren und den Dialog führen« (intelligent systems solutions (i2s) GmbH, 2015).

Dabei lassen sich drei Ebenen identifizieren:
1. Innerhalb der Projektteams muss ein organisierter Austausch stattfinden. Da diese Teams meist bereichsübergreifend zusammengesetzt sind, müssen Kommunikationsinstrumente zusätzlich zur normalen hierarchieinternen Kommunikation gefunden werden.
2. Zwischen den einzelnen Teams muss eine Informationsplattform geschaffen werden, damit jedes Team über den jeweiligen Stand im anderen Team zumindest insoweit informiert ist, dass Schnittstellen und Abstimmungsnotwendigkeiten schnell erkennbar sind und gelöst werden
3. Nach außen müssen zunächst alle Mitarbeiter einbezogen werden, die nicht Gegenstand der Projektteams sind. Darüber hinaus gilt es aber auch andere Stakeholder, wie z. B. Anteilseigner oder auch die Öffentlichkeit, mit einzubeziehen.

Für den Austausch innerhalb und zwischen den Teams bieten sich neue, internetbasierte Plattformen an. Eine Realisierungsmöglichkeit ist ein Projekt-Wiki. Verschiedene Anbieter stellen Werkzeuge für solche Wikis zur Verfügung. Die Anwender schätzten vor allem folgende Funktionalitäten des Wikis wie (Wagner, 2010):
- eine aufgabenorientierte Oberfläche mit übersichtlicher Gestaltung und ansprechendem Design,
- ein Konzept für eine strukturierte Ablage von Arbeitsinhalten in Themeninseln,
- Vorlagen zum Anlegen von Projekten und Lösungsschritten,
- Projekt-Übersichtsseiten mit vielfältigen Kategorisierungs- und Suchmöglichkeiten sowie
- Einstiegs- und Hilfeinformationen für alle wesentlichen Aktivitäten, gestaltet als FAQs.

Für die Kommunikation nach außen, zu den nicht beteiligten Mitarbeitern und den Unternehmensexternen, kommt es vor allem auf zwei Dinge an:
1. breites Spielen der Vision in Form einer einfachen und einprägsamen Geschichte
2. regelmäßige und breite Kommunikation, auf vielen Kanälen orientiert an den Informationsmedien der verschiedenen Zielgruppen

»Für den schnellen Überblick brauchen Change-Projekte eine gute Story, die sich auf einer Seite erzählen lässt, einen übersichtlichen Transformations-Fahrplan eben. Dieser wird zur Basis für die Projektkommunikation nach oben, innen und außen« (Claßen, 2008, S. 114). Im Projektverlauf kann die Kommunikation verstärkend wirken. Wichtig ist dazu, Erfolge zu identifizieren und zu verstärken, indem darüber berichtet wird, auf viele Weisen und auf allen Kanälen. Nach Abschluss des Projekts wird die Kommunikation zum Sicherer des Erreichten, indem die Themen am Leben erhalten und ständig aufgefrischt werden.

Es empfiehlt sich für den Erfolg des Projekts, die Kommunikation bereits im Steuerungsteam zu verankern und dafür eine eigene Ressource zu schaffen. Wenn es im Unternehmen niemanden gibt, der genügend progressiv ist, »neue« Themen in das Unternehmen zu tragen (dies bezieht sich sowohl auf »neue« Inhalte als auch auf »neue« Wege, die Mitarbeiter zu erreichen), so muss diese Aufgabe extern besetzt werden.

2 Fallbeispiel

2.1 Das Unternehmen

Am Beispiel einer Gebäudereinigung wollen wir die Umsetzung eines Veränderungsprozesses mit Blickrichtung auf mehr Kundenorientierung darstellen. Das Unternehmen bewegt sich im Business-to-Business-Bereich und hat ca. 5.000 Kunden, die bundesweit über 10 Niederlassungen betreut werden. Die Struktur der Kunden reicht vom kleineren Büro vor Ort, welches lokal betreut wird, bis zum Konzern mit überregionaler Bedeutung. Das Unternehmen gehört einem ausländischen Konzern an. Charakteristisch für das Geschäft des Unternehmens ist, dass vor Ort regionale Mitbewerber für einzelne Objekte mit anbieten. Die Schnittstellen zum Endkunden sind vielfältig, da vor allem auch die Reinigungskräfte vor Ort in Kontakt mit den Mitarbeitern der Kunden kommen, wenn sie Büros und Geschäftsräume reinigen. Diese müssen sich kundenorientiert verhalten, wenn sie zum Beispiel Reklamationen aufnehmen oder abends »sichtbar« werden. Auf der Ebene der Niederlassungen sind es die Leitung der Niederlassung, aber auch die Verwaltungsmitarbeiter, die in Kontakt mit den Entscheidern bei den Kunden kommen, z. B. im Zusammenhang mit Angeboten, Rechnungen oder täglichen Abstimmungen. Darüber ist die bundesweite Unternehmensleitung, die die Niederlassungen steuert, aber aufgrund der Entfernung natürlich nur indirekt Einfluss nehmen kann. Die bundesweite Unternehmensleitung verhandelt auch für die großen Kundenaccounts zentral in Ausschreibungen oder Angebotsprozessen.

Das Unternehmen ist über viele Jahre kontinuierlich gewachsen. Grundsätzlich befindet es sich in einem wachsenden Markt, aber auch die Wettbewerbssituation hat sich in den letzten Jahren verschärft. Wirkliche Differenzierungskriterien vom Wettbewerb bietet der Markt nicht, saubere Gebäude können viele Wettbewerber genauso gut wie das hier beschriebene Unternehmen. Auch über Zuverlässigkeit oder Prozesse ist eine Differenzierung schwierig. Das Unternehmen hatte über viele Jahre recht strikte Steuerungsprozesse aufgebaut. Diese sind auch notwendig, da im Bereich Gebäudereinigung viele ungelernte Kräfte zum Einsatz kommen, die recht eng geführt werden müssen, will man eine zuverlässige Leistung abliefern. Daraus resultierte über die Hierarchie ein vielfältig eingespielter Rechtfertigungszwang, eine Vertrauenskultur konnte nicht etabliert werden.

Das Unternehmen war sehr zahlenorientiert. Die regionalen Führungskräfte wurden in erster Linie an der Einhaltung ihrer Budgets gemessen. Diese Vorgaben waren sehr strikt und ließen wenig Spielräume für nicht geplante Ausgaben.

Das Unternehmen nahm wahr, dass in den letzten Jahren der Markt in einen Verdrängungswettbewerb eingeschwenkt war. Durch die austauschbaren Leistungen entstand ein Druck auf die Preise. Bei steigenden Löhnen gab es viele Mitbewerber, die den Mindestlohn unterboten oder ausländische Arbeitskolonnen einsetzten, um sich auf diese Weise Kostenvorteile zu verschaffen. Aufgrund seiner Größe stand dieser Ausweg unserem Unternehmen aber nicht offen.

Gesucht wurde ein Ansatz, der eine echte Differenzierung am Markt ermöglichte und es dem Unternehmen erlaubte, wieder zu wachsen.

2.2 Die Vision

Das Unternehmen führte verschiedene Analysen durch. Dabei wurde erkannt dass das Unternehmen zwar im Kontakt mit seinem Kunden sehr ordentlich arbeitete. Es wurde aber auch sichtbar, dass von echter Kundenorientierung keine Rede sein konnte. Zwar gab es den Anspruch auf Kundenorientierung, das Unternehmen hatte auch Werte festgeschrieben, in denen die Kundenorientierung vorkam. Wirklich gelebt wurden diese aber nicht.

Das Unternehmen war nach innen sehr prozessbezogen. Ausreißer, bei denen eine Kundenorientierung außerhalb des Üblichen gezeigt wurde, kamen zwar vor, wurden aber eher als Störelement empfunden. In keinem Fall wäre es möglich gewesen, außerhalb der Budgets etwas »außer der Reihe« für den Kunden zu tun, die Spielräume dafür waren nicht angelegt. Dies spiegelte sich in den Resultaten der regelmäßig durchgeführten Kundenbefragungen: Dem Unternehmen wurden »gute« Leistungen attestiert, aber echte Promotoren unter den Kunden waren selten. Der Net-Promoter-Score lag bei fünf, was bedeutet, dass der geringen Zahl aktiv begeisterter Kunden eine annähernd gleich starke Gruppe von passiv-zurückhaltenden Kunden gegenüberstand. Entsprechend waren auch bei der Frage »ich werde in fünf Jahren noch Kunde bei »X sein« nur geringe Werte zu verzeichnen.

Das Unternehmen führte einen Workshop zum Thema Kundenorientierung durch und entwickelte eine Vision:

> »Wir wollen der kundenorientierteste Gebäudedienstleister in Deutschland werden.«
> Dazu gehören:
> - werteorientiertes Handeln,
> - vom Kunden wahrgenommene besondere Kundenorientierung, die uns eine echte Differenzierung verschafft,
> - Schaffung von Alleinstellungsmerkmalen, die zu begeisterten Kunden, guten Preisen und gesundem Unternehmenswachstum führen.
>
> Mit der Umsetzung und Gestaltung des Prozesses wurde eine Unternehmensberatung beauftragt.

2.3 Der Exzellenz-Prozess

Die Beratung schlug vor, einen sehr interaktiven Prozess für die Erreichung des Ziels »kundenorientiertester Gebäudedienstleister« zu wählen. Zum Einsatz kam ein Beratungsformat, welches als »Exzellenz-Prozess« beschrieben wurde. Er bestand im Wesentlichen aus der Durchführung von Workshops zur Optimierung der Servicequalität sowie Begleitung der Arbeitsphase in Arbeitsgruppen durch die Beratung.

Zuerst wurde im Unternehmen ein Projektteam gebildet. Dieses bestand gemäß den oben beschriebenen Grundsätzen einer führenden Koalition gleichermaßen aus Stabsabteilungen wie Linienkräften. Obwohl es aufwendig war, wurden dabei auch Mitarbeiter aus den Niederlassungen einbezogen. Oberhalb des Projektteams wurde auf der Geschäftsleitungsebene ein Steuerungsteam gebildet, welches aus dem Geschäftsführer, zwei Bereichsleitern und dem Geschäftsführer des Beratungsunternehmens bestand.

Erster Schritt des Prozesses war ein Auftakt-Workshop. Dieser diente der Bestandsaufnahme. Dazu wurden intern per Metaplan Stärken und Schwächen des Unternehmens in Punkt auf Kundenorientierung und Service gesammelt. Ergänzend fand eine Analyse der bestehenden Managementpraxis und eine Auswertung vorhandener Kundenzufriedenheitsanalysen statt.

Die Berater stellten als Impulsvortrag die Best Practices anderer Unternehmen in Bezug auf die Kundenorientierung dar. In gemeinsamer Diskussion wurden Abweichungen zu Best Practice festgestellt und vier zentrale Handlungsfelder bestimmt:
1. Überprüfung und Weiterentwicklung der Werte des Unternehmens. Eingliederung in eine Vision
2. Analyse der Prozesslandschaft des Unternehmens auf Flexibilisierungspotenziale hin zu mehr Kundenorientierung
3. Analyse des bestehenden Kundenfeedbacks und Entwicklung einer neuen Klassifikation, um vom Kunden zu lernen
4. Entwicklung eines Instrumentenbaukastens, um Kundenorientierung in die Organisation zu tragen

Im Workshop wurden die vier Handlungsfelder in Arbeitsaufträge für die Arbeitsgruppen umgesetzt. Die Arbeitsgruppen wurden mit Mitgliedern besetzt, wobei auch noch weitere Mitarbeiter eingebunden werden sollten.

Im weiteren Verlauf des Projekts steuerten die Berater die Arbeit in den Arbeitsgruppen. Dazu gehörten folgende Schritte:
- Definition der zugrundeliegenden (Kunden-)Prozesse
- Ableitung von Zielen
- Entwicklung von Instrumenten
- Diskussion der (Teil-)Ergebnisse
- Festlegung weiterer Schritte für die Arbeitsgruppen
- Dokumentation von Ergebnissen

Je Arbeitsgruppe wurden 3-4 Arbeitstreffen durchgeführt, wobei auch Arbeitsschritte und Zuarbeiten außerhalb der Arbeitstreffen geleistet wurde. In den Arbeitsgruppen waren die Berater vor Ort, gaben Anregungen, lieferten Erkenntnisse von außen und steuerten die Arbeit so, dass zum vereinbarten Projektabschluss die Ergebnisse vorlagen.

Die Arbeit der vier Gruppen fand ihren Abschluss in einem Ergebnis-Workshop. In diesem wurden die Ergebnisse der einzelnen Arbeitsgruppen vorgestellt, die einzelnen Ergebnisse zusammengeführt, diskutiert und ggf. weitere Schritte abgeleitet. Es war dabei nicht das Ziel, alle Arbeiten bereits abzuschließen. Vielmehr sollten die Arbeiten so strukturiert werden, dass entweder die Arbeitsgruppe weiter arbeitet oder die Ergebnisse in eine Linienverantwortung überführt werden können. In jedem Fall sollte die Umsetzung der Ergebnisse in die Linie verlagert werden, wobei einzelne Mitglieder der Arbeitsgruppen steuernd an Bord blieben.

Ein Ergebnis der Arbeitsgruppe Prozessflexibilisierung war beispielsweise, dass die budgetären Vorgaben gelockert wurden, um in den Budgets Reserven für kundenorientiertes Handeln zu schaffen. Nach einem Berechtigungssystem durften die verantwortlichen Personen diese Budgets einsetzen, um zum Beispiel Nacharbeiten zu finanzieren oder bei personellen Ausfällen schnellen Ersatz zu schaffen. Dies kam unmittelbar der Kundenzufriedenheit zugute, da es ein ständiger Quell von Ärger war, wenn die Arbeit vor Ort nicht zeitgerecht oder qualitativ hochwertig abgeschlossen werden konnte.

2.4 Die Phasen der Veränderung

Nach Abschluss der Arbeit in den Arbeitsgruppen wurde ein unternehmensweiter Veränderungsprozess initiiert. Dabei folgte das Unternehmen dem Konzept von Lewin, der drei Phasen vorsieht (Töpfer, Handbuch Kundenmanagement, 2008, S. 909).

Auftauen
In der Phase des *Auftauens* spielten Information und Vorbereitung die wichtigste Rolle, um den Mitarbeitern die Angst vor Veränderungen zu nehmen und Vertrauen zu schaffen. In dieser Phase wurde die neue Vision kommuniziert und den Mitarbeitern in einem Auftakttreffen erläutert. Die Ziele des Unternehmens wurden klar definiert. Die Zielrichtung der Auftauphase war vor allem als »Marketing nach innen« zu verstehen.

Veränderung
In der Phase der *Veränderung* kam es vor allem darauf an, schnell Erfolge sichtbar zu machen. Dazu wurde die Kundenzufriedenheit regelmäßig gemessen und Verbesserungen kommuniziert. Die Ergebnisse der Arbeitsgruppe »Prozessflexibilisierung« wurden öffentlich gemacht und im Unternehmen in öffentlichen Diskussionsveranstaltungen diskutiert. Alle Mitarbeiter im Kundenkontakt durchliefen eine Schulung, an der an Hand von Alltagssituationen kundenorientiertes Verhalten trainiert wurde. Dazu gab es für die Vorgesetzten eine Serie von Web-Seminaren, in denen ausgewählte Aufgabenstellungen vertieft wurden.

Ganz wichtig während der Veränderung war symbolisches Handeln. So wurde zum Beispiel ein Geldtopf für Kundenkompensation außerhalb der Budgets ausgelobt. Jeder Mitarbeiter sollte die Möglichkeit haben, Gelder aus diesem Topf für Kundenorientierung einzusetzen. Die besten Schritte dazu wurden öffentlich gelobt. Es war das erklärte Ziel, den Topf bis zum Ende des Geschäftsjahres ausgekehrt zu haben. Über den Stand der Ausgaben wurden die Mitarbeiter regelmäßig informiert.

Die Personalpolitik flankierte den Veränderungsprozess. Dabei wurde Wert darauf gelegt, dass bei Beförderungen und Einstellungen nur Leute gefördert wurden, die den neuen Werten entsprachen. Jede Führungskraft bekam in seine Zielvereinbarung zwei neue Zielkategorien: Erstens ein Kundenzufriedenheitsziel nach dem Net Promoter Score. Zweitens ein konkretes qualitatives Ziel, welches aus den Veränderungszielen abgeleitet wurde. Der Bonus für die Zielerreichung wurde entsprechend so verändert, dass die Kundenziele mit 30 % in die Gesamtziele eingingen.

Die Veränderungen wurden begleitet durch ein eng abgestimmtes marktforscherisches Instrumentarium, in dem sowohl die Kundenzufriedenheit als auch die Mitarbeiterzufriedenheit regelmäßig gemessen wurden. Dabei wurde auch konkret nach dem Prozess gefragt und die Ergebnisse als Prozessbeurteilung wiederum im Unternehmen kommuniziert. Mit den Kunden wurden regelmäßige Gruppendiskussionen geführt, über die Beispiele gewonnen wurden, wie das neue Verhalten wahrgenommen wurde. Diese Beispiele wurden als Ansporn ebenfalls in den Prozess zurückgemeldet.

Einfrieren

In der Phase des *Einfrierens* sollte das neue Niveau stabilisiert werden. Aufgrund der Langfristigkeit der einzelnen Schritte wurde das Einfrieren mehrschichtig angelegt. Immer wenn ein neuer Prozess eingeführt war, wurde damit begonnen, Prozesserfolge oder Zwischenschritte auf dem Weg dahin im Intranet und in der Mitarbeiterzeitung herauszustellen. Vor allem sollte wertekonformes Verhalten im Unternehmen kommuniziert werden. Jeweils nach sechs Monaten wurde ein Zwischenfazit gezogen.

Nach Ablauf von einem Jahr im Veränderungsprozess wurde eine weitere große Mitarbeiterveranstaltung durchgeführt, die auch in den Niederlassungen stattfand. Dabei wurden der Stand der Veränderung dargestellt und offene Punkte aufgegriffen, aber vor allem stand das Feiern von Erfolgen im Vordergrund.

2.5 Die Ergebnisse

In der Phase der Projektgruppen lief es im Unternehmen »rund« und es gab keine Schwierigkeiten, die gewünschten Ergebnisse aus den Gruppen zu erzielen. Auch der Beginn des Veränderungsprozesses lief reibungslos. Nach einiger Zeit zeigte sich aber, dass nicht an jeder Stelle die Umsetzung der Veränderungen vorankam. Dies konnte man nicht hinnehmen, sodass an einigen Stellen personelle Umbesetzungen in der Führungsstruktur vorgenommen werden mussten. Dies wurde im Unternehmen sichtbar, sodass an anderen Stellen die Prozessbehinderungen zurückgingen. Es zeigte sich schnell, dass sich die Mitarbeiter an die neuen Strukturen gewöhnten und ihr Verhalten änderten.

Nach ca. sechs Monaten begann sich auch die Wahrnehmung der Kunden zu verändern. Zunächst waren es qualitative Rückmeldungen, die das Unternehmen erreichten. Schrittweise stieg aber auch die gemessene Zufriedenheit der Kunden an. Heute hat das Unternehmen bereits einen Net Promoter Score von 25 erreicht, die Zahl der Promotoren ist also deutlich angestiegen. Der NPS auf Niederlassungsbasis reicht aber von -5 bis 45, was zeigt, dass es in einigen Niederlassungen noch erheblichen Aufholbedarf gibt. Aber auch in den schlechteren Niederlassungen wurden bereits Erfolge erzielt. Auffällig ist die gestiegene Mitarbeiterzufriedenheit, die sich messen lässt und die auch zu geringeren Ausfallzeiten durch Krankheit führt.

Das Unternehmen kämpft immer noch in einem dicht besetzten Markt. Es liefert mit den Angeboten aber heute den Kunden Argumente, warum das Unternehmen trotz höherer Preise zum Zug kommen sollte. Dies hat inzwischen zu Aufträgen geführt, die man früher nicht oder nur zu geringeren Preisen errungen hätte. Interessanterweise sind die Kosten für die Kompensation beim Kunden zwar leicht gestiegen, in größerem Umfang sind aber andere Prozesskosten gesunken, was die Vermutung nahelegt, dass die bessere Mitarbeiterflexibilität an anderer Stelle zu Kostensenkungen führt. Das Unternehmen plant, die Kosten des Gesamtprozesses »Kundenorientierung« innerhalb von drei Jahren amortisiert zu haben. Es ist auf einem guten Weg dahin.

Teil C: Zukunft des Service im kundenorientierten Unternehmen

Die Entwicklung von Service und Kundenorientierung im Unternehmen ist eingebunden in die Entwicklung des Unternehmens als Ganzes. Trends, die das Unternehmen betreffen, wirken sich auch im Service aus. Einerseits werden Geschäftsmodelle in Frage gestellt, so z. B.
- Uber fordert die Taxibranche heraus
- Einkaufen hat sich durch Amazon massiv verändert
- Internet-Vergleichsportale mit Abschlussfunktion sind eine starke Konkurrenz für den klassischen Versicherungsvertrieb

Andererseits müssen auch diese neuen Geschäftsmodelle den Kunden in den Fokus stellen, um erfolgreich zu sein. Die nachfolgend dargestellten Aspekte werden unserer Ansicht nach zukünftig für den Geschäftserfolg von besonderer Bedeutung sein.

1 Fokussierte Kundenorientierung

Es reicht nicht mehr, einfach nur kundenorientiert zu sein. Das behaupten mittlerweile fast alle Unternehmen von sich. Es geht darum, zu wissen, für wen man seine Leistungen anbietet und was diese Menschen wollen und brauchen.

Bildlich gesprochen ist aus der »Servicewüste Deutschland« an manchen Stellen ein Sumpf von Produkten und Dienstleistungen geworden, deren Nutzen unklar ist. Wenn alle Menschen mit ihren völlig unterschiedlichen Bedürfnissen als potenzielle Kunden in Frage kommen, kann das angebotene Produkt oder die Dienstleistung nur der kleinste gemeinsame Nenner sein. Das wird in einigen Bereichen ausreichend sein, in anderen – insbesondere, wenn andere Anbieter auf bestimmte Kundengruppen fokussieren – werden die Kunden zum fokussierten Anbieter wechseln, da der ihre Bedürfnisse besser befriedigt. Hat das Unternehmen eine Vorstellung vom Zielkunden erarbeitet und schärft das Profil in diese Richtung, wird es zwar einige Kunden verlieren, die restlichen sollten aber besser an das Unternehmen gebunden sein. Um diese Kunden müssen sich die Mitarbeiter und das Management dann umso intensiver bemühen.

2 Voranschreitende Nutzung von Technik

2.1 Automatisierung des Service

Die weiter fortschreitende Digitalisierung kommt zunehmend an der Kundenschnittstelle an. Dies wird die Kundenschnittstelle in folgender Weise verändern:

- **Best Service is no Service** (Price & Jaffe, 2008): Unternehmen können immer besser erkennen, welche Serviceanforderungen Kunden haben oder bald haben werden. Dies versetzt sie in die Lage, proaktiv zu handeln. So tauscht ein Haushaltsgeräteservice bei regulären Wartungen heute schon Teile aus, die absehbar in einiger Zeit ihre Lebensspanne erreicht haben werden und spart sich damit den Aufwand, zu späterer Zeit noch einmal Service leisten zu müssen. Der Kunde erfährt davon vielleicht gar nichts, erfährt nur ein lückenlos positives Kundenerlebnis, weil seine Waschmaschine nicht kaputt geht.
- **Die Dunkelverarbeitung schreitet voran.** Immer mehr Prozesse können vollständig automatisiert erledigt werden. Es ist heute schon möglich, einfache Kundenanfragen, die per E-Mail in das Unternehmen kommen, auszulesen, automatisiert zu verarbeiten und ebenso automatisiert zu beantworten. Dies geht zunehmend sogar bei sprachbezogenen Anfragen – moderne Speech-to-Text-Systeme machen es möglich
- **Kunden erledigen Aufgaben im Self-Service selbst:** Anbieter stellen nutzbringende Systeme zur Verfügung, die den Kunden im Dialog mit einer Maschine in die Lage versetzen, seine Anliegen selbst zu lösen. Diese Entwicklung gibt es im Backshop (Artikel selbst aus einem Regal nehmen und einscannen) genau wie im Versicherungsvertrieb (Angebotsrechner, Anfrage und Policierung über ein digitales Portal).
- **Die Online/Offline-Vernetzung wird voranschreiten.** Kann man heute nur online einkaufen, dann kann man künftig auch online anprobieren. Im Offline-Handel wird es

darum gehen, diese Funktionalitäten intelligent zu integrieren und dem Kunden einen Erlebnis-Mehrwert zu bieten. Multichannel in der Kundenkommunikation ist dabei kein differenzierender Faktor besonders serviceorientierter Unternehmen, sondern selbstverständliche Gegenwart aller Unternehmen auf allen Märkten.
- **Für Kunden werden Smartphone und Tablet immer mehr zum persönlichen Service-Assistenten** (Riveiro, 2015, S. 18). Neue semantische Technologien und kontextsensitive Apps vereinfachen die Suche nach Informationen und das Bereitstellen von Service-Lösungen da, wo der Kunde diese benötigt.

2.2 Nutzung von Daten

Big Data hält auch an der Kundenschnittstelle Einzug. Moderne Systeme integrieren Daten aus verschiedenen Quellen und ermöglichen eine bessere Datennutzung. Primär geht es um die Fähigkeit, »strukturierte und unstrukturierte Daten miteinander zu kombinieren und relevante Erkenntnisse aus den großen Datenmengen zu ziehen. Diese Analyse-Lösungen adressieren Belange nicht nur in den Contact Centern, sondern auch im Backoffice, in Filialen und über andere Kanäle wie Einzelhandel, Mobile und Self-Service« (Jamison, 2015). Kernfähigkeiten sind:
- das Sammeln und Analysieren von kanalübergreifenden Interaktionen, Transaktionen und Events
- das Sortieren der zeitlichen Abfolge von Events, um die individuelle Customer Journey zu verstehen und zu visualisieren
- den Kontext verstehen, Muster entdecken, Kundenbedürfnisse vorhersagen und Interaktionen personalisieren und
- die Echtzeit-Entscheidungsfindung nutzen, um Next-Best-Action-Hilfestellungen zu bestimmen.

Zum besseren Verständnis und Nutzung der Daten wird das integrierte Service-Cockpit Realität: Wie steuert man den Kundenservice richtig? Welche Kennzahlen braucht es dazu und wie kann man sich vergleichen? Benchmarks wie das Service Excellence Cockpit und die Berücksichtigung der Kundenperspektive liefern spannende Einsichten (Hafner, 2015).

Intelligente Algorithmen ersetzen oder ergänzen damit mittelfristig aufwendige, händische Marktforschung ebenso wie klassische Unternehmensberater und Werbeagenturen. Konzerne versetzen sie gleichzeitig in die Lage, Produkte zu entwickeln, die den Wünschen der Kunden 100-prozentig entsprechen (Engeser, 2015, S. 73). In jedem Fall werden Führungskräfte in die Lage versetzt, ihre Energie nicht mehr in Excel-Tabellen zu stecken, sondern konkrete Fragen mit intelligenten Analysen schnell zu beantworten.

2.3 Zukunft der Kundensegmentierung

Durch Big Data und die bessere Nutzung von Daten wird auch die Segmentierung immer kleinteiliger und zeitnäher zur Kundensituation. Man spricht hier von »Life-Segmentierung« bzw. der direkten Reaktion auf Basis von Big Data (Haller, 2013, S. 197 f.). Was bedeutet das?

Im Vordergrund der Aktivitäten steht der Wunsch, das Erlebnis des Kunden (seine »Customer Experience«) positiv zu beeinflussen. Dies gelingt, wenn man ihm nur die Angebote macht, die auf Basis der empirischen Daten für ihn nützlich sein sollen und alles weglässt, was ihn vermutlich nicht interessiert oder gar belästigt.

Basis der Segmentierung bleiben die Stammdaten des Kunden und sein bisheriges Verhalten: Wo kommt er her und wie hat er sich bisher verhalten? Diese Daten werden aber immer mehr verknüpft mit situativen Daten des Kunden: Was schaut er gerade an, in welcher Situation befindet er sich, was könnten seine Wünsche sein? Gemäß der Logik »andere Kunden kauften auch« können für den Kunden Wahrscheinlichkeiten berechnet werden, was er wohl tun möchte oder als nächstes wünscht. Daraus können dann situativ Angebote entwickelt werden. In der Online-Welt gibt es diese Logiken heute schon. In der Zukunft wird es immer mehr Unternehmen gelingen, diese Angebote auch in den stationären Vertrieb zu bringen, indem zum Beispiel einem Verkäufer systemgestützt Themen vorgeschlagen werden, die er mit dem Kunden besprechen könnte.

Während »andere Kunden kauften auch« im Vertrieb von Gütern bereits viel Verbreitung gefunden hat, ist der Ansatz im Service noch nicht so verbreitet. Dabei entstehen auch Servicebedarfe für verschiedene Kunden in ähnlichen Situationen in ähnlicher Weise. Alle Kunden, die umgezogen sind, haben bestimmte Wünsche an ihren Energieanbieter: Umstellung der Versorgung, Adressänderung, ggf. Tarifumstellung. Bei allen diesen Kunden gibt es für den Anbieter einen erweiterten Informationsbedarf: Hat sich der Familienstand geändert? Müssen weitere Personen aufgenommen werden? Es liegt nahe, dass die Anbieter Strukturen schaffen, um diesen Veränderungen auf die Spur zu kommen.

Nicht alle Dinge kann man aus dem Nutzungsverhalten der Kunden erfassen. Kundenorientierte Unternehmen sollten daher Angebote machen, damit ihre Kunden ihren Segmentstatus freiwillig preisgeben. Eine Krankenkasse kann zum Beispiel einen Bereich ihrer Webseite für Schwangere freischalten. Auf dieser Seite finden Schwangere spezielle Informationsangebote, können sich in einem Forum austauschen und bestimmte Leistungen einfacher beantragen. Im Gegenzug erfährt die Versicherung, dass eine ihrer Versicherungsnehmerinnen schwanger ist und kann mit spezieller Betreuung darauf reagieren. Dies resultiert in steigender Kundenbindung und höherer Kundenzufriedenheit. Die Freiwilligkeit der Preisgabe von Daten funktioniert meist nur, wenn die angesprochenen Personen einen speziellen Nutzen erfahren.

Die bessere Nutzbarkeit von Daten und moderne Kommunikationsmedien machen den Service auch persönlicher, sodass die Massenkommunikation zu Gunsten eines »Segment-of-one«-Ansatzes zurückgeht. Wo man früher mit einer (quasi) anonymen Call-Center-Mitarbeiterin sprach, kann man heute über Bildtelefone oder Videochats in direkten Kontakt treten von Angesicht zu Angesicht. Auch die Kommunikation in den sozialen Medien verlagert sich in den persönlichen Bereich hinein. Personalisierte Kommunikationsformen wie Apps und Chats unterstützen diese Entwicklung.

3 Nähe zum Kunden

3.1 Gelebtes Vertrauen

Persönlicher Service stellt den Gegenpol zur Digitalisierung dar. An vielen Stellen wird die Automatisierung und der digitale Service voranschreiten, an anderen Stellen, insbesondere bei komplexen, interaktiven Servicefällen, werden sich breitere Nischen für (höchst-)persönlichen Service zeigen. Gemäß dem bereits zitierten Satz: »Wenn ich es standardisieren kann, kann ich es auch automatisieren« (Schiller, 2015) sind das die Fälle, die sich weder standardisieren noch automatisieren lassen. Hier ist die individuelle Mitarbeiterleistung immer mehr gefragt. Diese Leistung wiederum ist in starkem Maße abhängig vom Mitarbeiter selbst: Er muss nicht nur die Kompetenz haben, komplexe Kundenprobleme zu erkennen, zu verstehen und zu lösen, er muss zusätzlich kommunikativ stark sein, um mit dem Kunden Vorgehen und Lösungen im Dialog abzustimmen. Zusätzlich muss er mit einer Vielzahl anderer Personen zurechtkommen (Partner, andere Kunden, andere Mitarbeiter), und er muss in der Lage sein, eine Vielfalt unterschiedlicher technischer Systeme bedienen zu können. Dazu ein Beispiel:

> Moderne **Fluggesellschaften** sind bei der Automatisierung weit gekommen. Es kann gut sein, dass Fluggäste auf dem Weg von der Buchung über Bordkarte und Boarding bis zum Einnehmen ihres Platzes außer dem obligatorischen »Willkommen« der Stewardess beim Betreten des Flugzeugs mit keinem Menschen in Kontakt kommen. Jetzt tritt aber ein technischer Defekt auf und der Abflug des Flugzeugs verzögert sich um 2,5 Stunden, was zur Folge hat, dass das Flugzeug bei der Ankunft auf einem anderen Flughafen mit Verspätung landet. Da schlägt die Stunde der Mitarbeiter: aufgebrachte Kunden wahrnehmen und ernst nehmen, Verärgerung zur Kenntnis nehmen, sich entschuldigen und trösten, Verunsicherung und Angst abbauen. Dazu kommen die inhaltlichen Aufgaben: Organisation von Busshuttles, Hotelzimmern, Umbuchung von Anschlussflügen, Erstattung von Mehraufwendungen. Das alles für jeden Fluggast individuell und so freundlich, dass der Fluggast seinen Ärger darüber vergisst. Alle diese Einzelmaßnahmen müssen organisiert, umgesetzt und am Ende auch noch ordnungsgemäß abgerechnet und in technischen Systemen verwaltet werden.

Diese Mitarbeiterleistung kann man nicht standardisieren und man kann sie auch nicht automatisieren. Man kann sie nicht einmal sinnvoll steuern: Die Mitarbeiter beherrschen ihre Aufgabe im Zweifel besser als die Führungskraft, die sie steuern müsste. Wenn die Mitarbeiter gut sind und sich von dem Ziel leiten lassen, die Kundenbeziehung zu »reparieren« und zu stärken, lässt man sie am besten machen. Dazu braucht es Vertrauen. Wenn an einer solchen Stelle zu starke Vorgaben, Prozesse, Arbeitsbeschreibungen, Dienstanweisungen im Wege stehen, wird es zu keiner kundenorientierten Lösung kommen. Das Resultat ist häufig deutlich teurer (verärgerte Kunden, verärgerte Mitarbeiter, formelle Beschwerden und Folgebeschwerden).

Mit dieser Entwicklung geht einher, dass mehr und mehr Unternehmen auf eine Steuerung der Mitarbeiter nach Zahlen verzichten. So verzichtet zum Beispiel die Unternehmensberatung »Accenture« künftig darauf, Mitarbeiter an zahlenmäßigen Zielen zu messen (Rettig, 2015, S. 87). Auch der Softwarekonzern Adobe verzichtet auf zahlenbasierte Mitarbeitergespräche und die Versicherung Direct Line reduziert die Steuerungsgrößen im Servicecenter auf das Teamziel »Kundenbindung« (Schiller, 2015). Der Spiegel beschreibt unter der Überschrift »Bullshit Jobs« (Minkmar, 2015), wie eine Kassiererin im Supermarkt eine enge und freundschaftliche Kundenbeziehung zu einem Stammkunden pflegt. Sie weiß, dass dieser Stammkunde keine Payback-Karte hat, weil er das ablehnt. Also fragt sie auch nicht danach – außer, wenn jemand anders an der Kasse hinter diesem Stammkunden steht, denn das könnte ein Mystery-Tester sein. So führt sich ein Kontrollsystem selbst ad absurdum. Wenn Unternehmen Mitarbeitern mehr Vertrauen entgegen bringen, dann werden Kontrollinstrumente wie Mystery Shopping weniger eingesetzt werden und das ist dann auch gut so.

Im Grunde geht es um eine einfache Frage: Habe ich die richtigen Mitarbeiter und habe ich alle Voraussetzungen geschaffen, dass diese Mitarbeiter ihre optimale Leistung erbringen können? Wenn diese Frage positiv zu beantworten ist, kann man die Mitarbeiter »laufen lassen« und ihnen vertrauen, dass sie im Interesse des Kunden handeln. Der Kunde wiederum ist dann eher geneigt, wieder zu kommen, um weitere Leistungen zu beziehen und seine Freunde und Kollegen mitzubringen. Näher kann man den ökonomischen Zielen nicht kommen, denn zwingen kann man den Kunden nicht, und auch die Manipulation des Kunden wird nur kurzfristig erfolgreich sein.

3.2 Vielfalt zulassen

Die Natur zeigt uns, dass Vielfalt (neu: Diversität) die Überlebensfähigkeit einer Art fördert, nicht zuletzt, weil man unter einer Vielzahl angebotener Lösungen leichter die Richtige auswählen kann als wenn man von vornherein keine Wahl hat. Auch Unternehmen zeigen große Anstrengungen, Diversität abzubilden und die vorhandenen Talente nach Geschlecht, Bildung, Herkunft und Berufshintergrund zu mischen. »Der gewinnbringende Umgang mit Vielfalt ist für alle Organisationen in einem pluralen und multikulturellen Umfeld wichtig« (Schneider, Geiger & Scheuring, 2008, S. 255).

Umso merkwürdiger ist es, dass Unternehmen in ihrem Handeln dann vieles tun, diese Unterschiede wieder einzuebnen: Es sind die gleichen Konzerne, die Diversität fordern, die »gleichzeitig den gemeinsamen Werten das Wort reden, dem richtigen Führungsstil, der möglichst homogenen Unternehmenskultur« (Sprenger, 2015, S. 89). Solche Gleichmacherei dient nicht den Interessen des Kunden und fördert nicht die Kundenorientierung. Natürlich braucht man, um einen hochwertigen und profilierten Service zu bieten, auch Leitplanken, die das Verhalten der Mitarbeiter steuern und einen einheitlichen Auftritt sichern. Es ist aber gleichermaßen im Interesse der Unternehmen, Mitarbeitern zu vertrauen, im Rahmen dieser Leitplanken selber kundenoptimale Lösungen zu finden. Je tiefer die Richtlinien für »gewünschtes« Verhalten in den Werten einer Unternehmung verankert sind, umso leichter tut sich das Unternehmen, Spielräume für Diversität zu gewähren. Man kann davon ausgehen, dass die Zahl der Unternehmen, die dies verstanden haben, in den nächsten Jahren zunehmen wird.

4 Geschwindigkeit

4.1 Schnellerer Kundenservice

Ein weiterer Trend, den man schon lange beobachten kann und der sich sicher in vielen Bereichen fortsetzen wird, ist Geschwindigkeit. Dazu tragen moderne Kommunikationsmittel bei. Auch schlanke automatisierte Prozesse wie Online-Buchungen und Automaten beschleunigen die Interaktion mit dem Kunden. Schon 2017, so eine Prognose des Marktforschungsunternehmens Gartner, fußen 70 % aller erfolgreichen digitalen Geschäftsmodelle auf Prozessen, die sich unmittelbar an die sich schnell ändernden Kundenbedürfnisse anpassen lassen (Engeser, S. 76).

Nur die wenigsten Kunden sind heute noch bereit, sich an einem Schalter anzustellen, um eine Fahrkarte zu erwerben. Auch die Anbieter sind kaum noch bereit, das Personal vorzuhalten, manuell Fahrkarten auszustellen, Kontoauszüge auszuhändigen oder Bordkarten zu kontrollieren. Die Automatisierung führt dazu, dass Prozesse sich enorm beschleunigt haben. Geschwindigkeit ist aber nur dann kundenorientiert, wenn sie dem Kunden einen Nutzen bringt. »Was Kunden nicht wollen, ist Komplexität, Unsicherheit und Stress« (Hafner, 2015). Kundenorientierte Unternehmen müssen gerade bei beschleunigten Prozessen Sicherheit und Ruhe vermitteln. Dies kann durch transparente Prozesse und einfache Bedienung erfolgen. Außerdem sollte für die Kunden, die keine digitalisierten Self-Services wünschen, ein personenunterstützter »Seiteneingang« vorgesehen werden. »Wenn's schnell gehen soll, sind die Realtime-Kanäle Telefon und Chat für Kunden wertvoll«, so Nils Hafner.

4.2 Langsamerer Service

Während Standardservices also immer weiter beschleunigt werden, wird sich eine weitere lukrative Nische bilden, in der Sicherheit und Ruhe von vornherein vorgesehen sind. Ein Beispiel ist die Slow-Food- Bewegung (Slow Food Deutschland e. V., 2015), die als Gegenpol zur Fastfood-Bewegung mit ihren standardisierten Produkten, Prozessen und Services entstanden ist. Kunden nehmen sich Zeit für das, was ihnen wichtig ist und zeigen das auch nach außen.

4.3 Flexibilität und Interaktivität der Kanäle

Die Kunden erwarten heute einen flexiblen und interaktiven Service (Legget, 2015). Das heißt, dass Kunden in der Lage sind, eine Interaktion in einem Kommunikationskanal oder an einem Touchpoint zu starten und sie in einem anderen Kanal aufrufen, fortführen oder ändern können. Jede Interaktion sollte dabei konsistente und personalisierte Daten generieren und dem Kunden Kontextwissen und Prozessinformationen vermitteln. Dies bedeutet, dass alle Systeme miteinander verknüpft werden und jedes System eine Kundenschnittstelle bieten muss, die für den Kunden konsistent ist und eine Wiedererkennung des Anbieters ermöglicht. Es ist zu erwarten, dass Unternehmen auch weiterhin an der Standardisierung der Lösungsprozesse und Kundendiensterfahrungen über Kommunikationskanäle und Kontaktpunkte hinweg arbeiten und den Abbau Kommunikationssilos an den Kundenschnittstellen vorantreiben.

Schlüssel für die Verzahnung innerhalb der gesamten Prozesskette sind die Contact-Center. Im Idealfall übernehmen sie die Verantwortung zur Sicherstellung eines kanalübergreifenden Service-Erlebnisses. »Nicht nur Smartphones und Tablets entwickeln sich zu persönlichen Assistenten, sondern auch Chat Apps und eServices setzen sich als Ergänzung zum Contact-Center immer stärker durch oder bieten weiterführende Hilfe, wenn der elektronische Kanal nicht weiterhelfen kann« (Riveiro, 2015).

4.4 Agile Serviceentwicklung

Im Bereich der Softwareentwicklung hat man schon lange die Erfahrungen gemacht, dass moderne Systeme immer komplexer werden und es mit herkömmlichen Methoden der geplanten Entwicklung immer schwieriger wird, dieser Komplexität Rechnung zu tragen. Der Ansatz, ein Programm in Gänze fehlerfrei fertig zu entwickeln, funktioniert nicht mehr. Daher hat sich eine neue Form der Programmierung herausgebildet, man spricht von agiler Softwareentwicklung. (vergleiche dazu und im Folgenden: Wikipedia-Einträge zu agiler Softwareentwicklung und extreme Programming (XP) (Wikipedia, 2015). Aus dem lateinischen Wort *agilis* (flink, beweglich) ergibt sich das Ziel: Es geht darum, den Softwareentwicklungsprozess flexibler und schlanker zu machen, als das bei den klassischen Vorgehensmodellen der Fall ist. Agile Softwareentwicklung versucht, mit geringem bürokratischen Aufwand, wenigen Regeln und meist einem iterativen Vorgehen auszukommen.

Bei einer konsequenten Ausrichtung auf agile Entwicklung soll die zu erstellende Software schneller bereitgestellt werden sowie eine höhere Softwarequalität und Zufriedenheit des Kunden als mit traditionellen Ansätzen zu erreichen sein. Neue Funktionalität wird permanent entwickelt, integriert und getestet. Um zu der zu entwickelnden Funktionalität zu gelangen, werden jeweils die Schritte Risikoanalyse, Nutzenanalyse, die Bereitstellung einer ersten ausführbaren Version (Prototyping) und ein Akzeptanztest durchgeführt. Der Kunde soll ein einsatzbereites Produkt erhalten, an dessen Herstellung er aktiv teilgenommen hat.

Was hat dies nun mit Kundenorientierung zu tun? Auch in der Entwicklung von neuen Betreuungsformen im Kundenservice hat die Komplexität stark zugenommen. Kaum eine Funktion ist nicht mit anderen Funktionen vernetzt. Bereits kleine Änderungen eines Prozesses z. B. bei einem Versicherer können IT-Aufwände in Höhe mehrerer tausend Arbeitsstunden verursachen. Projekte mit unterschiedlichen Zielsetzungen, gesteuert aus unterschiedlichen Bereichen, können die gleiche Kundenschnittstelle betreffen und sich so auf einmal in Abhängigkeit voneinander befinden. Von großen Projekten wie der Umstellung eines ganzen Konzerns auf eine neue ERP- oder CRM-Software ganz zu schweigen.

Der Ansatz, diese Komplexität managen zu wollen, stößt zunehmend an Grenzen. Der Schlüssel ist hier die agile Entwicklung des Service: Probleme werden für Teilbereiche analysiert und gelöst. Die Lösung wird schnell ausprobiert. Funktioniert sie, wird sie ausgerollt. Funktioniert sie nicht oder stößt sie an Grenzen, wird die Lösung im Teilbereich so lange optimiert, bis keine Probleme mehr auftreten.

Unternehmen, die Service agil entwickeln, können viel schneller auf den Kundenbedarf reagieren und ihren Service verbessern. Sie binden auch weniger Ressourcen, da die Projekte zur Entwicklung kleiner sind. Es ist sogar möglich, unterschiedliche Lösungen nebeneinander laufen zu lassen und auszuprobieren, was sich besser bewährt. Natürlich erfordert auch dies ein Loslassen und Vertrauen in die Mitarbeiter.

5 Konsequenzen für das kundenorientierte Unternehmen

Aus den Trends lässt sich ableiten, dass es auch in der Zukunft eine große Herausforderung sein wird, ein Unternehmen kundenorientiert zu führen. Mit einem wird der Service der Zukunft mit Sicherheit nicht erfolgreich sein: Ein Dem-Kunden-Nachlaufen bringt nichts. Segmente werden immer kleiner und verschieben sich mit zunehmender Geschwindigkeit. Eine Strategie des Hinterherlaufens führt zur Atomisierung der eigenen Servicebemühungen und erweckt ein diffuses Bild, welches der Kunde nicht wertschätzen wird. Die Zukunft des kundenorientierten Unternehmens lässt sich viel mehr als selbstbewusste Arbeit für und mit den Zielkunden beschreiben.

Das kundenorientierte Unternehmen wendet sich den Kunden vollständig zu. Es denkt, fühlt und handelt kundenorientiert. Kundenorientierung ist keine Kampagne oder eine Phase oder eine Mode. Sie wird nicht von einzelnen Abteilungen betrieben, sondern von allen Mitarbeitern gelebt. Kundenorientierung ist der Kern des Unternehmens und die Strategie, mit der die Ziele des Kunden und des Unternehmens erreicht werden.

Dafür muss der Zielkunde bekannt sein. Da das Unternehmen den Kunden wertschätzt, interessiert es sich für ihn, informiert sich und tauscht sich direkt mit dem Kunden aus.

Das Unternehmen richtet sich auf die Zielkunden aus und ist dort, wo die Kunden das Unternehmen brauchen.

Kunden schätzen es, wenn Unternehmen ihnen Arbeit abnehmen, wenn ihr Dienst also eine echte Leistung für den Kunden darstellt. Hier ist der Kunde egozentrisch und darf es sein. Es geht um seine Bedürfnisse und seinen Arbeitsaufwand. Unternehmen sollten sich Gedanken machen, wo sie dem Kunden Arbeit abnehmen können. Echte Entlastung wird der Kunde mit höherer Bindung und höheren Beiträgen honorieren. Der erste Schritt auf diesem Weg ist von vielen Unternehmen bereits gegangen worden, indem für den Kunden lästige Schritte, die in der Vergangenheit mit hohem Aufwand verbunden waren, in einfachere Online-Self-Services zusammengefasst wurden (Kilometerstand des Kfz melden, Stromzähler ablesen). Hier können weitere Erleichterungen und Services folgen.

> Einkaufsmuffel können sich online von Modeberatern beraten lassen und dann nach ihren Wünschen fertig zusammengestellte Kleidungskombinationen bestellen. Diese Kleidung kann dann in Ruhe zuhause ausprobiert und nötigenfalls umgetauscht werden.

Am Beispiel sieht man wieder die Differenzierung bei den Kundenkontaktstellen, denn parallel dazu wird es verstärkt »echte« Geschäfte zum Anfassen geben, die Kunden, die ihre Zeit gerne dort verbringen, mit weiteren Services binden.

Respekt für den Kunden setzt Respekt für die eigenen Mitarbeiter und deren Arbeit voraus. Dazu gehört zunächst einmal Selbstvertrauen. Das Unternehmen und seine Mitarbeiter müssen von dem überzeugt sein, was sie tun und sich selber wertschätzen. Nur dann kann es gelingen, auch vom Kunden geschätzt zu werden. Dies zu erreichen ist eine Führungsaufgabe.

In kundenorientierten Unternehmen wird Verantwortung auf die operative Ebene verlagert. Es steht nicht mehr die Steuerung über Kennzahlen im Vordergrund, sondern die Führung über Vertrauen und Leadership. Der Dienstleister misst künftig die Servicequalität, ohne die Mitarbeiter (persönlich) zu kontrollieren. Statt einer kleinteiligen Steuerung werden globalere Serviceziele definiert und gemessen. Die Mitarbeiter werden innerhalb von breiteren Leitlinien geführt und haben die Kompetenz, Kundenbedürfnisse zu befriedigen und Probleme im Erstkontakt zu lösen. Diversität und Vertrauen sind tragende Faktoren der Beziehung zum Mitarbeiter.

Das kundenorientierte Unternehmen nutzt Prozesse dort, wo sich wiederholende Aufgaben über Prozesse abbilden lassen. Wo das möglich ist, geht das kundenorientierte Unternehmen noch weiter und automatisiert, um Ressourcen zu schonen und um schnell und fehlerfrei Ergebnisse für den Kunden bereitstellen zu können. Unternehmen werden durch die Digitalisierung eine digitale Rendite einfahren: Sie sparen viel Geld. Natürlich können sich die Unternehmen dieses Geld einstecken. Dann erhöhen sich kurzfristig die Erträge, mittelfristig frisst der Wettbewerb diese steigenden Erträge auf und sie kommen in Form geringerer Preise dem Kunden zugute. Bei diesem Szenario profiliert sich das Unternehmen nicht, denn günstige Preise sind allenfalls für einen kleinen Teil der Kunden und dann auch nur für kurze Zeit ein differenzierender Faktor. Wir gehen viel mehr davon aus, dass die Unternehmen ca. 50 % der digitalen Rendite an den Kunden zurückgeben sollten: über einen besseren, personalisierten Service. Unternehmen können die personelle Kapazität aufstocken, sie können die Mitarbeiter besser schulen, sie können die Spielräume für Kompensation bei Kundenunzufriedenheit steigern oder sie können in neue Dienstleistungen rund um das Produkt investieren.

Das kundenorientierte Unternehmen nutzt jede Gelegenheit, um eine Rückmeldung zu den eigenen Leistungen zu erhalten. Dort, wo die Kunden sich von sich aus äußern, wird genau zugehört, akribisch gesammelt und systematisch kategorisiert. Ansonsten werden an allen kritischen Kontaktpunkten Messungen durchgeführt und sämtliche Daten gemeinsam analysiert, ausgewertet und berichtet. Empirische Ergebnisse führen zu Maßnahmen zur Verbesserung und zur Innovation.

Mit dem Kunden wird offen und auf Augenhöhe kommuniziert, wobei gehalten wird, was versprochen wird, aber auch nichts versprochen wird, was man nicht halten will oder kann.

Das gleiche gilt für alle Mitarbeiter, Partner und die Öffentlichkeit.

Kundenorientierte Unternehmen sind selbstbewusst und suchen den Erfolg. Das bedeutet, dass sie Risiken eingehen und Neues ausprobieren. Fehler gehören dazu, werden offen zugegeben und es wird daraus gelernt.

Kundenorientierung wird in der Zukunft viel mehr auch bedeuten, ein differenziertes, einzigartiges Bild beim Kunden zu erzeugen. Jeder weiß heute, welches Serviceerlebnis er bei Ikea erwarten kann. Aber gilt das auch für »Möbel Irgendwas« in Irgendwo? Was sollen die prägenden Faktoren sein, die das Serviceerlebnis beim eigenen Unternehmen ausmachen? Kundenorientierung heißt, für sich zu definieren, was man tun will und was man nicht tun will, um dann dieses Bild mit Überzeugung nach außen zu transportieren. Natürlich gibt der Kunde noch das Ziel vor und der Dienstleister macht seine Hausaufgaben (Organisation, Prozesse, Informationen). Aber das Unternehmen ist frei in seiner Entscheidung, wie es dieses Ziel umsetzt und wird gegebenenfalls dem Kunden gegenüber auch »Nein« sagen, wenn es etwas nicht oder nicht auf diesem Weg tun möchte.

Mit all diesen Dingen wird sich das Unternehmen profilieren und somit Kundenzufriedenheit und Kundentreue steigern. Letztlich kann es in schneller und digitaler werdenden Märkten nur einen nachhaltigen Erfolgsfaktor geben: Die Differenzierung durch eine persönliche Interaktion ist einzigartig und kann niemals von einem Wettbewerber nachgemacht werden. In diese Interaktion gibt der Mitarbeiter einen Teil seiner Persönlichkeit hinein und bekommt in Form von Wertschätzung vom Kunden etwas zurück. Der Kunde war nie Empfänger einer Dienstleistung. Er ist ein Teil davon, das haben kundenorientierte Unternehmen verstanden. So profitieren beide von dieser Form der Zusammenarbeit, eine stabile Beziehung entsteht.

Letztlich bieten die kundenorientierten Unternehmen in der Zukunft mehr als nur Problemlösungen. Das, womit sich Servicemitarbeiter heute zum Großteil beschäftigen, können Kunden künftig auch allein. Kundenservice und Produkte werden noch mehr zum Vehikel für Werte und Erlebnisse. Ein Kontakt mit dem Unternehmen bietet Anerkennung und vermittelt Sicherheit und Ruhe. Auch Spaß darf nicht fehlen: Nichts bleibt so in Erinnerung wie ein gemeinsames Lachen. Statt kurzfristiger Wow-Effekte bietet ein kundenorientierter Service Verlässlichkeit und Sinn im Rahmen gemeinsamer Werte.

Literaturverzeichnis

Aktionsbündnis Patientensicherheit e. V. (2008). *Aus Fehlern lernen*. Bonn: KomPart Verlagsgesellschaft mbH. Abgerufen am 6.11.2015 von http://www.aps-ev.de/fileadmin/fuerRedakteur/PDFs/Broschueren/Aus_Fehlern_lernen_0.pdf

Beutelsbacher, S. (2011). *http://www.welt.de*. Abgerufen am 25.08.2015 von http://www.welt.de/wirtschaft/webwelt/article13488539/Wenn-ein-Shitstorm-das-Konzern-Image-zerstoert.html

Beutin, N. (2006). Verfahren zur Messung der Kundenzufriedenheit im Überblick. In C. Homburg (Hrsg.), *Kundenzufriedenheit* (S. 121–169). Wiesbaden: Gabler.

Bildzeitung (2013). *http://www.bild.de*. Abgerufen am 15.09.2015 von http://www.bild.de/regional/frankfurt/proteste/bmw-vor-der-iaa-demoliert-32405832.bild.html

Bortz, J. (1999). *Statistik für Sozialwissenschaftler*. Berlin: Springer Verlag.

Bruch, H. & Ghoshal, S. (2003). Unleashing organizational energy. *MIT Sloan Management Review*, 45(1), S. 45.

Bruch, H. (2012). Die Lizenz zum Führen. *ManagerSeminare*.

Bruch, H. (2015). *Serviceexzellenz und Kundenorientierung verstärken – der Schlüssel heißt Leadership*. Vortrag auf der ServiceRating Service Akademie am 28.4.2015 in Köln.

Bruhn, M. (2013). *Servicequalität*. München: Deutscher Taschenbuch Verlag.

CareFusion Germany 326 GmbH (2015). *http://www.rowa.de*. Abgerufen am 30.04.2015 von http://www.rowa.de/produkte/add-ons/rowa-visavia/

Caroll, D. (2015). United breaks guitars [Aufgezeichnet von YouTube].

Claßen, M. (2008). *Change Management aktiv gestalten*. Köln: Luchterhand.

Clear Action LLC. (2014). »*Customer Experience Strategy – Exploring the success factors*«. Abgerufen am 5.6.2015 von http://de.slideshare.net/clearaction/customer-experiencestrategy-exploringsuccessfactors

Cohen, J. (1988). *Statistical Power Analysis for the Behavioral Sciences* (2nd ed. Ausg.). Hillsdale, New Jersey: Lawrence Erlbaum Associates.

Corporate Leadership Council (2002). »*Building the high performance workforce*«. Washington, DC.

Crystal Partners (2014). *Newsletter*. Zürich: Crystal Partners.

Csikszentmihalyi, M. (1987). *Das Geheimnis des Glücks*. Stuttgart: Klett-Cotta.

Daimler AG (2015). *http://blog.daimler.de/*. Abgerufen am 03.10.2015 von http://blog.daimler.de/

Dell Inc. (2015). *http://www.ideastorm.com/*. Abgerufen am 19.07.2015 von http://www.ideastorm.com/

Deutsche Bahn AG (2015). *http://reiseauskunft.bahn.de/*. Abgerufen am 15.08.2015 von http://reiseauskunft.bahn.de/

Diekmann, A. (2008). *Empirische Sozialforschung* (19. Aufl.). Hamburg: Rowohlt Taschenbuch Verlag.

Digital Brand Champions (2014). Kollege Kunde. *Wirtschaftswoche*, 08.09.2014, S. 98.

Doppler, K. & Lauterburg, C. (1998). *Change Management*. Frankfurt/Main: Campus Verlag.

Dorn, G. & Meßing, F. (2015). *haendler koennen preise per knopfdruck aendern*. Abgerufen am 13.09.2015 von www.der-westen.de[http://www.der-westen.de]: http://www.derwesten.de/wirtschaft/haendler-koennen-preise-per-knopfdruck-aendern-id10371414.html

Dossier Führen (2012). *ManagerSeminare*, Nr. 08/2012, S. 173.

Ellis, C. D. (2012). was die besten Serviceorganisationen der Welt auszeichnet. *Manager-Seminare*, S. 21.

Engeser, M. (2015). Postheroisches Management. *Wirtschaftswoche*, Nr. 6/2015, S. 73.

enviaM (2012). *Unternehmensleitbild (Auszug aus Geschäftsbericht 2012)*. Chemnitz: enviaM.

Fast, N. (2010). »how to stop the blame game«. *Harvard Business Review*, Nr. 5/2010.

Feddern, U. (2015). *Prozesse und Organisation am Kunden ausrichten*. Abgerufen am 25.01.2015 von http://www.ihk-unternehmenspraxis.de/upload/ProzessorientierteUnternehmensfuehrung_Feddern_Okt2014_35983.pdf

Fetchenhauer, D., Dunning, D., Schlösser, T., Gresser, F. & Haferkamp, A. (2008). Vertrauen gegenüber Fremden – Befunde aus dem spieltheoretischen Labor und dem echten Leben. In: E. Rohmann, M. J. Herner & D. Fetchenhauer (Hrsg.), *Sozialpsychologische Beiträge zur positiven Psychologie* (S. 248–268). Lengerich: Pabst Science Publishers.

Fischer, L. & Wiswede, G. (2009). *Grundlagen der Sozialpsychologie*. München: Oldenbourg Verlag.

Fließ, S. (2001). *Die Steuerung von Kundenintegrationsprozessen: Effizienz in Dienstleistungsunternehmen*. Wiesbaden: Dt. Univ. Verlag.

Fließ, S. & Kleinaltenkamp, M. (2004). Blueprinting the service company – Managing service processes efficiently. *Journal of Business Research*, Jg. 57, Nr. 4/2004, S. 392–404.

Gallup (2013). *Engagement Index*. Abgerufen am 27.09.2015 von http://www.gallup.com/de-de/181871/engagement-index-deutschland.aspx

Gallup-Studie (2011). *Engagement Index Deutschland*. Gallup.

Gebbia, J. (2015). Die Weltregierung. *Der Spiegel* 10/2015, S. 28.

Giebelhausen, M., Robinson, S. G., Sirianni, N. J. & Brady, M. K. (2014). Touch Versus Tech: When Technology Functions as a Barrier or a Benefit to Service Encounters. *Journal of Marketing*, Vol. 78, S. 113–124.

Gilovich, T., Griffith, D. & Kahneman, D. (Hrsg.). (2002). *Heuristics and Biases*. Cambridge, UK: Cambridge University Press.

Gloger, B. & Margetich, J. (2014). *Das Scrum-Prinzip*. Stuttgart: Schäffer Poeschel.

GMK Markenberatung (2015). *Studie Markenführung in der Versicherungswirtschaft – Herausforderungen und Handlungsfelder*. Abgerufen am 15.09.2015 von http://www.gmk-markenberatung.de/node/30

Golding, I. (2015). *Ryanair 'always getting better' – has the world's largest international airline really changed?* Abgerufen am 07.09.2015 von http://customerthink.com/ryanair-always-getting-better-has-the-worlds-largest-international-airline-really-changed/?utm_source = subscriber

Gresser, F. (2007). *Altruistische Bestrafung*. Saarbrücken: VDM Verlag Dr. Müller.

Hafner, N. (2015). *Hafner on CRM*. Am 24.04.2015 abgerufen von *http://hafneroncrm.blogspot.de/*

Hafner, N. (2015). Was im Service wichtig wird. *ServiceAkademie*. Köln: ServiceRating.

Haller, S. (2013). Dienstleistungsmärkte zeilgruppenorientiert bearbeiten. In: W. Pepels (Hrsg.), *Marktsegmentierung* (S. 183–209). Düsseldorf: Symposion Publishing GmbH.

Hartwig, T. (2015). *Coaching im Call Center Teil 1*. Abgerufen am 05.09.2015 von http://www.horizont-mensch.de/erleben/call-center-und-coaching-coaching-im-call-center-teil-1.html

Haufe Online Redaktion (2015). *http://www.haufe.de*. Abgerufen am 08.09.2015 von http://www.haufe.de/marketing-vertrieb/dialogmarketing/telefon-e-mail-und-filiale-bevorzugte-kontaktkanaele_126_294566.html

Hays (2015). HR-Report. *Wirtschaftswoche*, Nr. 04/2015, S. 68.

Heskett, J. L., Jones, T. O., Loveman, G. W., Sasser, W. E. & Schlesinger, L. A. (1994). Putting the Service-Profit Chain to Work. *Harvard Business Review*, Jg.72, Nr. 2, S. 164–174.

Homburg, C. (2006). *Kundenzufriedenheit* (6. Aufl.). Wiesbaden: Gabler.

Homburg, C. (2013). *Customer Experience Management*. Mannheim: IMU Research Insights.

Homburg, C. (2015). *Marketing-Management* (5. Aufl.). Wiesbaden: Springer Gabler.

Hsieh, C.-T. (2005). Implementing self-service technology to gain competitive advantages. *Communications of the IIMA*, 5: Iss. 1, Art. 9, S. 77–83.

Hsieh, T. (2010). *Delivering happiness: A path to profits, passion, and purpose*. New York: Grand Central Publishing.

Institut für marktorientierte Unternehmensführung (2015). *mit Customer Experience Management den marktauftritt proaktiv anpassen*. Abgerufen am 12.09.2015 von http://www.absatzwirtschaft.de/mit-customer-experience-management-den-marktauftritt-proaktiv-anpassen-17054/

intelligent systems solutions (i2s) GmbH (2015). *Projektkommunikation*. Abgerufen am 10.05.2015 von www.business-wissen.de[http://www.business-wissen.de]: http://www.business-wissen.de/handbuch/projektkommunikation/

Iqbal, M. (04.2015). *How to make sense of the outstanding success of Steve Jobs Leadership Style*. Abgerufen am 6.11.2015 von http://customerthink.com/how-to-make-sense-of-the-outstanding-success-of-steve-jobs-leadership-style/

»if this, then that« Webseite (2015), abgerufen am 13.09.2015 von https://ifttt.com/wtf.

Jamison, N. (2015). *NICE gewinnt Award für Big-Data-Einsatz im Kundenservice-Center*. Abgerufen am 23.06.2015 von http://www.nice-deutschland.de/2014/04/14/nice-gewinnt-award-fur-big-data-einsatz-im-kundenservice-center

Jetter, W. (2004). *Performance Management*. Stuttgart: Schäffer-Poeschel.

Jetter, W. (2014). *High-Energy-Organisationen.* Stuttgart: Schäffer-Poeschel.
Kahneman, D. (2011). *Thinking fast and slow.* London: Penguin Group.
Karstadt (13.09.2015). *Click&Collect – Lieferung an Ihre Wunschfiliale.* Abgerufen am 13.09.2015 von http://www.karstadt.de/click-and-collect-lieferung-an-filiale.html?src=90L100001
Kempkens, W. (12.02.2015). *Roboter Nao begrüßt ausländische Bankkunden in Tokio.* (V. V. GmbH, Herausgeber). Abgerufen am 15.08.2015 von http://www.ingenieur.de/Fachbereiche/Robotik/Roboter-Nao-begruesst-auslaendische-Bankkunden-in-Tokio
Kerth, K., Asum, H. & Stich, V. (2011). *Die besten Strategietools in der Praxis.* München: Carl Hanser Verlag.
Kirchgeorg, P. D. (2015a). *Motivation.* Abgerufen am 05.09.2015 von Gabler Wirtschaftslexikon: http://wirtschaftslexikon.gabler.de/Archiv/5599/kundenorientierung-v6.html
Kirchgeorg, P. D. (2015b). *Kundenorientierung.* Abgerufen am 05.09.2015 von Gabler Wirtschaftslexikon: http://wirtschaftslexikon.gabler.de/Archiv/5599/kundenorientierung-v6.html
Kölner Stadtanzeiger (16.03.2011). *http://www.ksta.de.* Abgerufen am 05.09.2015 von http://www.ksta.de/auto/service-war-mies-chinese-zerstoert-lamborghini,15938538,12558206.html
Kotler, P., Keller, K. L. & Bliemel, F. (2007). *Marketing-Management: Strategien für wertschaffendes Handeln.* München: Pearson Studium.
Kotter, J. (1996). *Leading Change.* Boston: Harvard Business School Press.
Kriegesmann, B., Kley, T. & Schwering, M. G. (2004). *»Erfolgreich Scheitern« – Kreative Fehler als Bausteine innovationsförderlicher Lernkulturen.* Institut für angewandte Innovationsforschung. Bochum: hrsg. von Bernd Kriegesmann.
Kriss, P. (12.09.2015). *The Value of Customer Experience, Quantified.* Abgerufen von Harvard Business Review: https://hbr.org/2014/08/the-value-of-customer-experience-quantified/
Kroeber-Riel, W. & Weinberg, P. (1996). *Konsumentenverhalten* (6. völlig überarb. Aufl.). München: Verlag Vahlen.
Kroeber-Riel, W., Weinberg, P. & Gröppel-Klein, A. (2009). *Konsumentenverhalten* (9. überarb., aktualisierte und ergänzte Aufl.). München: Verlag Vahlen.
Lands' End (2015). *Lands'End.* Abgerufen am 12.09.2015 von http://www.landsend.de/de_DE/Ruecksendung/co/ks-ruecksendung.html
Legget, K. (2015). *Top 15 Trends for Customer Service.* Abgerufen am 14.08.2015 von http://blogs.forrester.com: http://blogs.forrester.com/kate_leggett/13-01-14-forresters_top_15_trends_for_customer_service_in_2013
Lewin, K. (1963). *Feldtheorie in den Sozialwissenschaften.* Bern: Huber, S. 236 ff.
Lin, J. S. & Hsieh, P. L. (2007). The influence of technology readiness on satisfaction and behavioral intentions toward self-service technologies. *Computers in Human Behavior, 23(3),* S. 1597–1615.
Löhr, J. (2015). *FAZ.Net. Das Märchen vom treuen Kunden.* Abgerufen am 10.03.2015 von http://www.faz.net/aktuell/wirtschaft/unternehmen/serviceplan-studie-das-maerchen-vom-treuen-kunden-13475025.html
Lotz, S., Gollwitzer, M., Streicher, B. & Schlösser, T. (2013). Gerechtigkeit als Forschungsgegenstand. In: M. Gollwitzer, S., Lotz, T. Schlösser & B. Streicher (Hrsg.), *Soziale Gerechtigkeit* (S. 13–33). Göttingen: Hogrefe.
Luhmann, N. (2000). *Vertrauen.* Stuttgart: Lucius & Lucius.
Maas, P. (2014). Vertrauen. *Wirtschaftswoche,* 29.9.2015, S. 98.
Mansfield, L. (29.09 2014). Auf dem Schoß der Kunden. *Wirtschaftswoche,* Nr. 40/2014, S. 97.
Markoff, J. (04.04 2013). *http://www.nytimes.com.* (T. N. Company, Herausgeber) Abgerufen am 15.08.2015 von http://www.nytimes.com/2013/04/05/science/new-test-for-computers-grading-essays-at-college-level.html?_r=0
Meffert, H. & Bruhn, M. (2006). *Dienstleistungsmarketing.* Wiesbaden: Gabler.
Meffert, H. & Bruhn, M. (2012). *Dienstleistungsmarketing* (7. Aufl.). Wiesbaden: Springer Gabler.
Meuter, M. L., Bitner, M. J., Ostrom, A. L. & Brown, S. W. (April 2005). Choosing among alternative service delivery modes: An investigation of customer trial of self-service technologies. *Journal of Marketing* (69), S. 61–83.
Michel, S., Bowen, D. & Johnston, R. (2009). Why Service Recovery fails. *Journal of Service Management, 20(3),* S. 253–273.
Minkmar, N. (08.08.2015). Bullshit Jobs. *Spiegel,* 34/2015, S. 109.
Motorrad-News (07 2014). Meldung. *Motorrad-News,* S. 8.

Neuberger, O. (1994). McKinsey-Bericht über den Besuch bei den Berliner Philharmonikern. In: O. v. Trebeis (Hrsg.). Tübingen: Mohr.

Nieder, P. (2015). *PERWISS Praxisnahes Personalmanagement Wissen*. Abgerufen am 05.09.2015 von MA&T Organisationsentwicklung GmbH – Unternehmensberatung: http://www.perwiss.de/gesundes-fuehren-thema.html

Nohria, N., Joyce, W. & Roberson, B. (25.01.2015). *Sustained Business Success; Studie zum Evergreen-Projekt«*.Abgerufen am 25.01.2015 von http://hbswk.hbs.edu/item/3578.html

Nyffenegger, Krohmer, Malaer & Hoyer. (12.09.2015). *Service Brand Relationship Quality*. Abgerufen am 12.09.2015 von http://jsr.sagepub.com/content/18/1/90

O'Leary, M. (07.09.2015). *Statement zum Quartalsergebnis*. Pressekonferenz im Internet zum 1. Quartal des FY 2016, Abgerufen am 07.09.2015 von http://investor.ryanair.com/results/q1-results-fy16/.

Ochsner Institutional Review Board (2008). *Corrective Action Plans*. Abgerufen am 05.09.2015 von https://ersa.ochsner.org/ochsner/Doc/0/VT2D58OV16J47EE13MH8I25574/Writing%20a%20Corrective%20Action%20Plan.pdf

openJur e. V. (kein Datum). *http://openjur.de*. Abgerufen am 30.04.2015 von http://openjur.de/u/350593.html

Parasuraman, A. & Colby, C. L. (2015). An updated and streamlined technology readiness index TRI 2.0. *Journal of Service Research, 18*(1), 59-74.

Parasuraman, A. (2000). Technology Readiness Index (TRI) a multiple-item scale to measure readiness to embrace new technologies. *Journal of service research, 2*(4), 307-320.

Patterson, G. e. (2008). *Influencer*. New York: Mc Graw-Hill.

Pelz, P. D. (2013). auf die Probe gestellt. *Personalmagazin*, 1/13, S. 24.

Pepels, W. (2013). Marksegmentierung. (S. 13–49). Düsseldorf: Symposion Publishing GmbH.

Peschek, M. (11 2014). Aus der Kundenperspektive denken. *TeleTalk*, S. 17.

Porter, M. (1999). *Wettbewerbsstrategien*. Frankfurt/New York: Campus.

Power, D. (14.04 2014). *http://www.socialfresh.com*. Abgerufen am 12.09.2015 von http://www.socialfresh.com/zappos-just-ordered-me-a-pizza/

Price, B. & Jaffe, D. (2008). *The Best Service Is No Service*. San Francisco: Jossey-Bass.

PWC PricewaterhouseCoopers (2012). *PwC-Studie: Der Wandel vom Personaler zum HR-Businesspartner*. Abgerufen am 05.09.2015 von http://www.pwc.de/de/prozessoptimierung/moderne-personalarbeit-erfordert-neues-rollenverstaendnis-des-hr-bereiches.jhtml

Qualiance GmbH (2011). *Zusammenhang zwischen Testerzufriedenheit, Engagement und Kompetenz*. Bergisch-Gladbach.

Qualiance GmbH (2012). *Mystery Shopping Bericht*. Bergisch Gladbach.

Reason, J. (2000). Human error: models and management. *British Medical Journal, 320* (7237), S. 768–770.

Reichheld, F. (2011). *The ultimate question 2.0*. Boston: Harvard Business Review Press.

Rettig, D. (07.08.2015). Das Ende der Zahlendiktatur. *Wirtschaftswoche*, Nr. 33/2015, S. 87.

Ricaud, L. (25.12 2012). *http://www.lilianricaud.com*. Abgerufen am 29.08.2015 von http://www.lilianricaud.com/web-strategy/fail-smartly-to-innovate-invest-a-little-learn-a-lot/

Ridley, M. (1996). *The origins of virtue*. New York: Penguin.

Riedel, S. (23.06.2015). Inhaberin Mehrwert-Personal. (K. Riedel, Interviewer)

Ritz-Carlton (4.6.2015). *Ritz-Carlton Gold Standards*. Von http://www.ritzcarlton.com/en/Corporate/GoldStandards/Default.htm abgerufen

Riveiro, M. (08.2015). Herausforderung Customer Service der Zukunft. *TeleTalk, 08/2015*, S. 17.

Roberts, K. (2014. 10 2014). Ideen-Züchter. *Wirtschaftswoche*, S. 56–58.

Rochus Mummert und Partner (2012). *Leadership im Topmanagement deutscher Unternehmen*. Frankfurt: Mummert.

Sargent, H. (09.12 2014). *http://www.boston.com*. Abgerufen am 05.09.2015 von http://www.boston.com/food-dining/restaurants/2014/12/09/harvard-business-school-professor-goes-war-over-worth-chinese-food/KfMaEhab6uUY1COCnTbrXP/story.html

Sattelberger, T. (19.01.2015). Partizipation ist die neue Wertschöpfung. *Wirtschaftswoche*, Nr. 4/2015, S. 68–70.

Schiller, A. (2015). Vortrag ServiceAkademie. Köln: ServiceRating.

Schmelzer, H. J. & Sesselmann, W. (2008). *Geschäftsprozessmanagement in der Praxis* (6., vollst. überarb. u. erw. Aufl.). München: Carl Hanser Verlag.

Schneider, B. & Bowen, D. E. (1993). The service organization: Human resources management is crucial. *Organisational dynamics 21*, S. 39–52.
Schneider, B. & Bowen, D. E. (1999). Understanding customer delight and outrage. *Sloan management review, 41*(1), S. 35–45.
Schneider, G., Geiger, I. & Scheuring, J. (2008). *Prozess- und Qualitätsmanagement*. Zürich: Compendio Bildungsmedien.
Schneider, W. (2008). *Speak German! Warum Deutsch manchmal besser ist*. Reinbek bei Hamburg: Rowohlt.
Schnell, R., Hill, P. B. & Esser, E. (2011). *Methoden der empirischen Sozialforschung* (9. Aufl.). München: Oldenbourg Verlag.
Scholz, C. (1989). *Personalmanagement*. München: Verlag Vahlen.
Scholz, C. (1993). Matrixorganisation. *Das Wirtschaftsstudium*, S. 677–685.
Schüller, A. (2014a). *Touchpoints*. Offenbach: Gabal.
Schüller, A. (2014b). Servicewüsten entstehen durch Führungswüsten; abgerufen am 6.11.2015 von http://pr-blogger.de/2014/08/27/servicewusten-entstehen-durch-fuhrungswusten/
Schulz von Thun, F. (1998). *Miteinander Reden 1 – Störungen und Klärungen*. Reinbek bei Hamburg: Rowohlt Taschenbuch Verlag GmbH.
Schulz, T. (28.02.2015). Das Morgen-Land. *DER SPIEGEL, 10*, 25.
Schulze, P. D. (2008). Visionsarbeit. In A. R. (Hrsg.), *Change Tools*. Bonn: managerSeminare Verlags GmbH.
Schwaber, K. & Sutherland, J. (07 2013). *http://www.scrumguides.org/*. Abgerufen am 30.08.2015 von http://www.scrumguides.org/docs/scrumguide/v1/Scrum-Guide-DE.pdf#zoom=100
Schwarz, P. D. (25.01.2015). *Prozessorientierte Unternehmensorganisation*. Von http://www.iww.de/bbp/archiv/organisation-prozessorientierte-unternehmensorganisation-f35888 abgerufen
ServiceRating (2014). *Gesamtbericht zum Wettbewerb »TOP SERVICE Deutschland«*. Köln: ServiceRating.
ServiceRating (2015). *Vorgehen zum Ratingprozess*. Köln.
ServiceRating (2015). Eigenstudie zu automatisierten Services.
Shostack, L. G. (Januar 1984). Designing Services That Deliver. *Harvard Business Review*, S. 133–139.
Simmet, H. (02.11 2013). *http://hsimmet.com*. Abgerufen am 02.10.2015 von http://hsimmet.com/2013/11/02/digitale-transformation-im-kundenservice/
Simon, F. & Usunier, J.-C. (2007). Cognitive, demographic, and situational determinants of service customer preference for personnel-in-contact over self-service technology. *International Journal of Research in Marketing, 24*(2), S. 163–173.
Slow Food Deutschland e. V. (2015). *http://www.slowfood.de*. Abgerufen am 31.08.2015 von https://www.slowfood.de/wirueberuns/slow_food_deutschland/
Solga, M. & Ryschka, J. (2013). *Psychologische Kontrakte gestalten, Verhalten steuern, Leistung steigern, Handlungsempfehlungen für Mitarbeiterführung*. Verlag Ryschka.
Solga, M., Ryschka, J. & Mattenklott, A. (2005). *Praxishandbuch Personalentwicklung*. Wiesbaden: Gabler Verlag.
Sprenger, M. (2002). *Mythos Motivation*. Campus.
Sprenger, R. (2011). *http://www.nur-zitate.com*. Abgerufen am 05.09.2015 von http://www.nur-zitate.com/autor/Reinhard_K_Sprenger
Sprenger, R. K. (14.08.2015). Kultur der Bevormundung. *Wirtschaftswoche*, S. 89.
Staehle, W. H. (1999). *Management. Eine verhaltenswissenschaftliche Perspektive* (8. Aufl.). München: Vahlen Verlag, S. 592.
Stauss, B. & Seidel, W. (2006). Prozessuale Zufriedenheitsermittlung und Zufriedenheitsdynamik bei Dienstleistungen. In: C. Homburg (Hrsg.), *Kundenzufriedenheit* (6. Aufl., S. 171–195). Wiesbaden: Gabler Verlag.
Stauss, B. & Seidel, W. (2007). *Beschwerdemanagement* (4., vollst. überarb. Aufl.). München: Carl Hanser Verlag.
Stickdorn, M. & Schneider, J. (2014). *This is Service Design Thinking* (4th printing in paperback). Amsterdam: BIS Publishers.
Storz, S. & Willkommer, J. (26.09.2015). *e-strategy Magazin*. Abgerufen am 26.09.2015 von http://www.estrategy-magazin.de/zapposcom-ein-blick-hinter-die-kulissen-eines-der-erfolgreichsten-online-haendlers.html

Tchibo (13.09.2015). *Abholung in der Filiale*. Abgerufen am 13.09.2015 von http://www.tchibo.de/abholung-s400029346.html
Thannhäuser, T. (11 2014). Den Erfahrungshorizont fest im Blick. *TeleTalk*, S. 18–22.
Toom Baumarkt (13.09.2015). *Toom Baumarlkt Handwerkerservice*. Von http://www.toom-baumarkt.de/service-beratung/handwerkerservice/ abgerufen
Töpfer, A. (2008a). Analyse der Anforderungen und Prozesse wertvoller Kunden als Basis für die Segmentierung und Steuerungskriterien. In: A. Töpfer (Hrsg.), *Handbuch Kundenmanagement* (S. 191–228). Berlin: Springer.
Töpfer, A. (2008b). *Handbuch Kundenmanagement*. Berlin: Springer.
Towers Watson (2012). *Global Workforce Studie*.
Trommsdorff, V. & Teichert, T. (2011). *Konsumentenverhalten*. Stuttgart: Kohlhammer.
TUI CRUISES GMBH (2015). *http://tuicruises.com/blog/*. Abgerufen am 03.10.2015 von http://tuicruises.com/blog/
Vahs, D. (2015). Organisation. Ein Lehr- und Managementbuch (9. Aufl.). Stuttgart: Schäffer-Poeschel, S. 356.
Wagner, E. (10.01.2010). *Wiki in der Projektarbeit*. Abgerufen am 28.09.2015 von http://www.computerwoche.de: http://www.computerwoche.de/a/wiki-in-der-projektarbeit,1912984
Walton, M. M. (2006). Hierarchies: the Berlin Wall of patient safety. *Quality and Safety in Health Care, 15*(4), S. 229–230.
Watkinson, M. (2013). *The ten principles behind great customer experiences*. Harlow: Pearson Education.
Watzlawick, P., Beavin, J. H. & Jackson, D. D. (1996). *Menschliche Kommunikation* (9., unveränderte Aufl.). Bern: Verlag Hans Huber.
Weisgerber, K. (2004). *http://www.pharmazeutische-zeitung.de*. Abgerufen am 30.04.2015 von http://www.pharmazeutische-zeitung.de/index.php?id=26704
Whitmore, J. (2006). *Coaching für die Praxis*. Staufen: allesimfluss-Verlag.
Widmann, C. (24.02.2015). *shopping online oder offline*. abgerufen am 6.11.2015 von http://www.unlimitedgolf.at/index.php/inside/87-shopping-online-oder-offline
Wikipedia (29.08.2015). *agile Softwareentwicklung und extreme Programming (XP)*. Von Wikipedia.de: https://de.wikipedia.org/wiki/Extreme_Programming abgerufen
Wiswede, G. (2007). *Einführung in die Wirtschaftspsychologie* (4. Aufl.). München: Ernst Reinhardt Verlag.
Wöhe, G. (1986). *Einführung in die allgemeine Betriebswirtschaftslehre*. München: Verlag Franz Vahlen.
Wohland, G. & Wiemeyer, M. (2012). *Denkwerkzeuge der Höchstleister*. Lüneburg: UNIBUCH Verlag.
Zelesniack, E. & Grolman, F. (2015). *Change Management*. Abgerufen am 08.04.2015 von http://www.organisationsberatung.net: http://www.organisationsberatung.net/change-management-definition-was-ist-change-management/
Zetsche, D. (23. 6 2014). Interview 26/14. *Der Spiegel*, S. 66.
Zimbardo, P. G. & Gerrig, R. J. (2003). *Psychologie*. (S. Hoppe-Graff & I. Engel, Hrsg.) Berlin: Springer-Verlag.
Zimbardo, P. & Gerrig, R. (1996). *Psychologie*. New York: Harper-Collins.
Zuckmayer, C. (1930). *Der Hauptmann von Köpenick*. Berlin: Propyläen-Verlag.

Stichwortverzeichnis

Ablauforganisation 78
Appellebene 193
Attribution 213
- fundamentaler Attributionsfehler 213, 218
Aufbauorganisation 78
Automatisierung 23, 35, 121, 134, 148, 150, 155, 159, 162
- Dunkelverarbeitung 133
- Dynamik 134
- Grad der Automatisierung 133
- Grenzen der Automatisierung 153, 158, 161, 162
- Teilautomatisierung 133
- Verzicht auf Automatisierung 133

Bedürfnisse 139
- Gerechtigkeit 139
- Selbstwert 139
- Sicherheit 139
Befragungswege 174
Benchmarking 178
Beschwerde 146
- Complaint Ownership 146
Beschwerdemanagement 90, 184
- direkter Beschwerdemanagementprozess 184
- indirekter Beschwerdemanagementprozess 184
Beschwerden 184
- unberechtigte Beschwerden 142, 218
Beziehungsebene 193
Bindung 102, 120

Change-Management 225
Coaching 112
Content Mining   Siehe Text Mining; Siehe Text Mining
CRM-System 45, 55, 153, 154, 196
Cross-Buying 7
Customer Experience 86, 183
Customer Experience Management 37
Customer Journey 71, 148, 183, 184
Customer Journey Mapping 72

Datenschutz 56, 158
- Bundesdatenschutzgesetz 56, 57
Dell Idea Storm 210
DMAIC-Kreislauf 169
Dunkelverarbeitung 133, 154
Dynamik 141, 148
- Prozess 140

Effektivität 69, 156, 164

Effektstärke 176, 177
Effizienz 69, 135, 136, 140, 156, 164
Emotionalisierung 155
Engagement 4
Entscheidungsspielraum 142
Entwicklungsplan 115
Erfolge, kurzfristige 231
Erfolgssucher 206, 207
Erfolg suchen 206
Erwartungsmanagement 200, 201

Fairness 138
Feedback 112
Feedbackmanagement 91
Fehler 142, 202, 214, 215
- Analyse von Fehlern 215
- Angst vor Fehlern 205
- Einstellung zu Fehlern 216
- Fehlerkultur 214, 216
- Lernen aus Fehlern 218
- Null-Fehler-Kultur 142
- Sanktionen 219
- Verheimlichen von Fehlern 220
Fehlertoleranz 218, 219
Führung 98
- transaktionale Führung 123
- transformationale Führung 123
Führungskraft 106

Gefangenendilemma 125
Gerechtigkeit 142, 143
- distributive Gerechtigkeit 138, 143
- Equality 143
- Equity 143
- Prinzipien der Gerechtigkeit 136, 143
- prozedurale Gerechtigkeit 138, 143
- Verletzung der Gerechtigkeitsprinzipien 143
Glaubwürdigkeit 203

HR-Business-Partner 104
Hypothese 176

Individualisierung 142, 159
- von Produkten und Dienstleistungen 56
Influencing 122
Innovationen 68
Interaktionslinie 135
IVR (Interactive Voice Response) 152

Koalition 227
Kommunikation
- Appell 200

- Appellebene 193
- Beziehungsebene 193
- bidirektionale Kommunikation 189, 192, 199
- Botschaften 190
- Definition 188
- Empfänger 188, 189
- Hierarchie 197
- Hindernisse 197
- Kanal 190, 197, 198, 199
- kundenorientierte Kommunikation 188, 196, 197
- Medienbruch 198
- Multichannel 197
- Nachricht 193
- nonverbale Kommunikation 188
- Probleme 194
- Sachebene 193
- Selbstoffenbarungsebene 193
- Sender 188, 189
- Social-Media 198
- soziale Medien 190
- Stakeholder 189
- synchrone Kommunikation 199
- technische Systeme in der Kommunikation 195, 196
- unidirektionale Kommunikation 190
- Verständlichkeit 200
- Vier-Ohren-Modell 193
- Wirkung der Kommunikation 191

Kompetenz 4
Konsument
- hybrider 59
Kontaktpunkt 135, 174
Kontinuierlicher Verbesserungsprozess 146, 147, 169
Korrespondenz-Management-System 133, 152
Kultur 147, 209
- Fehlerkultur 127, 214
Kultur des Unternehmens 20, 39, 137, 209, 233
Kundenbedürfnisse 4, 167
Kundenbegeisterung 118
Kundenbeirat 210
Kundenbindung 7, 138
Kundendaten, Nutzung von 45
Kundendaten, verwalten von 46
Kundenerlebnis 67, 72
Kundenfeedbackmanagement 184
- Kategoriensystem 184
Kundennutzen 60
- Grundnutzen 61
- Zusatznutzen 61
Kundenorientierung 1, 7
- strategische 36
Kundensegmentierung *Siehe* Segmentierung
Kundentreue 7, 32

Kundenwissen pflegen 46
Kundenzufriedenheit 1
Künstliche Intelligenz 164
KVP 146

Leadership 118, 122, 235
Lebensstiltypologien 49
Leistungsmanagement 102
Leistungsmotivation 206
Login-Bereiche 158
Love Brand 64
Loyalität 7

Marke 27
Marketingabteilung 88
Marktforschung 83
Marktsegmentierung 47
Matrixorganisation 82
Medienbruch 139, 175, 198
Misserfolg meiden 206
Misserfolgsvermeider 207
Mitarbeiterbeurteilung 114
Momente der Wahrheit 5
Motivation 109
Multichannel 61, 62
Mystery Shopping 171

Net-Promoter-Score 183, 185, 205
NPS 183, 185, 186
Null-Segmentierung 47

Online-Self-Services 152
Opt In 56, 57, 181
Organisation
- funktionale 78
Outsourcing 155

Peripherie 128
Personalabteilung 104
Prozess 132, 135
- Automatisierung 133, 154, 156, 159
- Automatisierung und Kundenzufriedenheit 159
- Definition 132
- Dunkelverarbeitung 133
- Dynamik 140
- Konflikte 138
- kontinuierliche Verbesserung 146, 147
- kontinuierliche Weiterentwicklung 145
- Kundennutzen 138
- Mitarbeiternutzen 140
- Optimierung 140, 145
- Speed-Button 147
- Teilautomatisierung 133
- Vorstands-Alarm 148
Prozessdesign 93

Qualitätsmanagement 94
Qualitätsmessung
- bottom-up 183
- ereignisorientiert 173, 174
- Kosten 181
- Kriterien zur Beurteilung von Verfahren zur Messung 168
- kundenorientiert 167
- merkmalsorientiert 173
- objektive Daten 167, 168, 171
- objektive Verfahren 171
- problemorientiert 173, 174
- qualitative Verfahren 167, 173, 175
- quantitative Verfahren 173
- Rechtmäßigkeit 181
- subjektive Daten 167, 168, 171, 172
- subjektive Verfahren 171, 172
- systematisch 167
- top-down 183

Reziprozität 125
RFMR-Modell 50
Roboter im Kundenservice 164
Roper Socio Styles 49

Sachebene 193
Scrum 211
Segmentierung
- Anforderung an Variablen zur Segmentierung 52
- dynamische 47
- dynamische und mikrodynamische Daten 55
- Grenzen der Kundensegmentierung 53
- mikrodynamische 51
- Null-Segmentierung 47
- psychografische 53
- Segmente 47
- Segmentierungskriterien 47
- Segmentierungskriterien, dynamische 50
- Segmentierungskriterien, mikrodynamische 51
- Segmentierungskriterien, psychografische 49
- Segmentierungskriterien, räumliche 48
- Segmentierungskriterien, soziografische 49
- Segmentierungskriterien, statische 47
- Segment-of-one-Ansatz 47
- situative 51
Segmentierungsansätze 47
Selbstoffenbarungsebene 193
Self-Service 43, 162
Service
- sinnstiftender 36

Service-Blue-Printing 135, 151, 174
- Interaktionslinie 135, 151, 153
- Sichtbarkeitslinie 135, 151, 154
Service Map 174
Serviceprofil 25, 201
Servicestrategie 23
Sichtbarkeitslinie 135, 196
Signifikanz, statistische 176, 177
Sinus-Milieus® 49
Six-Sigma 169
Skript 139, 144, 145, 153, 162, 163, 212, 213
Social-Media-Plattformen 190
Sozialpsychologie 138
Sparsamkeit, Prinzip der 45
Spartenorganisation 80
Spezialisierung 47
Sprache des Kunden 199
Stakeholder 3
Steuerung der Organisation 82
Stichprobengröße 176

Technische Systeme 133, 150
- Akzeptanz 162
- Definition 150
Testkäufe 171
Ticket-System 154
Top Service Deutschland 56
Touchpoint 135, 183
Transparenz 202, 211

Umfeld
- kommunikatives 196
Ungerechtigkeit 143
Unternehmensleitbild 137
USP 12

Value-Irritant-Matrix 156, 158, 160
Veränderungsprozesse
- acht Phasen nach Kotter 226
Verhalten
- prosoziales Verhalten 124
Versprechen 202
Vertrauen 118, 138, 182, 188, 202, 208, 209
Vertriebswege 63
Vier-Ohren-Modell 193
Vision 205, 229
Vorschlagswesen 211

Weiterempfehlung 7, 33, 56, 89, 183, 185, 186
Wiederkaufbereitschaft 7
Wissen 42, 153

Zielvereinbarung 113

Die Autoren

Kai Riedel – Diplom Kaufmann, mit Schwerpunkten Marketing und Organisation, Geschäftsführer der Unternehmensberatung ServiceRating GmbH. ServiceRating bietet Rating-Verfahren und Beratung zu Kundenservice- und Kundenorientierung an, d.h. Analyse, Gestaltung und Kommunikation von Qualität. Kunden sind vorwiegend Finanzdienstleister, Energieanbieter und weitere Unternehmen, die ihren Kundenservice aktiv gestalten.

Dr. Franz Gresser – Dr. rer. pol, Dipl.-Volkswirt mit Schwerpunkt Wirtschafts- und Sozialpsychologie. Senior Consultant bei ServiceRating, Durchführung von Beratungsprojekten mit dem Schwerpunkt Kundenorientierung und Management von Dienstleistungen, Beschwerdemanagement und Kundenbindung in verschiedenen Branchen. Darüber hinaus ist er für die Entwicklung von Methoden und Instrumenten zur Messung und Analyse von Kundenorientierung zuständig. Nebenberuflich Vorträge u. a. am Institut für Soziologie und Sozialpsychologie der Universität zu Köln.